BIBLIOTHÈQUE

DE LA JEUNESSE CHRÉTIENNE

APPROUVÉE

PAR Mgr L'ARCHEVÊQUE DE TOURS.

Propriété des Éditeurs,

A. Mame et Cie

Fribourg.

Les Pèlerinages de SUISSE

PAR

Louis Veuillot

La Prière au Chalet.

Ad Mame & Cie

ÉDITEURS

A TOURS

LES
PÈLERINAGES
DE SUISSE

PAR LOUIS VEUILLOT

CINQUIÈME ÉDITION.

TOURS
Ad MAME ET Cie, IMPRIMEURS-LIBRAIRES.
1845

AUX PIEDS

DE SAINT FRANÇOIS D'ASSISES

ET DE SAINTE MARGUERITE DE CORTONNE,

PATRONS DANS LE CIEL

DE MON PÈRE ET DE MA MÈRE BIEN-AIMÉS ;

MOI, L'AUTEUR DE CE LIVRE, JE DÉPOSE HUMBLEMENT

MON PREMIER OUVRAGE

COMME UNE PRIÈRE PERMANENTE,

A L'EFFET D'OBTENIR,

PAR L'INTERCESSION DE CES

DEUX SAINTS,

CE QUE JE DÉSIRE LE PLUS EN CE MONDE

APRÈS LE BONHEUR D'Y SERVIR

DIEU.

Nous touchons à la plus grande des époques religieuses, où tout homme est tenu d'apporter, s'il en a la force, une pierre pour l'édifice auguste dont les plans sont visiblement arrêtés. La médiocrité des talents ne doit effrayer personne..... L'indigent qui ne sème dans son étroit jardin que l'aneth, la menthe et le cumin, peut élever avec confiance la première tige vers le ciel.

LE COMTE J. DE MAISTRE.

INTRODUCTION.

La Suisse est bien connue ; mais ce livre, qui vient en parler après tant d'autres, n'est pas d'un savant, ni d'un politique, ni d'un poëte, ni d'un philosophe, ni même d'un curieux : c'est celui d'un Chrétien. Tout étrange que cela peut paraître à beaucoup de personnes, c'est bien réellement un pèlerinage qu'on a fait : un pèlerinage d'actions de grâces à la très-sainte Mère de notre Seigneur et Sauveur Jésus-Christ, dont la douce intercession secourt le pécheur ; et c'est d'un pèlerinage qu'on donne le récit. A ce titre, peut-être rencontrerons-nous encore des lecteurs, et peut-être aussi trouverons-nous à dire quelque chose de neuf sur ce pays tant de fois exploré.

En effet, la Suisse est pour ainsi dire ignorée au point de vue réellement vital des peuples, nous voulons dire au point de vue religieux. Dans ce grand nombre d'hommes et de femmes, comblés des dons de la fortune, et pour la plupart assez instruits, qui vont tous les ans lorgner les paysages des Alpes, bien peu songent à remercier de leurs émotions l'artisan de ces magnificences; aucun ne cherche à savoir pourquoi ce pays, petit et pauvre, pourquoi ce peuple, ignorant et simple, a dans l'histoire des nations une page si pleine de gloire et de poésie. Lorsque l'on a fait quelques conjectures géologiques sur les Alpes, cueilli quelques plantes et vaguement expliqué l'amour de l'indépendance par l'air vif des montagnes, tout est dit. L'on rentre à l'auberge sans avoir poussé la porte entr'ouverte de la maison de Dieu, où les merveilles paraîtraient plus grandes, où les mystères seraient expliqués.

Cependant, quel pays plus propre à faire naître des réflexions profondes sur tout ce qui intéresse et les hommes et les sociétés! Par quels moyens s'est discipliné ce peuple sauvage? comment, dans sa pauvreté, garda-t-il si longtemps de si fières vertus? quels instituteurs l'élevèrent? quelles circonstances le firent déchoir de son bonheur et de sa gloire? qui sut entretenir entre les cantons helvétiques cette belle fraternité dont les liens séculaires sont brisés aujourd'hui? par qui furent défrichés tant de déserts inabordables, et fertilisés tant d'inaccessibles sommets?.... Il nous semble que la plupart des voyageurs s'en occupent mal ou ne s'en occupent pas.

Certes, nous ne prétendons point répondre à tant de graves questions; nous ne l'entreprendrons même pas. Mais, pèlerin catholique, nous arrêtant sur notre route devant toutes les églises et priant devant toutes les croix, force nous a bien été de soulever quelquefois ces problèmes, et, sous le voile des temps qui les couvre, de voir toujours la Religion.

C'est la Religion, ce sont ses ministres, qui formèrent cette Suisse des vieux âges, dont le noble caractère est une des gloires de l'humanité. Des moines, attirés au sein des montagnes par cette passion de la retraite qui poussa tant de Chrétiens dans les solitudes, y furent les agents d'une civilisation pieuse et naïve; ils bâtirent les premières maisons, cultivèrent les premiers champs, formèrent les premières agrégations sociales et les premiers héros de ce pays, sorti inculte et sauvage de la domination des Romains; car, malgré *l'air des montagnes,* les Helvétiens, subjugués par les armées de César, s'étaient pliés à cette autorité que la mystérieuse destinée de Rome devait étendre sur le monde entier, afin de préparer les voies à un pouvoir plus grand que le sien. Il ne devait y avoir de nations indépendantes que sous le Christianisme, et c'était la croix qui, mieux que la bravoure des peuples, devait protéger leur liberté. Devenue province de l'Empire, l'Helvétie dressait des temples à ses maîtres, elle offrait une proie facile aux exacteurs romains, elle n'avait plus de courage; lorsqu'un flot de Barbares, l'enveloppant sous ses ondes avant qu'on pût la protéger et sans qu'elle songeât à se défendre, la laissa déserte et ruinée en se retirant.

Les monastères vinrent environ deux cents ans après. Les premiers furent fondés du sixième au septième siècle, et bientôt ils couvrirent la Suisse. Cette contrée abondait en âpres solitudes; ses habitants ignoraient la loi divine; il fallait à la fois vaincre une terre ingrate par le travail, et des hommes féroces par la douceur et la piété; il fallait faire fructifier le sol et les intelligences. Une pareille mission offrait mille difficultés, mille périls : c'était là ce que les ouvriers apostoliques cherchaient partout. Ils se mirent à l'œuvre. On vit s'élever le couvent de Disentis, l'abbaye de Saint-Gall, le monastère de Seckingen et beaucoup d'autres, nobles sources du christianisme dans l'Helvétie, berceaux des sciences, écoles des libertés civiles, refuges des malheureux. Témoins des résultats qu'obtenaient les moines, les seigneurs et les princes, plus habiles politiques dans leur fervente piété que d'autres ne le furent plus tard avec toute leur philosophie, protégèrent ces fondations pieuses et en accrurent le nombre. Lorsqu'on voulait cultiver un désert, civiliser un canton, fonder une ville, on appelait des bénédictins, des chartreux; on leur donnait quelques arpents de terre, et tout le bien qu'on avait désiré s'accomplissait en peu de temps. L'agriculture surtout faisait des progrès rapides autour des monastères. Les moines de Muri savaient admirablement encourager le travail; les bénédictins d'Hauterive instituèrent à Vevey, il y a plus de dix siècles, les premières fêtes agricoles. En même temps, ils répandaient l'instruction parmi le peuple, dans cette sage mesure qui suffit à éclairer l'esprit sans pervertir le cœur; et la Religion gravait au fond des âmes les sages principes de modération, de probité, de loyauté publique et privée, qui éclatèrent si noblement, lorsque les entreprises de l'Autriche et de la Bourgogne attirèrent l'attention de l'Europe sur ces montagnards ignorés. Quand il fallut combattre, on vit de pauvres et simples bergers s'avancer avec confiance contre les plus fiers gentilshommes et les meilleurs soldats de l'Europe. Ils se confessaient la veille de la bataille, disaient au moment de combattre cinq *Pater* et cinq *Ave* en l'honneur des cinq plaies de Notre-Seigneur Jésus-Christ, puis ils se précipitaient sur leurs ennemis, toujours très-supérieurs en nombre, les culbutaient, priaient encore pour rendre grâces, restaient trois jours sur le champ de bataille afin que le vaincu pût prendre sa revanche s'il la voulait, et rentraient ensuite chez eux, modestes, modérés, fidèles après la victoire comme avant le combat.

L'inspiration religieuse est visible dans les lois, dans les coutumes (1); elle éclate dans l'éloquente simplicité des

---

(1) Puisque le Dieu tout-puissant a déclaré les églises ses demeures, et qu'il a renouvelé et augmenté le salut du genre humain par une femme, notre volonté est qu'aucun des nôtres n'ose ou ne veuille forcer, ou piller, ou dévaster, ou incendier un couvent, une église ou une chapelle, ni attaquer à

monuments dressés en souvenir des triomphes. Une chapelle élevée à la place la plus sanglante, une messe tous les ans, perpétuaient les souvenirs guerriers de la nation et sa reconnaissance pour le Dieu de justice, qui fait triompher le bon droit.

Malheureusement, les Suisses ne surent pas résister à l'ivresse du succès. Les somptueuses dépouilles de l'ennemi leur furent fatales : elles leur donnèrent le goût des richesses. Pour en acquérir ils vendirent leur courage à l'étranger; l'or qu'ils rapportèrent dans leurs montagnes y perdit les mœurs. On ne peut en douter lorsqu'on voit presque aussitôt arriver Zwingle, et ce fléau intellectuel dont l'Europe souffre depuis trois cents ans, qu'on appela la *Réformation*. L'hérésie, cette épidémie morale, agit sur les âmes comme la peste sur le corps; là où il y a plus de corruption, elle fait plus de ravages, de même que la peste attaque de préférence les natures chétives et viciées. Zurich, Berne, villes commerçantes et riches, furent les premières

---

main armée, blesser ou frapper une femme ou une fille. (*Traité de Sempach*, 10 juin 1793.)

Si le bailli use de rigueur (à l'égard des amendes), que le prévôt se montre clément, afin que le pauvre ne soit pas privé de son gagne-pain.

Si le bailli a une guerre, il remet ses droits au prévôt jusqu'à la paix, et *vice versâ*, afin que les pauvres serfs ne souffrent point de dommage.

Le paysan est assuré de sa propriété, libre d'en disposer. « Chacun peut, pendant sa vie, donner ses biens meubles à qui bon lui semble, ou les attacher à un cheval sauvage, et le laisser courir selon sa sauvage nature. »

L'héritage du seigneur est fixé : « Il a droit à l'habit dans lequel son serf allait à l'église, en visite chez les connaissances, dans les réunions du dimanche, sous le tilleul ou sur les bancs ; il a même droit aux armes affilées : » le reste appartient aux héritiers naturels.

« Au sage et prudent bourgmestre de Zurich : — on m'a demandé si un lépreux pouvait hériter. J'ai répondu, d'après le droit, que sa maladie ne lui ôte pas le droit à l'héritage, surtout quand l'héritage n'est pas un fief. Pourquoi cet innocent serait-il battu de deux verges à la fois ? Je vous fais savoir cela, afin que, si le cas se présente dans votre ville, vous connaissiez le droit. Par la grâce de Dieu, Dieu soit avec vous ! MAITRE JEAN HAGEDORN, votre serviteur, 1420. »

atteintes et les premières envahies. Elles propagèrent à main armée, dans des vues de conquête, les doctrines funestes qu'elles avaient adoptées. Elles étaient les plus fortes ; elles offraient les dépouilles du clergé à des hommes devenus avides, la liberté de croyance à des hommes devenus orgueilleux, la licence morale à des hommes qui s'étaient corrompus, de belles paroles enfin et de spécieuses promesses à des hommes honnêtes, affligés de quelques abus : elles devaient réussir auprès d'un peuple sur qui Dieu voulait d'ailleurs faire peser ses punitions. Dès ce moment, tout le fruit moral du labeur des moines fut pour ainsi dire perdu, et la première pierre qui tomba de ce noble édifice, fut la fraternité. La probité publique suivit de près. M. de Haller, qui a su rentrer avec un si admirable courage dans le sein de l'Église catholique, d'où s'étaient exilés ses ancêtres, nous a donné un véridique récit des moyens que Berne employa pour soumettre à l'hérésie ses sujets et ses voisins. Ces actes de spoliation, ces trahisons, cette tyrannie, brisèrent des liens antiques, formés par la communauté d'estime, de dangers, de croyances. Ceux qui avaient prié et combattu ensemble à Laupen, à Grandson, à Morat, s'entr'égorgent dans les champs de Cappel. Les beaux faits d'armes et les grands exemples de vertu ont cessé d'être communs à toute la Confédération. Les Suisses cherchent maintenant à cueillir des palmes fratricides : le temps des nobles et douces victoires n'est plus, le temps des gloires pures est passé ; l'ère qui commence est celle des discordes et des inimitiés. Le peuple et le gouvernement, renonçant ensemble à la foi catholique, s'arment l'un contre l'autre. Les sectes se multiplient, la trahison, la tyrannie et la sédition se disputent les villes ; la diversité de croyance engendre la diversité d'intérêts, le puissant est sans miséricorde, la contrainte remplace la soumission ; et lorsqu'on regarde de près l'histoire de la Suisse, on se demande où est cette liberté, où est cette pureté de mœurs dont on a tant entendu parler.

Mais, pénétrez au sein des populations cachées sous les forêts d'Unterwald, dans les montagnes de Schwitz et d'Uri, sur toutes ces terres qui entourent le lac des Waldstetten, là où la Réforme n'a point pénétré avec les richesses : vous y verrez les Suisses d'autrefois. Ces cantons, fidèles à la vieille foi comme à la vieille alliance, sont encore l'honneur et la gloire de la commune patrie. Ceux-là n'ont point brisé le premier pacte qu'ils firent entre eux, ni le pacte plus ancien et plus sacré qu'ils ont fait avec l'Église, et sont prêts, comme toujours, à garder l'un et l'autre au prix de tout leur sang. Aussi se sont-ils maintenus dans l'énergique simplicité de leurs mœurs; et quand la Révolution française voulut envahir leur pays, le patriotisme y eut des martyrs; tandis que Genève, Zurich, Berne même, la cité conquérante, prirent le joug sans trop de difficulté. Voyez encore les pieux habitants du Valais, si héroïques dans cette dernière guerre; voyez les montagnards de l'Entlibuch, voyez Fribourg et les pasteurs de la Gruyère : tous ont vécu libres et tranquilles sous des codes dont la barbarie antique nous effraye. La loi est douce partout où les peuples sont vertueux, et où les croyances ne sont pas inquiétées.

Ces restes de la vieille Suisse offrent une étude curieuse au voyageur catholique. Ils le consolent quelquefois du passé disparu, du spectacle de la Suisse hérétique, si différente de ce qu'elle fut jadis. Quelquefois aussi, contemplant les dangers qui les menacent, il s'inquiète des efforts persévérants du Protestantisme, et tremble de voir crouler ces débris isolés. Pourquoi trembler? Le courage, l'attachement aux vieilles coutumes, la foi, la prière enfin, ne doivent-ils pas déjouer les ruses et braver les persécutions? Dieu juge les cœurs et fait ce qui est juste; mais rien, en apparence du moins, ne montre que les cantons catholiques aient démérité son appui.

Nous avons prononcé le mot de *persécution*, nous pouvons le laisser, il n'est pas exagéré. Sans qu'il soit nécessaire de tout dire, nous aurons à citer dans le cours de cet ouvrage quelques faits assez concluants. La Réforme possède encore l'esprit qui anima ses premiers sectaires. Tout le monde sait aujourd'hui quels furent ses commencements ; personne n'ignore au prix de quels mensonges et de quelle déraison tant d'Histoires prétendues philosophiques l'ont parée de la triple auréole de la modération, du martyre et de la vertu. L'intéressant ouvrage de M. de Haller, dont nous recommandons la lecture aux hommes impartiaux, fait voir à souhait ce qui en est, pour la Suisse particulièrement. Les Catholiques, tant calomniés, usèrent du droit de légitime défense, et peut-être n'en usèrent pas assez. On fait encore ce qui se faisait jadis : seulement, comme, en beaucoup de lieux, la résistance n'est pas possible, l'iniquité se consomme sans bruit. Tandis que les sujets protestants des cantons catholiques vivent tranquillement sous la protection des lois, et exercent leur culte en liberté, il n'est sorte d'avanies que les Catholiques, partout où ils ne sont pas en majorité, ne soient forcés de subir, et de la part de leur gouvernement particulier, et de la part de la diète fédérale, où leurs adversaires, nous pouvons bien dire leurs ennemis, ont la haute main. Mais c'est surtout aux couvents qu'on en veut. Ils portent, avec les Minorités catholiques pauvres et obscures, le poids de la persécution. Qui songe à défendre aujourd'hui des paysans bigots et des moines ! On tourmente les uns, on spolie les autres. A ceux-là, on veut enlever leur croyance, seul bien qu'ils possèdent, et les curés sont séparés de l'évêque ou exilés ; à ceux-ci, on prend les restes de leurs anciennes propriétés, si légitimement acquises, si laborieusement et si utilement fertilisées. Tous les moyens sont bons pour arriver à ce but. Tantôt on défend aux religieux de recevoir des novices, ce qui amène forcément l'extinction des propriétaires et l'héritage au profit de l'État, tantôt on les chasse de leurs retraites avec une modique pension fixée arbitrairement, tantôt on leur donne des administrateurs protestants, et, qui pis est, fripons, lesquels coûtent toujours fort cher, même quand ils ne volent pas, et font très-mal, pour beaucoup d'argent, ce que le prieur et le procureur faisaient très-bien et sans frais (1). Ces actes étonneront peut-être les esprits superficiels, mais ils ne surprendront pas ceux qui veulent réfléchir. Entre deux religions, dont l'une est vraie et l'autre fausse, il ne peut pas y avoir des rapports différents. D'un côté, la violence, l'oppression, l'iniquité ; de l'autre, la douceur, la patience, la justice. *Vous les reconnaîtrez à leurs fruits*, a dit la bouche de toute sagesse et de toute vérité ; non-seulement cela est maintenant, mais cela fut toujours. Malgré l'audace de mensonge avec laquelle tant d'écrivains passionnés ont interverti les rôles, et mis la couronne de gloire sur les fronts qui devaient porter la honte, justice est faite. Elle sera bien plus éclatante encore, lorsque la pudeur

---

(1) Les faits suivants sont extraits d'un journal suisse. Nous avons négligé de prendre le titre de ce journal, mais la note est fidèlement copiée. — ARGOVIE : Si les couvents eussent administré leurs biens comme le gouvernement les administre aujourd'hui en leur nom, ils auraient mérité certainement les mesures qui ont été prises à leur égard et contre lesquelles ils protestent avec raison. Le 5 juin, le grand conseil a ratifié, contre la volonté et malgré la protestation du couvent de Muri, qui en est le propriétaire, la vente d'un domaine situé à Illau, à un prix inférieur de 11,000 fr. à celui que le couvent avait payé pour cette acquisition, quoiqu'il fût bien constaté que dès lors le domaine s'était singulièrement amélioré. La vente d'un domaine à Wittingen a été également ratifiée à un prix qui n'équivaut pas, à beaucoup près, à la rente que le couvent en retirait. Il est vrai qu'il y avait dans ce domaine onze poses d'excellentes vignes, qu'un personnage haut placé cherchait depuis longtemps à acquérir, et que le couvent avait toujours refusé de lui vendre. Enfin, le 6 juin le petit conseil a encore proposé au grand conseil de vendre un domaine situé à Thalwyl, et dont la vente obligera le couvent à payer au fermier une indemnité considérable.

publique ne permettra plus qu'on écrive, comme on l'a fait, l'histoire d'un peuple catholique avant d'avoir étudié ses livres sacrés, c'est-à-dire la plus ancienne, la plus vivante et la plus obéie de ses lois, la base de son caractère et de ses mœurs. C'est l'Évangile, le Catéchisme, et le Bullaire à la main, que la science historique doit remuer les archives de l'Europe, depuis le temps des premiers missionnaires jusqu'à nos jours. Alors seulement on verra clair, on lira dans la conscience des peuples, et leur destinée prendra corps; alors seulement on aura autre chose que des sophismes et des contre-vérités. Le plus grand peintre religieux de notre époque prie et s'approche de la sainte table avant d'aborder sa toile; car le dessin et la couleur ne lui suffisent pas, il lui faut l'inspiration, et il la demande à Dieu. C'est ainsi que l'historien doit lui demander la lumière et la vérité. Vainement les chercherait-il hors de là, même avec la science la plus profonde, même avec les plus pures intentions. Qui dit lumière et vérité, dit révélation, et c'est un don du Ciel.

Revenons.

Les pensées que nous venons d'exprimer nous ont accompagné durant tout le voyage; elles naissent à chacun de nos pas. Nous les avons notées comme elles sont venues, avec beaucoup de sincérité, sans courir après, et sans vouloir, nous le répétons, faire une histoire ni un système; sans même songer à recueillir des faits. Si l'on prend la peine de feuilleter ce livre, on verra bien que nos préoccupations ne sont pas là. Nous allons comme va le chemin, peu soucieux des détours qui éloignent du but, nous arrêtant souvent au milieu du récit, ainsi que nous faisions au milieu de la route, pour méditer; écoutant ce que l'histoire nous raconte, ce que la foi nous révèle; donnant place aux émotions comme aux souvenirs. Là, c'est une madone placée au bord du sentier, devant laquelle le pèlerin s'est tendrement rappelé sa mère et ses sœurs absentes ; là, c'est une humble église pleine de bons paysans, où la messe l'a reposé d'une course commencée avant le jour ; là, souvenir pénible ! c'est une autre église, jadis catholique, aujourd'hui protestante, déshéritée des saints mystères, dépouillée des saintes images, d'où sortent, sans consolations et sans secours, de pauvres femmes qui ne peuvent pas invoquer le nom sacré de Marie ; plus loin une vieille chronique de la vieille foi suisse, et quelque trait naïf de cette piété profonde et simple qui se retrouve encore çà et là, contemporaine des plus antiques ombrages de l'Helvétie ; ailleurs le nom d'un héros chrétien se rencontre, et sa vie pleine de bonnes œuvres succède au portrait d'un hérétique célèbre. Tout cela n'est pas fait pour intéresser beaucoup de gens, nous le savons bien. Mais des amis pieux ont pris intérêt à ce journal d'une course à travers les belles montagnes, vers un but de dévotion ; ils y ont trouvé parfois quelque chose du sentiment qui nous anime quand nous avons fait ensemble la prière du soir ; ils ont pensé que, hors de notre petit cercle, les mêmes sympathies l'accueilleraient, que peut-être les familles chrétiennes pourraient le mettre sous les chastes yeux de leurs enfants. Voilà pourquoi ces pages sont données au public.

Cependant nous ne les laissons point aller sans une certaine crainte, où l'amour-propre d'auteur n'a point part. Nul ne connaît mieux que nous les défauts de notre œuvre, et d'avance nous passons condamnation sur toutes les critiques littéraires qu'elle pourra susciter. Mais, pour un chrétien, c'est chose grave que la publication d'un livre. Parle-t-il toujours comme il conviendrait ? Garde-t-il scrupuleusement la vérité ? N'est-il point coupable d'avoir donné quelquefois essor à son imagination, et prêté aux hommes qu'il fait paraître un mot intimement vrai, mais que l'histoire ne rapporte pas ? Enfin un sentiment exagéré du juste et du bon ne l'a-t-il jamais entraîné trop loin? Douloureuses inquiétudes, contre lesquelles nous n'avons de refuge que dans la charité de nos frères et la pureté de nos intentions.

Si nous avons écrit un mot qui devienne pour quelqu'un la moindre occasion de scandale, que celui-là nous le pardonne, et supplie Dieu de nous le pardonner. Si, quand nous parlons des actes de la Réforme, la violence des faits entraîne la violence des expressions, que les hommes de bien, égarés dans les voies de l'erreur, ne s'appliquent pas à ces expressions; qu'ils soient persuadés que nous éprouverions une joie immense à les voir s'agenouiller au pied de nos saints autels, à les appeler nos frères, et que, dès à présent, nous ne nous croyons pas meilleurs qu'eux, mais plus heureux et mieux soutenus. Si une mère de famille surprend dans notre livre quoi que ce soit qui puisse blesser la chasteté des anges, qu'elle jette le livre au feu et le dénonce à toutes les mères de famille. Si le Saint-Siége, gardien de la sécurité des âmes, y découvre l'apparence d'un danger, qu'il le condamne, et nous nous emploierons nous-même à détruire jusqu'au dernier vestige l'objet de ses censures qui ne peuvent errer.

Enfin, si le commun Maître, qui juge tout et sait tout, permet que le moindre mal résulte de ce que notre plume a tracé, qu'il nous fasse miséricorde et prenne pitié de nous.

Ainsi soit-il.

Lundi 15 octobre 1838, jour de Sainte-Thérèse.

LIVRE PREMIER

ADIEUX A ROME

> Vi è un grande che si piega ad ogni bello,
> vi è un bello che si solleva ad ogni grande.
>
> LANZI.

Non, je ne te quitterai pas sans te saluer de la voix et du cœur, ville immortelle où mon âme a tant vécu! Je te suis venu couvert des voiles honteux de l'indifférence et je m'en vais chrétien. Je n'ai point en vain fléchi les genoux au champ de mort des martyrs ; la bénédiction du pontife suprême n'est point tombée stérile sur mon endurcissement : je sens tressaillir dans mon cœur des fibres qui n'y battaient pas, mes oreilles entendent ce qu'elles n'avaient point entendu, mon esprit n'a plus d'autres ténèbres que les lumineuses ténèbres du respect et de la foi.

Terre où tant de préjugés ne veulent voir que la mort, tu m'as donné la vie; terre où j'ai goûté Dieu, tu m'es devenue terre natale, et je pars comme un fils qui veut revenir un jour !

Ce ne sont pas, malgré leur beauté, tes chefs-d'œuvre et tes ruines, merveilles de la main de l'homme et de la main du temps, que je souhaite de revoir. Ce que je demande au maître des destinées, c'est de me ramener aux seuils bénis de Saint-Pierre et de Sainte-Marie-Majeure; c'est de me rendre un instant, avant que je meure, les spectacles de mon nouveau baptême, les reliques saintes, les temples où pour la première fois j'ai senti ma prière monter au ciel, et le Rédempteur descendre jusqu'à moi sous l'apparence du pain sacré !

PÈLERINAGES

UN SAINT GENEVOIS.

Nous arrivâmes à Genève le 28 juin, sur le soir d'une belle journée. Quand la nuit commença, nous aperçûmes, des fenêtres de notre auberge, un certain mouvement de lumières qui se faisait sur le lac, puis nous vîmes poindre des illuminations, et nous entendîmes des pétards et les sons d'un orchestre : cela sentait fort la réjouissance nationale. Nous descendîmes pour savoir ce qu'on célébrait. Que peuvent donc fêter les Gènevois? disions-nous. Quel souvenir glorieux les met en dépense de bruit et de fumée? Quel nom vénèrent-ils? Et tout en suivant la foule, nous songions à la dernière solennité publique que nous avions vue.

C'était à Ancône, le jour de la Fête-Dieu : au son des cloches, une immense procession s'était mise en mouvement, sous l'escorte des bataillons de France (1), qui se trouvaient là, par grand hasard, à leur place de soldats du fils aîné de l'Église; les rues étaient tendues de soie, semées de fleurs;

(1) Ancône à cette époque était encore occupée par un régiment français.

le peuple s'y pressait, retenu à grand'peine par une double haie de militaires. On voyait s'avancer d'abord, sous la cagoule des pénitents gris, une confrérie formée des bourgeois de la ville; puis d'autres pénitents, vêtus de bleu, de noir, de blanc, au nombre de plusieurs centaines, artisans, matelots, gens des campagnes, suivant de larges bannières et psalmodiant les chants sacrés; puis venaient divers ordres religieux, parmi lesquels une vingtaine de capucins, qui laissaient lire sur leurs pâles visages le récit éloquent de leurs souffrances et de leur tranquillité. Ils marchaient, jeunes et vieux, pieds nus sur le pavé brûlant, tête nue sous le ciel, tellement exténués pour la plupart, que leur robe usée, serrée par une corde blanche, semblait ne rien cacher sous ses larges plis. D'une main tenant le cierge symbolique, l'autre posée sur la poitrine, ils allaient lentement, sans voir la foule parée qu'ils traversaient, l'œil fixé sur ces flambeaux toujours prêts à s'éteindre, comme leur misérable vie : et ils chantaient ! Enfin la fumée des encensoirs annonçait le Saint-Sacrement; il paraissait bientôt, porté sous un dais magnifique. A son aspect tout pliait le genou, dans la rue, aux fenêtres des maisons; les soldats présentaient les armes; les hommes, les enfants et les femmes joignaient les mains. Le sentiment qui dominait cette grande scène était une sincérité sublime, un immense respect; et, si dans la foule quelques-uns restaient insensibles, il n'en était pas un seul du moins qui ne comprît parfaitement et ce qu'il faisait et ce qu'il voyait faire. Il ne pouvait y avoir deux opinions sur la pensée et sur le but de cette manifestation pieuse. Tout s'adressait au Père commun des hommes, au maître bienfaisant de l'univers, à Dieu très-puissant et très-bon, qui veut qu'on l'honore par la pratique de toutes les vertus.

Ce souvenir de la Romagne nous occupait encore, lorsque, après avoir traversé un petit pont de fer qui ployait sous la foule, nous nous trouvâmes au centre de la fête gènevoise, dans un îlot planté d'arbres, au milieu duquel se voyait une statue de bronze en toge romaine, assise sur la chaise curule. Nous étant approchés, nous ne pûmes, malgré le respect que commandait la circonstance, nous empêcher de bien rire : c'était la statue du philosophe de Genève ! Ces braves gens fêtaient *saint* Jean-Jacques Rousseau. Vraiment nous ne nous attendions pas à celle-là.

Du reste, la chose n'était pas somptueuse. Une guirlande de godets, supportant une étoile en verres de couleur ; quatre couronnes de fleurs fanées, pendues aux angles du piédestal ; un cercle de lampions qui commençaient à entourer l'image du grand homme d'un encens et d'une lumière dignes de lui ; quelques barques sur le lac, chargées de musiciens qui n'avaient pas même l'esprit de jouer les airs du *Devin de Village ;* dans le lointain, un cabaret illuminé sans profusion ; des fusées pour divertir la canaille : c'était tout. La splendeur de la fête consistait principalement dans le concours du public, et, de fait, nous vîmes bon nombre de dames gènevoises, beaucoup de bourgeois qui conduisaient là leurs enfants, faisant le tour des quinquets avec de grandes jeunes personnes au bras. J'aurais voulu connaître ces pères de famille pour leur demander s'ils faisaient lire à leurs filles les œuvres de l'écrivain qu'ils honoraient d'une si belle statue, de si beaux godets et d'une si éloquente solennité..... Mais l'allumeur des lampions se gonflait d'une dignité et d'un sentiment de sa gloire qui nous firent désirer d'avoir son opinion sur le héros de la cérémonie — Quel est ce monument, lui demandâmes-nous ? — C'est, dit-il, la statue du grand Jean-Jacques

Rousseau. — C'était donc un Gènevois? — Et un fameux! — Mais qu'a-t-il fait? — Il a écrit contre ces gredins de prêtres.

Un membre du Grand-Conseil ou de la vénérable compagnie des pasteurs n'aurait certainement pas mieux répondu. Voilà tout le secret de ces ineptes hommages. Les bourgeois de Genève, les plus aristocrates des hommes et les plus vaniteux des gouvernants, expulseraient de la ville quiconque s'aviserait d'élever contre leur pouvoir les principes politiques de Jean-Jacques Rousseau; mais pour ce qu'il y a dans ces ouvrages de fiel et d'infamies contre l'Église catholique, ils lui ont tout pardonné : la honte de ses mœurs, le poison de ses livres, les scandales de sa vie. Voilà pourquoi on a dressé un monument à cette mémoire fangeuse, pourquoi on lui décerne sans respect humain des fêtes publiques; tristes fêtes dont personne n'est dupe, dont les Gènevois eux-mêmes n'osent pas parler sans affecter une espèce de dédain et de moquerie; tristes fêtes, dont nous n'osons plus rire quand nous songeons qu'il est une autre vie, et que ce malheureux Rousseau, dans l'hérésie, sans sacrements, et, selon toute apparence, sans repentir, a probablement plus affaire à la justice de Dieu qu'à sa clémence. Hélas! là où il est maintenant, quel supplice pour lui que toute cette misérable et fausse gloire, s'il est vrai qu'une peine est ajoutée aux peines des maudits à mesure qu'une âme est perdue par eux !

Comme on pouvait d'un moment à l'autre aggraver les lampions, la musique et les pétards de quelque discours en style de Genève, nous ne voulûmes point attendre davantage. Mon compagnon, qui devait, avant moi, rentrer en France, me promit bien d'aller faire pour nous deux, aussitôt son retour, une petite prière à saint Vincent de Paul;

dussent tous les Gènevois, adorateurs de Jean-Jacques Rousseau, se moquer de notre idolâtrie.

Pauvres gens de Genève! c'était bien la peine de briser les saintes images, d'abolir la messe et le culte des saints, pour enseigner à votre peuple, à vos femmes, à vos filles, le culte de Jean-Jacques Rousseau !

SUR L'HISTOIRE D'UN PEUPLE HÉRÉTIQUE.

Arrêtons-nous un moment à Genève. Les voyageurs nombreux qui en ont parlé, bienveillants ou hostiles, ne l'ont point considérée du côté qui nous intéresse le plus. Je me tairai sur les mœurs et sur la société telles qu'elles sont présentement : je n'en sais rien par moi-même, et laisse à qui de droit la responsabilité des portraits qu'on en peut voir partout. Extérieurement, assure-t-on, cette société est prétentieuse, rétrécie, pesante, guindée; peu d'urbanité, point du tout d'élégance, de la vanité par-dessus les maisons. Cela est bien possible; ces caractères sont assez gènevois, et le Protestantisme ne s'est entendu nulle part à faire la société bienveillante, cordiale et polie; mais il n'y a point là de crime. Quant à ce qui est de l'intérieur et du secret des familles, encore une fois, je n'en sais rien; seulement, s'il faut déclarer ma pensée sur ce qu'on en dit, j'avouerai que la pratique des vertus privées étant fort difficile, même dans l'exercice régulier de la foi catholique, il ne me semble pas qu'on puisse s'abstenir de beaucoup de fautes si l'on n'a recours à la prière, à la méditation, surtout à la confession et à la pénitence. Pour mettre bien à l'aise ceux qui trouveraient ce sentiment trop sévère, je m'empresse d'ajouter que je juge d'après ce qui se passe en moi.

Il me va mieux d'examiner Genève au point de vue historique et religieux. Ici la certitude abonde, et, si l'on a le malheur de blesser les personnes, on évite de blesser la vérité. Depuis Calvin, les pasteurs de la religion dite réformée ont exercé dans Genève, par leurs parents, par leurs séides, par leurs conseils et par l'enseignement, un pouvoir latent, mais puissant et durable, qui ne fut nulle part aussi complet. On peut dire que le gouvernement de Genève fut jusqu'à nos jours une théocratie calviniste. Voyons les résultats.

L'histoire de cette ville est connue, autant qu'elle mérite de l'être, jusqu'au moment où les idées de la Réforme y furent introduites, secrètement par quelques réfugiés français, violemment par les troupes de Berne. Genève n'était pas alors en réputation de bravoure et de moralité, suivant les historiens qui veulent faire gloire à Calvin du rétablissement des mœurs. Il faut bien, sans doute, qu'elle ait mérité de quelque façon les malheurs qu'on vit pleuvoir sur elle à l'époque où lui vint ce législateur. Ville de passage et de richesse, elle ne devait pas être exclusivement peuplée de saints. Toutefois il est évident qu'on l'a calomniée. De ce qu'elle ne se révoltait pas, ou se révoltait à demi, tout au plus, il faut conclure qu'elle était doucement gouvernée (1)

---

(1) Dans les premières années du onzième siècle, les bourgeois de Genève reconnurent solennellement que, depuis quatre cents ans sous la puissance de l'Église, *eux et leurs prédécesseurs en avaient reçu doux et amiable traitement*. Et ils firent avec leur évêque une touchante convention où celui-ci promit *de ne céder sa puissance temporelle à qui que ce fût*, sans l'assentiment de la Commune. De son côté, la Commune s'engageait à soutenir l'évêque et *ses successeurs* envers et contre tous, depuis le prince jusqu'au plus petit particulier qui l'entraverait dans son autorité. La prudence, la sagesse, le devoir la fermeté de la plupart des évêques, dit Sennebier (*Hist. litt. de Genève*) avaient assuré aux Génevois une précieuse liberté, qui avait fait envier leur sort de toutes les nations du monde.

et non qu'elle n'était pas brave. Ce n'était point la coutume aux princes catholiques d'opprimer longtemps leurs peuples, ni à ceux-ci de souffrir longtemps l'oppression. Placée sous la double suzeraineté d'un évêque-prince et des ducs de Savoie, Genève possédait d'ailleurs une administration communale assez libéralement constituée, et beaucoup de franchises naissaient de ce triple pouvoir, en même temps que beaucoup de petites agitations sans danger. Je ne crois pas que la morale y fût si relâchée. La ville contenait sept hôpitaux, il y avait donc chez les gouvernants et les gouvernés une charité fort active, vertu chrétienne qu'on ne voit jamais dans les cœurs sans un beau cortége d'autres vertus; de plus, les familles gènevoises fournissaient à trois ou quatre couvents d'hommes ou de femmes une nombreuse population de religieux, qui montrèrent, lorsqu'on les sécularisa, le plus courageux attachement à leur sainte profession. Il y avait donc de la foi. Or, une ville où se voyaient de telles choses ne peut avoir été corrompue autant qu'on l'a bien voulu dire, et, pour n'en pas chercher si long, la résistance qu'elle fit à l'Hérésie parle assez haut. Cette préférence donnée aux rigueurs de la vieille foi sur les facilités de conscience qu'apportait la foi nouvelle, fait voir que la majorité des habitants se croyaient de force à faire leur salut, sans qu'une main complaisante leur en aplanît la voie ; et saint François de Sales, venant quelques années plus tôt, aurait là rencontré moins d'obstacles que Calvin.

François Ier, qui faisait, comme tous les princes de son temps, profession d'aimer les lettres, avait appelé d'Allemagne bon nombre de soi-disant docteurs, frottés de grec et d'hébreu. Ces professeurs, la plupart d'une science assez contestable, mais savants de l'ignorance commune, étaient tous, pour nous servir d'une expression énergique et vraie, *infectés d'hérésie.* C'était cela surtout, non les bonnes études, qu'ils voulaient propager; ils n'y travaillèrent que trop bien. Un étalage de faux savoir les mit à la mode; et, comme on avait plus aisé de croire au *salut sans les œuvres* que d'apprendre le syriaque ou le chaldéen, les adeptes ne tardèrent pas à devenir nombreux. Leurs premières conquêtes furent quelques centaines d'individus dans le plus bas du peuple, à la cour quelques femmes perdues : Marguerite de Navarre d'abord, ensuite la duchesse d'Étampes, puis Clément Marot; puis toujours dans le même ordre d'esprits, de consciences et de cœurs, ils se virent bientôt à la tête d'une armée d'ignorants et d'une ligue de débauchés. Tout ce qui ne pouvait raisonner, et tout ce qui raisonnait trop, venait à eux : les uns par un entraînement stupide ou par de vagues espérances de liberté, les autres pour s'affranchir des inquiétudes que la foi, si puissante dans ce temps-là, faisait toujours naître d'une mauvaise vie. La foi ne manquait pas alors, on ne saurait trop le répéter; le clergé ne l'avait point laissé éteindre. Ce qui manquait, c'était le courage; ce qui séduisait, c'était cette funeste doctrine que la foi suffit sans les œuvres. On voulait se sauver, mais par une route facile, et c'est pourquoi les novateurs éblouirent tant de malheureux. Aujourd'hui l'on ne change pas de croyance, on perd celle qu'on a; mais, pour mener les hommes à l'athéisme, il a fallu les faire passer par l'hérésie.

Enfin François Ier, trop tard, hélas ! ouvrit les yeux. Il y avait assez pour effrayer le chrétien et le prince, dans le spectacle qu'offrait l'Allemagne et déjà même la France. Des mesures rigoureuses furent prises. Au premier signal, les docteurs, toujours peu friands du martyre, décampèrent sans bruit, et beaucoup de leurs fidèles cherchèrent un refuge à Genève, qui s'accrut ainsi d'une nouvelle population.

Population de mauvais aloi, formée d'esprits remuants, d'hommes qui avaient eu besoin de tranquilliser leur conscience, de prêtres apostats qui voulaient se marier, d'individus qui, ayant à se reprocher ce que Brantôme appelle « des jeunesses un peu fortes, » fuyaient la justice en ayant l'air de fuir la persécution. Sans doute une pareille invasion peut changer les mœurs d'un pays; mais quelle dut être la nature de ce changement? C'est ce que nous n'apprécions pas comme les écrivains calvinistes, et nous croyons avoir de bonnes raisons pour cela.

La présence des réfugiés français se manifesta tout d'abord par des révoltes. Les secours de Fribourg et de Berne les soutinrent; l'autorité de la Savoie, celle de l'évêque, furent secouées; la Réforme introduite, non sans qu'il en coûtât à la ville beaucoup de honte et d'argent. Voilà les Gènevois réformés et libres, et ils ont le bonheur de voir un prêtre se marier (1).

Des débordements épouvantables, un affreux chaos suivirent de près ces premiers actes. La multitude des sectes et des partis changeait la ville en un enfer de troubles et de dissolutions. C'est alors que les mœurs de Genève sont infâmes et que son histoire fait rougir. Qui voudra s'en assurer aille aux écrits du temps : les plus discrets n'en disent que trop. C'est alors aussi qu'une faction, profitant de la victoire, rappelle un prédicant français déjà renommé, chassé peu de temps auparavant par la faction contraire; et l'historien, pour qui le passé devient l'avenir, frémit devant les destinées de ce peuple à qui Dieu envoie Jean Calvin.

---

(1) Cet homme se nommait Jacques Bernard. Il était gardien des Cordeliers, et donna pour dot à sa femme tout ce qu'il avait pu voler à son couvent. Son exemple n'eut que peu ou pas d'imitateurs. Une seule religieuse de Sainte-Claire rentra dans le monde.

Calvin avait alors environ trente ans. Il était petit, maigre et basané. La soif de dominer éclatait dans ses yeux pleins de bile et dans sa voix stridente. Jamais homme ne fut mieux fait pour devenir un redoutable sectaire. Déjà couvert de mépris en vingt endroits du monde, il possédait ces raisons de haïr le genre humain qui ne manquent à aucun scélérat. Froid, orgueilleux, vindicatif, repoussant par les dehors d'une hypocrite austérité, rien en lui n'attirait l'affection, la confiance, le respect ou l'estime; tout inspirait la crainte. Habile, actif, laborieux, assez savant pour séduire, assez vain pour ne jamais douter de lui, assez affamé de pouvoir pour ne plus chercher d'autres jouissances, il n'avait besoin de richesses ni de plaisirs. Son âme n'était pleine que d'orgueil, et il semblait que, dans cette âme implacable, quelques-uns des autres vices de l'homme eussent tenu lieu de vertus. Quand ces fléaux intelligents, plus terribles cent fois que la guerre, la peste ou la famine, qui ne font que passer, viennent occuper la scène du monde, on se demanderait par quelle magie ils imposent leur joug, si l'on ne savait que le vertige s'empare du peuple abandonné de Dieu. Mais ils ont mission de punir, leur pouvoir s'établit plus long et plus terrible que celui des conquérants. Ils prennent l'âme avec le corps; ils ne donnent ni gloire, ni repos, ni espérance; leurs victimes dégradées ressemblent aux troupeaux atteints d'une plaie incurable, qu'on mène sans résistance à d'ignobles tueries, et dont rien ne sera sauvé. Calvin, pontife de Genève par l'autorité suprême qu'il eut sur les matières de religion, devint dictateur par celle qu'il sut prendre dans le gouvernement. Rien ne se faisait contre son avis, tout se faisait dès qu'il avait commandé. Les réfugiés français maintenaient facilement son pouvoir, et en étaient protégés à leur tour : ils devinrent sous lui les maîtres de la ville. Ainsi les Génevois ne gagnèrent pas même, à leur révolte et à leur apostasie, de gouverner chez eux.

On sait en quoi l'hérésie de Calvin diffère de celles de Luther et de Zwingli. Bien qu'il eût étudié le droit, le grec, le syriaque, l'hébreu, ce réformateur n'était guère que bon écrivain; il n'avait pas de théologie, et composa sans choix, sans liaison, sans logique, sa doctrine de tout ce qu'il put ramasser dans les erreurs de son temps; prenant à Luther, à Zwingli, à Œcolampade, mais plus particulièrement encore aux vieilles inepties des Vaudois. Cela passa, comme plus neuf, et peut-être aussi comme plus absurde et plus anti-chrétien, s'il se peut, que tout ce qui avait précédé. Les mêmes hommes qui s'étaient révoltés contre les vérités si vénérables, si claires et si harmonieuses de l'Église, adoptèrent le ramas de contradictions et de folies que leur jetait un rhéteur couvert de crimes. D'ailleurs, il ne faisait pas bon résister. Il y allait de la vie d'user trop largement à Genève du droit de libre examen. Calvin, qui ne souffrait ni la contradiction ni la concurrence, brûlait quiconque osait dogmatiser à côté de lui, et criblait d'injures atroces dans ses livres ceux qu'il ne pouvait atteindre plus directement.

Comme il fallait se conformer à sa foi, il fallut aussi se conformer à l'apparence de ses mœurs. Pour y arriver, il constitua dans Genève une tyrannie sans égale; cherchant, suivant son caractère, à suppléer, par la rigueur des peines, aux principes moraux qui ne pouvaient sortir de sa religion, ou plutôt *s'amusant,* si l'on peut s'exprimer ainsi, à tourmenter les coupables et les mauvais, non pour les amender et servir d'exemple, mais pour jouir d'une plus grande quantité de supplices. La prison, le carcan, le fouet, la mort, étaient prodigués en toute occasion. Lorsque d'aussi grands misérables s'avisent d'établir une morale publique,

cette morale est odieuse comme tout ce qu'ils font. Ils persécutent le vice et ne le punissent pas ; l'humanité, la décence, la probité, n'ayant d'autres bases que la crainte des châtiments humains, une immense corruption intérieure se cache sous la rigidité menteuse des dehors, et l'on commet sans pudeur tous les crimes qu'on espère cacher. Mais Calvin était surtout implacable envers ceux qui lui portaient ombrage où qui l'offensaient. Épiphane, évêque apostat de Nevers, consulté souvent par les magistrats, eut la tête tranchée; le même sort atteignit Gruet, coupable d'avoir écrit contre le Réformateur. Un pauvre teinturier qui se mêlait de théologie fut demander pardon à genoux pour avoir dit que Calvin pourrait bien s'être trompé et ne devrait pas avoir honte d'en revenir, comme en pareille occasion fit saint Augustin. Servet, médecin espagnol, à demi fou, avait soutenu contre Calvin une polémique dans le style du temps; Calvin sut l'attirer perfidement à Genève, l'accusa d'hérésie, lui fit faire son procès, sans même lui accorder un avocat, et le fit condamner. « Servet, dit
« Allwoerden, fut attaché debout à un poteau fixé dans le
« sol; une chaîne de fer liait son corps, et quatre ou cinq
« tours d'un épais cordage retenaient son cou. Son livre
« était suspendu à son côté, une couronne de paille ou de
« feuillage enduite de soufre couvrait sa tête. Le bourreau,
« qu'il priait d'abréger son supplice, alluma les flammes
« sous ses yeux, et ensuite les approcha en cercle autour
« de lui. A cette vue, Servet poussa un cri si horrible que
« tout le peuple en fut frappé d'horreur, et il se trouva des
« hommes qui, le voyant languir longtemps, se hâtèrent
« de jeter des fagots sur le bûcher; enfin, après une demi-
« heure de tourments, il rendit l'âme en criant d'une voix
« lamentable : Jésus, Fils de Dieu éternel, ayez pitié de

« moi ! » Calvin eut peur que Servet ne passât pour un martyr, et se remit à l'outrager. « Pour que les misérables « que son supplice a émus, écrivit-il, n'aient point à se « glorifier de l'entêtement de cet homme comme de la con- « stance d'un martyr, je dois faire remarquer qu'il montra « après que son arrêt lui eut été signifié, jusqu'au moment « de sa mort, une stupidité tout animale; tantôt il restait « dans l'attitude d'une personne stupide, tantôt il poussait « de profonds soupirs, ou bien des cris furieux; et cette « dernière manie prévalut tellement chez lui, qu'on ne l'en- « tendit plus que meugler comme les vaches de son pays. » Ne semble-t-il pas que ce démon avait déjà vécu dans l'enfer, et qu'il ne craignait pas d'y voir augmenter des tourments auxquels la puissance de Dieu même ne pourrait plus ajouter !

Les réfugiés français arrivaient toujours à Genève, qui devenait pendant ce temps un foyer de propagande protestante et politique dont les efforts étaient surtout dirigés contre la France. Notre patrie lui dut en grande partie les malheurs de ses guerres intestines. Dès 1559, les pasteurs calvinistes, tranquillisant la conscience du prince de Condé, lui faisaient déclarer, dans l'assemblée secrète de La Ferté-sous-Jouare, qu'il n'y avait pas crime à lever l'étendard de la révolte et de la guerre civile dans son pays, qu'on pouvait, par tous les moyens, se saisir des Guise, faire leur procès et les condamner, attendu qu'en pareil cas un prince du sang était légitime magistrat !

Calvin mort (1564), Dieu ne permit pas que son ouvrage tombât avec lui. Genève, telle qu'il l'avait faite et préparée, devait subsister pour la satisfaction de cette colère qui punit les générations. Elle devait être un exemple, au monde, des voies où les peuples peuvent s'égarer, des maux qu'ils peuvent souffrir, des hontes où ils peuvent descendre. N'ayant plus de dissidents à faire mourir, les Gènevois apprirent de leurs pasteurs à brûler les sorciers, cruauté qui est encore un bienfait de la Réforme, et dont les siècles les plus barbares n'avaient donné que peu ou pas d'exemples. Nulle part on ne vit autant qu'en ce malheureux coin de terre multiplier ces abominables supplices. Il y en a eu cent cinquante dans l'espace de soixante ans. Le dernier date de 1652; mais, quinze ans plus tard, on brûla encore un pauvre fou qui s'était fait juif. A côté de cela se rencontrent des centaines de prescriptions, d'ordonnances, de sollicitations du Consistoire empreintes de la plus inepte et de la plus tracassière bigoterie. Défense d'enseigner les mathématiques aux Savoyards (ils étaient catholiques), défense de porter des dentelles et des draperies, défense d'aller en carrosse, défense de sortir en pantoufles, défense de manger au bal, ni viandes froides, ni viandes chaudes, ni dragées, etc. On reconnaît à tout moment la basse envie du bourgeois, l'humeur chagrine des ministres d'une religion fausse, qui veulent interdire au public les plaisirs innocents dont la bienséance les oblige à se passer : on dirait que les femmes des pasteurs ont dicté la plupart de ces anathèmes contre les bijoux et les robes détroussées. Mais un grand malheur éclate-t-il sur la cité; la peste, par exemple, qui semble avoir élu domicile à Genève pendant près de cent ans, reparaît-elle; faut-il montrer du dévouement, secourir les malheureux; le Vénérable Consistoire change de ton. Ces apôtres, si braves contre les pantoufles et les habits dorés, refusent de paraître à l'hôpital, et prient le Conseil de pardonner cette faiblesssse, « Dieu ne leur ayant pas accordé la grâce d'affronter le péril. » Les registres du Conseil, qui constatent tout cela, constatent aussi que les mœurs publiques étaient au niveau du courage des pasteurs, et l'histoire fait voir que ces hommes si influents, si écoutés, ne savaient pas mieux entretenir la concorde que maintenir la vertu parmi leurs concitoyens. De 1558 à 1796, les factions prirent les armes environ trente fois ; mais cette rage belliqueuse s'aplatit singulièrement à diverses reprises devant la France, et Genève, en ces occurrences, ne trouva pas dans l'arsenal de ses guerres civiles un fusil pour résister à l'étranger. Bref, car ce récit fatigue, des escarmouches couardes entre des partis également poltrons, des révoltes et des haines mesquines, des querelles incessantes, l'insolence d'un côté, l'envie de l'autre, peu de patriotisme, nulle fraternité, des mœurs au moins douteuses, une impiété qui ne l'est point, une intolérance effrontée, une vanité dont le ridicule sans mesure donne à rire à l'Europe, c'est tout ce que la Rome protestante a dans son histoire durant trois cents ans : pas un acte héroïque ne relève le tableau. Voilà le peuple qu'ont fait les doctrines et les prêtres de Calvin.

Ce portrait, en beaucoup de choses, est encore exact aujourd'hui ; Genève, agrandie par les traités européens, fait étalage de vertus républicaines, de bonhomie suisse et de liberté philosophique ; mais, la proportion des temps gardée, elle n'a pas plus de tolérance et de patriotisme qu'elle n'en avait jadis. L'esprit de coterie et l'esprit de secte y vivent toujours ; le gouvernement foule autant que possible ses quelques centaines de sujets ; le Vénérable Consistoire tracasse, de toutes ses misérables petites forces, ceux qu'il ne peut plus fouetter, ni noyer, ni brûler, ni pendre. Ce clergé, hérétique depuis longtemps, n'est plus de la religion de Calvin, ni d'aucune autre religion ; nul ne sait ce qu'il est, il ne le sait pas lui-même : c'est tout au plus si ceux des pasteurs qui professent la théologie peuvent fournir assez de croyance officielle pour toucher les émoluments de leur emploi. Ils n'en sont que plus âpres à tourmenter comme ils peuvent les catholiques. Cette position de clergé de l'Etat, bien tranquille, bien écouté, bien payé, leur semble commode, et rien ne leur coûte pour s'y maintenir. Les vendeurs de croyance ne sont pas moins inflexibles que les fanatiques. Leurs prédécesseurs ne montrèrent jamais plus de vigilance contre les dissidents qu'eux-mêmes n'en montrent à cette heure contre les concurrents. Ils se passent de croire, mais ils ne veulent pas se passer de manger; il paraît, à leurs prêches, qu'ils font bon marché de la Trinité, du péché originel, de la nécessité du Baptême et d'une grâce surnaturelle, de la divinité de Jésus-Christ, de sa rédemption, de l'éternité des peines, toutes choses qui dénaturent la simplicité de la foi; mais ils soutiendront jusqu'à la mort (exclusivement) que le pape est l'Antechrist; car ils vivent de cela.

Les pasteurs de Genève surent toujours, avec beaucoup de talent, éloigner ou faire éloigner d'eux les Catholiques. Leur prosélytisme enfanta nombre de gros livres, mais ils ne voulurent jamais se trouver à portée des catéchumènes, et l'on ferait un volume plus intéressant que tous les leurs des ressources qu'ils imaginèrent jusqu'en 1789 pour les tenir à distance. Cependant cela n'est rien en comparaison de ce qu'ils ont inventé, depuis que vingt paroisses catholiques, détachées de la Savoie, ont fait, à leur grand regret, du territoire de Genève un canton mixte, et donné à la vieille foi droit de bourgeoisie dans la cité de Calvin. Les moyens qu'ils insufflent au gouvernement pour éluder l'exécution du pacte et dénier à ces nouveaux citoyens leurs droits les plus évidents, vont de l'odieux au ridicule, et, dans l'un ou l'autre cas, prouvent toujours leurs terreurs; terreurs fondées, il faut le reconnaître; car, ils ont beau faire, le

Catholicisme les gagne ; c'est, disait l'un d'eux, avec des paroles qu'on me pardonnera d'employer après lui, *un chancre qui les dévorera*. En 1789, il fallait encore, pour s'établir à Genève, se faire protestant. Malgré les tyrannies, les injustices, les fraudes pieuses, les prêches et les brochures, on y compte huit mille Catholiques aujourd'hui, et tout ce qu'il y a de vraiment religieux dans la ville est au nombre de ces huit mille fidèles. L'église qu'on leur a difficilement concédée est des trois quarts trop petite, on s'y étouffe ; tandis qu'il faut établir des poêles dans les temples protestants.

Ce m'est devoir et plaisir de payer ici à M. l'abbé Vuarin, curé de Genève depuis trente ans, un tribut d'hommages qu'il est juste d'étendre à tous les prêtres catholiques du canton. Ce digne ecclésiastique, dont la science égale les hautes vertus, est au milieu des Calvinistes le rempart et l'appui de l'Église renaissante. Jamais troupeau de fidèles n'eut un chef plus vigilant, un défenseur plus prompt, un père plus tendre et plus généreux. Toujours sur la brèche, toujours prêt à payer de sa personne, de sa bourse et de son vaste savoir, il a fait passer à la vénérable Compagnie des Pasteurs et au magnifique Conseil bien des mauvais jours dont nous le bénissons. Rien ne lasse sa tenace volonté. Une injustice ne se commet point qu'il ne la dénonce, un tort n'est point fait aux Catholiques qu'il n'en poursuive la réparation trop souvent refusée, une occasion de manifester le culte et la foi ne se présente pas qu'il ne la saisisse avec empressement. Je regretterai toujours de n'avoir pu, lors de mon passage à Genève, m'incliner devant cet illustre vieillard, qui, sous trois pontifes, équitables appréciateurs de son mérite, a refusé les premières dignités de l'Église pour rester au poste d'honneur qu'il occupe si noblement.

AMY PERRIN.

Amy Perrin était grand partisan de la Réforme, et des plus considérés dans Genève, où il avait eu la charge de capitaine général. Un jour, voulant donner une preuve tout extraordinaire de son zèle, il fit transporter la pierre du grand autel de l'église cathédrale sur la place des exécutions, et ordonna qu'elle y fût disposée en échafaud pour servir au supplice des criminels. Une si grande brutalité ne manqua pas d'accroître son crédit; mais bientôt ce crédit offusqua l'ambition de Calvin. D'ailleurs Amy Perrin passait pour n'aimer point les réfugiés français qui composaient le parti du réformateur : on résolut de se défaire de lui. Calvin l'accusa de machinations contre les Français et d'avoir comploté de les faire massacrer par trahison. Vrai ou non, ce que disait Calvin il fallait le croire : Amy Perrin fut condamné.

Arrivé au lieu du supplice, le misérable éprouva des terreurs atroces lorsqu'il vit l'échafaud sacrilége que lui-même avait fait dresser. Il supplia qu'on lui donnât la mort sans le faire monter sur cette pierre fatale. On lui répondit qu'il serait traité en dieu; que l'échafaud n'ayant point encore servi, c'était bénédiction d'avoir pour l'essayer un si noble personnage, qui en était l'inventeur, et qui mieux que personne pourrait dire si l'on mourait bien dessus. Puis on l'y porta dans une angoisse horrible. Le peuple n'avait jamais vu condamné faire plus mauvaise contenance devant la mort. On eût dit que cette pierre était brûlante à la façon dont il s'y débattait. Et comme il criait grâce et protestait de son innocence, le bourreau, qui avait été catholique, lui dit tout bas en lui bandant les yeux : « Vous vous trompez, Messire ; sur l'échafaud où vous voilà vous n'êtes point innocent. »

LAUSANNE.

Lausanne est riante, jolie et pittoresque autant que ville et campagne qui soient au monde. Elle a vue sur le lac, les plaines et les montagnes ; elle est coupée de ruelles étranges, semée de monuments curieux, mêlée d'escaliers bizarres ; elle possède une des belles cathédrales qu'il y ait en Europe. Lorsqu'on parcourt Lausanne, quelque chose serre le cœur pourtant !... Lausanne fut catholique, elle ne l'est plus ; elle a un évêché, mais point d'évêque (1) ; une église magnifique, mais point de religion, ou, si l'on veut, une religion, mais point de Dieu. L'Hérésie de Calvin règne là comme à Genève, et c'est en dire assez.

Lausanne avait grandi en paix et en liberté sous l'autorité toujours fort douce de ses évêques, dont le pouvoir s'était de lui-même successivement réduit à peu près aux choses spirituelles, lorsque les Bernois, qui avaient déjà fait la facile conquête de presque tout le pays de Vaud, enlevèrent d'un coup de main la ville épiscopale (1er avril 1536). Les Lausannois ne résistèrent point, bien qu'en ce moment ils parussent encore fort attachés à leur religion. Cependant ils pouvaient, en restant dans le sein de l'Église catholique, recouvrer promptement leur liberté si misérablement perdue : un soulèvement, auquel tout le pays aurait certainement pris part, et que les cantons catholiques auraient

(1) Monseigneur l'évêque de Lausanne et Genève est obligé de résider à Fribourg.

appuyé, eût suffi et au delà. Mais l'Hérésie, que les prédications de Farel n'avaient pu faire pénétrer parmi eux, y trouva de nombreux sectaires dès que les Bernois furent maîtres. On leur fit, au sujet de leurs priviléges, des promesses qu'on ne garda point; on leur abandonna quelque chose des biens du clergé mis au pillage, et ils consentirent à tout. Bientôt la perte de la religion corrobora la perte définitive de la liberté. Deux siècles et demi de la plus humiliante oppression punirent cette lâcheté, et Dieu seul peut dire aujourd'hui combien de siècles d'Hérésie les puniront encore plus durement et plus honteusement. A la place des prêtres et des moines qui les gouvernaient doucement, qui les consolaient, qui les instruisaient, qui préparaient enfin, là comme partout, par la charité, la science, et la foi, cette émancipation du genre humain, dont l'Église a constamment fait son but, les Lausannois furent soumis au joug assoupissant des oligarques de Berne, à l'avidité hautaine des baillis, et, ce qui est pire, aux flétrissures morales que l'esprit de secte mène avec lui.

L'histoire de la Réforme du canton de Vaud est excellemment traitée par M. de Haller (1) : nous ne nous y arrêterons pas. Trois mots peuvent d'ailleurs tout résumer : duplicité, violence, corruption; c'est la même chose partout. Les principaux auteurs de ce changement, après les soldats de Berne, furent deux jeunes gens, Farel, Dauphinois, qui avait vingt-cinq ans, et Viret, qui en avait vingt-deux, l'un et l'autre intrépides bavards, ignorants, et qu'on eût dit choisis exprès pour que rien ne manquât à la honte des apostasies. Ces *théologiens* imaginèrent, soutinrent, et firent

---

(1) Histoire de la Réforme protestante dans la Suisse occidentale, par M. de Haller.

adopter des articles dont Luther, Zwingli et Calvin ne s'étaient pas avisés. Quand des hommes d'un certain savoir inventent des absurdités, ils observent encore une sorte de mesure, au delà de laquelle il leur semble que l'erreur n'est pas soutenable et saute aux yeux. Mais sur leurs pas viennent les aveugles et les idiots, qui brisent tout et que la foule suit avec des cris de joie. — Il est des natures étroites et basses qu'on voit courir au pillage de la raison, comme des natures féroces qui aiment la ruine, l'incendie et le sang.

LES VOYAGEURS SENSIBLES.

Je me trouvais un jour, dans la voiture de Genève, compagnon d'une dame suisse ou flamande, qui avait bien, sans lui faire offense, l'âge moyen avec quelque chose pardessus. Il lui restait encore pourtant l'ombre d'un droit aux prétentions de la jeunesse, et elle en usait. Du reste, la créature la plus occupée de vivre qu'il y eût, ne pouvant pas souffrir un grain de sel de moins dans sa soupe, ni un œuf trop cuit d'une demi-seconde, et se faisant partout servir gaillardement : c'était la santé, l'appétit, le sommeil, l'assurance, la tranquillité mêmes. Elle n'avait peur que de verser, ne s'inquiétait que des heures de repas, ne paraissait embarrassée d'aucune affection en ce monde que pour sa caisse à chapeaux. Tout à coup, quelqu'un montrant un clocher nous dit : Voyez Vevey! Et voilà cette grosse femme qui se jette à la portière avec un mouvement si rapide, que nous avançâmes tous la main pour la retenir; mais il n'y avait pas de danger. Deux massives épaules l'arrêtaient suffisamment de chaque côté ; la tête seule pouvait passer. Après avoir longtemps regardé, elle se rassit pensive, soupirant comme un soufflet de forge, et nous eûmes l'incroyable spectacle d'un sentiment de mélancolie dans les petits yeux et sur le petit front d'une Héloïse de 45 ans, car il s'agissait d'Héloïse au fond de ce cœur tendre : la grosse femme n'avait à Vevey ni ses enfants, ni son mari, ni sa caisse à chapeaux.

J'ai bien ri de cette singulière figure; cependant il faut que j'y songe pour échapper aux mêmes préoccupations. Vevey est une gentille petite ville, proprette, bien assise sur les bords du lac; le Léman est là plein de grâce et de majesté. Il s'allonge dans une allée de montagnes, entre deux files de jolis villages qui franchissent, en se donnant la main, des multitudes de collines et de vallons verts. De gracieux châteaux élèvent leurs tourelles au-dessus des arbres; la verdure, la neige, les noirs ombrages, les beaux noms foisonnent dans le cercle de l'horizon; mais un souvenir fantastique domine tout; c'est celui de Julie d'Étanges. Il semble qu'elle a vécu ici, avec les fausses vertus qu'on nous fait admirer dans l'ignorance ou dans l'effroi des vertus réelles, et qu'un vestige de cette création imaginaire s'est attaché à tout ce que l'on voit. Le *guide* dit en propres termes : « Les souvenirs de la *Nouvelle Héloïse* donnent un charme particulier à cette contrée, aux yeux des *voyageurs sensibles*. » Notre grosse dame était une voyageuse sensible, et je me trouvais être un voyageur sensible aussi.

Cette sotte émotion me conduisit à des réflexions sérieuses : pourquoi, même après la prière, se surprend-on à aimer encore ces personnages de roman? C'est qu'il est difficile de vouloir bien fermement devenir bon et solide chrétien. Nous endormons nos passions sans les vaincre; elles nous entourent d'embûches, et nous sentons, au moindre choc, mille regrets pour les errements du monde s'éveiller en nous. On sourit à des semblants de vertu qui laissent toutes sortes de ressources au vice, et l'on ne se plie qu'en gémissant à la vraie vertu, qui écrase le vice et l'anéantit. Cette Julie, par exemple, qui nous séduit tant, qui nous paraît aimable et grande, qu'est-ce que sa vertu? un appât, une chute possible, probable, justifiée d'avance. Placez à ses côtés, dans le monde, une fille aussi belle, spirituelle et bonne, mais rebelle à la pensée même d'une faute, avant tout soumise à Dieu, ne confiant qu'à Dieu seul le chaste secret de ses combats, chrétienne en un mot; nous la trouverons d'abord insignifiante, et nous ne saurons même pas combien nous l'honorons par là. Nul n'y songera pour en faire une héroïne de roman, car nul ne pourrait transformer à ce point une vierge pure protégée par la prière. Le *drame,* comme on dit, s'il y en avait un, se passerait d'ailleurs entre son crucifix et son âme, l'oreille seule d'un prêtre en entendrait le récit, jusqu'au jour prochain où le crucifix doit triompher : tout cela n'est pas pour faire rêver agréablement. Infirmes que nous sommes, notre amour et nos souhaits ne vont que bien rarement là où toute notre estime est forcée à s'incliner. Si nous savions en quels lieux l'auteur de l'*Imitation* a écrit ses pages immortelles et saintes, nous n'irions pas nous y attendrir comme à Vevey.

Moins aveuglés cependant, nous tirerions des leçons chrétiennes de tous ces livres coupables qui veulent faire de nos passions une peinture embellie. Les deux héros de la *Nouvelle Héloïse*, à cette bagatelle près qu'ils n'ont pas de religion, sont des modèles achevés. Ils veulent absolument être vertueux, et sans cesse ils s'élancent à grandes phrases vers le bien. Mais cela ne les empêche pas de commettre ignoblement des fautes mortelles, de n'arriver qu'au malheur, de souffrir sans consolation, sans courage, jusqu'au moment où l'auteur appelle la mort à son secours pour n'être pas obligé de les souiller encore plus qu'il n'a fait. Et, dans le renversement d'idées où il nous jette, l'estime et l'affection du lecteur ne reviennent décidément à Julie qu'au moment où, près d'expirer, elle avoue le mensonge de son courage et de sa vertu. C'est qu'en effet cette vertu sans piété devient un misérable calcul de bien-être ici-bas ; elle est sèche, elle est égoïste, elle est odieuse; si peu que Julie en possède, on lui en trouve encore trop. Jugez du beau fruit qu'un jeune homme ou une jeune femme, arrivant à l'application personnelle, peuvent retirer d'une conviction comme celle-là. En y réfléchissant, en comparant à l'inflexible simplicité des préceptes religieux ces axiomes confus, ces règles de sagesse philosophique, toujours brisées à la moindre aventure et toujours désolantes, on serait tenté de prendre le livre entier pour une longue ironie, car la logique de Rousseau ne l'abandonne pas : il va droit dans l'absurde comme un autre irait droit dans le vrai ; il nous montre parfaitement toute l'insuffisance de ses vertus de fabrique athée. Nous nous y trompons cependant, parce que nous voulons être trompés; parce qu'il nous faut des prêtres de mensonge, dont les belles paroles consacrent nos vices, et nous les offrent avec une dévotion sacrilége, en nous disant : « Voilà le pain de l'âme et l'idéal du bien ! » Certes, les misérables isolés que nos lois condamnent tous les jours, obscurs agents de la débauche, ont, moins que ces prédicants glorieux, mérité l'amende, le fouet et la prison.

Il ne manque pas de gens, sans compter les Anglaises, qui vont à Rome se moquer des reliques saintes, et qui viennent sérieusement soupirer à Vevey. — Pauvre idiote humanité !

FRIBOURG.

Fribourg est, par excellence, la ville catholique de la Suisse, comme Genève y est, depuis Calvin, la capitale de l'Hérésie. Il est curieux de les visiter l'une après l'autre. Le contraste saute aux yeux tout d'abord. Autant la ville protestante a de mouvement, de charrettes, de boutiques, de cafés, de bruit et d'éclat modernes, autant Fribourg est calme, tranquille, reposée, pleine de vieilleries naïves. Rien n'y semble neuf. Ce qui est fait d'hier a tout de suite un caractère traditionnel et ancien, qui montre que le présent est fils légitime du passé. C'est le propre des pays catholiques : ils conservent, tandis que les réformés sont sans cesse en travail de refonte et d'amélioration. Les uns et les autres n'ont rien à faire de mieux. Cela, sans doute, est plus exactement vrai des idées et des mœurs, mais il y paraît toujours plus ou moins aux usages. On ne garde pas la foi des ancêtres sans garder quelque chose de leurs coutumes, qui maintient la chaîne des temps.

Les hôtes accoutumés des deux villes sont aussi différents que les deux villes elles-mêmes se ressemblent peu. L'une comme l'autre voit accourir dans ses murs des hommes politiques, des écoliers, des savants, des exilés. Mais à Genève affluent les démolisseurs, les philosophes, ceux qui veulent défaire les sociétés, ceux qui veulent transformer les croyances, ceux qui ne cherchent dans la science que des nomenclatures, des dates, des mots, ceux qui ne cherchent dans la vie que du bruit et des richesses, puis enfin quelques-uns de ces vaincus du négoce et de l'agio, qui ont tout sauvé, fors l'honneur. A Fribourg, petite Rome silencieuse et cachée, viennent des hommes qui ont échoué à vouloir replacer les États sur leurs vieilles bases; de pauvres soldats, athlètes obscurs, ignorés même de leurs vainqueurs, et qui savent seuls au monde, avec l'ami dont ils reçoivent l'aumône, que l'exil les a frappés; des familles de France retenues au lieu où leurs enfants puisent une éducation chrétienne, dont les sources sont fermées ou trop rares chez nous; des Chrétiens séparés, qu'une conviction courageuse ramène au sein de l'Église-mère, et qui ont dû fuir les reproches, les outrages, les secrètes et accablantes persécutions du foyer; de pieux vieillards et des jeunes hommes pleins de croyance, avides du savoir suprême, et voués pour la plupart aux travaux de l'apostolat; des bonnes gens, satisfaits d'une humble aisance, qui désirent achever doucement leurs jours à l'ombre des murs saints où ils ont reçu le baptême et appris la loi. Population désormais plus soucieuse de l'éternité que de l'avenir humain, qui a besoin de temples toujours ouverts, de prières recueillies, d'encourageantes promesses, qui aime à rencontrer souvent une chapelle sur ses pas, et qui dirige volontiers ses promenades vers l'endroit du chemin où s'élève une croix.

On passe à Genève, on demeure à Fribourg. L'étranger y reçoit d'une société plus hospitalière, un accueil plus avenant. Cela est tout simple. Les rapports sociaux s'établissent sur la confiance, et la confiance naît d'une connaissance réciproque. Or de bons catholiques se connaissent promptement, il ne faut qu'un peu d'aménité et de savoir-vivre pour rendre intime une liaison d'où le soupçon est tout d'abord naturellement exclus. Entre protestants et philosophes il n'en est pas ainsi. Deux hommes, fussent-ils protestants et philosophes jusqu'au bout des ongles, n'ont aucune raison de se croire en communauté d'opinions, de pensées, ni surtout de morale. Tous les Catholiques vont à la même messe, les Protestants ne vont pas tous au même prêche. Ils ne sentent point entre eux le lien fraternel de la foi religieuse, le ciment de la charité catholique ne les unit pas ; on ne se reconnaît pas, on ne se confie point au nom de Luther comme au nom de Jésus ; et, quels que soient du reste les charmes de l'esprit et du caractère, on reste armé contre l'étranger de cette prudence froide et cassante, si bien à propos recommandée par la sagesse du monde. Lorsque tout au plus on se croit en sûreté avec des amis d'enfance, comment ouvrir sa maison au premier venu des pays lointains? — Sainte fraternité chrétienne! à combien de projets insensés les hommes et les nations, fatigués de leurs haines, n'ont-ils pas demandé en vain ce que tu nous gardes si facile et si près!

Indépendamment des personnes, on aime, à Fribourg, son aspect, le pêle-mêle de ses rues tortueuses, le labyrinthe de ses longs escaliers ; on aime ce silence qui laisse entendre le bruit des cloches et le gazouillement des écoles ; on aime ces maisons de pierre grise, dont la porte ornée de cuivres luisants et les fenêtres parées de fleurs semblent fermées au tracas de la vie. Chaque quartier fourmille de surprises charmantes : le paysage a les aspects les plus divers et les plus gracieux. Vous contemplez la Sarine avec ses humides falaises couronnées de verdure ; plus loin une belle montagne s'étend au sein des vastes plaines aperçues par-dessus les toits ; à quelques pas de là un épais bouquet d'arbres s'élève bien haut sur votre tête, et un moment après la flèche d'une église est au niveau de vos pieds. Vous rencontrez un bon capucin sortant fort affairé d'une maison de triste apparence ; un prêtre questionnant des pauvres, un jésuite conduisant à la promenade une troupe d'écoliers, un liguorien méditant les yeux baissés et qui passe sans vous voir, une servante ou un paysan ou une dame qui sort de l'église tenant encore son chapelet. Vous ne voyez presque jamais un garçon, de dix à vingt ans, qui ne porte un livre et qui n'agite avec son compagnon quelque point d'histoire, de grammaire ou de théologie; mais il interrompt toujours sa discussion, si animée soit-elle, pour vous saluer en passant. Du reste, ni équipages, ni guenilles, ni maisons très-somptueuses, ni mendiants. Nulle trace des affreuses et répugnantes industries qu'on voit exercer dans les grandes villes. Il n'est pas de pays où le travail, la richesse et la misère soient moins apparents.

L'empreinte religieuse et nationale, dont l'influence du clergé marquait autrefois les villes, est presque partout, en Suisse, très-visible encore; mais elle m'a paru plus profonde à Fribourg. On y conserve de vieux usages touchants; les petites chapelles commémoratives sont nombreuses; les croix, les madones, les grands crucifix garnissent les chemins; chaque église, peinte et sculptée selon l'intelligente coutume des anciens temps, offre à celui qui passe, comme à celui qui prie, une histoire parlante de Dieu, des mystères et des saints. Enfin, il n'est presque pas un monument consacré à l'utilité publique où l'on n'ait trouvé moyen d'attacher quelque bon souvenir et quelque salutaire leçon; les fontaines, fort nombreuses, sont toutes surmontées de la statue d'un saint ou de l'image d'un héros du pays, ce qui vaut certainement mieux que les pyramides, les nymphes, les urnes et les animaux, dont l'art *réformé* nous accable depuis trois cents ans.

Fribourg est la sœur aînée de Berne. Fondée quelques années avant cette dernière ville, par Berchtold IV, duc de Zaeringen, elle fut aussi valeureuse, plus équitable et moins envahissante. Deux faits importants dominent son histoire, et méritent particulièrement l'attention du voyageur chrétien. En 1481, le saint ermite Nicolas de Flue la fit admettre dans la Confédération suisse, et la délivra des Autrichiens; cent ans après, en 1581, le bienheureux Canisius vint s'y établir, et la préserva de l'Hérésie, en même temps qu'il préparait sa richesse et sa prospérité future par l'établissement du célèbre Collége des Jésuites, qu'on y voit encore maintenant. Le cours de notre pèlerinage nous amènera plus loin à parler de Nicolas de Flue; disons ici quelques mots de Canisius. Beaucoup de lecteurs, en voyant ce nom, ignorent sans doute qu'il fut celui d'un homme illustre par tout ce qui peut illustrer l'humanité : courage, dévouement, savoir, modestie, bonnes actions et grandes actions, mais illustre et influent surtout par une piété d'ange, en ces jours où les dangers de la foi produisirent des hommes si purs et si pieux.

PIERRE CANISIUS.

L'année 1521 est bien remarquable dans l'histoire de l'Église. Tandis que Luther jette le masque à la diète de Worms, un jeune cavalier espagnol, qui jusqu'alors n'avait rêvé que guerre et galanterie, poussé par l'esprit de Dieu, suspend son épée, déjà glorieuse, à l'autel de la Sainte-Vierge, renonce aux joies du monde, et commence la vie d'austérités qui doit donner à la terre et au ciel saint Ignace de Loyola. Cette même année, le 8 mai, Canisius naquit à Nimègue, destiné pour être en Allemagne le plus infatigable athlète de la vieille foi. Sans doute il ne faut pas attacher trop d'importance à de tels rapprochements, mais l'esprit le plus ferme en est quelquefois ému.

Canisius devait être un de ces hommes qui ne bronchent pas dans le sentier du bien : leur mission, comme celle de Jean-Baptiste, commence avec leur vie. Son premier jouet fut un livre, son premier mot une prière, et depuis il alla toujours étudiant et priant. Nimègue n'eut pas assez de maîtres pour son ardeur de savoir. On l'envoya tout jeune et tout seul à Cologne, déjà infestée d'hérésie. Les Réformés avaient un art infernal pour séduire les jeunes gens : ils les entraînaient par la louange ; et le plaisir achevait ce qu'avait commencé la vanité. Canisius fut comblé d'éloges : peine perdue ! il était si modeste, qu'il n'en crut rien. Mais un jour parvient à lui le nom d'un vertueux prêtre qui venait d'arriver à Mayence : on disait merveille de sa science, de son éloquence sévère et douce, de son ardente charité. Le jeune écolier part sur-le-champ, et le va trouver : c'était le père Lefèvre, le premier de ceux qui formèrent à Paris le noyau de la Société de Jésus. Le cavalier espagnol n'avait pas perdu son temps : en quelques années d'un travail et d'une persévérance à faire pâlir les plus indomptables courages, il avait appris le latin, enduré la misère, l'outrage et la prison, prêché en Espagne, en Italie, en France, visité à pied les lieux saints, reçu la prêtrise, et fondé un ordre religieux, dont les membres évangélisaient déjà l'Inde, l'Afrique et toutes les contrées de l'Europe. Ces hommes, voués à la pauvreté, à l'obéissance, au martyre, portaient partout, au premier ordre de leur chef, la parole de Dieu, et il semblait que, comme aux premiers apôtres, le don des langues leur fût accordé. Ils possédaient aussi le don des âmes ; habiles à raviver la croyance et à faire germer le repentir au fond des cœurs les plus endurcis. Dès les premiers temps de sa conversion, Ignace, encore ignorant, avait, par la seule force de sa foi, créé une méthode d'examen et de méditation que ses disciples propageaient avec des fruits immenses. Les bénédictions célestes ont toujours été attachées à ces exercices de la *retraite spirituelle*, si simples et si puissants, qui forcent à de si salutaires retours, font pleuvoir tant de clartés et mènent à de si fermes résolutions ; on sait au ciel combien ils ont sauvé d'âmes. Canisius s'y soumit avec empressement, sous la direction du saint prêtre à qui Dieu l'envoyait. Sa vocation n'avait jamais été douteuse ; mais, de ce jour, elle fut particulièrement fixée. Il voulut être de ces hommes au renoncement sublime, qui consacraient au seul service de la vieille foi tout ce que le cœur peut posséder de courage, tout ce que l'esprit peut embrasser de connaissances, tout ce que l'âme peut contenir de vertus ; et pour commencer, son père étant mort, il fit donner aux pauvres, sans en rien réserver, toute sa part du bien paternel. En ces temps, comme dit magnifiquement Bossuet, *en ces temps-là*, malgré les apostasies, les hontes, les turpitudes, *il y avait des chrétiens sur la terre.*

On ne devient pas jésuite tout d'un bond. Canisius, après avoir subi de sévères épreuves, fut reçu novice et continua ses études. Il fallait tout savoir pour arriver au but de la Société ; les Protestants faisaient sonner si haut le doctorat de Luther, que saint Ignace, après le désir de former de très-saints prêtres, ne souhaitait rien tant que de former de très-savants théologiens. Canisius, donc, se préparait à l'étude par la prière, et l'étude lui apprenait à prier. Mais déjà la foi mettait son éloquence à profit ; aujourd'hui dans une ville, demain dans l'autre, à peine fut-il ordonné prêtre, il allait prêcher, confesser, convertir. Au milieu de ces courses évangéliques, il publiait la meilleure édition qu'on ait encore des Pères d'Alexandrie, et enfin nous le voyons à vingt-six ans légat d'un cardinal d'Allemagne au Concile

de Trente. On ne sait quel secret possédaient ces hommes pour tripler la durée du temps par la multiplicité des œuvres. De Trente, où il passa une année, Canisius vint à Rome. Saint Ignace était alors sollicité par le roi de Naples de fonder un collége à Messine. Pour s'assurer des dispositions de ceux qu'il désirait y envoyer, il posa certaines questions à ses disciples. Les réponses furent unanimes en esprit d'obéissance. Voici celle de Canisius : « Je suis également prêt,
« soit à demeurer ici pour toujours, soit à aller en Sicile,
« aux Indes, et partout ailleurs où le père Ignace, mon
« vénérable père et maître en Jésus-Christ, voudra bien
« m'envoyer. S'il me faut aller en Sicile, je proteste que,
« quelque emploi qu'on m'y donne, soit de jardinier, de cui-
« sinier, de portier, d'écolier ou de professeur, en quelque
« faculté que ce soit, quand elle me serait jusqu'ici inconnue,
« ce me sera une chose très-agréable de m'y appliquer. »
Canisius fut envoyé à Messine, et y professa la rhétorique. Mais bientôt l'Allemagne, où l'Hérésie faisait des progrès, eut besoin de lui : il quitta sans murmurer Messine pour Ingolstadt, comme il avait quitté Rome pour Messine, comme il aurait quitté l'Europe pour le Japon, la vie pour le martyre. Et cet esprit était celui de tous les jésuites. Il n'en est pas un, parmi les plus capables, dans les premiers temps de l'ordre, et depuis, et encore de nos jours, qui n'ait au péril de sa vie labouré le monde, courant à travers les déserts, les ennemis, les tempêtes, les pestes et les guerres, sous la sauvegarde d'en haut. Le plus brillant de tous, saint François Xavier, si noble, si spirituel, si savant et si plein d'éloquence, passa de sa chaire à Paris aux missions de l'Inde, où il resta vingt ans et mourut, sans demander à revenir et sans le désirer, puisqu'il faisait du bien où il était.

Nous ne saurions suivre Canisius dans ses courses incessantes ; à Vienne, où il publia son célèbre Catéchisme, ouvrage effrayant d'érudition, de recherches et de méthodes, dont il y eut plus de quatre cents éditions en moins de cent ans, qui fut traduit dans toutes les langues du monde et qui sera toujours consulté avec fruit ; à Prague, à Augsbourg, à Trieste, à Rome, à Inspruck, à Cologne, à Mayence, partout. Au moindre signe de ses supérieurs, au moindre besoin des âmes, fatigué ou malade, ou chèrement occupé, comme le sont parfois les savants, de quelque nouveau livre..., il montait à cheval et partait. On ne voyageait pas alors comme à présent. Il fallait traverser des montagnes désertes, franchir des torrents, passer à gué les rivières, endurer le soleil et la pluie, prendre un mauvais gîte après une journée pénible ; souvent l'ennemi occupait les passages, souvent il fallait s'aventurer en pays hostile avec un caractère proscrit, n'importe ! ou plutôt tant mieux ! car le Rédempteur a souffert, et tient bon compte de ce qu'on souffre pour lui. Quelquefois le pieux missionnaire était accueilli comme un ange de miséricorde et de salut, et sa marche devenait un triomphe ; ailleurs la populace lui jetait des pierres et de la boue. Sans faire plus d'attention aux outrages qu'aux louanges, il allait avec la même sérénité d'âme, prêcher deux ou trois fois par jour, conseiller le prince, consoler le pauvre, instruire l'ignorant, et sortait du palais pour écouter au confessionnal les plus infimes pécheurs. C'est une chose admirable que ces odyssées chrétiennes, mais bien plus admirable encore est le caractère du héros, et la grâce divine qui le préserve sans cesse de l'orgueil de ses bienfaits. Canisius, appelé, sollicité, vénéré de toutes parts, chéri des princes et des peuples, influent dans les cours, restait pauvre, refusait les honneurs, les emplois, ou, s'il était forcé de les occuper temporairement, n'en acceptait que les charges, et gardait une modestie d'ange, une simplicité d'enfant. Docile comme un novice aux ordres de ses supérieurs, lorsqu'on lui disait d'écrire, il prenait sa plume infatigable; il la déposait lorsqu'on lui disait de cesser. C'est ainsi qu'il entreprit de répondre aux centuriateurs de Magdebourg, travail immense et qu'il accomplit en partie, bien qu'interrompu sans cesse par des courses nouvelles et d'autres travaux plus pressés. Nous ne le voyons jamais en repos, jamais en place. Déjà vieux et affaibli, il abandonne du même cœur les résidences qu'il aime pour celles qui lui conviennent moins, les occupations qui le reposent pour celles qui le tuent. La seule part de son temps dont l'usage soit réglé invariablement, est celle qu'il donne à Dieu; il consacrait tous les jours cinq heures, et sur la fin de sa vie sept heures à la prière. C'est qu'il ne priait pas seulement pour lui. Dans ses nombreux pèlerinages, il avait vu bien des malheureux, bien des coupables et des égarés. Il y songeait devant l'autel, il offrait pour eux une portion de ses souffrances, et s'imposait tous les jours, pour la conversion des hérétiques, de nouvelles austérités. Combien je plains celui qui, n'étant pas Chrétien, lira ces pages! Que de nobles choses il ne croira pas ou ne comprendra pas! Vous tous que j'aime, je vous en conjure, apprenez la langue sublime dont j'essaye de bégayer quelques mots.

Canisius avait soixante ans; il était à Inspruck, et s'attendait d'y mourir, croyant sa fin prochaine, lorsque de nouveaux labeurs s'ouvrirent devant lui. La Suisse était bien troublée, les Hérésiarques y faisaient un mal affreux et de redoutables conquêtes. Contre un tel fléau l'on ne connaissait qu'une défense, qui réussissait partout depuis quarante ans : l'établissement d'un collége de jésuites. Les gouvernements des cantons fidèles et leurs sujets réclamaient ces hommes apostoliques comme leur unique moyen de salut : Canisius y fut envoyé. Ses soixante ans ne l'empêchèrent point de prêcher régulièrement tous les dimanches et fêtes, et souvent dans la semaine, de visiter les pauvres, de parcourir les campagnes, enfin de fonder à Fribourg, où il résidait, la célèbre maison qu'on y voit encore aujourd'hui, pleine de sève et abondante en fruits heureux. L'effet répondit promptement aux espérances. En deux ans le pays fut purgé, la paix y revint avec les mœurs, et la concorde avec la foi. Huit années durant, le vieux prêtre se soutint à cette vigueur d'action qu'il étendit fort au loin sur toute la Suisse. Il était l'apôtre du pays, honoré, béni comme tel ; mais on ne le vit point, à l'exemple des Calvin, des Zwingli, des Haller, gouverner despotiquement la République, fomenter les guerres, convertir à force brutale; il allait lui-même au-devant des dissidents, et ne leur envoyait pas de soldats. Lorsque les chefs du gouvernement lui demandaient un avis, il le donnait et conseillait surtout de prier Dieu. Toujours humble, souvent ce saint vieillard, ce savant illustre, cet apôtre vénéré, donnant l'exemple aux jeunes frères, balayait les corridors et lavait la vaisselle de la maison.

Maintenant, aidez-moi, mon Dieu ! à raconter dignement ce qui reste de la vie de votre serviteur.

Frappé à soixante-huit ans d'une attaque d'apoplexie et par suite ne pouvant plus prêcher, Canisius, ne renonça point à servir le Ciel et le prochain ; on ne déracine la charité et l'amour de ces cœurs ardents qu'avec la vie. Pressé de publier ses Sermons, il s'y refusa par modestie, et donna seulement quatre volumes de notes qui sont comme l'arsenal de ses armes, dont il s'est servi si glorieusement; il écrivit l'histoire des saints révérés aux lieux qu'il habitait, travail de science et de haute moralité; il fit paraître des livres de piété destinés au peuple, dans l'esprit du grand Dieu qui veut qu'on laisse venir à lui les petits enfants; enfin il entretint jusqu'à sa mort, avec nombre de personnes, beaucoup de ces correspondances paternelles, dont les cœurs comme le sien, inépuisables en charité, peuvent seuls soutenir le poids : tantôt en allemand, tantôt en latin, qu'il écrivait avec la même élégante facilité, et tout cela au milieu des douleurs aiguës d'une lente dissolution.

Puis, sentant au redoublement de ses souffrances qu'il allait enfin mourir, et voulant consacrer uniquement à l'oraison le peu de jours qu'il avait à passer encore ici-bas, il termina sa carrière active par une lettre au général de son ordre, le P. Claude Aquaviva (le cinquième depuis saint Ignace), où il proteste de sa soumission, s'accuse de toutes les fautes qu'il a pu commettre dans les emplois qu'il a exercés comme supérieur, prédicateur ou écrivain de la Compagnie, prie qu'on lui impose une pénitence et recommande le vieux cep inutile aux prières de ses frères qui servent Dieu. S'adressant ensuite à un ami, il trouve encore la force d'écrire ces lignes que je n'ai pas le courage de passer sous silence comme tant d'autres admirables paroles : « Que notre grand
« Dieu, cette source infinie de toutes sortes de biens, soit
« béni à jamais, lui qui, par un ordre secret de sa provi-
« dence, permet que la pesanteur, l'oubli, le dégoût, l'en-
« nui et toutes sortes d'incommodités surviennent dans la
« vieillesse, pour nous avertir que nous n'habitons que dans
« de faibles tentes, et qu'il faut songer à les quitter pour
« passer à une meilleure vie; rendons de très-humbles ac-
« tions de grâces à ce maître adorable, qui a notre sort entre
« ses mains. » Cela fait, il regarda venir la mort, sachant

d'avance le terme de ses épreuves. Et comme le jour qu'il avait fixé arrivait, quelqu'un, approchant l'oreille de sa bouche, l'entendit murmurer ces mots : *Cupio dissolvi et esse cum Christo.* Ce dernier vœu s'accomplit le 21 décembre 1597, fête de Saint-Thomas, apôtre. Canisius avait vécu soixante-dix-sept années, dont pas une, à partir du moment précoce où il atteignit l'âge de raison, ne fut perdue pour le service de la religion et de l'humanité. Qu'on juge par un seul fait des précautions, des sages lenteurs et des sévérités de l'Église, lorsqu'il s'agit de placer un saint sur nos autels : Canisius, dont la vie fut bien plus admirable que nous n'avons pu le raconter, n'est pas encore canonisé ! Le grand nombre de ses écrits en rend l'examen difficile, et il faut que tout sorte sans erreur de cet examen. — Mais les fidèles ont devancé le jugement de Rome. Ils invoquent le bon Père dans leurs souffrances, ils lui demandent secours dans le ciel et protection ici-bas.

LES JÉSUITES.

L'œuvre de Canisius subsiste à Fribourg, où son nom et sa tombe sont encore en vénération. Les jésuites ont continué d'occuper la grande maison qu'il a bâtie, jusqu'à la dissolution de l'ordre, arrachée à Clément XIV ; ils y sont revenus depuis. Leur vie est toujours la même : c'est la règle dans sa rigueur, l'étude infatigable, l'infatigable charité, l'infatigable dévouement du xvie siècle. Lorsqu'on parcourt ces vastes et paisibles corridors, ornés de pauvres tableaux représentant les martyrs, les saints, les supérieurs et les docteurs de la Compagnie, il semble qu'on ait reculé de trois siècles et l'on s'étonne de s'y voir. On pourrait s'étonner plus encore, lorsque, pénétrant dans les cellules pauvres et nues des religieux, on se trouve face à face avec ces hommes dont la passion et l'erreur ont fait de si étranges portraits.

C'est à Rome que, pour la première fois, j'ai vu des jésuites. Ainsi que ceux de mon âge et de ma condition, j'avais appris à les connaître dans les pamphlets du temps et ne tenais d'aucune autre source tout ce que je pensais en savoir. A peine m'était-il venu à l'esprit qu'on pût les étudier ailleurs. Je croyais vaguement au prétendu mystère de leurs fameuses constitutions, au non moins célèbre lieu commun de leur ambition temporelle, à la facilité de leurs principes, aux restrictions mentales dont j'avais tant ouï parler, à leur passion politique; bref, je ne pénétrai point dans leur maison, malgré les bonnes dispositions où ma raison s'efforçait d'être, sans quelque saisissement, comme s'il se fût agi pour moi d'une espèce d'initiation. Je découvris en effet beaucoup de choses, mais non du côté que j'attendais, où il n'y a qu'à oublier. Je vis des Chrétiens semblables aux Chrétiens des vieux temps, rien de plus. Le spectacle était assez beau et assez nouveau comme cela pour un pauvre jeune homme quasi libéral, qui n'avait guère fait autre chose jusqu'à sa vingt-quatrième année, que juger tous les jours les philosophies, les religions, les orateurs, les vaudevilles, les danseurs et les gouvernements. Il me parut que ces hommes en savaient plus que nous, étaient meilleurs et plus sages que nous. Je me vantais de ne sentir plus de colère politique, et ils m'apprirent en quelques mots l'impartialité. Devenus citoyens du monde, mais seulement en attendant le ciel, l'éternelle et unique patrie, ils jugent les choses d'une hauteur où n'arrivent guère les frénésies que nous leur supposons gratuitement, les sentant trop violentes en nous, même quand nous nous croyons sages, pour imaginer un état où l'on ne les éprouve pas.

La source de tant de faux jugements sur la religion et les prêtres, c'est qu'ils sont portés communément par des hommes qui ne connaissent ni les prêtres, ni la religion, et qui se contentent de les détester. Les jésuites en ont particulièrement souffert. Nés au milieu de la Réforme, institués pour la combattre, et de tous temps ses plus redoutables ennemis, ils ont eu de tous temps aussi affaire à des adversaires, dont les plus honnêtes furent au moins trèspeu scrupuleux (1). Et parce qu'ils se sont montrés très-actifs à *défendre* ce que ceux-ci *attaquaient* partout, sans relâche et sans mesure; parce que la Réforme ayant donné naissance à l'esprit républicain, les jésuites en combattant pour la Foi se trouvèrent combattre pour l'autorité, on les accusa d'ambition, de despotisme, d'appétit des grandeurs et du pouvoir. Il serait temps, ce nous semble, d'envisager plus sainement tout cela. Luther, Zwingli, Calvin, Henri VIII, tous ceux, haut et bas, qu'on appelle *Réformateurs*, avaient de l'ambition, et ne se sont point gênés d'en montrer. Ils visaient à une grande influence, à une grande autorité; ils se révoltaient contre l'Église, pour violer leurs vœux de prêtre, ou s'élever au-dessus de leurs devoirs de citoyen; ils voulaient des femmes, et en prenaient même plus d'une; du vin dans leurs caves, et en

(1) Calvin en quelques mots a tracé un bel éloge des jésuites, et indiqué une manière de les combattre dont on ne s'est guère écarté. « Pour ce qui est « des jésuites, qui sont nos plus grands adversaires, il faut les faire périr, « ou, si cela souffre trop de difficultés, il faut les chasser, ou du moins les « accabler d'impostures et de calomnies. » Voici, pour ceux qui pourraient suspecter notre citation, le texte même du Réformateur; il est clair : « Jesuitæ « vero, qui se maxime opponunt nobis, aut necandi, aut si hoc commode « fieri non potest, ejiciendi, aut certe mendaciis et calumniis opprimendi (Calvin, apud Becan. Aphor. 15, de modo propagandi Calvinismum). »

avaient; de l'or dans leurs coffres, et en entassaient; de l'autorité spirituelle, et se proclamaient chefs d'Église; du pouvoir sur leurs adversaires et ennemis temporels, et les excommuniaient, les décapitaient, les brûlaient, les sabraient, les convertissaient à coups de fusil. Ceux qui n'étaient pas grands seigneurs flattaient bassement les princes et magistrats, leur donnant tout pouvoir sur les choses de foi, tout droit de spolier les Catholiques, toutes permissions d'outrager la morale en sûreté de conscience. Le landgrave de Hesse épousa légitimement deux femmes, de par Luther et Mélanchton (1). Voilà bien de ce côté l'avidité, la courtisanerie, le despotisme, l'intolérance et quelque chose de plus. Rappelez-vous maintenant cette esquisse incomplète de la vie du P. Canisius, puis comparez. Or, l'esprit d'un jésuite est celui de l'ordre tout entier. Aujourd'hui que la première ferveur réformatrice est un peu calmée, les Pasteurs ont au moins le désir visible de vivre à leur aise, et l'ambition, louable chez des pères de famille, de laisser quelque chose à mesdames leurs épouses et à messieurs leurs enfants. Les jesuites, maintenant comme toujours, ont l'ambition de fournir beaucoup de martyrs et d'opérer beaucoup de conversions. Ils ne possèdent rien, pas même la robe rapiécée dans laquelle ils meurent. Après la paix donnée aux âmes, un peu de cendre à la terre c'est

---

(1) Mélanchton permettait aussi à Henri VIII de conserver à la fois Catherine et Anne de Boleyn. Plus tard on se souvint de ces leçons : Burnett, consulté sur les moyens d'assurer la succession au trône d'Angleterre, composa un mémoire dans lequel il proposait de faire déclarer nul le mariage de Charles II, ou de lui donner deux femmes à la fois. Avec l'approbation des ministres calvinistes, Frédéric-Guillaume II, roi de Prusse, en eut trois vivantes en même temps, la reine, la princesse de Hesse et la comtesse d'Enoff. Ces ministres lui auraient également permis d'en prendre une quatrième : mademoiselle de Voss. J'emprunte ce dernier fait aux notes de l'érudit abbé Robelot, sur *l'Influence de la Réformation de Luther*.

tout ce qu'ils laissent en partant. — Et les dignités ecclésiastiques? diront quelques-uns. Il ne m'appartient pas de railler ceux-là : j'ai longtemps moi-même ignoré que les jésuites ne peuvent rien accepter; ils ne peuvent pas même remplir les fonctions sacerdotales qui rapportent quelques honoraires. Ils confessent, ils communient, ils assistent les mourants, ils enseignent, ils meurent pour l'amour de Dieu.

On leur reproche l'ambition; leur véritable crime est plutôt de n'en point avoir. Ce dévouement entier à l'œuvre sainte, voilà ce qui blesse. Plus occupés de leurs intérêts personnels, ils seraient moins gênants, et tel philosophe ou réformateur, entravé par un jésuite, aurait voulu de bon cœur le voir à la poursuite de la mitre ou du chapeau.

Quant à cette autre accusation de favoriser les gouvernements contre les peuples (1), il faut le dire franchement, elle est absurde. Que les rois aient expulsé les jésuites, jusqu'à un certain point nous le concevrons. Mais qu'on ait persuadé aux peuples qu'ils devaient s'en réjouir, c'est un de ces tours de force où leur inintelligence éclate en plein, et qui donnent tant d'audace aux manipulateurs d'esprit public. La morale chrétienne contrarie souvent les princes, mais nous voudrions que les peuples, si courroucés contre elle et ses ministres, pussent nous dire une bonne fois le mal qu'ils en ont reçu. La religion, quoi qu'on fasse et qu'on prétende, ne peut avoir qu'un langage : Elle dit au riche : *Renonce et donne;* au pauvre: *Espère et remercie;* au puissant : *Sois juste, Dieu peut te précipiter;* au faible : *Sois patient, Dieu te couronnera.* Est-ce donc aux pauvres et

---

(1) Quand les rois étaient les plus forts, on faisait un crime aux jésuites de vouloir renverser les rois; l'irréligion des lettrés a toujours été basse.

aux faibles à se fâcher? Et qu'on ne crie pas que c'est là de la théorie; c'est de la pratique de tous les jours et de tous les temps. Je ferais volontiers serment que jamais jésuites, confesseurs de princes, n'ont fait entendre d'autres paroles à leurs pénitents couronnés; car je sais quelle est leur vie intérieure, car je sais quels exercices de piété, quelles méditations leur mettent sans cesse sous les yeux tous leurs devoirs de Chrétiens et de prêtres, quelle discipline sévère veille toujours à ce qu'ils ne s'en écartent pas. Je sais que même une nature perverse serait domptée par cette règle de fer, dont la connaissance du cœur de l'homme, l'étude approfondie des institutions claustrales, le jeûne, la prière, l'invocation du Saint-Esprit, ont inspiré à saint Ignace toutes les dispositions. Quand des religieux se sont maintenus durant trois cents ans si fermes et si purs que toutes les calomnies n'ont pas même effleuré la réputation de leurs mœurs, nul n'a droit de dire qu'ils se soient écartés sur d'autres points des prescriptions de la loi sainte, et il suffit de savoir ce qu'elle leur commande pour savoir ce qu'ils font. Ah! si seulement nos publicistes et nos historiens relisaient une bonne fois l'Évangile, que de choses ils apprendraient, que de pauvretés mensongères ils n'écriraient pas, et que de niaiseries ils ne feraient point répéter!... Au demeurant, nous voyons en plus d'un pays des corps envahisseurs, des princes débauchés, des partis séditieux, des hérétiques avoués et déguisés, des écrivains peu moraux et mal instruits, déclamer contre les jésuites, les persécuter, les chasser, et cela se comprend. Mais ce malheureux peuple, qu'a-t-il à crier par-dessus tous, contre des hommes qui prêchent l'aumône, l'équité, la douceur, la fraternité chrétienne, et partout, libéralement, répandent l'instruction?
— Voyons, il n'y a plus de jésuites en France, vous n'êtes

pas exposés à recevoir l'instruction gratuite dans une de leurs maisons, les processions ne sortent plus de l'église, on a donné à Voltaire, qui outragea Jeanne d'Arc, le temple d'où l'on a chassé sainte Geneviève, qui fit reculer Attila; et cette belle œuvre a coûté plus d'argent qu'il n'en faudrait pour dire cinq cent mille messes; c'est, je crois, tout ce que vous demandiez : En êtes-vous plus heureux?

Les jésuites n'appartiennent pas aux gouvernements contre les peuples, ni aux peuples contre les gouvernements, ils appartiennent à la religion pour tous ceux qui la servent contre tous ceux qui l'oppriment, et ne savent point d'autre politique que celle-là. Qui veut pratiquer et maintenir la foi catholique, les a pour amis; qui veut la maintenir parmi les peuples et l'enfreindre personnellement, reçoit leur appui et entend leurs remontrances; qui veut la persécuter et l'abolir, doit les combattre. Ils usent, dans tous les cas, des armes qu'on leur connaît, et elles ne sont point cachées, et il est plus facile de les chasser et de les tuer que de les réduire au silence ou à l'inaction. Du reste, persuadés dans leur foi sublime d'une vérité admirablement prouvée par l'histoire, et par le Catéchisme encore mieux, ils pensent qu'un peuple chrétien ne saurait être ni si longtemps ni si entièrement malheureux qu'un peuple infidèle, et que nul peuple, sauf les événements, ne saurait être à plaindre sous un prince sincèrement chrétien. Faire donc des Chrétiens, c'est-à-dire des hommes justes, confiants, résignés, éclairés, c'est ce qu'ils cherchent avant tout et partout, sans se préoccuper des formes sociales, qui ne sont point de leur ressort, que leur œuvre domine, et qui, toujours d'invention humaine, seront toujours fertiles en abus, tant que l'aveuglement des nations leur donnera le pas sur les vérités célestes. La vie, dégagée des soins du salut, ne leur semble pas si importante, les biens mortels que nous cherchons ne leur paraissent pas tellement dignes d'envie, et nos ambitions de vaine gloire et de pouvoir tellement utiles, qu'ils dussent beaucoup s'attacher à les satisfaire. Ils aiment mieux graver dans l'âme cette certitude, autrement secourable, que l'existence est toujours assez longue, assez douce, assez remplie, qui mène à Dieu. Apprenez quels chemins, quelles actions, quels labeurs conduisent à ce but suprême, et vous verrez si la pensée des jésuites, qui d'ailleurs n'est que la pensée de l'Église depuis dix-huit cents ans, serait inféconde pour le bonheur de l'humanité. La meilleure société possible, la seule société possible est là.

Je pourrais embrasser ici toutes les objections qu'élèvent les diverses théories du moment, les combattre, les vaincre, non par ma force, je n'en ai pas, mais par la vérité, qui est toute-puissante. Je pourrais montrer aux plus habiles qu'ils en sont à vouloir faire entrer légalement parmi les forces sociales, la plupart des vices qui troublent la société, la pervertissent et la font mourir dans le déshonneur. Comme si, de proclamer que le mal est bon, c'était détruire le mal! La facilité du combat m'y tente; mais cela pousserait bien loin ces pages légères, et puis, que peut dire un Chrétien à des hommes qui ne croient pas au péché originel, à l'expiation, à la pénitence?... Il faut se borner à les plaindre et se souvenir d'eux lorsqu'à la prière du soir nous supplions le divin Maître *de secourir les agonisants, de convertir les hérétiques et d'éclairer les infidèles.* Dieu, dans sa clémence infinie, leur fait déjà la grâce de ne point arriver au terme de leurs projets insensés. Peut-être daignera-t-il un jour accorder plus encore à ces infortunés, car il en est beaucoup dont l'âme est sincère, dont le cœur est bon.

Les jésuites tiennent à Fribourg un pensionnat célèbre. Ils y donnent une éducation conforme aux principes que je viens d'expliquer. La politique y prend peu de place, mais les jeunes gens qui sortent de leurs mains sont aptes à juger bien vite en connaissance de cause. C'est un précepte des jésuites, que le Chrétien ne doit être inférieur en connaissance à homme qui soit au monde, comme il doit tendre toujours à dépasser les autres en charité et en humilité. Sur cette double base, ils asseyent leur enseignement. Mais la base religieuse, la plus difficile à bien établir et la plus importante, est celle dont ils s'occupent le plus. Je ne sais pas de meilleure méthode pour faire des hommes instruits, des hommes comme il faut et de bons citoyens. Du reste, musique, dessin, langues étrangères, aucun de ces talents que la marche des temps oblige d'ajouter aux vieilles études, n'est proscrit ni même négligé chez eux, et l'on peut leur rendre cette justice, qu'étant tous hommes de grand savoir, et pour la plupart gens de famille et de haut monde, ils s'entendent à former ce qu'on appelait jadis un cavalier parfait. Leurs élèves ont de bonne heure le sens fait et des manières convenables. On ne les rencontre jamais dans les rues, déchirés, effrontés, malpropres, l'œil hagard, les cheveux sauvages. Ils savent paraître devant quelqu'un; ils sont doux, polis, bien tenus dans leur simple uniforme. Tous les matins, la messe les prépare à l'étude. Souvent encore, le soir, ils vont à la chapelle du pensionnat chanter en chœur les cantiques sacrés. L'âme la plus rebelle reçoit ainsi des impressions qui peuvent s'oublier au milieu du monde, mais qui ne s'effacent pas, qui renaissent au contraire dans le cours de la vie, comme de bonnes inspirations, et qui, rappelant des jours de paix, d'innocence et de ferveur, incitent à retrouver la voie de ces trésors perdus.

5

Il faut bien que cette éducation offre d'immenses avantages, puisqu'elle est appréciée par ceux-là mêmes qu'on y croirait le moins disposés. Des jeunes gens viennent à Fribourg de tous les points de la Suisse et de la France, et les familles qui les envoient sont de toutes les opinions en matière politique et religieuse : libéraux, légitimistes, juste-milieu, indifférents, impies. C'est que beaucoup d'hommes n'aiment pas Dieu, ou ne s'en occupent point, qui cependant veulent être aimés de leurs enfants. Ils songent à la vieillesse délaissée de leurs pères, ils redoutent un sort pareil, et désirent que le collége leur rende un fils en même temps qu'un bachelier.

Voilà tout ce que j'ai appris sur les jésuites, à Rome, à Naples, à Fribourg, à Schwitz, partout où j'en ai vu, et c'est tout ce qui en est. Je le publie simplement, sans craindre les méchantes interprétations, parce que j'en dis bien assez pour les gens de bonne foi, et que je ne m'occupe pas des autres. J'ajoute qu'il est indigne de tout ce qu'il y a de passable, en ces temps-ci, de les poursuivre comme on fait, et que tant de gens, fiers de se dévouer à tant de théories, devraient avoir plus de respect pour des hommes qui poursuivent la plus belle et la plus certaine théorie, avec le plus sublime et le plus entier dévouement; ne voulant rien pour eux, ni places, ni fortune, ni autorité, ni gloire, désirant seulement la satisfaction de Dieu et le bonheur de l'humanité. Certes, j'aime beaucoup les jésuites, puisque, après Dieu, je leur dois ma conversion. Mais cette même religion, dans laquelle ils m'ont instruit, m'apprend à aimer encore plus la vérité. Si j'avais aperçu en eux quoi que ce soit qui pût blesser en ce temps-ci les opinions consciencieuses, les intérêts légitimes, quoi que ce soit qui fût intérêt personnel, dévouement aux partis, et qui n'éclatât point de la plus austère pureté, je les aimerais encore, car ce sont de nobles Chrétiens; mais je me tairais sur eux. Puisque j'en dis du bien, il faut me croire; c'est aux gens d'honneur que je m'adresse ici, et je défie tout honnête homme, qui ne serait pas trop ignorant, d'en parler autrement que je ne fais.

Il y aurait manque de courage, après ce que je viens d'écrire, à ne pas exprimer hautement un vœu qui est celui de toutes les familles chrétiennes et de bien d'autres : puisse la France, dépouillée de ses préjugés et de ses craintes ridicules, rappeler dans son sein ces vénérables instituteurs de la jeunesse, et rendre les jésuites à tant de citoyens qui sont obligés aujourd'hui d'expatrier leurs enfants, pour les mettre à même de recevoir la seule éducation à laquelle ils puissent se fier.

LOUISE DE RICH.

La rue *Riche*, à Fribourg, tire son nom des habitations qu'y possédait une famille, éteinte il y a plus de trois siècles, en la personne d'une belle jeune fille dont l'histoire est touchante. On en voit le conte, détaillé assez au long, dans les chroniques locales. On pardonnera au désir de conserver aux personnages et à l'époque leur physionomie naïve, la couleur que je donne à ce récit.

« .... Et estoyt ladite maison de Rich, fort ancienne en ce canton de Frybourg, comme appert ez tiltres et parchemins cognuz des doctes ; remontant ycelle aux héroes helvétiques qui sont premiers les fondateurs du païs d'Helvétie, voir aux chevaliers rommains et troïans : bien apparentée et pourvüe d'apanages, bastissant hospices, faysant aumosnes, fournissant abbez à toutes pieuses et belles abbaïes, comptant emmy ses ancestres les aduoyers par deux et trois ; brief florissante de tout poinct. Aduenant l'an M.CCCC et quarante, le bon seigneur Hans de Rich rendist l'ame et ne laissa lignée aultre que une fille, laquelle fust Louyse, autant belle que oncques se veit beaulté, bien doulce et déuotieuse à Nostre-Dame. Et estant la paoure damoyselle dernière fleur et fruict dernier de la tige très illustre, point ne manqua d'amoureux. Venoyent autour d'elle tresmousser comme papillons, quantz et quantz guallantz jeunets de belle gentilhommerie, et aussy maintz vieilz loups chastelains. De la fraische fleur, papillons vouloyent le miel ; de la brebis gentille, loups muguettoyent la toyson. Ung seullement aymoyt Louyse trop plus que ses héritages, et sans héritage, pauvrette, voire en besoing d'estre aumosnée, encores l'auroyt aymée ; qui estoit le compagnon de sa première eage; beau, frisque, bien faict, bien honneste et assez riche terrien par-là vers Romont. Et auoyt nom Heinzmann Velga, seigneur du Vivier. Iouvenceaulx tous deux, jà se tenoyent-ils amis anciens ; et duysoit Heinzmann au cueur de Louyse, et le vouloyt-elle à mary, et la vouloyt-il à femme. Pour ce que, yssant du berceau, avoyent uni leurs petites mains ez jeux et folastrerie de la prime enfance, plus ne sembloyent pouuoir se quitter que incontinent ne cuydassent mourir. Parquoy lui dict un jour Louyse : « Amy, ceulz-ci me veullent esblouyr (croys-je) de leurs beaulx cheueaulx, caparaçons de brocart et haulte mine ; mais qu'il ne vous soucie. Je n'en vouldroys, seroyent-ils nepveulx de nostre sire l'Empereur, et n'ay en mes yeulx nul regard pour aulcun. Puisque mes très honorés et regrettés seigneurs, mon père et ma mère, tournant à trespas, m'ont seulette orpheline en ce grand monde laissée, de

Nostre-Dame seullement et de mon cueur je veulx recepvoir espous. Si Dieu le permet, serez le mien. Je vous baille ma foy, gardés-la. Point ne la reprendrai que s'il le faut pour nostre commun maistre et salut éternel. » Et respondit Heinzmann mettant genouil en terre et plorant : « Belle
« et honorée damoyselle, grand mercy de vostre gratieux
« voulloir. Pour ce que je vous garde une amytiée de frère
« et de père (bien n'est-ce suivant mon eage, ains suivant
« mon cueur), je vous ay voué ma foy, l'avez prinse et de
« la vostre me guerdonnez. C'est à fayre du reste à ceste
« espée que je porte. Donc à tous vous disputerai, hors à
« vous-mesme et à Dieu. Maintenant, soyt Nostre-Dame
« en aide aux fiancés ! » Bien eust-il raison le paouret de plorer et se résigner par aduance, comme cy-après se faict veoir.

« Ce bon feu seigneur, mons de Rich, avoyt espousé en deuxicsme nópces dame Margueryte de Duens, desjà veufve allors. Ycelle faulse femme, haultaine et sans vergongne, tost print noulleau mari, et ce troisième fust l'aduoyer de Berne, monsieur de Ringoldingen. Or, souventes foys vray est l'anticque proverbe quy dict : *belle-mère, dure haire*. Ceste vilaine à troys marys se boute en ceruelle de marier la demoyselle de Rich avecque le fils de son aduoyer, nommé Thuring, lequel estoit gars lousche et maulvais bien comme deux Bernois. Louyse et ses aultres parents n'y voulurent entendre, et en eust Heinzmann recomfort non petit. De quoy feirent veoir lesdits convoiteux Ringoldingen merveilleuse colère, car ilz estoyent autant superbes que auaricieulx. Et aussy-tost, avecque la dame Margueryte, élesvent chicanes, fomentent ligues, ourdissent traitreux embusches et aultres mille fascheusetés. Finablement, messieurs de Berne et monseigneur de Savoye, tousjours en queste de noyses qui sont introductoyres de haut larronage et royalles pillarderyes, en vindrent à déclaration de guerre contre la ville et républicque de Frybourg, à ce que léaument en estoient soutenus en leur querelle la demoyselle de Rich et son amy. Et cuydoient par telle faczon contraindre cette ditte républicque à se retraire de leur parti. Mais ne treuvèrent, les beaulx alliez, leur compte à ce ménasge, et furent desfaits en maintes embuscades, et eurent des leurs beaucoup occiz par Heinzmann, lequel furieusement combattoyt, et, comme j'ay ouy dire, s'en alloyt par la bataille, clamant Thuring, disoyt qu'il le vouloyt découpper comme vile vyande de bouscherye, et qu'il en jetteroyt les miettes aux ours (qui sont ez foussez de Berne), moins saulvages bestes que luy, et que sans doubte ce butord ne savoyt tenir une espée et n'estoyt pas gentilhomme, qu'il ne paroissoyt en la plaine où tant de bons champions se horionnoyent pour luy. Par tels propoz, il se montroyt aspre en sa haine, mais bien avoyt-il raison. Et dura troys ans ceste guerre, laquelle voluntiers je compareroys à la grand'-guerre d'Illion, si que Helena estoit une effrontée païenne et son Pâris un lasche guallantin, tandis que Heinzmann fust leal chevalier, et Louyse une jeusne chrestienne tant courageuse, honneste et virginale qu'elle voysinoit quasy les chiers saincts anges du bon Dieu. Brief, messieurs de Berne et Leurs Souveraines Excellences (de Frybourg) feirent la trefve; et, pour coupper à la dispute, commencèrent longs colloques ez villes de Berne et Soleure, mais sans aboutir; par après s'ouvrit ung procès devant les bons pères du concile de Basle, et n'eust meilleure yssue delà à deux ans. Heinzmann et Thuring, tenant chacun de son costé, ne vouloyent acquiescer. Les esprits se reeschauffoyent, et en telle manière l'on parloyt de reprendre les

espées. Ce qu'ouyant, fust Louyse véritablement marrye et naurée en son noble cueur, qui avoyt desjà bien lamenté l'antécédente guerre. Quoy donc (se dict-elle) le monde sera troublé pour mon heur et lyesse, et encores verrai-je à cause de moy couler le sang ! Incontinent se délibéra la paoure innocente fille, de mettre fin à la rage de ces meurdriers, et sans plus auculne foyblesse ne désir de terrestre soulas, se départit de tout, et le feit sçavoir à Heinzmann par un escript bien prétieusement serré en la Tour du Vivier, où lha veu mon amy Friedrik Chautemps, lequel me lha rapporté tel que je vais dire; et le treuvasmes si benoist et lamentable qu'il nous fist sourdre larmes des yeulx, comme sources vives. « Amy d'enfance, vous dis
« adieu en cestuy maulvais monde. Vous playse ramente-
« veoir vos promesses, et n'apportez empeschement à mon
« project. Ce seroyt ung fascheux et malplaysant habit
« de nopce à une fille chrestienne, si tant de sang chrestien
« se voïoyt dessus. Point ne veulx d'une guerre où vous
« pourriés et d'aultres aussy comme vous, mourir, en im-
« pénitence et pesché. Trop mieulx ayme-je moy-mesme
« mourir au monde et de renaistre tout soudain dedans le
« ciel. Là pourrez ung jour (qui n'est loin) me retreuver;
« si dévotement servez Dieu. Adoncq je m'en vas nonne
« aux seurs pénitentes de saincte Marie-Magdelaine, en
« la ville de Basle; et bien avec raison ay-je élue telle re-
« traite, car je, sans doubte, ay beaucoup pesché, et me
« faut offrir pénitence sévère. Et suis ayse d'ailleurs plus
« que oncques ne feus-je en toute ma vie, et bien tran-
« quille, preste à rendre l'ame non sans repentir très-grand,
« ains sans crainte ne regret, dès quand Dieu vouldra.
« Et pour vous requereray jouxte ma fin, de la divine
« saincte Madame la Vierge, pénitente vie et doulce mort;

« ne m'estant chose incongnue ou nouuelle vous aymer en
« seur et pryer pour vous. »

« Et de faict s'en alla Louyse aux pénitentes de Basle, où vequit la noble fille en vraye saincte ; et comme telle, tost après, encore en fleur d'eage mourust, non de langueur ou mélancholie, ains sereine, gaye, et de la peste qui pour lors passoyt. Et semblablement trespassa Heinzmann en bon Catholique, dont Dieu me fasse mesme grâce quand me sera de partir à mon tour. Amen. Et y a de cela bien parsus septante années. Mais ces jours n'estoyent si fascheux comme sont les nostres, tout empuantys de cryme et détestable Hérésie. Bien avoyent-ilz de vray, force rumeurs, troubles, injustices, inicquités et foyson de males aduentures à l'encontre d'ung chascun. En cela les avons très oultre passés, et d'abundant nous voïons tumber les ames au profond enfer, qui du temps jadiz se relevoyent à belles aësles de foy chrestienne, et s'enuoloyent soubriantes emmy les vastes cieulz. »

UN BRAVE HOMME.

Ordinairement, en Suisse, les montagnes ont le défaut d'être trop près de l'œil; mais de ma fenêtre à Fribourg, lorsqu'il faisait beau, j'apercevais au fond de l'horizon une longue chaîne de hauteurs lointaines, et dans cette chaîne un groupe pur et bien dessiné, bleu, blanc, rose; sombre ou brillant, selon les jeux du soleil. La principale tête de ce groupe semble n'être et n'est en effet que le tronçon d'une cime jadis plus élevée. Les arêtes du sommet sont nettes et vives, la lumière s'y brise et les fait étinceler de toutes les couleurs du prisme, tandis que le corps et la base gardent les teintes harmonieuses d'un azur foncé. Tout cela quelquefois semble léger dans l'air, comme un morceau des Apennins. Ce pic épointé se nomme le Moléson. Il est situé dans une contrée intéressante, la Gruyères, que son nom, tristement prosaïque chez nous, grâce au plus célèbre de ses produits, n'empêche pas d'être bien poétique, douxfleurante et des mieux habitées. Le Moléson, outre les chalets, les pâturages, les sapins, les torrents ordinaires, produit encore des levers de soleil fort renommés dans les environs. Dès le premier jour, la promenade m'avait tenté. Je partis enfin, pour aller toucher de ma main cet or, ce cristal, ces gigantesques émeraudes aperçues de si loin.

De Fribourg à Bulle c'est la grande route, et la grande route c'est la diligence, et la diligence c'est l'ennui, le bruit, la poussière, la nécessité brutale d'arriver, les compagnons forcés, si niais et si bavards soient-ils. Heureusement je trouvai sur l'impériale un vieil ami, avec qui j'étais venu de Vevey. Il ne connaissait pas mon nom, je ne savais le sien que par hasard. Mais j'avais usé de sa tabatière : il me tendit la main cordialement.

C'était un homme du peuple, gai, solide, avenant. Son air honnête, ses façons polies, surtout son pur accent français m'avaient frappé. Je ne m'en étonnai plus lorsque j'appris son histoire : j'avais sous les yeux une victime de nos convulsions politiques, un ancien portier des Tuileries. Après avoir rempli quinze ans ces commodes fonctions, et conspiré de son mieux pendant deux ou trois autres années, Jean L*** vit aujourd'hui d'un pénible et médiocre emploi, sans perdre un moment sa gaieté ni ses manières de cour, aussi agréables sur l'impériale d'une diligence que dans un salon. L'ancienne habitude de parler fréquemment aux plus grands seigneurs de France lui a donné une sorte de familiarité mêlée de déférence qui le rend à la fois causeur et obligeant; et, ce qui vaut encore mieux pour lui, de fermes sentiments religieux lui ont conservé l'espérance et la tranquillité. Il a perdu tout le reste dans ses obscures traverses, mais il se trouve assez riche avec cela. Cependant, il ne va pas sans quelques soupirs pour le passé. — Vous regrettez encore le service des Tuileries? lui dis-je. — Toujours, répondit-il. C'est un si beau pays, que la France! — La Suisse aussi est un beau pays. — Oui, on peut dire qu'il est beau à force d'être laid. Mais quand je me promenais dans notre jardin, avant l'ouverture des grilles, fumant ma pipe et lisant la gazette, je me trouvais mieux sous les marronniers qu'aujourd'hui sous les sapins. Enfin, à la grâce de Dieu! J'y reviendrai peut-être un jour avec nos princes. Qu'en pensez-vous, Monsieur? — Tout est possible; mais ce que vous souhaitez ne me semble ni facile ni probable. — C'est égal. Si le duc de Bordeaux était sur le Rhin, je laisserais tout, femme, enfants, pays, état; j'irais le rejoindre. D'abord, une, j'aime cette famille, voyez-vous. Que ce soit raisonnable ou non, c'est plus fort que moi, c'est dans le sang. Pensez, Monsieur : sept oncles tués au 10 août et une tante qui bégaye encore de la peur que lui firent les assassins, mon père blessé, le grand-père de ma femme guillotiné, son père estropié à l'armée de Condé, moi-même enfin ruiné, traqué, emprisonné... Cela attache, n'est-ce pas? aussi à seize ans je suis parti avec le colonel de Maillardoz, et je partirais encore comme je vous l'ai dit. On a une opinion, ou on n'en a pas. Si on en a une... eh bien, voilà!

Et puis, ajouta-t-il, si vous saviez comme ils étaient bons pour les leurs! Tenez, vous m'avez tout à l'heure parlé de madame la Dauphine d'une manière qui m'a plu.

Je vois bien que vous n'êtes guère de mon parti, mais vous êtes un brave jeune homme tout de même. Il n'y a que des lâches qui insultent les femmes, et il n'y a que des gens sans âme qui n'admirent point celle-là. On ne sait pas tout ce qu'elle a souffert. C'est comme votre reine Marie-Amélie : moi, je lui rends justice; je ne lui en veux pas. Par ses prières, elle a écarté de la France et de sa famille beaucoup de maux.... Eh bien, voilà! Je dis qu'avec la prière et la justice on fait tout. Comment me suis-je tiré d'affaire? J'ai eu, grâce à Dieu, bien des malheurs! Après la Révolution, me voilà de retour en Suisse, mes économies perdues, n'ayant qu'une femme et des enfants. Mais la confiance ne m'a jamais abandonné. Nous avons toujours demandé du travail, le bon Dieu nous en a toujours donné. Ma femme s'écriait : Où trouver de l'ouvrage? — Dis un *Ave*. Elle le dit. Le lendemain, comme je sortais de l'église, je rencontre le domestique de M. de Duras, que je n'avais pas vu depuis quatre ans. « Tiens! c'est vous, Thomas? bonjour. — Bonjour, Jean. — Est-ce que M. le duc est ici? — Non, mais Madame y est. — N'aurait-elle pas besoin d'une couturière? — J'en cherche une justement. » Eh bien, voilà! une heure après, ma femme travaillait. Voyez cette petite médaille de la sainte Vierge; elle ne me quitte jamais. Je sais une prière que ma mère m'a apprise à l'âge de trois ans, et je la répète tous les soirs; sans cela je ne dormirais pas. Qu'on se moque de moi si l'on veut! Dernièrement il me sembla que j'allais commencer à avoir plus d'enfants que je n'en pourrais nourrir. Je rencontre le père Antoine, un bon vieillard, bien portant, avec une barbe superbe, le plus beau capucin de la Suisse peut-être. Je lui demandai conseil : « Achète une cuiller de plus, me dit-il, et prie le bon Dieu. ». Il avait raison; ça va toujours.

La piété du pauvre est un des plus doux sentiments que puisse entendre exprimer l'homme de cœur; je ne m'ennuyais pas avec mon compagnon, et je lui dis adieu à Bulle, avec un véritable regret de le quitter sitôt.

Il faisait encore jour, il n'y avait qu'une lieue jusqu'à la Chartreuse de la Part-Dieu, où je voulais coucher. Je chargeai mon léger sac sur mes épaules, et je partis d'un pas élastique, faisant le moulinet avec mon bâton.

AU COUVENT.

Les délicieux chemins que ceux de la Suisse! J'entends pour le piéton, car souvent les charretiers et les conducteurs de diligence sont d'un autre avis. Il est rare que le sentier ne s'enfonce pas sous quelque bois de sapins sombre et parfumé, ne franchisse pas quelque torrent, ne couronne pas quelque colline, d'où l'œil embrasse un beau panorama de montagnes et de forêts. Le bruit du moulin, la cime neigeuse, la flèche étamée de l'église, la clochette du troupeau sont vos guides; vous avez pour compagnie l'innombrable tribu des fleurs alpestres, les haies de cytise et les buissons d'églantiers. Tel est le sentier de la Part-Dieu; pourtant je craignais de m'y perdre, car je voyais la nuit descendre à grande volée, et je voulais arriver avant elle. Les passants à qui je demandais ma route me conduisaient avec une complaisance polie jusqu'au prochain détour, et évaluaient à la force de leurs jambes le reste du chemin. Un jeune gars comptait dix minutes au plus; un quart d'heure après une bonne vieille édentée m'en promettait pour une demi-heure au moins. Enfin j'arrive. Silence complet, ni mouvement, ni lumière; la nuit tombe, tout dort au couvent. Je m'approche, craignant d'être obligé de retourner à Bulle; comme si l'image hospitalière de saint Bruno ne surmontait pas la porte, comme si la poignée de la sonnette n'était pas formée d'une petite croix, éloquent emblème, bien fait pour rassurer le pauvre ou l'étranger. Mais l'hospitalité est si loin de nos usages parisiens !... Je sonne, on m'ouvre, on me salue, on me fait entrer. On ne me demande pas ce que je veux. L'inconnu qui vient à cette heure veut l'hospitalité, tous ceux de la maison le savent bien. Le père prieur est au lit, car la règle qui ordonne que les religieux se lèvent avant minuit, pour chanter au chœur jusqu'à deux heures du matin, ordonne aussi qu'ils se couchent avec le soleil, ne leur permettant pas, dans sa sévérité, de goûter le repos et la fraîcheur du soir; mais quelqu'un est toujours prêt à recevoir les hôtes. Le frère, qui me donne ces explications en se frottant les yeux, prépare en même temps mon souper, tandis qu'un domestique va disposer la chambre des pèlerins. Pour moi, j'attaque avec énergie le pain, le fromage et les pommes du monastère; frère Jean s'assied à mon côté, remplit son verre pour faire honneur à l'hôte, se réveille, répond gaiement à mes excuses sur le dérangement que je lui donne, qu'il ne mourra pas encore de celle-là, et nous causons de bonne amitié.— Ma foi, s'écrie-t-il, voyant comme j'opère, il eût été dommage que vous ne soupiez point. — C'est, lui dis-je, qu'il me faut des forces. Je veux demain matin voir le lever du soleil sur le Moléson. — Vous vous trompez, reprend-il. Demain vous ne verrez pas le lever du soleil, c'est lui qui verra le vôtre. Savez-vous qu'il y a d'ici au Moléson trois lieues de montagnes? Il faudrait partir tout de suite pour arriver à temps. Allez dormir, vous déjeunerez et vous dînerez demain avec nous.

Les cellules des Pères forment autant de petites maisons séparées, liées intérieurement par de vastes corridors. Cette disposition est nécessitée par l'une des plus grandes rigueurs de la règle, qui prescrit l'isolement complet. Le principal corps de bâtiment est entièrement destiné aux étrangers, suivant l'ancien usage, bien que la maison ait été nouvellement réédifiée, à une époque où déjà les hôtes devenaient plus rares. Mais les religieux ne bâtissent pas pour un jour. Ces ordres, qui comptent tant de siècles de durée, savent que si le monde, dans ses agitations, s'éloigne de leurs asiles, souvent aussi il s'en rapproche, et toujours ils tiennent grande ouverte la sainte porte de l'hospitalité. Il n'y a plus d'hôtes, bâtissons pour ceux qui viendront dans cent ans.

Ma chambre est spacieuse, meublée convenablement pour le monde, avec luxe si on la compare aux cellules des religieux. De ma fenêtre je vois le désert, mais le désert paré de tous les charmes des Alpes et du printemps. A droite, l'horizon est fermé par des collines qui reçoivent obliquement les premiers rayons du soleil; à gauche, les bâtiments ne laissent voir qu'un sommet aigu encore chargé de neige; en face, l'œil, franchissant une vallée hérissée de sapins, se perd dans un amphithéâtre de riches plaines semées de maisons et de chalets. Au fond de la vallée coule un torrent, la Trême, qu'on entend toujours : l'hiver, elle gronde et mugit; maintenant elle murmure, elle m'endort en chantant qu'ici la vie serait douce... Mais elle passe, et, comme elle, il me faudra passer aussi.

Cette maison fut fondée en 1307. La veuve du comte de Gruyères, Pierre III, Wilhelmette de Grandson, qui, si nous en croyons le buste en argent conservé à la Chartreuse, avait été une vive et fine personne, le nez retroussé, le front plein de saillies, l'œil long et moqueur, regardant un jour ses joyaux, ses parures, et songeant au passé, se dit qu'elle avait assez prodigué ses biens au diable, et qu'il s'en allait temps de faire la part du bon Dieu. Elle avait justement en son comté certaine forêt, certaine montagne qui ne rapportaient guère que de la neige et des torrents; elle y joignit plusieurs arpents de bons pâturages, puis donna le tout aux enfants de saint Bruno, leur demandant de prier pour son fils adolescent encore, pour elle déjà vieillette, et pour le feu seigneur, qui, mort plus jeune, pouvait en avoir besoin. Bochard, moine de la Val-Sainte, couvent de l'ordre déjà anciennement établi près de là par les seigneurs de Charmey, fut le premier prieur de la maison nouvelle, qu'on nomma du mot de sa fondatrice, la Part-Dieu (*Theil-Gottes, Pars-Dei*). Les moines défrichèrent leur forêt, tracèrent quelques étroites esplanades sur les flancs de la montagne, et ces lieux qui devaient être alors bien sauvages, puisqu'ils le sont encore aujourd'hui, changèrent cependant d'aspect. La croix qui s'élevait sur le sommet du principal édifice, appela bientôt à son ombre les pauvres riverains de ce désert; d'autres y vinrent de plus loin : l'aumône attire. De vastes étendues de terrain leur furent concédées pour des redevances minimes (1). Peu à peu les familles nouvelles rongèrent les bois, comme les troupeaux rongent l'herbe, gagnèrent toute la montagne, et le pays se civilisa, toujours bon catholique, ce qui est la vraie civilisation, sous l'aile des religieux.

Cette petite contrée, protégée par la prière, eut le bonheur d'échapper à presque tous les malheurs des guerres civiles et étrangères. Deux grands désastres seulement vin-

(1) Telle est partout l'origine de ces droits seigneuriaux de couvents contre lesquels on a tant crié.

rent éprouver la communauté. Durant la peste de 1556, qui accompagna le développement de la Réforme, le prieur et quatre serviteurs qui l'aidaient au soulagement des malades moururent glorieux martyrs de leur dévouement. En 1800, le couvent tout entier devint la proie des flammes. Les bâtiments furent bientôt relevés. A force d'ordre, d'économie, de sobriété, les religieux firent face à toutes les dépenses sans interrompre leurs aumônes, et payèrent leurs dettes en peu de temps.

Je n'ai pu savoir si quelques hommes célèbres ont habité le couvent. Les chartreux cachent leur vie, ils oublient le monde, et tous leurs efforts tendent à s'en faire ignorer. Sans doute, depuis cinq cents ans, beaucoup de hautes intelligences, de grands et forts caractères sont venus chercher dans ce désert une mort anticipée, ou plutôt, car nous jugeons toujours avec nos passions mondaines, ce n'est pas la mort qu'on cherche ici et qu'on y trouve, c'est plutôt un avant-goût de la résurrection, de ce dégagement de l'âme qui lui permet d'entrevoir parfois le Dieu qu'elle aspire à contempler éternellement. Mais ces hommes se sont ensevelis tout entiers, et n'ont rien dit au monde du génie qu'ils vouaient à la solitude. Rien n'est sorti du blanc suaire dans lequel ils se sont enveloppés, que des louanges pour le Seigneur et des prières pour le malheureux. Il leur importait bien d'avoir été grands et puissants parmi les foules, lorsqu'ils avaient abdiqué la puissance, la richesse, la volonté même, ce grand royaume du plus dénué; lorsqu'ils ne voulaient plus que confesser leurs fautes et oublier leurs souffrances en expiant leurs joies! Peu de ces solitaires ont donc écrit, et ceux qui l'ont entrepris, séduits par un but utile, furent les plus simples ordinairement. Les autres, méprisant stoïquement leur intelligence, ou craignant de succomber à cette vanité que donnent les œuvres de l'esprit, ont préféré le travail manuel, qui repose l'âme sans la soustraire au cours de ses saintes méditations. Mais, dans ces humbles occupations encore, plusieurs ont déployé un génie véritable et que les hommes auraient applaudi.

Il y a peu de temps vivait à la Part-Dieu un Père que le plus invincible penchant au sommeil contrariait étrangement. Avec la meilleure volonté du monde, il ne pouvait s'éveiller à onze heures pour aller chanter matines. Or la nature, qui l'avait fait si dormeur, l'avait fait aussi très-bon mécanicien. Sans études, sans notion aucune des mathématiques, à force de réflexion et de travail, il avait fabriqué une horloge parfaite. Il ajouta d'abord à la sonnerie, en forme de réveille-matin, un rude carillon qui fut insuffisant, et bientôt, aux angles et au milieu du petit chapiteau qui couronnait le cadran, un merle, un coq et un tambour. A l'heure dite, tout cela faisait tapage; pendant quelques nuits les choses allèrent bien. Mais au bout d'un certain temps, quand venaient onze heures, le carillon carillonnait, le merle sifflait, le coq chantait, le tambour battait... et le moine ronflait. Un autre se serait découragé. Le Père, invoquant son génie, machina bien vite un serpent, qui, placé sous sa tête, venait toujours à onze heures, lui siffler dans l'oreille : « Il est temps, levez-vous! » Le serpent fut plus habile que le merle, le coq, le tambour et le carillon, lesquels n'en faisaient pas moins d'ailleurs un petit tintamarre supplémentaire. C'était merveille, et le chartreux ne manquait jamais de se réveiller. Hélas! au milieu de sa joie, il fit une triste découverte. Il ne s'était cru que dormeur, il se reconnut paresseux. Tout éveillé qu'il était, il hésitait à quitter sa dure couchette; il perdait bien une minute à savourer la douceur de se sentir au lit, refermant un œil et jouant à dormir. Cela demandait réforme. Le religieux se sentait coupable et le mécanicien se trouvait humilié ; le diable avait trop l'air de narguer l'un et l'autre, il fallait reprendre le dessus. Aussitôt une lourde planche est disposée au-dessus du lit, de telle sorte qu'elle tombe rudement sur les pieds du paresseux, dix secondes après l'avertissement charitable du serpent. Plus d'une fois le pauvre Père se rendit au chœur tout boiteux et meurtri. Eh bien ! le croirait-on ? Soit que le serpent eût perdu son fausset, que la planche avec le temps fût devenue moins pesante, le vieillard plus dormeur ; soit que ses jambes fussent endurcies, ou qu'il eût pris la criminelle habitude de les retirer avant que le châtiment tombât, il ne tarda pas à sentir la nécessité d'une autre invention, et tous les soirs, avant de se coucher, il se lie au bras une forte corde qui, à l'heure fatale, se tend sans crier gare et le jette à bas du lit.

Il en était là. Dieu sait quels nouveaux projets somnicides il roulait dans sa tête, lorsqu'il se sentit endormir pour toujours... Endormir, oh ! non, le fervent Chrétien n'en jugea pas de la sorte, et malgré son petit péché de paresse, plein de confiance en celui qui pardonne : « Ah ! s'écria-t-il, je m'éveille enfin ! » Ce fut son dernier mot.

Ce Père ne se borna point à fabriquer des engins contre le sommeil. Il exécuta plusieurs travaux pour le couvent, entre autres une sorte d'horloge-almanach-bréviaire en carton, qui, dans son genre, est une merveille. Heures, minutes, secondes, jours, semaines, mois, années, comètes, planètes, phases de la lune, jours fériés, jours d'abstinence pour les chartreux (et qu'il y en a !), jours de saints, je ne sais ce que ce cadran ne marque pas. Mais la plus curieuse de ses inventions, c'est un orgue touché par une main mécanique, qui accompagnait de lui-même divers chants simples de l'office divin.

Ces hommes, dont l'esprit va si avant dans les simples travaux de délassement qu'ils s'accordent et que la règle même leur prescrit, s'élèvent bien haut lorsqu'ils méditent sur les choses de Dieu. Il y paraît à leur langage. Vous les trouvez d'une ignorance d'enfant sur les affaires du monde, mais ils sont profondément versés dans la connaissance de l'âme et dans la science du salut. Causez avec nos philosophes de ces étrangetés du cœur humain qu'ils étudient sans cesse : ils en ont noté les phénomènes divers, ils citent, ils racontent; leur savoir finit là. Nul d'entre eux n'a recueilli avec ces matériaux contradictoires la magique parole qui peut en faire un ensemble clair, intelligent et complet. Eh bien! le mystère qui leur échappe, l'insaisissable raison du chaos des pensées humaines, ces solitaires la dévoileront. Je sais, me disait un jeune médecin, que le quinquina guérit la fièvre, mais je ne sais pas ce que c'est que la fièvre et pourquoi le quinquina la guérit. On connaît ici la fièvre de l'âme, on connaît aussi le remède, et l'on sait pourquoi il a toujours triomphé.

La Part-Dieu n'est pas une maison professe, c'est-à-dire une maison où l'on forme des novices. On y envoie ordinairement des vieillards ou des Pères qui ont besoin de repos. Mais quel repos! Le religieux qui m'a reçu a quarante-trois ans. Il y a vingt ans que, déjà fatigué du monde, il est entré en religion avec une foi vive, une volonté ferme, une santé robuste. Et maintenant ses lèvres sont livides, il respire avec peine, il ne peut rester longtemps debout, et depuis seize ans il n'a pas goûté une bonne nuit. Se plaint-il, trouve-t-il sa règle trop sévère? Non, car sa foi lui est restée et s'est accrue. Il est plein d'une joie intérieure dont la tranquillité rayonne dans ses discours. Le Chrétien ne se plaint pas au Dieu qui abrége sa vie; il ne croira jamais ses travaux et ses souffrances au-dessus de la miséricorde qu'il attend, et fût-il à ses yeux mêmes, comme aux nôtres, exempt de fautes et purifié du péché, il trouverait encore dans le siècle assez de misères et de crimes pour offrir sa vie en sacrifice, ses douleurs en expiation.

L'ordre de Saint-Bruno, fondé il y a sept cents ans, n'a point eu besoin de réforme. A la Part-Dieu, comme ailleurs, la règle subsiste dans sa rigueur première, car si le temps l'a modifiée sur quelques points, il ne l'a pas adoucie. Les institutions entées sur la religion catholique semblent participer de sa force et de son éternité. Le tronc a toujours abondamment fourni de la sève aux branches. Quelle constitution d'empire a duré aussi longtemps que la plus récente de ces lois de mortification et de prière, imposées par de pauvres religieux à des hommes épouvantés comme eux des fautes de l'humanité, et désireux de la racheter en offrant au Ciel des souffrances qu'ils rendaient, autant que possible, pareilles aux souffrances de la croix? Non-seulement leur dévouement a su accomplir jusqu'au bout sa tâche; mais, durant des siècles, de généreux continuateurs ont maintenu la bannière qu'ils avaient élevée, quelque pénibles que fussent les chemins où flottait cette bannière, sous quelque forme qu'elle promît le martyre, son but suprême et désiré. Des hommes de tout rang, de tout âge, les uns éprouvés par tous les malheurs de la vie, les autres fatigués de toutes ses délices, les plus enveloppés dans l'humilité, les plus égarés dans la science, les naïfs enfants des siècles sauvages, les précoces vieillards des âges de doute et de raisonnement, sont venus se ranger à ce joug toujours rude, mais aussi se réchauffer à ce feu toujours vivant. Feu sublime, que la persécution n'étouffe pas, que l'orgueil du savoir humain ne fait point pâlir, que l'indifférence même de la prospérité ne peut éteindre, et qui, parfois couvert de cendre, ne tarde jamais à jeter, sous le souffle pieux d'un Réformateur, de nouvelles flammes et de nouvelles clartés. Comme Benoît, comme François d'Assises, comme Dominique, comme Ignace de Loyola et tant d'autres, Bruno d'Artenfaust, s'il redescendait sur la terre, croirait après sept cents ans retrouver ses premiers disciples dans les hommes engagés aujourd'hui sous les règles, qu'il n'eut pas même besoin d'écrire, et que pendant plusieurs années ses enfants se transmirent de bouche en bouche avec l'exemple de sa vertu.

La vie de saint Bruno est populaire parmi les Catholiques, et le pinceau religieux de Lesueur en a fait connaître les principaux traits aux hommes les moins versés dans cette belle histoire des élus de Dieu. Je ne puis me refuser cependant le plaisir d'en dire quelques mots. Bruno naquit à Cologne en 1024. Il commença ses études de théologie à Reims, et vint les compléter ensuite à Paris, comme fit cent cinquante ans après le sublime pape Innocent III, comme fit quatre siècles plus tard un autre grand défenseur de la Religion, Inigo de Loyola. C'est pour nous, Catholiques de France, un juste sujet d'orgueil que notre pays ait renfermé la source où ces athlètes de la foi sont venus tremper leurs armes saintes. Bientôt, célèbre par son savoir et sa vertu, Bruno, rappelé à Reims, y trouva une tâche difficile. Dieu, qui dans ce temps-là voulut éprouver beaucoup son Église, permit que le siége épiscopal fût occupé par un audacieux impie; homme perdu de mœurs, qui avait acheté à beaux deniers la houlette de pasteur pour tondre et vendre les brebis, non pour les conduire et les préserver. Le jeune docteur fit éclater cette indignation et cette vigueur évangélique qui ne manquèrent jamais à l'Église alors même que, dans son propre sein, éclatèrent les désordres les plus navrants. Il dénonça l'archevêque au tribunal ecclésiastique, institué pour réprimer la conduite du haut clergé. La lutte dura longtemps, elle remplit d'angoisses et d'amertumes près de vingt années de la vie de Bruno; mais il la soutint jusqu'au bout. Enfin le simoniaque fut puni. Le peuple et le clergé voulurent alors élever à la place de ce méchant celui qu'ils regardaient, après Dieu, comme le libérateur de leur Église. Bruno, craignant même la gloire qu'on attache au refus des grandeurs, se hâta de fuir, dans le bruit et le tumulte de Paris, l'orage de prospérité qui le menaçait.

Là, un événement surnaturel, horrible, et dont Bruno fut le témoin, décida ce que les saints, dans leur langage austère à faire trembler, appellent sa conversion. Oui, ce docteur si humble dans sa science, ce Chrétien fervent qui redoutait les honneurs plus que l'outrage et la persécution, cet homme à qui Dieu avait accordé la grâce de se conserver pur jusqu'à un âge où il lui était permis de ne plus redouter la chute, il se convertit, et voici à quelle occasion.

Bruno avait alors plus de cinquante ans. Cependant, toujours modeste, toujours avide d'apprendre, il suivait avec soin les leçons d'un théologien célèbre, dont le talent et la réputation de piété le charmaient également. Cet homme, qu'on nommait Raymond Diocres, mourut. Ses disciples lui firent de pompeuses funérailles, et l'un d'eux prononça, devant le cercueil placé au milieu de l'église, l'éloge funèbre du défunt; mais, au moment où le panégyriste cherchait à dépeindre la félicité qu'un si grand orateur et un homme si pieux devait goûter dans le séjour des justes, la bière s'ouvre, le mort se lève : repoussant les louanges menteuses qui, sans doute, avaient trop enivré sa vie, à travers son suaire, il jette lentement aux assistants ces formidables paroles : « Je suis accusé,... je suis jugé,.... je suis justement condamné !!.... » Puis il se recouche, et la bière du damné se referme sur lui comme la voûte éternelle de l'enfer (1).

Bruno fut frappé d'épouvante. « Si les hommes que nous « admirons et qui nous servent de modèles sont ainsi punis, « dit-il à ceux qui l'entouraient, que fera donc de nous la « justice de Dieu ! » Depuis quelque temps il avait formé des projets de retraite, il résolut de ne plus en différer l'exécution. Sur-le-champ il partit avec quelques disciples, et ils allèrent s'établir dans un affreux désert, au milieu des forêts alpestres du Dauphiné. Ce désert s'appelait *la Chartreuse;* c'est de là que l'ordre prit son nom, car Bruno, modeste jusqu'au scrupule, n'aspirait point à la gloire de fonder un ordre, ses compagnons ne reçurent de lui ni nom ni lois écrites. Il adopta la règle de saint Benoît, source vraiment révélée de toutes les lois monastiques, mais en doublant sur beaucoup de points les sévérités de cette loi déjà si dure. Le chant des louanges de Dieu, la méditation, le travail, l'absolu renoncement au monde, l'obéissance absolue, les abstinences, les veilles, la solitude dans la solitude même, tel fut l'ensemble de l'institution. Tel il est encore. Seulement, le travail, qui consistait principalement dans la transcription des manuscrits (car la conservation et la diffusion des lumières, de la science et de la foi entrèrent toujours pour beaucoup dans toutes les constitutions monastiques), le travail a changé avec l'invention de l'imprimerie. Depuis qu'ils ne sont plus copistes, presque tous les chartreux sont tourneurs. Ils fabriquent de petits ouvrages qu'ils vendent quand la maison est pauvre, qu'ils donnent, avec la permission du prieur, quand la maison peut s'en passer.

(1) Voyez le chapitre suivant : DES MIRACLES.

Le saint était heureux dans sa solitude ; il espérait y mourir au milieu de ses frères, dont le nombre s'accroissait, lorsque le pape Urbain II, autrefois son écolier, lui ordonna de se rendre à Rome. Bruno craignait la désobéissance encore plus que les honneurs. Il quitta sans plaintes le désert et ses compagnons attristés, se regardant comme un instrument docile entre les mains du chef de l'Église, et toujours prêt à se briser au labeur que lui indiquerait le vicaire de Jésus-Christ. Saint Ignace un jour caractérisa bien magnifiquement cette sublime vertu de l'obéissance, qui fut la grande vertu de tous les saints : « La prudence, dit-il, est la vertu de celui qui commande, et non pas de celui qui obéit. »

Les temps étaient pénibles pour l'Église. Les mauvaises mœurs au sein même du clergé, la simonie, les guerres, les révoltes, les schismes, les hérésies, un antipape n'étaient qu'une partie des maux à combattre. Urbain, qui mit tant de vertus et de courage du côté du bon droit, gouverna sagement et dignement la Chrétienté durant ces jours terribles. Les conseils de Bruno l'y servirent beaucoup. Mais que d'agitations remplacèrent pour celui-ci les calmes méditations de la Chartreuse ! Toujours courir d'un concile à l'autre, toujours quelque doute à résoudre, quelque erreur à vaincre, quelque immense embarras à parer. Cette époque fut véritablement pour lui le temps de la pénitence et de l'expiation. Enfin le moment vint où ses services lui parurent moins utiles. Après avoir refusé successivement le chapeau de cardinal et l'archevêché de Reggio, il accepta, du pieux duc Roger, un coin de terre au sein des montagnes ; et, ne pouvant retourner à son cher désert de Grenoble, il fonda parmi les rochers de la Calabre un nouvel asile, image de celui qu'il regrettait.

Comme la Grande-Chartreuse, la maison italienne se peupla bien vite de solitaires. C'était un temps où tout refuge ouvert à la foi, à la prière, à la pénitence, était toujours rempli. A plus d'un titre les Chrétiens qui, dans ces jours obscurs et tourmentés, se jetaient violemment à l'écart, rachetant les erreurs et payant la paix par des souffrances volontaires, remplissaient une mission divine; la suite l'a bien prouvé. Ils ne faisaient pas seulement œuvre agréable à Dieu; ils ne sauvaient pas seulement d'un naufrage de chaque jour, les lettres, les sciences, les arts, toutes les nobles traditions humaines; ils sauvaient les âmes! Le bruit de leur courage attirait près d'eux une foule d'ardentes têtes qu'y retenaient pour toujours le contact et la leçon de leur vertu. Car il y a des grâces attachées à ce dévouement si dur. On peut entrer au cloître avec les passions humaines, mais on y gagne la passion de Dieu, et c'est par elle qu'on y reste jusqu'à la récompense attendue. Beaucoup d'hommes qui n'auraient pas su les premiers et d'eux-mêmes quitter le siècle, y auraient souffert, y auraient failli. Les simples vertus civiles et domestiques n'étaient guère possibles au milieu de tant d'ignorance, de barbarie et de tempêtes. La guerre et l'intrigue ou le monastère, c'était tout le choix. Point de milieu paisible où, comme de nos jours, l'homme pût servir Dieu dans la paix de sa conscience et de son bonheur. Et tels sont les besoins de l'âme, qu'en cet âge encore tout matériel, beaucoup parmi les grands, les fiers, les éclairés, les braves, ne trouvèrent point que le renoncement monacal pût jamais trop payer la joie de s'abandonner au Seigneur. L'homme d'État, le docteur, le guerrier revêtaient le cilice. Puis, triomphes de l'ambition, enchantements de l'étude pleine alors de mystères, voluptés des batailles sans fin, rien ne savait plus les arracher à ce silence du cloître où leur âme avait ressaisi Dieu.

Tant de sacrifices et de prières ne pouvaient être perdus et ne le furent pas. Dieu bénit la foi de ces serviteurs fidèles. Cette paix qu'ils n'avaient pas trouvée dans le monde, il voulut que le monde la reçût d'eux. Des couvents, sortirent et se répandirent sur les peuples, comme une rosée bienfaisante, l'agriculture, les arts, les métiers, la prière et la morale surtout. Ce fut une renaissance du Christianisme ; ils fondèrent la famille, ils rétablirent la concorde entre les princes chrétiens, ils leur inspirèrent un amour de l'humanité qui, malgré bien des fautes, a donné aux trônes les racines puissantes qu'ils ont encore aujourd'hui dans les pays catholiques. Les couvents furent les premiers hôpitaux, ces fruits de l'Évangile que l'antiquité n'a point connus, et les religieux furent les premiers comme ils sont encore les meilleurs des hospitaliers. Multipliés, mais toujours moins nombreux que les besoins de l'humanité souffrante, ils se multiplièrent eux-mêmes pour y suffire. La terre s'enrichit de leurs bienfaits, le ciel se peupla de leurs travaux. L'aumône qui soulageait le pauvre, fut pour le riche le chemin des célestes trésors.

Bruno avait pour sa part largement contribué aux félicités de l'avenir, il pouvait recevoir sa récompense. La mort vint le trouver au sein de la prière, et mit doucement fin à ses austérités que la vieillesse n'avait point ralenties. Ce fut en 1102. Sur son tombeau sanctifié par de nombreux miracles, la justice et la reconnaissance écrivirent, après plusieurs siècles, le glorieux titre de patriarche décerné à tous les fondateurs d'ordre, et si bien mérité par ces humbles tuteurs de leur âge et des âges futurs.

Me suis-je trop arrêté à ces souvenirs? mais comment y échapper dans ces lieux remplis d'une pensée si puissante, vivant d'une œuvre si belle? Lorsque l'hiver, au milieu de la nuit, le chœur de l'église s'illumine soudainement, et que les religieux, couverts de longues robes blanches, agenouillés dans leurs stalles, pareils aux statues de marbre qui prient sur les tombes, commencent à chanter les louanges du Très-Haut ; lorsque le pieux concert, où l'on distingue la voix vibrante de l'homme qui monte encore à la vie, et la voix cassée de celui qui descend les marches rapides de la mort, s'élève au-dessus du torrent, au-dessus de la tempête, s'élève jusqu'à Dieu ; lorsque l'on reconnaît dans les paroles saintes des explications pour toutes les douleurs de l'humanité ; lorsque l'on entend ces solitaires, oubliés du monde, se ressouvenir de lui dans leurs prières, et le placer, avec le fruit des pénitences qu'il ignore, sous les miséricordes de Dieu, comment ne point retourner au passé ! comment ne point songer à l'homme qui s'est dit : « Au milieu des nuits j'invoquerai le Seigneur. A l'heure où la débauche allume ses flambeaux, j'allumerai les cierges de l'autel ; à l'heure où le méchant médite son crime, où le coupable sent ses remords, où le pauvre souffre sans lumière et sans amis, je prierai pour le pauvre, pour le coupable, pour le méchant ; je prierai pour ceux qui sont morts et pour ceux qui vont mourir ; je prierai pour les malheureux afin qu'ils espèrent, pour les heureux de crainte qu'ils n'oublient. »

Et cette prière s'est perpétuée d'année en année, de siècle en siècle : et depuis sept cents ans, toutes les nuits elle s'élève, toujours la même. La mort a eu beau frapper, elle n'a pu vider ces stalles où semble s'asseoir toujours le même corps. Les révolutions sont venues changer les empires, et n'ont pu changer une pensée dans ces âmes dévouées, un mot dans ces hymnes, un pli dans ces suaires éternels. Et bien d'autres après nous, qui venons après tant d'autres, trouveront ici ce que nous y trouvons; ils méditeront sur ces choses si grandes; et, le cœur plein de larmes pieuses, ils uniront leur voix d'un moment à ces voix qui ne s'éteignent pas.

Au nom du Père, du Fils et du Saint-Esprit.
Ainsi soit-il!

On dîne à midi. Frère Jean, qui semble exercer pour son propre compte l'hospitalité de la maison, tant il y met d'empressement et de bonne humeur, lorsque midi sonne, ne permet de retard que pour le bénédicité. Deux choses seulement, à son dire, font les mauvais repas : l'irrégularité et la soupe froide; tout le reste est bon. Le couvert est mis dans une petite salle à manger près de la cuisine. Souffrez que je vous raconte ce dîner, vous y verrez comment la hiérarchie et l'égalité s'accommodent ensemble. Deux vieillards et le Frère devaient dîner avec moi; *avec moi,* car j'étais l'hôte. Lorsque j'eus choisi ma place et me fus assis, l'un des vieillards prit place en face de moi. Son couvert était sur la nappe, mais il n'eut pas de serviette : point à noter. L'autre vieillard, moins haut placé sans doute, alla s'asseoir un peu plus loin, en face du Frère, sans serviette tous les deux. On mit de mon côté la grande cuiller, tant ma double qualité d'étranger et de *monsieur* prévalait sur ma jeunesse. J'offris de la soupe à mon vis-à-vis, les autres faisant soupière à part. Il la prit sans se faire prier, mais fort poliment, en me disant avec un gracieux sourire : Bonjour, Monsieur! Je me dis son serviteur; puis, tous ces petits préliminaires terminés, et les rangs ainsi bien établis, de boire, de manger, de trinquer ensemble à qui mieux mieux, sur le pied d'une égalité courtoise, mais entière. Les Suisses sont grands trinqueurs. Je ne me rappellerai jamais sans rire qu'au *Chasseur*, bonne auberge de Fribourg, auberge de la vieille roche, tendant mon verre à un brave garçon que je ne connaissais ni d'Adam ni d'Ève, pour qu'il me donnât de l'eau, il se hâta d'emplir son propre verre à la mesure du mien, me fit un aimable salut, trinqua, but, me serra la main, me donna son amitié, mais ne toucha non plus à la carafe que les dîneurs de théâtre à leurs rôtis de carton. Dragon vigilant, il gardait l'eau près de lui, pour n'en pas boire et n'en pas laisser boire. Comme le dit un écrivain du pays : bien national était ce refrain d'un hymne suisse chanté en 1783, à la fête agricole de Vevey :

> Chacun a son tempérament.
> Boire, c'est notre amusement !

Les Chartreux ne mangent jamais de viande, et l'on n'en mange pas chez eux. Mais Frère Jean n'a pas son pareil pour accommoder les choux. Et je trouve pour ma part que rien n'ouvre l'appétit comme un bénédicité.

Il y a table ouverte au couvent. Rarement un jour se passe sans qu'un ou plusieurs convives viennent s'y asseoir. Tantôt c'est comme moi un curieux étranger qui s'arrête sur le chemin de la montagne; tantôt c'est un bon capucin de Bulle, penché du côté où pèse ordinairement la besace, qui vient de consoler, de prêcher, de quêter et de partager sa quête dans les environs; tantôt c'est un pauvre écolier qu'on héberge et qu'on encourage, et qui ne part point sans emporter de quoi continuer ses études ou sa route, plus ou moins, selon l'état du trésor et l'avis du père procureur (1).

(1) C'est une bonne œuvre ordinaire aux couvents d'entretenir à leurs frais, dans les séminaires ou les écoles, des jeunes gens pauvres et pieux.

Tous sont également reçus. D'autres hôtes encore, quand la saison interdit le travail, viennent se réunir à la porte du monastère, comme ces oiseaux de nos jardins qui connaissent la place où une main amie leur jette chaque matin du pain sur la neige. Ceux-là sont les vrais invités de la maison. Leur misère est un droit dont ils sont sûrs, et qui ne sera jamais contesté. Ils reçoivent du pain, on leur permet de couper du bois, il y a quelque chose de plus pour les malades, et toujours pour tous, de douces paroles, de bons avis. La règle des Chartreux renferme une bien belle coutume. Tous les ans, les Pères sortent de la maison, et confondus parmi les pauvres, ils viennent avec eux demander et recevoir à la porte le pain d'aumône qui les nourrira durant la journée. La reconnaissance et la charité ne pouvaient, ce me semble, inventer rien de plus touchant, et ces bons religieux ne sauraient dire avec plus d'éloquence à leurs pauvres d'où vient ce pain qu'ils leur distribuent.

Voilà comment un couvent naît, s'enrichit, travaille, se perpétue, et quel usage il fait de ses richesses. A la fin de l'année, il n'y a point de dettes, mais l'épargne n'est pas grosse. Les Pères ne gardent de leur bien que ce qu'il leur en faut pour vivre, et pour vivre en chartreux. Le reste s'écoule en aumônes par mille ruisseaux apparents ou cachés. Et quelles que soient les différences de la règle, différences très-nombreuses, multiples dans leur uniformité comme les tempéraments des hommes, l'histoire d'un couvent est l'histoire de tous. L'observation des trois conseils évangéliques est toujours la source commune, et, des fleuves bénis qui s'en échappent, le plus abondant est toujours la charité. Il n'y a point de monastère qui ne nourrisse autour de lui un grand nombre de familles ; pour les bernardins d'Hauterive (1), par exemple, ce nombre s'élève à plus de cent, tant fermiers qu'ouvriers et gens nécessiteux. Ainsi, mettant de côté tout ce qui, aux yeux d'un Chrétien, est le but essentiel dans l'institution des ordres religieux, c'est-à-dire la Religion même, la prière, l'expiation, le soin et le travail du salut, obligation qui comprend toutes les vertus possibles, on serait encore très-mal fondé à venir attaquer les moines. Car ces *pieux fainéants* sont au moins les plus commodes, les plus doux, les plus patients des propriétaires, les plus généreux et les plus utiles des voisins...; reste donc la fainéantise. Et c'est une chose charmante à leur entendre reprocher par des messieurs qui font, bon an, mal an, quarante articles sur la question hollando-belge, avec deux ou trois quarts de vaudevilles et quelques couplets de roman; par d'autres messieurs qui commentent ces articles sur la question hollando-belge, lisent ces romans, applaudissent ces vaudevilles; par d'autres encore qui mangent en paix la moitié des récoltes de leurs fermiers, sans donner sur leur part un épi à la glaneuse ou une bûchette au mendiant; chassent dans la saison, prennent leur café le soir, font un wisk le dimanche, remuent ciel et terre pour entrer au conseil municipal de leur bourgade. Fainéants, les hommes d'abnégation dont le labeur a tout édifié dans le monde où nous sommes! et qui, aujourd'hui encore, privés de ces richesses qui ont créé les arts, de cette influence qui a cimenté les sociétés, consacrent leur vie, leur savoir et le denier qui leur reste après tant de spoliations, aux obscurs travaux de l'apostolat! A l'heure où vous dormez, fatigués

---

(1) Près Fribourg. Guillaume, seigneur de Glane, et dernier rejeton mâle de son illustre maison, fonda ce monastère en 1137. Il y finit ses jours en habit de frère convers en 1142. Il avait fait démolir son château pour rebâtir des mêmes pierres la maison consacrée à Dieu.

des plaisirs de la veille, savez-vous, Messieurs, ce qu'ils font, ces *fainéants?* — Le chartreux est au chœur; le capucin court les campagnes, assiste un moribond; console un pauvre, catéchise un enfant; le trappiste laboure la terre ou creuse la tombe d'attente, qui sera peut-être pour lui; le jésuite occupe le confessionnal ou la chaire; le bénédictin rétablit quelque vieux texte effacé qui a déjà usé les yeux et la vie d'un homme, ou compose un sermon pour la fête prochaine; le moine du Saint-Bernard fouille les neiges; le père de la Merci prend les fers de l'esclave qu'il a délivré; le frère ignorantin balaie la classe que vont remplir tout à l'heure des centaines de pauvres enfants; le prêtre offre le saint sacrifice, qu'une servante et un mendiant écoutent à genoux. Tous, et bien d'autres que je ne nomme pas, tous travaillent, tous prient, et travailleront et prieront durant la journée entière, non pour la gloire, ils n'y songent pas; non pour la fortune, ils n'en veulent pas; non pour l'estime du monde, car le monde les abreuve d'outrages; non pas même pour les bénédictions du malheureux : ils font le bien pour le faire, pour obéir au Dieu qui le leur commande, et ils le font sans relâche, sans repos, comme sans récompenses ici-bas... Si tous ceux qui déclament contre la paresse des moines étaient soumis pendant un mois seulement à la plus douce des règles monastiques, ils craindraient la récidive et parleraient d'autre chose, j'en réponds.

DES MIRACLES.

Comme je lisais à un ami les premiers feuillets de ce livre, il me conseilla de ne point parler du miracle rapporté dans l'histoire de saint Bruno, ou d'y ajouter quelque note pour satisfaire ceux qui pourraient douter. Mais en vérité cela m'embarrasse beaucoup. Je tiens à ce prodige qui me semble admirable, et, d'un autre côté, que dire à ceux qui doutent, si ce n'est qu'ils sont bien malheureux! La résurrection momentanée du professeur Raymond Diocres a été vivement contestée et vivement affirmée. Les preuves apportées de part et d'autre ont paru égales à la critique sévère des Bollandistes, ils n'ont admis ni rejeté le fait. L'Église n'a rien prononcé; mais la conviction de beaucoup de Chrétiens est entraînée par un témoignage sérieux; c'est la tradition de tout temps existante dans l'ordre des Chartreux, qui attribue à ce prodige la retraite de saint Bruno. Je suis, je l'avouerai, du nombre des Chrétiens qui ne contestent pas un témoignage pareil.

Maintenant, un mot sur cette question des miracles, puisqu'elle se présente. Je n'en parlerai pas en théologien, la science et l'autorité me manquent également pour cela; j'en parlerai en simple fidèle, et comme pourrait le faire le plus humble d'entre nous. J'ai longtemps douté des miracles, et maintenant que j'y songe, je ne sais vraiment pas comment je m'y prenais pour cela, car rien ne me paraît plus facile à croire. Quoi de plus naturel et de plus conforme à la miséricorde divine, que ces éclatants prodiges qui viennent à de fréquents intervalles récompenser une foi vive, ou ranimer dans les cœurs bons et naïfs, mais faibles, la foi ébranlée? Dieu, dans sa bonté, se montre à tous selon qu'ils le peuvent voir; il ne se cache qu'à l'orgueil, le plus horrible des crimes, le père de toutes les impiétés, à l'orgueil qui a créé l'enfer! mais le simple voit de ses yeux, touche de ses doigts, sent au contact de son cœur le maître qu'il veut servir et glorifier. Il vit dans un miracle éternel. J'entends dire et j'ai souvent osé dire, hélas! que si Dieu a fait des miracles, il n'en fait plus. Blasphème! Dieu les prodigue au contraire autour de nous, devant nous, en nous-mêmes! Seulement nous ne voulons pas les voir. S'ils se passent dans l'ordre moral, nous détournons nos pensées; s'ils se passent dans l'ordre physique, l'analyse, la chimie, ou quelque chose que nous ne savons pas, nous en font bien vite raison. Pour nous tranquilliser à l'égard des uns et des autres, nous avons foison de professeurs, de belles paroles, d'heureux moyens, parmi lesquels hasard, fatalité, magnétisme, ne sont ni les moins clairs ni les moins concluants. Il y a des choses inexplicables que de fort grands savants aiment bien mieux expliquer par la conformation du crâne que par la volonté divine. Le magnétiseur croit fermement que l'aveugle peut lire, que le sourd peut entendre, et que *quelque chose,* comme par exemple un fluide, ou tout autre ingrédient, peut mettre en communication instantanée des individus séparés par des centaines de lieues. Mais parlez-lui des innombrables saints dont la foi a guéri les malades, dont l'esprit a traversé les espaces et les temps, il les mépriserait comme visionnaires, s'il n'inclinait à les estimer comme somnambules. Demandez-lui qui a fait le magnétisme, il vous répondra : C'est moi qui suis magnétiseur... Et toi, malheureux, qui donc t'a fait? — Sur le mystère immense de vos pensées, de vos passions, de vos résolutions et de vos œuvres qui se contrarient, sur la puissance qui vous pousse à ce que vous ne voulez pas, et qui veut en vous ce que vous pouvez cependant ne pas vouloir, questionnez les hommes les plus experts, les plus vieillis dans le monde, les mieux au courant des choses de la vie, ceux enfin qu'on appelle savants dans la science du cœur humain, ils vous répondront qu'il y a deux êtres en vous. Allez le lendemain leur reporter ce que vous aura dit simplement un pauvre curé, que ces deux êtres sont l'esprit qui entend la voix du bon ange, et la chair qui veut obéir aux suggestions du démon, ils vous riront au nez. Ainsi toujours nous fermons les yeux, l'oreille et le cœur. Le coupable ne se réveille pas aux coups soudains qui le frappent, et s'étonne, sans le comprendre, de l'étrange insuccès de ses ruses les mieux combinées; l'ambitieux, parvenu au faîte et dégoûté de toutes les jouissances qu'il a poursuivies à travers tant de fautes, s'écrie : Vanité! et ne songe pas à dire : Punition! Le faux sage, orgueilleux de son savoir, tombe dans l'abrutissante superstition du hasard, se repaît des sophismes les plus vulgaires, et, trop aveugle pour se savoir aveugle, du haut de sa fière intelligence, il réclame ces miracles de la matière que le Ciel accordait à l'ignorance des peuples enfants. Mais Notre-Seigneur multiplia les pains et les poissons aux simples qui croyaient et qui souffraient; il guérit parmi eux les paralytiques, fit parler les muets, délivra les possédés, ressuscita les morts....; et il se tut devant Hérode qui lui criait : Prouve-nous que tu es Dieu! O chercheurs de miracles, regardez donc ce qui se passe en vous! Si tant de faits et d'expériences, si le monde entier sondé dans ses profondeurs, si l'Église et la foi depuis dix-huit siècles toujours debout, ne vous suffisent pas; si vos agitations, vos troubles, vos incertitudes, après tant de recherches entreprises et tant de limites atteintes, ne vous convainquent pas; si vous n'êtes pas entraînés par les lumières lointaines qui brillent toujours au bout de toutes vos négations, voyez à quel usage vous prostituez ce noble besoin de croire que Dieu même a placé en vous; car l'âme est faite pour croire, comme l'œil est fait pour voir, et la main pour toucher : c'est sa nature, c'est son essence; l'homme n'y peut rien changer. Il peut avilir, abaisser, détourner cette faculté divine du cours naturel qui l'entraîne à Dieu, mais il ne peut l'étouffer. Celui qui se vante d'être incrédule ment; il n'est qu'imbécile et fou. Nier ce n'est pas ne rien croire, c'est au contraire professer la plus difficile, la plus impossible des croyances; c'est CROIRE A RIEN ! c'est croire comme l'huître vit. Certes, il y a là un bien redoutable miracle de la vengeance suprême, que l'intelligence humaine qui peut ouvrir le ciel, entendre les anges et contempler Dieu, puisse aussi choir en cette brutalité.

Écoutez, si réellement il vous faut des miracles, ne faites plus comme ces pauvres mouches qui s'obstinent à vouloir traverser la vitre lorsque la fenêtre est ouverte; ne frappez plus les portes de bronze du sanctuaire avec le poing débile qui en tient la clef : humiliez-vous, devenez simples, et Dieu vous soutiendra comme il soutient les simples et les enfants, et il vous fera voir qu'il est Dieu. Quand vous aurez savouré le miracle de votre paix nouvelle, de vos joies innocentes revenues, de vos combats plus rares, de la main qui vous garde au bord des immondes abîmes où vous êtes tant de fois tombés, vous n'en demanderez pas davantage, tout vous sera expliqué, tout vous sera clair. Vous comprendrez jusqu'où Dieu est bon à ceux qui l'aiment, et que, pour sauver une âme pure, mais peut-être chancelante, pour déterminer une de ces vocations qu'il suscite afin de sauver durant des siècles des multitudes de pécheurs, il a bien pu rendre un instant la voix et la vie au cadavre du damné.

Seigneur! ce n'est pas seulement à vos saints, ce n'est pas seulement aux âmes pures que vous accordez votre secours. Plus souvent encore le pécheur vous trouve au détour des chemins sombres où il s'est perdu; et, sans l'accuser, sans vous plaindre; d'une main cachant vos blessures, de l'autre le guidant, vous le remettez sur la voie. Mon Dieu ! quand donc saurai-je vous bénir !

Et vous, très-sainte Vierge, très-sainte Mère de Dieu, Étoile du matin brillant que l'âme voit renaître au sortir des ténèbres du péché, soyez toujours sur nos pas et devant nos yeux. Nous voulons marcher sans nous égarer et sans faiblir. Cependant, sainte Vierge, du haut du trône où vous honorent les anges, veillez sur nous et priez pour nous !

AU CHALET.

M'y voici. Il a fallu monter longtemps pour l'atteindre, car l'été s'avance et la neige s'en va. Les troupeaux et la neige se poursuivent perpétuellement. C'est une partie de barres continuelle qui se joue sur la montagne. Les vaches gagnent, à cette méthode, presque six mois de printemps, d'herbe fraîche. Elles broutent toujours celle qui vient de pousser et de fleurir à la place que la neige vient de quitter. Au printemps on occupe le pied de la montagne; puis on s'élève, on atteint le milieu, on le dépasse : toute la montagne est verte, sauf l'extrême sommet. Voici que le sommet lui-même se laisse gagner, et comme un vieillard morose, cédant aux caresses et aux chansons, permet qu'on le couronne de fleurs. A peine voyez-vous encore çà et là, dans les crevasses, dans les rides, de larges bandes de glace qui chaque jour diminuent et se fondent en ruisseaux bienfaisants. Les myosotis des Alpes, les renoncules, les pompons d'or, les lis sauvages, mille fleurs charmantes que les botanistes ont défigurées de noms ignares (1), se hâtent de naître : leur jour

(1) Alchemilla alpina, carex ferruginea, biscutella lævigata, miagrum sexatile, draba azoïdes, kobresca scispina, *cacalia albifrons!*

de soleil est venu. Non, rien n'est joli, rien n'est charmant et pur comme les fleurs des Alpes. On est confondu de tant de fraîcheur et de variétés ; de tant de formes élégantes et d'insaisissables parfums. Cela donne appétit. Certes, ils n'étaient pas dignes de vous brouter, douces fleurs, les horribles professeurs, herboristes, latinistes et autres, qui vous ont attristées de tant de noms hideux. Vos véritables noms, je vais vous les dire : toi, qui t'épanouis là si blanche, tu t'appelles *Fille des neiges* ; toi, touffe d'étoiles pâles et bleues, tu t'appelles *Couronne des anges*, et quelque chérubin, en se jouant là-haut, t'a laissée tomber de son front ; toi, sombre, pensive et parfumée, ton nom est *Fleur de la croix* ; et toi, si candide et si rose, tu naquis après le premier sourire de Marie enfant, et pour cela tu te nommeras *Sourire de Marie* ; et toi, petite grappe écarlate, dont le suc est un dictame, *Sang de Jésus* ; et toi, toujours inclinée, pure et rêveuse, du premier mot de la plus douce des prières, *Ave* ; et toi, *Rêve du ciel*, parce que, sur ta hampe élancée, la fleur éclôt après la fleur, et s'élève toujours comme l'espérance en Dieu. Suaves merveilles, une science grossière vous a débaptisées, comme autrefois en France l'impiété avait débaptisé les hommes ; reprenez vos noms célestes, et devenez ainsi, pour ceux qui vous contemplent, autant de souvenirs de la foi, autant de promesses du paradis.

Enfin, l'hiver est forcé dans ses derniers retranchements, vaincu sans miséricorde. Sa triste garnison a évacué les replis les plus secrets, les casemates les plus obscures. Partou s'étend le manteau vert du printemps, partout les troupeaux s'y établissent ; un beau panache de fumée flotte sur le dernier chalet que la semaine dernière encore emplissaient à moitié les neiges ; il n'y a plus de neige.

Moment de court triomphe pour les vaches, et de rudes

fatigues pour les vachers. Le sommet de la montagne, c'est le bord des précipices. Quand les vaches y sont, il faut les garder avec une vigilance extrême, les maintenir sur d'étroites plates-formes, sur des versants très-inclinés et rapides. Un pas hasardé vers une touffe trop tentante, et le lourd animal glisse, roule, tombe de rochers en rochers, se brise, se déchire, et ne s'arrête ni vivant ni entier. Le pauvre vacher est donc de garde jour et nuit, courant après l'une, après l'autre, armé d'un long bâton terminé par un anneau de fer, qu'il agite en étendant le bras devant celle qui s'aventure trop. Sans doute les nuits sont belles, le spectacle est magnifique, l'horizon immense; on peut là compter autant d'étoiles qu'on en veut. Mais à ces hauteurs le vent quelquefois manque d'aménité, et fait pousser de grands soupirs vers le bon foin du chalet.

Cela dure un peu plus d'un mois, jusqu'à ce que l'hiver commence à reprendre sur la montagne ses droits, qu'il n'abandonne jamais longtemps. La neige tombe; on décampe, on va s'établir un peu plus bas. La neige descend encore, on recule encore; on la fuit comme on l'a poursuivie, pied à pied. Mais chaque jour déroule un immense pli de cet immense linceul; il atteint le bas de la montagne, le bas de la montagne est couvert lui-même : alors l'étable s'ouvre. Adieu la liberté et la fraîcheur des pâturages! Il faut s'enfermer et manger du foin. Tout est blanc, tout est désert, tout est silence; plus de clochettes, plus de chansons. Rien qu'un triste vent qui fait gémir de tristes branches et qui charge la terre de frimas. — Adieu, Alpes, jusqu'à la saison nouvelle (1)!

Amis, à qui j'écris ces lignes, vous voulez donc une silhouette du chalet!... Prenez garde, il y va d'une illusion.

(1 Schiller, Guill. Tell.

Mais définissez d'abord le chalet vous-mêmes, et voyons comme vous l'entendez : « Le chalet, séjour de l'inno-
« cence et des douces rêveries, est l'habitation du pasteur
« des Alpes ; on le trouve au sein des montagnes, près des
« hautes cimes, sous l'ombre des mélèzes et des sapins.
« Des tapis de gazon odorant l'entourent, et, des fenêtres
« de l'heureuse demeure, l'œil s'étend, là sur des forêts
« sombres, là sur des prés argentés, et là, plongeant dans
« l'étroite vallée qui sépare deux montagnes, il découvre au
« loin quelque beau lac aux eaux tranquilles, animé par le
« lent passage d'une barque légère dont la voile se gonfle au
« gré des vents. A l'heure où les ombres du soir mon-
« tant du sein de la plaine vont bientôt obscurcir les monts,
« les bergers font retentir les échos des sons doux et pro-
« longés d'une sorte de trompette rustique, et les troupeaux,
« fidèles à ce signal, viennent se réfugier au logis. Alors,
« les heureux montagnards, libres de soucis et d'inquié-
« tudes, font un repas frugal ; puis les jeunes garçons en
« bas blancs, en culotte courte, en gilet rouge, les jeunes
« filles aux longues tresses, au frais visage, se livrent sur
« le gazon à des danses innocentes, tandis que les vieillards,
« fumant leur pipe, assis sur le seuil, causent des intérêts
« du pays, et font répéter à leurs petits-enfants les grands
« noms de Tell et de Vinkelried. »

Et vraiment c'est bien là le chalet tel que nous le connaissons, tel que les touristes nous le décrivent, tel que les vaudevillistes nous le montrent, que les petites filles et les capitaines retraités nous le chantent avec accompagnement de piano. C'est le chalet comme beaucoup d'honnêtes gens le rêvent et vont le chercher à leur grand désappointement. Il y a pourtant quelque chose de vrai dans ce portrait rosé, mais il s'en faut qu'il soit exact, et pour ma part j'en suis aise. J'y ai gagné le plaisir de l'inattendu.

Un chalet n'est pas une maison, c'est une étable : rien de plus. On le construit, autant que possible, à l'abri des avalanches, avec un grand mépris du coup d'œil. On y ménage une petite place pour la chaudière et les ustensiles nécessaires à la confection du fromage, une soupente pour les hommes; le reste appartient aux animaux. Et quels animaux! Non pas seulement de belles vaches grasses et luisantes, de beaux taureaux fiers et sombres, mais encore des douzaines de vilains pourceaux roux, dont le groin fouille et pèle, tout autour de l'habitation, ce gazon sur lequel vous voyez danser les montagnards. Il est difficile d'imaginer rien de plus triste, de plus rebutant que l'abord et l'intérieur d'un chalet. A l'exception des baquets, des seaux, qui contiennent le lait, tout y est d'une parfaite et indispensable malpropreté. Ah! qu'un pauvre Parisien fait là triste figure! L'odeur de l'étable l'incommode, la fumée l'étouffe, il sait à peine se tenir sur le sol inégal et boueux où il pose ses pieds; il cherche avec anxiété un petit coin pour s'y réfugier, une petite chaise pour s'asseoir; mais il n'y a ni chaise ni coin, à moins qu'il n'aille se camper sur une grosse pierre, entre la chaudière et la muraille, près d'un feu qui ferait peur à saint Laurent. Franchement le premier effet n'est pas agréable. Vainement le principal ouvrier vous met en présence d'une tonne d'excellent lait. Tout Parisien que vous êtes, vous avalez ce lait sans presque le trouver bon.

Puis, on se familiarise, on regarde, et bientôt le rude spectacle qu'on a sous les yeux prend de l'intérêt, je dirais presque de la grandeur. La vie des hommes, au milieu desquels on se trouve a quelque chose de la simplicité et de la tranquillité bibliques. Ils vivent de si peu, et vivent si contents! Ce n'est pas l'Arabe, ce n'est pas le mineur, ce n'est pas le soldat, ce n'est pas le solitaire, mais c'est quelque chose qui participe de toutes ces austères conditions : c'est le désert, moins la liberté et les aventures; la privation, moins l'idée de sacrifice et de pénitence; la fatigue et l'obéissance, moins la gloriole militaire. Dure existence, en vérité, et qu'il faut avoir vu accepter si paisiblement pour la croire supportable. Ces ouvriers des Alpes sont engagés au nombre de huit à dix, tant hommes qu'enfants, pour garder, traire, soigner une cinquantaine de vaches et fabriquer le fromage. Ils vont à la montagne quand les premiers pâturages sont découverts, et n'en redescendent plus qu'à la fin de la saison. Durant tout ce temps, ils vivent de petit-lait, de crème et de séret (1) Jamais de viande, jamais de fruits, jamais de vin, encore moins de liqueurs fortes; à peine du pain, si on peut appeler pain les palets de croûte mince et dure qu'on leur donne sous ce beau nom, et qu'ils nomment eux-mêmes plus exactement des briques. Les nécessités de la vie sont simplifiées à l'égal de la nourriture : pour vêtement, un pantalon de grosse toile, une chemise, une mince calotte de paille; pour lit, un cadre rempli de foin; pour vaisselle, une soupière de bois et chacun une cuiller du même métal, qui sert en même temps de tasse, de verre et d'assiette, comme le lait est à la fois la nourriture et la boisson. Rien de plus;... mais si, j'oublie la pipe; chacun a la sienne, même le dernier marmot. Après cela ne cherchez plus rien, tout le reste serait du superflu, et ils se font une certaine gloire de n'en point avoir. Et puis, où le placerait-on?

Et quand ces hommes ont ainsi vécu et travaillé depuis la première fleur jusqu'à la dernière neige, savez-vous quel salaire ils reçoivent? Environ trois louis.

Croyez-vous maintenant qu'ils se plaignent, et qu'on en-

---

(1) Sorte de sous-fromage qui se fait avec ce qui reste de matière caséeuse, quand le fromage proprement dit a été retiré.

tende au chalet ces malédictions contre les riches et les maîtres qui font retentir nos ateliers, où l'on gagne le triple et le décuple à moins de peine et de labeur! Oh! détrompez-vous. Rien n'est frais comme leur visage, rien n'est tranquille comme leur âme. Ils sont doux, ils ont du sens, de l'esprit même dans leur patois gruverin fort goguenard et agréable à l'oreille, ils chantent souvent, ne se plaignent jamais; c'est presque une énigme. Voici qui va l'expliquer.

Après le souper, qui avait duré bien trois minutes, j'étais allé m'asseoir à quelques pas de la porte, et je contemplais l'horizon borné, mais encore charmant, de ce petit vallon intérieur perdu dans les sommités de la montagne. Le silence était profond, la nuit épaisse; le vent semblait endormi sous les arbres; seulement le son doux et affaibli des clochettes du troupeau établi dans quelque ravin, sous les mélèzes, arrivait de temps en temps jusqu'à mon oreille, et me disait que je n'étais pas le seul être vivant qui se trouvât au fond de ce désert. Je me demandais comment des hommes illettrés pouvaient, sans aucune des raisons qui inspirent le dégoût du monde, se condamner si longtemps aux privations de cette solitude, lorsque j'entendis, dans l'intérieur du chalet, un murmure de voix dont le mouvement régulier rappelait bizarrement à ma mémoire des souvenirs agréables qu'elle ne pouvait cependant compléter. Je rentrai. Les Armaillis avaient tous la tête découverte. L'un d'eux disait à haute voix le chapelet :

« Je vous salue, Marie, pleine de grâce. Le Seigneur
« est avec vous; vous êtes bénie entre toutes les femmes, et
« béni est le fruit de votre ventre, Jésus. »

Les autres répondaient tous ensemble :

« Sainte Marie, Mère de Dieu, priez pour nous, pécheurs,
« maintenant et à l'heure de notre mort. Ainsi soit-il. »

Le chapelet achevé, on dit de même les litanies de la Vierge. Vous savez comme ces litanies sont belles, quelle foi naïve y respire, et quelles grandes choses elles rappellent aux Chrétiens. Souvent les fidèles primitifs firent retentir de cette douce prière les catacombes où ils fuyaient la persécution. Le prêtre invoquait la Mère de Dieu sous tous les noms que la piété lui donne, le peuple répondait *ora pro nobis*, et les cercueils des martyrs entassés sous ces voûtes, loin d'effrayer les survivants, raffermissaient leur courage, redoublaient leur foi. Le Christianisme est tout entier dans les quelques prières que nous a données l'Église, mais sa douceur et sa grâce semblent principalement renfermées dans celles qui sont adressées à la sainte Vierge. « Priez pour nous, Mère du Créateur; priez pour nous, Mère du Rédempteur; Vierge fidèle, arche d'alliance, refuge des pécheurs, santé des malades, consolatrice des affligés, priez pour nous! » Je ne crois pas que jamais ces pieuses appellations aient produit sur mon âme une impression plus vive et de confiance et d'espoir; jamais je n'ai mieux senti qu'au milieu de ces braves gens, la force de cette confraternité chrétienne qui nous lie dans la prière, et plus sincèrement béni Dieu au fond de mon cœur, de m'avoir fait Catholique romain.

Après les litanies, chacun répéta tout bas les autres prières du soir, faisant précéder le *Confiteor* d'un examen de conscience auquel il nous arrive souvent de consacrer moins de temps à la fin d'une journée tout entière passée dans le monde. Puis chacun se recouvrit, mais les conversations ne se renouèrent pas tout de suite. Il me fut facile de voir que la prière au chalet est un acte sérieux et parfaitement compris. — Voilà, bien-aimés compagnons de mon passé, pourquoi les pauvres paysans catholiques des Alpes travaillent beaucoup, sont gais et ne se plaignent jamais.

Jadis, il m'en souvient, nous eûmes ensemble de longues contestations sur les meilleurs moyens d'arriver au bonheur des peuples, car nous étions aussi différents d'avis que semblables de cœur. Savez-vous pourquoi, malgré la pureté commune de nos désirs, nous ne parvînmes jamais à nous accorder? C'est que le seul moyen efficace est aussi le seul auquel nous n'ayons pas songé sérieusement. Vous m'avez connu sincère, et je le suis maintenant plus que je ne le fus. Croyez-moi donc quand je vous dis qu'à mes yeux la seule société heureuse possible est une société chrétienne et catholique. Vous m'entendez, je ne dis pas le peuple, je dis la société, je dis tous. Oui, il faut que tous soient Chrétiens, les premiers et les derniers, et les premiers plus encore que les derniers, car la foi de ceux qui obéissent tient à la foi de ceux qui commandent, et lorsqu'on dit qu'il faut une religion pour *le peuple*, le sous-entendu équivaut à proclamer qu'il ne faut pas de religion du tout. Là seulement se trouveront ces garanties mutuelles réclamées de toutes parts et que *les lois athées* (parole monstrueusement stupide et vraie) ne sauront jamais établir; garanties des petits contre l'oppression et le délaissement; garanties des grands contte la révolte; garanties de tous contre les opprobres ruineux de l'immoralité. Si les braves gens dont je viens de vous parler sont heureux, ce n'est pas parce qu'ils sont citoyens et électeurs, ils n'y songent guère; ce n'est pas non plus uniquement parce qu'ils sont Chrétiens, c'est parce que leurs supérieurs, leurs maîtres sont chrétiens autant et plus qu'eux-mêmes. L'institution en laquelle ils ont le plus de confiance et qui les fait dormir tranquilles n'est pas dans les codes du pays, mais elle leur est antérieure et durera plus longtemps qu'eux. Cette loi écrite où rien ne s'efface s'appelle la CHARITÉ.

Je vous ai connus prêts à vous faire sabrer en l'honneur de vos convictions politiques, et j'aurais peut-être offert aux miennes le même sacrifice. Eh bien! pour le bonheur du prochain et le nôtre, il faut de moindres efforts et un résultat plus grand. Laissons le Maître ordonner ce qu'il voudra de nos corps misérables, sauvons nos âmes, soyons Chrétiens, non pas Chrétiens de théorie, ce qui n'est qu'un moyen déjà vieux de se poétiser dans les boudoirs ; mais Chrétiens sincères et simples, Chrétiens de pratique et de cœur, Chrétiens devant Dieu et les hommes. Dépouillons-nous autant que possible d'orgueil, d'égoïsme et d'injustice, on y parvient avec l'aide d'en haut ; et si notre exemple, si nos avis, si nos prières en gagnent quelques-uns, qui à leur tour en gagneront d'autres, tous ceux-là seront comme nous calmes dans le présent, confiants dans l'avenir, libres sous la loi de Dieu comme l'oiseau sous le ciel. Nous leur aurons donné plus que l'électorat, ils seront éligibles au royaume des saints, ils seront citoyens de la patrie éternelle. Très-aimés frères, telle est la mission que je vous souhaite. Voilà ce que je demanderai souvent au Seigneur, et je le demanderai d'autant plus pour ceux de vous qui le désireraient moins.

On cause au chalet. Entre la prière et le coucher, il se passe à peu près une heure consacrée à la conversation. L'étroite cabane où sont réunis les ouvriers présente alors un coup d'œil assez curieux. Chacun s'est assis comme il a pu. L'un sur un fagot, l'autre sur la table où l'on presse le fromage, l'autre sur une pierre qu'il est allé chercher dehors et qu'il y reportera. La lumière vacillante du foyer éclaire bizarrement tous ces groupes et fait danser les ombres ; les pipes en pleine activité brillent çà et là comme des étoiles de feu dans les nuages. Mais de quoi peuvent s'entretenir dans cette solitude les hommes qui ne la quittent pas? de mille choses! Il y a d'abord les bizarreries de caractère qui se font remarquer parmi les vaches du troupeau; les défauts, les qualités de ces dames, les accidents de leur petite santé; les escapades du taureau, qui est souvent d'une humeur intraitable; puis les cancans du chalet voisin, puis les nouvelles de la ville de Bulle, où l'ouvrier qui descend tous les jours les fromages va faire quelquefois provision de tabac; puis les récits de celui qui a servi en France et de celui qui a fait le pèlerinage d'Einsiedeln ; puis enfin les chroniques et légendes de la montagne, source inépuisable de commentaires, d'inventions, d'intérêt.

Mais, hélas! quel chercheur de curiosités saura trouver une tradition qu'on n'ait pas vue partout ! Voici la légende du chalet; vous l'avez déjà rencontrée en beaucoup d'endroits; et particulièrement dans La Fontaine :

« Il fut un temps où les Armaillis étaient bien heureux. Ils n'étaient pas obligés de garder les vaches la nuit, exposés à l'aquilon des montagnes. Des *fées*, des *esprits*, qui voyageaient dans l'air, sur les parfums des fleurs et le souffle des vents, se chargeaient de ce soin, moyennant une rétribution modique. Il suffisait de leur porter tous les soirs, à quelques pas du chalet, une jatte remplie de bon laitage, quelques-uns mêmes se contentaient de l'offrande d'une seule cuillerée de lait, répandue sous la table de la main gauche; mais il ne fallait pas l'oublier, autrement il y avait tapage toute la nuit. Les esprits entraient par la cheminée, par les fentes des cloisons, renversaient la chaudière, dérangeaient tous les ustensiles et lutinaient dans leur foin les ouvriers endormis. Doux et serviables d'ailleurs, il n'était sorte de bons services qu'ils ne s'empressassent de rendre aux bergers, les remettant sur le chemin pendant la nuit, les guidant aux mauvais passages, retenant les avalanches et détournant les tempêtes lorsqu'elles menaçaient le chalet. Hélas! aujourd'hui les esprits ont disparu. Les hommes sont devenus trop méchants, et n'était la bonne sainte Vierge qui nous protége encore de son inépuisable bonté, on ne sait ce que le monde deviendrait. Quelque mauvais garnement, croyant avoir à se plaindre du follet qui gardait son troupeau, remplit de boue et d'orties la jatte qu'il lui portait tous les soirs. Au milieu de la nuit il fut réveillé brusquement, et une voix terrible lui cria d'aller surveiller ses vaches, qui tombaient une à une dans le précipice. Ces procédés se renouvelèrent de part et d'autre, la mauvaise intelligence fut au comble. Les bergers firent la guerre aux chamois, qui sont les troupeaux vagabonds et légers des esprits; enfin les esprits quittèrent la contrée, emmenant leurs chamois. Tout s'est bien rapetissé et gâté depuis. Alors les vaches étaient grosses comme des maisons, elles avaient tant de lait qu'il fallait les traire dans des étangs. On allait en bateau lever la crême. Un jeune berger qui faisait un jour cet ouvrage essuya une tempête furieuse, sa barque chavira, et il fut noyé dans le lait comme une mouche. On mena grand deuil de cette mort sur toute la montagne. Les garçons et les filles cherchèrent le corps de leur infortuné compagnon, mais ne purent le découvrir que longtemps après, en battant le beurre avec des arbres tout entiers, dans une baratte aussi haute qu'une tour. Il fut enseveli au fond d'une caverne que les abeilles avaient remplie de rayons de miel plus grands que des portes de ville. L'heureux temps! les enfants se couchaient dans les calices des fleurs, et sans doute la livre de tabac ne se vendait qu'un rapp. Maintenant on ne voit plus, durant les nuits d'orage, que des dragons de feu traversant les airs et jetant des malédictions au voyageur; les démons choisissent toujours pour précipiter une avalanche l'instant où l'on traverse le chemin; quand la tempête passe, c'est toujours sur un chalet qu'ils ont soin de la diriger. Quelquefois cependant ils sont bien attrapés, c'est lorsqu'ils font leurs mauvais coups à l'heure de la prière. Un jour, tous les démons de Berne sautent par-dessus la barrière de torrents et de montagnes qui sépare le pays catholique du pays protestant, ils aperçoivent sur le versant du Moléson un beau chalet tout neuf; et vite ils vont dire à l'orage : Renversez-nous cela. L'orage accourt, hurlant comme le tonnerre, couchant les vieux sapins comme des herbes, roulant les quartiers de rocher comme le duvet d'un oiseau, mais devant la porte du chalet il s'arrête. — Va donc! crient les démons. — Je ne peux passer, leur répond l'orage. — Qui t'empêche? — Il y a une croix sur la porte, avec les *noms.* — Quels noms? — Ceux que vous n'aimez point entendre : les noms de Jésus et de Marie. — Va toujours. L'orage s'efforce. Mais en ce moment les Armaillis faisaient leur prière, et tous les efforts de la tempête ne parvinrent pas seulement à faire ondoyer la fumée du chalet. Alors, pleins de courroux, les vents se retournent contre ceux qui les excitent; ils les poussent, les bousculent, les battent contre les blocs de pierre, les élèvent en tourbillonnant à des hauteurs immenses, les laissent retomber sur la flèche des arbres et le coupant des rochers, puis les ressaisissent tout meurtris, pour les tourmenter et les pétrir de nouveau. Ce bouleversement effroyable dura trois heures sans casser une branche, et durant trois heures, les démons, traînés dans le lit de cailloux des torrents, enfouis sous la neige, brisés sur les glaces, ne cessèrent de crier et de blasphémer. Le lendemain on vit un nuage infect et noir qui s'enfuyait au loin : c'étaient toutes les plumes arrachées aux ailes de ces maudits que le vent emportait comme trophée. »

Voilà le thème ordinaire. Chacun y ajoute selon ses goûts, et la complaisance de ses auditeurs. Toutefois, il ne faut pas prêter aux bergers plus de simplicité qu'ils n'en ont. Aucun d'eux n'est dupe de ces contes de l'enfance. Ils ne croient guère aux *esprits* bienfaisants, aux étangs de lait, aux montagnes de beurre. Ils invoquent les saints lorsqu'ils ont besoin de protection, et savent que l'aumône est le meilleur appui de la prière; le bénédicité remplace la libation païenne qui précédait le repas. L'on voit enfin qu'une sage instruction chrétienne les a prémunis, autant que possible, contre les dangers de leur crédule ignorance. Les follets et les sorciers, légions de Satan, n'usurpent plus rien du rôle de la Divinité; ils ne peuvent faire que le mal, et l'homme se préserve des embûches qu'ils lui dressent sans cesse, par la prière et la foi. Le mal est tout au diable, le bien est tout à Dieu et à ses anges bénis.

A LA CIME.

Vous faites-vous une idée charmante d'une nuit passée sur le foin tout frais et tout parfumé, au-dessus d'une trentaine de pourceaux, au-dessous d'un millier d'araignées, entre deux files de ronfleurs alpestres? Pour moi, j'avais en pareille situation grand désir de voir naître l'aurore. Elle vint enfin, et me trouva debout, coiffé en dieu marin, à cela près que l'herbe était sèche. Mais je n'apercevais pas Jean, qui devait me conduire; j'avais beau l'appeler, Jean ne répondait pas. Un vacher me mit hors de peine. Il souleva une espèce de couverture, et plongeant la main dans un vaste cadre plein de paille hachée, où l'on voyait surnager le plus étrange pêle-mêle de jambes, de têtes et de bras, il saisit mon guide par le collet de sa veste, à peu près comme on saisit un lapin dans sa niche, et le mit sur pied encore tout endormi. Pauvre Jean, il y allait de si bon cœur! Qu'il dut trouver stupides en ce moment les désœuvrés qui accourent de cinq ou six lieues à la ronde, pour voir une chose aussi simple que le lever du soleil, contemplé de la cime du Moléson. Dis ce que tu penses, va, Jean. Ton persécuteur n'est pas bien éloigné de penser comme toi.

Il est de ces joies qu'il faut subir une fois en sa vie, par acquit de conscience et pour l'expiation des péchés qu'on ne se rappelle pas. Parmi ces voluptés du purgatoire, je n'hésite pas à ranger toute ascension au sommet de toute montagne ayant plus de cent mètres au-dessus du niveau de la mer, lever de soleil compris. Que vais-je chercher là-haut! un vaste coup d'œil? Or, je n'aime rien tant qu'un petit chemin entre deux haies, une voûte de feuillage, étoilée à midi, une belle plaine au soleil couchant.... Mais puis-je avouer que j'ai fait une promenade dans la Gruyères, et que je n'ai pas gravi le Moléson? Hélas! je suis depuis longtemps en butte à toutes sortes de remords et de mépris pour avoir préféré au pont du Gard, je ne sais quel livre qui m'intéressait. « Quoi! vous avez manqué telle chose? s'écrient les touristes qui ont, pièce par pièce, et poste par poste, vérifié le guide, que je vous plains! vous n'avez rien vu. » Et les voilà qui décrivent impitoyablement. C'est effrayant tout ce qu'on va voir ainsi, uniquement parce que d'autres l'ont vu. Que de cailloux cette lâche condescendance a déjà mis dans mes souliers!

Le nom de ce malheureux Moléson a trente-six étymologies, dont aucune n'est acceptable. J'en voudrais une, sanscrite ou tonkinoise, qui fût pour le pauvre voyageur un bon avertissement d'examiner ses jambes et son haleine avant d'entreprendre l'ascension. Du chalet où j'avais passé la nuit, il m'avait semblé qu'en étendant la main, je toucherais le faîte de la montagne, mais il me fallut faire encore une lieue avant d'y arriver, tantôt grimpant sur la pierre glissante et polie, tantôt sur les cailloux roulants, tantôt sur l'herbe humide, grimpant toujours pour changer, et, ce qui est plus triste, grimpant sans gloire, car les chemins ne sont pas excessivement étroits, les précipices excessivement sombres, les avancements de roche excessivement pointus. Tout juste ce qu'il en faut pour se briser les reins et la tête, pas un iota de plus. Jean marchait d'un pas où je crus entrevoir un peu de vengeance. Je lui criai de me laisser souffler, il me répondit lestement qu'il fallait parler patois si je voulais me faire comprendre. Je sentis que je l'avais éveillé trop tôt et le suivis sans murmurer, emportant, comme une piqûre de guêpe, la triste pensée qu'il faudrait redescendre. Enfin me voici au faîte, le gosier sec, le corps en nage et fort affairé du vent glacial qui vient me sécher plus vite que je ne voudrais. — Monsieur, me dit Jean qui a repris sa bonne humeur et qui parle maintenant français comme un apprenti ébéniste du faubourg Saint-Antoine, nous sommes à deux mille trois mètres au-dessus du niveau de la mer. — Bien obligé, mon enfant. Il fait diablement froid ici. — Ah! Monsieur, ce n'est rien. L'an passé, un Anglais y prit une fameuse fluxion de poitrine. — Vraiment! — Oui. On a cru qu'il mourrait à Bule. Voilà le Mont-Blanc, là-bas. — Merci. — Nous en sommes à vingt-cinq lieues. — Cela me fait grand plaisir. — Ah! c'est que c'est bien fait pour ça, Monsieur. Et puis tenez, là, derrière vous, voilà le lac de Vevey. — Il est plus beau lorsqu'on est dessus. — Ah! peut-être! mais on ne le voit pas de si loin. De l'autre côté, c'est le lac de Neufchâtel. Ça fait deux lacs que vous voyez. C'est drôle, comme ils se ressemblent! Plus loin on voit le lac de Bienne; vous ne le voyez pas parce que vous n'avez pas de lunette d'approche. — Dis donc, Jean, à quoi bon grimper ici pour voir ces choses avec une lunette d'approche? — Ma foi, je n'en sais rien. Mais les messieurs qui viennent ont plus d'esprit que moi... Tenez, voilà Fribourg! — Où donc? — Là, au bout de mon bâton. — Je ne vois rien. — Ah! non, parce que le vent n'est pas clair, mais vous voyez toujours la direction.

Sur l'extrême sommet du Moléson s'élève, en témoignage de la piété du couvent, une grande croix de bois. Pauvre croix! qui porte sur son corps et ses bras vingt outrageants stigmates. Sa solitude ne l'a pas défendue contre l'offense des passants! Tout au contraire, ceux qui n'auraient point insulté une croix sur les grands chemins, dans la crainte qu'un homme pieux venant à passer ne les chassât comme des chiens vils, ont profité de leur isolement sur cette cime pour faire subir à Notre-Seigneur des injures qu'avaient oubliées ses bourreaux. Lâcheté de crétin! Puissent ces lignes trouver quelque part, dans son bouge, l'idiot immonde dont la main avait profondément gravé sur la croix du Moléson les mots hideux qu'a effacés la mienne. Va, mon livre, porte-lui tous les noms que je lui donne, à ce fils des assassins de Dieu et de la sainte pudeur,... ou plutôt, s'il se peut, porte-lui le repentir, et vous, âmes chrétiennes, priez qu'il fasse pénitence avant son dernier jour.

Je voulais écarter cette pensée pénible. Assis sur une pierre au pied de la croix rustique, je regardais, je descendais de l'œil jusqu'à la Sarine, qui coule ou plutôt qui saute et danse au pied du Moléson, lorsque Jean, qui s'était couché dans l'herbe et la rosée, s'écria tout à coup : Dites donc, Monsieur ! la croix me fait penser à une chose : je suis sûr que vous avez oublié votre prière ce matin. — C'est vrai, lui dis-je. — Comme moi, répliqua-t-il. Puis sortant de sa poche un pauvre petit bouquin tout frisé aux angles : Lisez, voilà mon livre; lisez tout haut, pour nous deux. Et ce brave enfant se mit à genoux. Oh ! qu'il me consola bien des insulteurs de croix !

Mais Jean était préoccupé; même pendant la prière, il cherchait avec inquiétude quelque chose qu'il ne retrouvait pas dans l'immense espace étendu sous nos yeux. Enfin poussant un cri de joie et me tirant par ma blouse : Regardez, me dit-il, voilà Estavayer. — Qu'est-ce que cela, Estavayer? — Vous ne connaissez pas Estavayer, vous n'y êtes point allé? — Non. — Tiens !.... C'est mon pays ! Puis me faisant descendre quelques pas, il me montra bien loin sous nos pieds une espèce de plaque noire entre des mottes de terre : — C'est le chalet, fit-il avec un sourire ; c'est drôle de le voir d'ici, n'est-ce pas? — Je crois bien ! — Ah ! poursuivit-il avec explosion, je suis content !..... il faut que je fume une pipe.

Quant au soleil, personne n'ignore qu'en ces sortes d'occasions il est toujours levé lorsqu'on arrive, ou ne se lève pas du tout. Cependant je pus le voir passer comme une fusée, du sommet aigu de la Branleire, derrière un lac d'encre flottant, dont ses rayons ne traversèrent point l'opaque noirceur. Les cinq ou six cents têtes de montagne qui s'allongent en chaînes immenses, et s'étagent en immenses amphithéâtres sur les trois quarts de l'horizon, furent éclaboussées de quelques jets de flamme, et se revêtirent d'une assez jolie teinte rose et argent. Certaines traînées de lumière à la Ruysdaël s'égarèrent aussi un moment dans les plaines. J'y crus voir des villages, des châteaux, des champs, des villes, des lacs sombres, des ruisseaux brillants. Je n'avais plus rien à réclamer, j'étais servi.

Que dites-vous des races d'hommes qui s'en vont de grand matin, parapluie en main, calepin en poche, chercher l'émotion à certains gîtes indiqués? Moi, je crois que l'émotion, c'est l'imprévu. Elle n'est jamais où l'on prétend qu'elle demeure, et bien fous ceux qui vont l'y chercher. Il faut la rencontrer au coin d'une rue, au détours d'un bois. Elle est charmante alors, elle a des paroles inouïes. Mais qu'elle est maussade et commune à ceux qui montent à cheval pour la poursuivre, l'atteignent tout essoufflés, et la forcent le poing sur la gorge à leur rendre raison !

ADIEUX.

Après vingt-quatre heures passées au chalet, je lui pardonnai de n'avoir pas répondu aux belles imaginations que je m'en étais faites, et ne le quittai que bien réconcilié avec lui. Le fond vaut mieux que la forme. N'a-t-on pas rencontré de ces hommes qui vous séduisent d'abord par un certain extérieur simple, naturel, agreste, qui vous repoussent ensuite, tant leur franchise semble dure et leur amitié sans façon, puis qu'on finit par sonder jusqu'au fond de l'âme et par aimer jusqu'au bout de la vie? — Cette pauvre demeure, toute noire au dedans comme au dehors, renferme ordinairement tant de travail, des mœurs si douces, des cœurs si pieux; elle est si austère, elle a tant de mépris pour toutes ces délices, petites et grandes, dont nous avons fait autant de nécessités!... Eh! non, je ne suis pas un philosophe champêtre, un de ces louches amants *de la nature et de l'huma-*

nité, comme ils osaient s'appeler, qui, sur la fin du dernier siècle, ont préludé par tant d'idylles misérables au saccage d'une société dont les vices valaient mieux que toutes leurs vertus sans cœur et sans foi. Je ne veux point à leur exemple câliner le pauvre, qui a plus besoin d'avis que de compliments.... Mais je ne puis m'empêcher d'admirer ces pauvres braves gens qui savent se priver de tant de choses, et qui remercient le bon Dieu.

Passerai-je aussi près de la Chartreuse sans saluer encore une fois ces bons Pères, sans faire encore une fois honneur à la cuisine de frère Jean? — Bien m'a pris d'entrer. Frère Jean rayonne d'une joie intime, et qui sera sans doute partagée dans la maison. Un frère des capucins de Bule vient d'apporter une grande nouvelle. Oh! mais une nouvelle énorme! Les dahlias du curé de Bule ne sont pas encore fleuris, et depuis trois jours ceux de la Chartreuse s'épanouissent au soleil! Cependant le jardin de la Chartreuse est plus élevé et plus au nord que celui du presbytère; comment se fait-il que les dahlias y fleurissent plus tôt? Le curé dit qu'il y a miracle, et que ce n'est pas franc jeu. L'an passé déjà il en avait été de même, et l'on était manche à manche. Mais cette fois frère Jean avait gagné la partie.... Vous voyez qu'on s'amuse au couvent.

Je suis au pied du Moléson, je lui tourne le dos. Encore quelques jours, j'aurai quitté la contrée qu'il domine, et je ne le verrai plus que par cet œil intérieur du souvenir, toujours ouvert sur le passé. Qu'importe! souvent j'y retournerai de cœur. C'est là que, pour la première fois, j'ai reçu l'hospitalité. Sans doute avant ce jour des voix amies m'avaient salué au seuil d'une maison étrangère. Mais l'hospitalité antique, l'hospitalité que tout autre eût reçue comme moi, celle qui vous ouvre parce que vous avez frappé, vous prend par la main, vous sert le repas des hôtes, vous donne leur lit, et le lendemain, quand vous voulez partir, vous souhaite cordialement un bon voyage ; je ne l'ai trouvée que là.

Alpes fleuries ! l'hospitalité est la plus belle de vos fleurs. Elle s'est réfugiée sur vos sommets, comme tant de vertus charmantes qui couvraient autrefois la terre, et qui semblent retourner aux cieux.

GRUYÈRES.

Je revenais à Fribourg, lorsqu'on me parla d'un certain *lac noir* (Schwartzsée), petit, sauvage, enceint de montagnes, peu fréquenté des Anglais, qui se trouvait sur ma route moyennant un détour de cinq ou six lieues. Il était question de torrents, de ravins, de bois de mélèzes, de sentiers dans l'herbe, d'escaliers aux flancs des roches ; on pouvait entendre la messe en passant par Charmey : tout cela tendait ma voile. Après avoir fait l'inventaire de mon sac, encore garni d'une chemise blanche, et de ma poche, où l'aubergiste de Bule avait laissé quelque menue monnaie, je suivis le vent. Quel plaisir de courir ainsi changeant de projet, de but et de chemin, de prendre le sentier qui se présente sans demander où il mène, d'arriver le soir où l'on n'allait pas !

J'entrai bientôt dans le beau vallon au centre duquel, sur une colline toute ronde, s'élève, comme une spirale dont son vieux château est le point culminant, la pittoresque ville de Gruyères. Ce petit pays si fertile, si gracieux, est plein de souvenirs guerriers. On y a livré je ne sais combien de batailles féodales, où des armées de trois cents hommes luttèrent contre des armées de cinq cents hommes, et laissèrent souvent sur leur champ de bataille jusqu'à dix blessés. Les bulletins de ces grandes affaires ont été soigneusement recueillis. En général, il ne s'est pas cassé en Suisse un bras qui n'ait eu son chroniqueur. Les comtes de Gruyères étaient bien cependant les meilleurs seigneurs du monde; bons princes, fort religieux, grands fondateurs de maisons pieuses. Mais en ce temps-là, c'était à qui ferait bossuer son armure. Princes et vassaux, bourgeois et paysans, villes et seigneurs, aimaient à descendre en champs clos. La manie en passa petit à petit, avec l'invention des armes à feu; l'on se battit moins dès qu'il fut visible qu'on se tuait beaucoup plus.

L'histoire de la Gruyères ne fournit pas seulement des récits de guerre. Les comtes avaient une cour vraiment chevaleresque. Ils entretenaient des fous, des histrions, des poëtes, des savants, donnaient des fêtes et tenaient académie, en même temps qu'ils fondaient des monastères, œuvres de piété qui furent aussi des mesures de sage politique et de bonne administration. Tandis que la cour organisait chasses et tournois, guerroyait contre les voisins, ou souriait aux *maistres du gay savoir*, le patient labeur des moines défrichait les lieux sauvages et civilisait les peuples grossiers. Quelquefois un de ces bons solitaires, quittant sa retraite, venait au château prêcher les vertus chrétiennes; ses paroles n'étaient point perdues. Les comtes de Gruyères furent célèbres par leur bonté plus encore que par leur courage et leur magnificence. Ils rendaient justice équitable, étaient souvent parrains de l'enfant pauvre, et protecteurs de l'enfant abandonné.

Cette illustre maison finit misérablement. Vers le milieu du seizième siècle, Michel, le dernier comte, vendit son État pour payer ses dettes. Bien que pourvu de qualités heureuses, il s'écarta des vertus de ses ancêtres et fut époux infidèle. Des créneaux de Monsalvans, la comtesse le vit maintes fois se rendre à Charmey par un chemin détourné, qu'elle nomma tristement la charrière de Crève-Cœur. Michel eût mieux fait de fonder un couvent de plus. Berne et Fribourg se partagèrent ses domaines. Deux siècles avant, un personnage étrange, Gérard Chalama, savant, troubadour, bouffon et conseiller du comte Pierre V, voyant les envahissements des nouvelles républiques, avait dit, en faisant allusion à leurs armes, qu'un jour l'ours ferait cuire la grue dans le chaudron (1) : prophétie cruellement vérifiée. Michel, dépossédé, s'en alla mourir au loin, après avoir reçu de ses vassaux une touchante preuve d'attachement. Ils voulurent acquitter eux-mêmes les dettes de leur maître. Mais il était trop tard, et il y en avait trop. Les créanciers ne rendirent point le gage. Les belles dames, les fous, les poëtes, décampèrent emportant fêtes et académie. Pour les moines, ils attendirent qu'on les chassât, et comme les bonnes œuvres demeurèrent aussi longtemps qu'eux, le pays se souvient encore de la *bonne grue*.

Gruyères n'a gardé de son ancienne splendeur qu'un certain aspect fier et brave. Je la comparerais volontiers à ces nobles de Castille qui font de loin si bonne figure dans leur manteau troué. Un pauvre préfet à 800 francs occupe avec sa famille et ses bureaux, quelques recoins du vieux manoir. Nichée de moineaux-francs au fond d'une aire d'aigle! Ce préfet et ses commis sont tout ce que la société féodale connaît maintenant des grandeurs de ce monde, et

---

(1) Les comtes de Gruyères portaient une grue avec la devise : *Transvolat nebula virtus*. L'écu de Berne est de gueules à une bande d'or chargée d'un ours de sable passant. Fribourg porte l'écu coupé de sable et d'argent. Le peuple appelait chaudron cet écusson sans emblèmes.

du haut de sa colline, comme la comtesse délaissée, elle contemple tous les jours une charrière de Crève-Cœur. C'est le nouveau chemin que suivent le commerce et la richesse infidèles, pour aller de Bule à Charmey.

CHARMEY.

Un jour, au faîte des Abruzzes, un jeune Français, qui se rendait de Naples à Lorette, demanda l'hospitalité pour une heure dans une cabane de paysans. Il faisait chaud, il ouvrit sa veste et laissa voir sur sa poitrine une croix qu'il portait en souvenir de sa sœur. Deux jeunes filles qui se trouvaient là contemplaient avec curiosité le signe sacré. Enfin, l'une d'elles, s'adressant à l'étranger, lui demanda si c'était bien la sainte croix, la croix de Jésus, qu'il portait ainsi. Et sur la réponse affirmative du jeune homme, se tournant toute surprise vers sa compagne : C'est la même chose dans tous les pays, s'écria-t-elle en portant à ses lèvres cette croix qui venait de si loin.

Oui, c'est la même chose dans tous les pays ! Le voyageur catholique goûte une joie immense à s'en convaincre souvent. Lorsque, fatigué du chemin qu'il a fait et de celui qu'il doit faire encore, il songe plus tristement à sa famille absente, à son isolement, à son doux foyer que rien ne peut lui rendre, s'il entend la cloche annoncer le saint sacrifice, s'il passe le seuil de l'église, il se retrouve dans son pays ; sa main sait où prendre l'eau bénite, ses genoux savent où se plier, son oreille et son cœur reconnaissent la voix qui s'élève, ses frères l'entourent, son père est sur l'autel où vient de descendre son Dieu. Alors, l'âme délivrée du poids amer de l'abandon, il ne lui reste de ses douleurs que la joie de pouvoir les offrir à celui qui a tout souffert, et qui a souffert pour tous. La résignation, cordial céleste, lui rend la force, le courage, l'espoir. Il s'en va refait et consolé. Certes, ceux-là n'ont jamais prié loin de leur patrie, qui ne voudraient pas que la langue de l'Église fût universelle, comme l'Église elle-même. Grâce à cette communauté de langage, un Catholique se sent chez lui, partout où une croix s'élève dans les airs. De combien de consolations j'aurais été privé s'il m'avait fallu entendre le messe en italien ou en allemand.

Après l'église d'Ancône, qui regarde si noblement la ville et la mer, je n'en sais pas de mieux située que l'élégante petite église de Charmey, bâtie au bord d'une colline, d'où l'on contemple un ravissant mélange de rochers, de vallons, de coteaux et de montagnes. Les peintres ne rencontreront nulle part une gamme de tons verts plus complète et plus étendue. Charmant tableau, qui s'anime du moindre vent, du moindre nuage, du moindre bruit.

Charmey n'est pas seulement un pays magnifique, c'est un pays heureux ; il y a de l'aisance, des mœurs, il y a de la religion ! Un écrivain, qui s'est beaucoup occupé de la Suisse, et qui en a parlé avec plus de bonnes intentions que de bon style, eut occasion de remarquer, il y a près d'un demi-siècle, la politesse des habitants de ce village, leur hospitalité, leur santé, leurs bonnes façons et leurs bonnes mœurs. Cherchant à se rendre compte de toutes ces circonstances, déjà rares à ce qu'il paraît, il écrivit ces lignes remarquables : « J'attribue la beauté de la race *Gruyérienne*
« en général à deux causes, à ce qu'on n'y boit presque
« point de café, et ensuite à ce qu'on n'y mange que du
« laitage et des légumes pendant environ cent cinquante
« jours maigres ; ainsi, cinq mois de l'année, ils n'usent point

« de ces viandes salées, qui, dans les Alpes des pays réfor-
« més, contribuent, autant que l'usage excessif du café,
« à plomber le teint, à allonger les traits et à faire vieillir
« avant le temps. — Il est vrai que, si l'on est ici fort
« sobre pour le café, il n'en est pas de même pour le vin...
« Selon les anciennes mœurs nationales, il est offert dès
« le matin aux étrangers, et ils pourraient peut-être se
« plaindre d'une politesse trop pressante à cet égard. Peu
« de contrées en Suisse renferment autant de gens âgés des
« deux sexes : on y compte un grand nombre de personnes
« entre quatre-vingts et quatre-vingt-dix ans. Ceux qui
« passent ce dernier terme, n'y sont pas même rares.
« Certes, si ces gens-là avaient vécu comme on vit actuel-
« lement dans nos villes et dans plusieurs villages que je
« connais, ils ne pousseraient pas leur carrière aussi loin ;
« ce qui contribue à y conserver les anciennes mœurs, c'est
« en grande partie la difficulté de l'abord. Tous les chemins
« qui y mènent sont des plus mauvais, et ce n'est sûre-
« ment pas un mal sous ce point de vue. — Placez Char-
« mey sur une grande route bien fréquentée, ou dans la
« proximité de quelque ville un peu considérable, il ne tar-
« derait pas à se corrompre, et bientôt la race y dégénère-
« rait, tant pour la santé que pour la beauté (1). »

L'abord de Charmey est aujourd'hui facile, le commerce et l'industrie n'y manquent pas d'activité, le café y pénètre comme partout, cependant le portrait, sauf ces légers changements, est encore exact. C'est que, pour corrompre un pays, il ne suffit pas d'y faire venir une route, il faut aussi renvoyer le curé. Mais le bonhomme Bridel avait le malheur d'être Protestant, et même, je crois, pasteur. Il ne savait pas, ou ne voulait pas savoir, à quoi tient réellement la supériorité des

(1) *Conservateur suisse*, t. IV.

populations catholiques. Supériorité qu'il constate naïvement et qu'il n'a pas constatée seul, car elle est partout visible en Suisse. Protestants, philosophes, indifférents, tous les observateurs ont noté le fait. Il saute aux yeux.

Beaucoup de choses ici parlent au cœur. L'église d'abord, avec son cimetière et ses petits ossuaires, où chacun salue la tête de ses parents. Rien ne me semble émouvant et grave comme cette coutume d'exposer aux regards des vivants le peu que la mort laisse de nous. « Ne soyez pas
« vains de vos dons, disent aux passants ces crânes rangés
« sous leurs étroites cellules; n'oubliez point le Seigneur
« dans la fierté de votre beauté, de votre force et de vos
« richesses, car voilà ce que deviennent la force, la ri-
« chesse et la beauté. Donc, priez Dieu qui peut tout
« vous rendre au centuple dans son paradis. » Et puis quelle leçon pour les enfants, que ce reste toujours présent du père qui leur a recommandé la vertu!

On vénère à Charmey la mémoire du curé Jacques Bourqnenod. En 1736, ce vénérable prêtre rebâtit entièrement l'église à ses frais; de plus, il fonda et dota une école publique; l'étranger ne manque pas d'entendre parler de lui, il voit des fleurs nouvelles sur la pierre séculaire de son tombeau. Près de là, un autre monument de gratitude chrétienne a survécu aux siècles. C'est une humble chapelle, dont la fondation remonte à près de deux cents ans; son histoire est bien simple. Un habitant de Charmey fut emporté par une crue subite de la Jonne; le torrent, qui semblait devoir le briser contre les rochers à travers lesquels il se précipite et mugit, le jeta sain et sauf sur une large pierre placée au milieu des eaux. Et lui, pour remercier le Ciel, érigea un oratoire rustique près de l'endroit où Dieu l'avait sauvé. Les cantons étaient jadis remplis de ces *ex-voto*, très-fréquents encore partout où la Réforme n'a pu pénétrer. Personne ne connaissait dans les vieux temps une meilleure manière de rendre grâces à Dieu. Les particuliers délivrés d'un danger personnel, les villes préservées d'un malheur public, les princes et les gouvernements après la victoire ou le traité, bâtissaient une chapelle, une église, fondaient un couvent, instituaient une procession. L'on perpétuait ainsi bien noblement d'utiles souvenirs. Le montagnard et l'enfant lisaient couramment ces chapitres visibles, matériels, permanents, de l'histoire nationale. La Suisse ignorante leur dut en grande partie la poétique vigueur d'esprit public et de patriotisme qui la distingua longtemps, mais dont les restes disparaissent chaque jour des contrées protestantes, avec les derniers débris des pieuses fondations. Les lettrés auront beau s'évertuer : quelques pierres qui constatent et promettent l'appui céleste prêcheront toujours mieux et plus souvent que tous les journaux, tous les livres, tous les avocats, renforcés de tous les pasteurs luthériens, gènevois ou momiers.

LA VAL-SAINTE.

Encore une conquête des moines ! Ce vallon perdu dans les forêts et les rochers, où je descends par des chemins pour ainsi dire invisibles, ne fut durant des siècles que marécages, landes, halliers redoutés du berger le plus aventureux et du plus intrépide chasseur. Le torrent qui l'arrose semblait seul pouvoir y passer, lorsque, vers la fin du XIIIe siècle, un seigneur de Charmey, nommé Gérard, dont le fils n'avait point d'enfant, donna ces terres incultes aux Chartreux. Ils en firent bientôt de beaux champs, qu'on admire aujourd'hui, et, comme toujours, le travail et l'aumône groupèrent autour d'eux les populations que la prière civilisait. « C'est aux couvents, dit le ministre protestant Bridel, qu'une partie de la Suisse doit d'avoir des moissons, des prés, des vignes, des habitations, là où il n'y avait que de malsaines solitudes, d'âpres terrains et d'inabordables rochers. » La Suisse leur a dû plus encore, comme nous l'avons dit.

Les moines de la Val-Sainte avaient déjà vaincu le torrent et le désert, lorsque, contre toute attente, une fille naquit à Gérard, le fils de leur fondateur. Le bon seigneur, n'ayant gardé que peu de choses pour lui, craignit de ne pouvoir doter convenablement cette fille, sur laquelle il ne comptait pas. Dans son embarras, il redemanda aux Chartreux une partie des biens qu'il leur avait donnés, et dont leur travail avait déjà beaucoup augmenté la valeur. Le couvent les lui rendit aussitôt. « On ne croira peut-être pas à cette générosité, dit naïvement Bridel préoccupé de son époque et de ses lecteurs; mais j'ai vu l'acte latin qui en fait foi. »

La fille du sire de Charmey, n'ayant point eu d'enfants de son mariage avec le baron d'Aubonne, rendit à son tour à la Val-Sainte ce qu'elle en avait reçu.

Amédée de Savoie, dit le *comte Verd*, suzerain de Charmey, confirma plus tard ces donations : « Aux fins que les
« frères et leurs successeurs soient tenus de prier pour le
« salut de notre âme et celles de nos prédécesseurs, et de
« nous associer à perpétuité à leurs oraisons et jeûnes,... et
« ne seront lesdits frères tenus envers nous à aucune sorte
« de servitude et de tribut, excepté à nous procurer leurs
« prières et supplications. »

Les bienfaits de la Val-Sainte s'étendirent fort loin autour d'elle. Cependant le gouvernement de Fribourg en obtint la sécularisation en 1778. Les Pères se retirèrent à la Part-Dieu. Ce fut un triste jour pour la contrée que celui de leur départ. Tous ceux qu'ils avaient aidés de leurs conseils ou de leurs aumônes, c'est-à-dire tous les habitants des environs, étaient là, leur disant adieu et versant des larmes. Les pauvres contemplaient avec douleur cette maison dont la porte leur serait désormais fermée. « Les femmes, dit Bernard de Lenzbourg (1), témoin oculaire de cette scène dont il a laissé une relation touchante, les femmes se lamentaient de la manière la plus pitoyable. Les rochers et les forêts retentirent de gémissements. On voyait partout couler des pleurs, et les paysans chargeaient de malédictions les spoliateurs de la Val-Sainte, les appelant ravisseurs du bien d'autrui, usurpateurs sacriléges du *bien des pauvres!* »

Quelques années après, la Religion reprit ce désert, qui semble fait pour un monastère, comme un monastère l'a fait; et, chose singulière, ce fut la Révolution française qui repeupla ces cloîtres abandonnés. En 1793, un assez grand nombre de trappistes, obligés par les proscriptions de quitter la France, vinrent s'établir à la Val-Sainte, que le gouvernement de Fribourg leur vendit. Ces religieux étaient presque tous Français, la Révolution avait en quelque sorte brisé leurs vœux; elle les faisait libres de courir à l'ambition, au pouvoir, aux plaisirs du monde; elle les y sollicitait, et dans le clergé quelques rares apostats leur en donnèrent l'exemple; mais jeunes ou vieux, descendants des familles illustres ou fils de pauvres gens, tous préférèrent aller, sous la conduite de leur abbé, continuer dans un coin de la Suisse les austérités de la Trappe, dont aucune ne fut affaiblie. Bridel les visita en 1798; je le laisse encore parler. Son

---

(1) Alors abbé d'Hauterive, depuis évêque de Lausanne.

style protestant prend au spectacle d'une foi si vive quelque chaleur et quelque émotion.

« J'entre enfin dans le monastère... je le parcours... je vois tout ce qui peut y mériter l'attention. Je ne saurais t'exprimer, mon ami, tous les genres d'impression que me firent ces demeures d'austérités, de mortification, de travail, de jeûne et de silence... Ces longs cloîtres tout couverts des sentences de nos livres sacrés et des Pères de l'Église; cet immense dortoir où chaque alcôve ne contient pour lit que des planches, avec une mince couverture et un petit oreiller de paille;... ce cimetière où tous les soirs les religieux viennent se prosterner dans la méditation du néant de la vie;... cette fosse toujours ouverte d'avance pour le premier qui passera du temps à l'éternité;... ce sombre réfectoire où l'eau est la seule boisson, où du pain bis, quelques racines ou légumes cuits au sel, et quelquefois du lait, sont les seuls mets présentés aux cénobites;... surtout ces chants augustes et mélancoliques que leur ferveur fait monter jour et nuit vers les cieux...

« On se couche entre sept et huit, on se lève pour une heure et demie dans les jours ordinaires, et avant minuit aux grandes fêtes; on chante au chœur sans jamais s'appuyer contre le mur, où l'on prie, à genoux et à tête nue, sept heures, au moins, dans les vingt-quatre, et quelquefois jusqu'à douze; on travaille à jeun cinq ou six heures par jour, soit à l'agriculture, soit à divers métiers et ouvrages des mains : pendant sept mois de l'année, on ne prend qu'un seul repas, à deux heures et demie; et durant le Carême, après quatre. Quand il y a un souper, c'est de la salade et un petit morceau de fromage, ou, en place de ce dernier, quelques fruits ou

« pommes de terre ; on doit, excepté au chœur ou au cha-
« pitre avec permission, garder un silence perpétuel : il
« faut surtout obéir passivement à ses supérieurs dans
« les choses les plus pénibles et les plus humiliantes. Tous
« s'occupent; car le travail des mains est aussi essentiel à
« leur ordre que la psalmodie et l'oraison.... Lorsque j'ar-
« rivai, les uns soignaient les jardins et les potagers, les
« autres bêchaient ou sarclaient les champs; ceux-ci ma-
« niaient le rabot pour la menuiserie, ceux-là l'aiguille,
« pour faire ou raccommoder les vêtements. Si quelqu'un a
« su un métier avant d'entrer dans le couvent, on l'y remet,
« et l'on en apprend un à ceux qui n'en savent point. C'est
« à présent un ancien colonel de cavalerie qui, dit-on, a le
« département de l'écurie, et qui panse les chevaux desti-
« nés au service de la maison. »

Voilà la vie que les trappistes, chassés de leur monastère, étaient venus reprendre en Suisse; et ils y étaient venus à travers mille dangers, traversant la France et Paris dans leur costume déjà mis hors la loi...; mais, grâce à la protection de Dieu, et au rare mérite de l'abbé qui les conduisait, ils effectuèrent leur retraite sans perdre un seul de leurs frères. Ils échappèrent également aux séductions et aux périls.

Cet abbé, qu'on appelait le Père Antoine, était des comtes d'Estranges. Homme plein de foi, de ressources et de génie, il consacrait à la conduite de son couvent une activité à mouvoir des nations, et savait, dans son exil, se faire respecter du gouvernement français. Un jour, le général Masséna, ambassadeur en Suisse, sur les plaintes de je ne sais quel canton, fit comparaître l'abbé de la Trappe, devant sa toute-puissance. Il le traita comme les sabreurs d'alors traitaient les moines. Le Père Antoine, sans oublier

un instant la douceur et l'humilité de son état, trouva cependant moyen de répondre au soldat qui l'outrageait. Je vous ferai jeter par la fenêtre, dit Masséna poussé à bout.
— En ce cas, général, répondit doucement le trappiste, je sors à l'instant pour éviter à V. E. la honte et le regret de cette action. Le débat fut porté devant Bonaparte, qui décida en faveur des trappistes, et enjoignit à son ambassadeur d'être plus poli à l'avenir. Aussitôt il fut dit que le vénérable religieux était l'espion du gouvernement français, et beaucoup de gens, qui ne sont pas nés pour comprendre ce qu'un homme comme Bonaparte pouvait éprouver de respect pour le chef illustre d'un ordre religieux, se hâtèrent d'admettre l'imbécile calomnie. D'égouts en égouts, elle a fini par tomber, il y a quelque temps, dans les lourdes paperasses d'un Allemand, qui croit écrire en français, et qui se nomme Kremlin, greffier à Fribourg.—Apre destinée de ces hommes de sacrifice, dans les jours de révolution! Si on ne les traîne pas au supplice, c'est pour les traîner au ruisseau. On ne peut leur pardonner d'avoir donné le plus éclatant démenti aux mensonges vomis contre la vie monastique, d'avoir préféré leurs austérités et leur misère aux avances du monde, et d'être restés fidèles à ces vœux *contre-nature*, *arrachés par la contrainte,* qu'on les plaignait d'avoir prononcés. Pendant les orages de la Réforme, et pendant ceux de la Révolution, les spoliateurs des couvents ont bien suivi la même voie : ils ont dit que les monastères étaient pleins de victimes et d'hypocrites; puis, quand on a vu que les hypocrites et les victimes, d'un commun accord, aimaient mieux mourir sur les ruines de leurs pieux asiles que de grossir les rangs de leurs libérateurs prétendus, alors la calomnie a recommencé sur nouveaux frais, et ne s'est plus rien refusé. L'abbé des trappistes, espion du gouvernement

français !... Au fond de quel pot de grosse bière, et sous la table de quel cabaret a-t-on trouvé cela?... Greffier Kremlin, dites-nous au moins ce qu'espérait le religieux pour prix de ses services. Voulait-il une voiture, un somptueux hôtel, une loge à l'Opéra, un brevet de sénateur? mais si tout cela lui avait fait envie, il n'aurait eu qu'à prendre, sans se donner la peine d'espionner. On était friand en France de prêtres apostats, comme d'un gibier fort rare, et tous les honneurs républicains leur appartenaient.

Le Père Antoine, eût-il manqué de croyance et de piété, avait bien assez d'occupations vraiment, sans celles que le greffier fribourgeois lui attribue. La Val-Sainte était devenue le centre de l'ordre, et de là, en même temps qu'il relevait les bâtiments, dirigeait la communauté, surveillait l'instruction gratuite de cinquante enfants pauvres, nourris, logés et habillés au couvent, l'abbé envoyait des colonies de religieux en Valais, en Piémont, en Espagne, en Allemagne et en Irlande : ses avis et ses soins les suivaient partout. Comme général, ce n'était pas seulement sa maison, c'étaient toutes les maisons de l'ordre qu'il devait surveiller. Or, ces choses-là, qui ne rapportent pas un sou, ne se font point comme un plat livre, sans âme, sans cœur, sans intelligence et sans penser à Dieu.

Rapprochement étrange! tandis que ces pieux bannis, exerçant dans un coin de la Suisse les rudes devoirs de leur état, priaient, travaillaient, faisaient l'aumône, élevaient les enfants, arrachaient, enfin, des cris d'estime et d'admiration aux Réformés eux-mêmes, les armées de cette révolution, qui les avait chassés de France, les soldats de la liberté, de la philosophie, de l'égalité et de la fraternité, occupant les Alpes sur d'autres points, y mettaient tout au pillage, tuaient, démolissaient, dépouillaient les vivants et les morts, trouvaient à prendre même dans les ermitages, même dans les chalets, et massacraient encore lorsqu'il n'y avait rien à voler.

Une dernière citation protestante avant de quitter la Val-Sainte. Bridel, qui aimait à se rendre compte de tout, comme nous l'avons vu à Charmey, et qui marchait d'étonnements en étonnements dans les pays catholiques, se demande par quel miracle la Trappe est encore peuplée : voici les belles raisons qu'il en donne : « Les uns y sont
« conduits par le remords de quelque grand crime, pour y
« consacrer le reste de leurs jours à la pénitence. D'autres,
« victimes d'une passion sans espoir, ou d'un chagrin vio-
« lent, viennent s'y mettre hors de la portée d'un monde
« qui les a trompés. Plusieurs s'y rendent par le principe
« d'une dévotion poussée à l'extrême. »

Pauvre Réformé! quelques exceptions lui semblent la généralité. Il croit que, pour se consacrer entièrement à Dieu, sans autres bénéfices, émoluments et honoraires, qu'une robe de laine et un lit de planches, il faut sentir le besoin de fuir la justice humaine, avoir perdu la tête, ou être né imbécile à peu près. Il ne comprend rien à la sublime simplicité du sentiment religieux, à cette horreur du mal qui saisit les âmes pures avant même qu'elles n'aient failli, à cette générosité chevaleresque d'un cœur chrétien, qui voudrait, au prix de toutes les joies de la vie, épargner à Dieu la douleur d'un seul péché. Non, Bridel, ce ne sont pas les faibles intelligences, ni les cœurs chargés de remords, ni les cœurs possédés par la passion qui remplissent les cloîtres ! Ces religieux de facture littéraire n'habitent que les romans. Les pauvres esprits sont généralement aussi des esprits forts, et ne se tournent à la religion qu'au moment de mourir; les grands criminels ne peuvent être que de grands impies et ne se transforment guère au temps où nous vivons; enfin, des individus sensibles qui nourrissent ce qu'on appelle une passion sans espoir, caressent si fort leur douleur, sont si contents de la promener par le monde et de la faire voir dans les salons; ils aiment tant à se répéter ce qu'on dirait d'eux s'ils renonçaient au monde ou à la vie, qu'on ne peut leur attribuer l'honneur d'une pensée plus haute et plus sérieuse. Ils achèvent leur enfance, et, comme les autres, ils restent au siècle et s'y trouvent bien. « *Non est in commotione Dominus.* » Les passions ne portent pas à Dieu. C'est avant qu'elles n'éclatent, ou lorsqu'elles sont apaisées, que l'homme ordinairement reçoit le rayon de grâce, aperçoit l'étoile de salut, et vient d'un pas calme au refuge où les tempêtes d'ici-bas ne le saisiront plus.

Aujourd'hui la Val-Sainte est de nouveau abandonnée, les bienfaits ont de nouveau disparu, et les populations environnantes redemandent les trappistes comme elles avaient redemandé les chartreux. Puisse la prière revenir encore une fois et pour toujours dans ces lieux qu'elle a consacrés! J'ai contemplé cette maison vide, ce vallon que la cloche et les chants n'animent plus, avec une respectueuse tristesse, mêlée d'un peu d'orgueil, je l'avoue : les chartreux et les trappistes sont originaires de notre noble royaume; beaucoup de Français ont exercé là toutes les vertus évangéliques, plusieurs reposent dans le cimetière délaissé..... Pour moi, Catholique de France, c'est plus qu'un champ de bataille où seraient glorieusement morts des héros de ma nation.

LE LAC NOIR.

Dans les campagnes catholiques, les beaux dimanches ont un noble caractère. Ce repos des champs, ce silence, ces restes d'encens qu'on respire au seuil des églises, ces fleurs nouvelles, pieuses offrandes faites par une main inconnue aux madones des chemins, tout cela est inexprimablement doux. Mais au milieu des montagnes, au fond des ravins, sur les berges chargées d'arbres dont les racines mises à nu forment de hardis escaliers à travers les mousses et les feuillages, dans les sentiers à peine frayés où l'on marche des heures entières sans rencontrer forme humaine ni trace d'habitation..., quoi donc peut donner au dimanche une physionomie si solennelle et si marquée? On ne voit pas de paysans en habit de fête, on ne sent pas l'absence du cultivateur dans ces espaces qui n'ont point de moissons, le bruit des cloches n'arrive plus à l'oreille, les chapelles sont rares et dépourvues de bouquets nouveaux : cependant, le dimanche n'est pas moins reconnaissable qu'aux abords des cités. La nature a-t-elle aussi son jour de repos et de prières? Ce jour-là, le ruisseau a-t-il une autre voix, la feuille un autre ombrage, la fleur un autre parfum, l'air quelque chose de mystérieusement perceptible qui nous dise : C'est le jour du Seigneur? Il est facile de le croire, lorsqu'on chemine seul en rêvant parmi les gazons verts, peu soucieux des pas que l'on fait et du but où l'on tend, seulement préoccupé de ce grand ordre qui révèle à la pensée son ensemble miraculeux..... Si c'est une fiction, tant d'autres qui ne la valaient pas ont naguère bercé mon esprit, que je puis m'y livrer sans rougir. L'âme chrétienne va, de cours naturel, à l'ordre et à l'unité; elle aime à se trouver en harmonie avec toutes les choses de la création. J'aime à me dire que Noël marque la fin de l'année, comme la naissance du Sauveur marque la fin du vieux monde et l'aurore des temps nouveaux ; que la commémoration des jours d'épreuve remplit la saison humide et glacée que n'égaie jamais un ciel pur; que Pâques annonce la résurrection de la nature; que l'Ascension arrive avec les premières fleurs; que la douce Marie monte au ciel quand la terre prodigue tous ses trésors; qu'avant la faute et la punition de l'homme, l'orage n'attristait jamais le jour où Dieu, regardant son œuvre d'un œil de père, dit : Cela est bien.

J'avais encore un guide, mais ce n'était plus Jean, et la conversation languissait. Celui-ci se contentait de me dire : Vous voyez bien cette montagne qui est si haute? — Oui. — Eh bien ! nous allons la traverser, puis nous en traverserons encore d'autres après. Au bout d'une heure il renouait l'entretien : Vous êtes Français ? — Oui. — Je m'en étais douté. Il n'y a que des Français qui entreprennent la route que nous faisons, à midi, dans le mois de juillet. Vous avez chaud, n'est-ce-pas ? — Oui. — C'est égal, vous ne marchez pas trop mal pour un Français. Mais je vais vous faire prendre un petit chemin qui va joliment vous éreinter, et puis nous en prendrons encore d'autres après. Avez-vous soif? — Oui. — Eh bien ! vous ne pourrez boire que quand nous serons arrivés; dans quatre heures. — Ne trouve-t-on pas de sources d'ici là? — Tiens ! vous buvez de l'eau?.... Ah! il ne faut pas boire de l'eau! C'est bon pour se laver les mains.

Mais les petits chemins qui devaient m'*éreinter* me reposaient vraiment, tant ils avaient de frais détours et d'aspects divers. Les mélèzes sveltes, s'élançant à une hauteur double de celle qu'atteignent nos plus beaux peupliers, formaient d'odorantes colonnades sur les rives d'un torrent que nous entendions à la fois rugir au-dessus de nos têtes et murmurer sous nos pieds ; nous gravissions à grandes enjambées ces étranges escaliers de racines et de blocs de pierres arrêtés dans leur chute, dont j'ai déjà parlé ; nous passions l'eau sur des planches vacillantes et sur des débris de rocher luisants et veinés ; l'écume d'une cascade nous mouillait au passage ; nous traversions d'étroits vallons, fermés comme des forteresses, sans que nos yeux pussent distinguer ni le sentier par où nous étions entrés, ni celui par où nous devions sortir ; nous atteignions quelque faîte privé d'arbres, mais revêtu d'une belle housse verte parsemée de petits buissons arrondis, tout chargés de roses des Alpes en pleine floraison. De là, nous apercevions d'autres bois, d'autres cimes, d'autres ravins, et quelques restes de neige figurant comme une blanche écume dans cet océan de verdure dont chaque vague était une montagne. Du reste, nul bruit, nul mouvement, ni passants, ni troupeaux, ni chalets ;... et pourtant ce n'était pas le désert, c'était le repos !

Ces beaux lieux n'ont point de réputation, partant peu de visiteurs. Leur aspect n'a rien de terrible, leur histoire n'a rien d'héroïque ; elle se borne à quelques souvenirs de la Val-Sainte, paradis maintenant fermé, où, comme dans un beau verger ouvert à tous, le pauvre allait cueillir les fruits de la charité. Pourtant ces montagnes ont aussi leur tradition poétique. Un rocher des Hautes-Combes, où l'on voit l'empreinte d'un soulier, s'appelle le *pas du moine* ; voici pourquoi. Les serpents fourmillaient autrefois dans ces parages ; un religieux d'Hauterive vint les exorciser, et par la force de ses anathèmes les força de se jeter dans le lac. En souvenir de sa victoire remportée au nom de Dieu, l'exorciste imprima la marque éternelle de son pied sur le roc où il était monté pour accomplir le prodige. L'histoire est racontée je ne sais où, par je ne sais quel savant qui s'est cru obligé d'observer qu'aux yeux *de l'homme sage*, le pas du moine n'est qu'un jeu de la nature. J'y consens de bon cœur. Mais la tradition est-elle aussi un jeu de l'esprit, ou un souvenir symbolique du bien que faisaient partout les ordres religieux ?

Enfin, après bien des sommets franchis, bien des vallons passés, nous posons le pied sur un mamelon aride, et la terre promise se déroule à nos yeux. Voici le lac Noir. A cela près qu'il est bleu comme le ciel et vert comme les prés, il tient toutes ses promesses. C'est une glace ovale, de cinq quarts de lieue de tour, au fond d'une corbeille évasée. Tout ce qui germe, s'agite et passe sur les bords, se reproduit dans ce miroir fidèle : le troupeau, la branche, le nuage, le soleil, l'oiseau. Mais quand le ciel est chargé, quand l'orage étend ses ailes sombres, tout disparaît; les flots luisants et noirs ne réfléchissent plus que des éclairs de feu; le lac mérite son nom. Ainsi, tour à tour, la poésie de ces rives charmantes est gracieuse ou sévère. Un coup de vent change du tout au tout la physionomie de l'onde tranquille, maintenant Aréthuse, et Styx une heure après.

Une source thermale, dont j'ignore les propriétés, attire ici quelques personnes tous les ans. A voir à table les baigneurs, j'aurais cru que la seule infirmité dont ils eussent à se défaire était un énorme appétit. Bonnes gens d'ailleurs, car les eaux du lac Noir ne sont pas à la mode, et l'on n'y voit ni fashionable, ni Anglaises liseuses de romans. Une route pour faire arriver, vaille que vaille, les voitures, est jusqu'à présent la seule atteinte portée aux beautés encore primitives de ce délicieux recoin.

Lettre écrite du lac Noir.

A MINUIT.

Je viens de penser à vous bien longtemps. Il faut que je vous parle. Il me semble que j'ai à vous entretenir de choses que vous ne savez pas, car, lorsque nous nous quittâmes, il y a six mois, je les ignorais moi-même, et je les aurais apprises de vous, si vous les aviez sues.

Tout à l'heure j'étais encore couché sur les herbes, à mi-côte d'une montagne qui ferme tout un côté du plus joli vallon où vous ayez jamais rêvé de cacher vos jours. Sous mes yeux s'étendait un lac limpide comme votre cœur, mais plus calme que lui; près de moi, un filet d'eau tombait en cascade légère, entre des rochers qu'un bouquet d'arbustes me cachait et me laissait voir; sur ma tête planaient des pics aigus qui semblaient soutenir la tenture immense du ciel. La nuit m'avait pris à cette place, et j'y étais resté, regardant comme, avec l'ombre naissante, tout prenait des teintes plus douces et des accents plus mystérieux. J'avais vu les hauts sommets s'embellir des derniers rayons de lumière, les étoiles poindre au ciel et dans l'eau, les distances s'étendre à des limites que mon œil n'atteignait plus; j'écoutais les aboiements des chiens, les chansons des paysans, la douce musique des clochettes errantes; j'écoutais surtout ce souffle de Dieu qui passe le soir à travers les feuillages, et qui les fait parler si majestueusement. Les heures fuyaient; mais j'y songeais à peine. Et, lorsqu'enfin je m'éveillai de cette extase où j'entendais vaguement mon âme causer avec la nuit, les étoiles et la brise, savez-vous de quoi je m'éconnai? Ce ne fut pas de la beauté du lieu, ce fut de m'y trouver sans fatigue et sans ennui : pareille chose en effet ne m'était jamais arrivée.

Vous me comprenez bien. Nous nous sommes dit cent fois que pour voir le plus beau paysage ce n'était pas assez de deux yeux et d'un cœur. Quant à moi, il m'était arrivé si souvent de bâiller devant l'aurore, la mer, les forêts et les plaines, que j'avais fini par renoncer à ces splendeurs de la nature; elles me paraissaient incomplètes, quand je ne pouvais les admirer auprès d'un ami. Si c'est une infirmité de mon âme, je n'en rougis pas, car je suis sûr qu'il en est ainsi de la vôtre, que j'estime tant. Mais quoi! lors même que l'on entend le langage de toutes ces merveilles dans le son d'une voix amie, est-on satisfait? Ne manque-t-il pas quelque chose, et ne sentez-vous pas qu'en dépit de tous les efforts, vous n'êtes point au diapason des inspirés qui ont parlé si noblement des œuvres de Dieu? Quand la Bible appelle les montagnes des *coteaux d'éternité*, vous devinez dans la nature des beautés que vous n'y pouvez voir. C'est que l'amour de Dieu donne seul l'intelligence des choses de sa création, sans laquelle nous ne déchiffrons qu'à peine, çà et là, des mots épars au grand livre de l'Univers. Nous avons beau nous mettre à deux pour remplir un seul cœur, il y a un vide que le monde entier et toutes les affections humaines ne peuvent combler, et nous tombons sans cesse dans cet effrayant abîme de nous-même. Vainement nous cherchons à l'éviter, chaque sensation nous y pousse, et toujours il en sort des soupirs amers, même aux heures les plus pures, même au faîte des joies les plus longtemps désirées. Oui! sous l'aile bénie de la famille, sur les grandes montagnes, au milieu des plaines embaumées, en tout et partout, quelque chose nous manque tant que nous ne connaissons et n'aimons pas Dieu. Ce vide affreux, c'est l'amour de Dieu qui seul le comble et qui le comble avec surcroît.

Avec quel ravissement inexprimable je viens de le sentir ! Vous me savez faible dans l'isolement, et je ne connais personne ici, je n'entends pas la langue qu'on y parle ; cependant j'y suis heureux, car j'y suis avec le Seigneur. Le voile est tombé, j'ai l'intelligence ! Deux ou trois mots enfermés au fond de mon âme me peuplent les espaces déserts, me tiennent lieu de tout ; je possède la clef des trésors cachés. Mon cœur est plein, il ne s'en échappe rien qui soit en désaccord avec l'harmonie universelle. Les regrets du passé, l'insuffisance du présent, l'inquiétude de l'avenir, ne sauraient plier une seule des feuilles de rose dont la Providence s'est plu à semer mon lit.

Et vous, pour qui je vais prier ; vous à qui la bonté céleste a fait des grâces infinies, mais qui vous obstinez à ne pas demander la grâce suprême sans laquelle tout n'est rien, où êtes-vous, que faites-vous? Hélas ! je n'ai pas besoin de le savoir, pour être sûr que vous souffrez. Vous avez l'esprit et la jeunesse, et vous n'aimez pas le monde ; vous êtes sensible, et vous n'aimez pas la solitude ; votre âme est bienfaisante, et vos biens semés sur toutes les infortunes vous ont à peine laissé récolter une passagère et faible joie ; votre vie est pure, et vous ne jouissez pas de votre vertu ; vous savez beaucoup, et vous ne voyez que ténèbres ; l'étude vous est aussi stérile que l'aumône ; enfin, pour votre âme fatiguée, l'affliction est sans ressort, comme le calme est sans repos.

Voilà ce qu'a lentement deviné mon amitié fidèle, car vous souffrez trop réellement pour aimer à vous plaindre ; nul ne vous entend gémir, et, comme le dit notre fier Corneille, dans un vers souvent admiré de nous : Vous cherchez *le silence et la nuit pour pleurer.*

Pauvre âme redoutée! avec l'œil du peintre et l'âme du poëte, s'il vous avait fallu, comme moi, passer quelques heures dans le silence au bord de ce lac enchanté, vous auriez versé autant de larmes stériles qu'il y a eu de mots dans mes prières; vous auriez, d'une voix pleine de colère, demandé à la nature pourquoi elle ne vous suffisait pas, ainsi que plus d'une fois, sans doute, vous l'avez demandé à la richesse, à la louange, au savoir, à l'amitié, à la vertu. Je ne dis pas au plaisir, puisque, par miracle et par faveur du Ciel, vous n'avez jamais frappé à cette porte-là.... Mais comment donc se fait-il que vous n'ayez pas supplié Dieu de fertiliser tant de nobles dons? Comment ne comprenez-vous point que vos belles facultés ne peuvent pas vous avoir été données comme une irrémissible souffrance; qu'elles ne doivent pas être perdues, qu'il en faudra rendre compte ; qu'il ne vous suffira point de dire, alors, qu'elles n'ont rien pu pour votre bonheur? Songez-y donc et guérissez.

Que si, depuis notre séparation, votre bon sens s'était laissé prendre (je ne le pense guère) à cette religiosité dont nos romanciers et nos poëtes font grand débit, ne vous découragez pas de n'y avoir trouvé que misère et dégoût. Je n'ai nul besoin de vous dire que ces messieurs ne sont pas des Pères de l'Église. Ils enjolivent leurs phrases de mots qu'ils ne comprennent pas. Tout cela n'est que mensonge, fard et sacrilége. Mais laissons-les faire leur métier comme ils l'entendent: votre devoir, à vous qui planez haut dans la sphère des intelligences, est d'aborder franchement la seule science que vous n'ayez pas étudiée, la science des humbles et des croyants, la prière, le sacrifice, la pénitence. Faites-le; je vous jure que Dieu vous comblera. Vos yeux, votre cœur, votre âme seront bien surpris de ce qu'ils verront alors. Vous lirez couramment où vous n'épelez qu'à peine, vous porterez bravement le poids sous lequel vous pliez, vous verrez apparaître autour de vous mille miracles que vous ne soupçonnez pas, vous vous étonnerez de tout le bonheur qu'on rencontre dans les arides chemins de la vie.

Je vous le répète, votre cœur est plein de merveilles, mais il n'y fait pas jour. Ouvrez-le aux rayons qui viennent y frapper en vain, et tout s'illuminera. C'est la lumière qui donne aux fleurs leur éclat et leur parfum.

Adieu. Que l'ange du Seigneur qui veille auprès de vous, accueille mes prières en attendant les vôtres !....

LA PAROISSE DE GUIN.

Quel touriste, passant par Fribourg, s'est jamais avisé d'aller visiter, à une lieue de là, le village de Guin (en allemand *Dudingen*). Les guides n'en sonnent mot : on n'y voit ni pierre celtique, ni brique romaine, ni source sulfureuse, ni cascade : il n'y a de rochers et de sapins que tout juste ce qu'il en faut à un village suisse pour ne pas démériter. Écoutez cependant, âme chrétienne.

La paroisse de Guin possède environ quatre mille habitants. Il y a quelque temps on y comptait beaucoup de pauvres, et l'église menaçait ruine. Le curé en avait conçu deux grands désirs : il se sentait une extrême envie d'abattre la misère et de relever la sainte maison. Il commença par le plus pressé. La charité ne manquait pas ; cependant les moyens ne pouvaient suffire, soit que les pauvres fussent en trop grand nombre, soit que l'ordre ne fût pas possible dans la distribution des secours. Il assembla ses paroissiens :

Nous n'avons, leur dit-il, qu'un moyen de nous en tirer; il faut qu'on se partage les pauvres, particulièrement les enfants : aux plus grands on donnera du travail; on élèvera les plus petits: tous auront un asile. Ensuite, nous pourrons plus tranquillement et plus efficacement pourvoir aux besoins des femmes et des vieillards. Qu'en dites-vous? — Or, les paroissiens, sur le premier moment, ne savaient trop qu'en dire. Quelques objections se firent entendre. Remettons cette affaire, dit le curé; et il leva la séance.

Le dimanche suivant, il monte en chaire. « Il faut cependant, mes amis, que nous en finissions avec nos pauvres. Si nous avons le temps de délibérer, ils n'ont guère le temps d'attendre..... » Mais je n'entreprendrai point de rapporter ce discours. Je pourrais y changer un mot, ce serait un crime. Le curé avait pris ce texte : *Si l'un de vous a sept enfants, qu'il en adopte un huitième, et, avec celui-là, le bon Dieu entrera dans sa maison.* J'ignore ce qu'il ajouta, car ce n'est point un secret de rhétorique, c'est un secret du cœur ; seulement, je sais qu'une seule voix formée de toutes les voix répondit à son discours; un même cri se fit entendre : Nous en voulons tous ! nous en prendrons tous! Et sur-le-champ, sur l'heure, on se partagea les orphelins; non au prorata de la fortune, mais selon le cœur et la charité de chacun. Tel en prit un, tel autre deux, tel autre davantage; les paresseux qui vinrent plus tard en demandèrent et n'en purent trouver. Il n'y en avait plus; il n'y en avait pas assez !

O saint prêtre, saint prêtre ! quel orateur dut jamais être plus satisfait que vous ! Quel homme doit plus remercier le Ciel de lui avoir donné une langue et un cœur ! Qui fit jamais, d'un seul mot, plus d'heureux? Ce ne sont pas seulement les pauvres qui vous doivent bénir, mais tous ces braves gens dont vous avez augmenté la famille, qui, grâce à vous, ont dans leur maison une bonne action vivante, qui leur parle, les aime et grandit sous leurs yeux.

Peu de temps après ce grand jour, une personne étrangère à la commune, à la paroisse veux-je dire, se trouvait à Guin. C'était fête : on allait distribuer les prix aux écoles, et l'hospitalité suisse faisait au nouveau venu les honneurs de la cérémonie. En voyant s'avancer contents, joyeux, propres, bien vêtus, tout ce frais essaim d'écoliers, l'étranger s'adressant au curé lui dit : Mais, vous n'avez donc pas de pauvres ? — Non ! non ! répondit-il les yeux humides, nous n'en avons *plus !*

Et ce ne fut pas un moment d'enthousiasme qui éclate et qui passe. A Guin la charité est solide et de complexion véritablement catholique. Ces enfants sont restés aux foyers qui les ont reçus. Quelques-uns ont été définitivement adoptés ; partout les protecteurs sont devenus pères.

Au surplus, le curé savait fort bien à quoi il s'engageait en promettant le bonheur à quiconque ouvrirait sa porte et son cœur aux pauvres du bon Dieu. La protection du Ciel est visible sur ce coin de terre béni. La prospérité du pays est telle, qu'il faut être Catholique pour ne point s'en étonner. En voici un exemple.

Les pauvres logés, il fut question de loger le bon Dieu ; la vieille église s'en allait, il était temps d'en construire une autre. Conformément à la loi, on dressa un devis modeste, puis on réclama l'autorisation de bâtir et la faculté d'imposer. Mais en ce temps-là, le canton de Fribourg, à l'exemple de la France, venait justement de produire une belle révolution. Le gouvernement était fraîchement badigeonné de libéralisme, tout confit en sagesse philosophique, et fort empressé de bien faire. Le projet des habitants de Guin lui parut une folie à laquelle il devait résister. Bâtissez si vous voulez, répondit-il, je ne puis vous le défendre; mais je ne permets pas d'imposer. Cette paternelle décision arrive à Guin; le curé en fit part à ses paysans.

— Nous bâtirons tout de même notre église, n'est-ce pas? leur dit-il.

— Oh! certainement!

— Et rien n'y manquera?

— Rien n'y manquera!

— Quand commencerons-nous?

— Demain!

Ils commencèrent sur l'heure. Chacun courut à la sacristie, déclarer ce qu'il pouvait donner en argent. Le soir même, la souscription montait à près de trente-cinq mille francs.

Pour être exact, cette résolution ne fut pas unanime. Il y eut un opposant, un seul! De plus, quelques habitants de la ville, possesseurs de domaines dans la paroisse, n'étant pas autorisés par le gouvernement, dont plusieurs faisaient probablement partie, s'abstinrent de contribuer. Tant pis pour eux!

Le curé fit encore un sermon. « Lorsqu'il fallut bâtir le temple, dit-il, les riches donnèrent de l'or, les pauvres leur travail, les femmes leurs bijoux. » Les cœurs ne furent pas plus sourds qu'au jour où il les avait engagés à la charité, les mêmes acclamations lui répondirent; elles eurent le même résultat. On se mit à travailler avec ardeur, sous la direction du *chapelain* (vicaire). Les uns apportaient le bois, les autres les pierres; ceux-ci étaient maçons, ceux-là servaient les maçons. Les femmes doublaient le travail des champs en ramassant des pierres qu'elles portaient dans leurs mains et dans leurs tabliers jusqu'à un tas général, dont on chargeait une voiture, lorsqu'il était assez gros. Point de réclamations, point de difficultés, lorsqu'il s'agissait d'exécuter les engagements pris; point de regrets ni d'obstacles lorsque les suppléments devenaient nécessaires, ce qui arriva deux ou trois fois. Le curé rassemblait chez lui ses paroissiens ou montait en chaire : — « Eh bien! disait-il, il n'y a plus rien; tout est dépensé. » Et le lendemain le petit trésor était de nouveau garni. Le plus admirable peut-être, c'est que personne ne sut et n'essaya de savoir ce qu'avaient donné les autres; le curé seul fut dans le secret de tous.

Cela dura trois années sans fatigue ni relâche. Maintenant l'église est faite. Les ornements seuls ne sont point encore terminés, mais on y a mis les vieux autels en attendant, car chacun avait hâte de prier dans ce temple qui est si bien à tous. Et ils veulent avoir un orgue, et ils en auront un, et qui sera d'Aloyse Mooser, si le temps ne manque pas à leur bonne volonté.

L'église est belle, spacieuse, élégante. Elle a coûté à cette paroisse de quatre mille âmes, plus de cent mille francs (1). C'est l'orgueil et la gloire de ces braves gens. Je vous laisse à juger s'ils y sont à leur aise, s'ils se trouvent heureux lorsqu'ils y prient, si le vénérable curé... Oh! que je voudrais avoir assisté à la première messe qu'il y a célébrée! que je voudrais être riche, pour suspendre à cette voûte une belle lampe d'or, pour décorer ces murailles de quelque chef-d'œuvre des vieux pinceaux chrétiens, naïf et saint comme la foi qui les a bâties.

Vraiment, de telles choses font du bien à l'âme. L'excellent homme qui me racontait ces deux faits, avec une simplicité que je voudrais rendre, eut plus d'une fois les larmes aux yeux durant son récit. Cependant, il a depuis bien

---

(1) Argent de Suisse. Environ cent trente mille francs de France.

longtemps passé l'âge où l'enthousiasme trouve encore des pleurs. Mais c'est un Chrétien, et nous parlions de religion et de charité.

Si, plus heureux que je n'espère l'être, vous allez un jour à Dudingen, — et certainement quelqu'un ira, de ceux qui auront lu ceci, — il est possible que vous tombiez au milieu d'une solennité touchante. Les cloches sonneront à grande volée, vous verrez dans l'église une réunion d'hommes en habits de dimanche, au milieu d'eux un homme plus satisfait ou plus grave, parmi la foule des spectateurs quelques visages plus joyeux ou plus attristés : c'est la *Romesbruderschaft*. On appelle de ce nom barbare une chose bien charmante et bien douce. La *Romesbruderschaft* est une confrérie formée de tous les habitants de la paroisse qui ont fait le pèlerinage de Rome. Quand l'un d'eux arrive ou part, ils se réunissent devant l'autel, pour rendre grâces à Dieu qui ramène le pèlerin, ou pour appeler la protection des anges sur celui qui, le bâton de voyage à la main, et déjà presque en route, prie une dernière fois avec ses parents et ses amis. La prière de ceux-ci est fervente. On sait qu'elle sera fidèlement rendue au but du pieux voyageur. Et puis c'est une sérieuse affaire que celle-là; les parents et les amis y songent : ordinairement le pèlerin ignore tout du pays qu'il va parcourir, la langue, les usages, les chemins; il sera seul, il fera route à pied, il n'a guère d'argent,... que lui importe ! il suivra l'étoile de piété qui le guide et qui le protége, *stella maris*, il saura bien arriver ! Le matin du jour de Pâques, fatigué, poudreux, les pieds gonflés et sanglants, mais radieux en son cœur, il attendra, couché sur les marches de Saint-Pierre, la bénédiction suprême qui doit descendre sur la ville, sur le monde et sur lui. — Et bien peu, parmi ceux qui le verront se relever péniblement et s'agenouiller au signal des canons et des fanfares, sentiront dans leur âme une joie aussi vive, une espérance aussi sûre, rapporteront des souvenirs aussi doux.

Lecteur catholique, si cette faveur vous est donnée un jour de pouvoir prier dans l'église neuve de Dudingen, au milieu des fidèles qui l'ont élevée, souvenez-vous-y de celui qui vous parle en ce moment, et demandez pour son âme la paix du Seigneur.

LE DÉPART DU ROMESBRUDERSCHAFTER.

LES COMPAGNONS.

Va, frère, où nous sommes allés. Va, malgré la pluie, le soleil et l'orage ; malgré les tempêtes et malgré les méchants. Ne te décourage pas, ne crains pas ; tu trouveras Dieu sur ta route, tu le trouveras à ton but, tu le trouveras au retour ; Dieu est partout avec son serviteur ; ses anges te soutiendront quand tu seras fatigué, la bonne Marie te relèvera si tu tombes. Va, frère, nos prières te suivront chaque jour. Toi, quand tu seras dans la grande église, prie pour nous.

LE PÈLERIN.

Rien ne pourra m'arrêter que la volonté céleste. Cependant, priez, mes frères, toutes vos prières vous seront rendues.

LA MÈRE.

Sainte Mère de Jésus, c'est mon enfant qui s'en va, pardonnez-moi mes pleurs. Je suis triste, mais je le laisse partir et j'ai confiance, car maintenant vous êtes seule sa mère. Tout voyageur est orphelin en ce monde, et jusqu'à son retour, il n'aura pas d'autre mère que vous. Je vous le donne, veillez sur lui.

LE PÈLERIN.

Je vais prier pour l'âme de mon père, pour vous, pour ma sœur. Je hâterai ma course, je reviendrai bientôt, meilleur et plus aimant Dieu. Consolez-vous, je le sens en mon cœur : vous serez bénie dans vos enfants.

LA SOEUR.

O Dieu ! qui avez fait passer autrefois les enfants d'Israël à pied sec dans le milieu de la mer ; qui avez montré aux rois mages, par la clarté d'une étoile, le chemin pour aller à vous ; je vous supplie de lui donner un voyage heureux, un temps tranquille et agréable, afin que, sous la conduite de votre saint ange, il arrive au lieu où il va, et enfin parvienne au port de la vie éternelle.

LE PÈLERIN.

Sainte Vierge ! vous savez si je vous ai rendu souvent les vœux que ma sœur forme pour moi. Au pied de tous les autels où l'on vous honore, ma prière a prononcé son nom. Conservez-la pudique, humble, résignée aux jours d'épreuve ; maintenez l'innocence en elle, le calme autour d'elle, et faites qu'elle garde toujours quelques fleurs de sa blanche couronne, pour vous les rendre aux cieux.

UN COMPAGNON.

Dans le quartier le plus désert de Rome, tu verras un monument en ruine, haut, vaste, immense comme une de nos montagnes qu'on aurait creusée pour y cacher des armées. Tu entreras, et, devant la pauvre croix de bois qui s'élève au centre du monument, tu iras t'agenouiller, puis tu diras pour moi cinq *Pater* et cinq *Ave* en action de grâces. Car, un jour, me promenant par là, tourmenté de pensées qui m'obsédaient sans cesse et me faisaient trouver trop dure la loi du Seigneur, il me vint à l'idée de prier devant cette croix ;

aussitôt Dieu me rendit courage. Il me fut inspiré que ceux qui souffraient le plus, étaient les plus heureux. Toutes les afflictions me sont douces depuis lors.

LE PÈLERIN.

Le nom du monument ?

LE COMPAGNON.

Je l'ignore, mais tu le reconnaîtras sans peine ; jamais les hommes n'ont entassé tant de pierres pour un seul objet.

LE PÈLERIN.

J'irai, frère, et j'y prierai pour nous.

LES COMPAGNONS.

Dieu te conduise et te ramène, Pèlerin ! nos prières te suivront chaque jour. Toi, quand tu seras dans la grande église, prie pour nous.

LA MÈRE.

Que Dieu te mesure le vent et le soleil, mon enfant bien-aimé.

LA SOEUR.

Que le Seigneur tout-puissant et miséricordieux dirige mon frère dans le chemin de la prospérité, que l'ange Raphaël et son saint patron l'accompagnent jusqu'au retour, afin qu'il revienne à la maison avec la santé, la paix et la joie....

LE CURÉ.

Pars, mon fils ; je te bénis au nom du Dieu tout-puissant.

LE PÈLERIN.

Rien ne pourra m'arrêter que la volonté céleste. Priez cependant, ô mes frères ! vos prières vous seront rendues.

LE CURÉ, LA MÈRE, LA SOEUR ET LES COMPAGNONS.

Seigneur, montrez-lui vos voies, enseignez-lui vos sentiers.

Amen ! amen !

MAITRE GEORGES JORDIL ET MAITRE ALOYSIUS MOOSER.

Au milieu des tours et des clochers qui hérissent Fribourg, une tour s'élève, svelte, très-haute et d'une rare élégance. C'est la tour collégiale de Saint-Nicolas. On sait comment étaient traités les admirables artistes qui bâtissaient ces merveilles. Maître Georges du Jordil, l'architecte de Saint-Nicolas, ne fut guère mieux payé que ses collègues du même temps (1). Un jour (21 juillet 1470), le Conseil, apprenant qu'il avait visité la tour de la cathédrale à Lausanne, le chargea d'en construire une pareille, lui payant pour cela quatre gros par jour, et trois à ses compagnons (c'est-à-dire aux ouvriers). En 1475, la tour était achevée, et, comme maître Georges avait fait beaucoup mieux que son modèle, le Conseil se piqua de générosité; il lui alloua pour la dernière fois, durant toute la semaine de la Saint-Denis, sept gros par journée! Le pauvre architecte ne put pas longtemps contempler son ouvrage. La tour finie, il mourut sans avoir la consolation d'y entendre sonner les cloches, ce qui eut lieu à la Pentecôte de l'année suivante; sa veuve reçut une pension de 100 sols.

Le nom de maître Georges Jordil doit être inscrit glorieusement au rang de tous ces illustres *maçons* de la fin du moyen âge. Il a fait un chef-d'œuvre de grâce, de har-

---

(1) .... jusqu'à ce pieux architecte voyageur qui consumait sa vie à bâtir pour la ville, pour le bourg qui l'en priait, une merveilleuse église, sans graver son nom sur aucune pierre, sans demander autre chose, tant qu'il résidait là, qu'un peu de paille pour passer ses nuits; pour soutenir ses jours, quelques ognons et un morceau de pain noir. (M Leclair d'Aubigny, *Hist. des Apôtres de la Réforme.*)

diesse et de majesté. Rendons, du reste, cette justice au Conseil, que, s'il a mal payé l'artisan, il n'a rien épargné pour la beauté de l'œuvre, et c'était là probablement tout ce que le bonhomme demandait. On ne lui a pas lésiné la pierre ni les sculptures. Il a pu faire sa tour aussi haute qu'il l'a voulu, il a pu la parer, la festonner, la découper, la fleurir à son gré. Son portail en ogive est orné d'un jugement dernier, où les figures ne sont pas en petit nombre, et elle épanouit dans le ciel une belle couronne dentelée, que, sans doute, l'honnête artiste avait rêvée souvent. On ne saurait trop admirer le sentiment qui créa ces belles choses, et qui les fit exécuter en si grand nombre. Les temps religieux furent les temps bénis des artistes, plus jaloux alors d'accomplir une grande et belle œuvre mal payée, que beaucoup de travaux médiocres et futiles, rémunérés grassement. Les villes, les nations étaient tributaires de leur génie; tout ce qu'ils rêvaient, ils pouvaient le faire; il y avait de la foi et de l'argent pour leurs plus vastes projets. Je voudrais bâtir une église de marbre et d'or, je voudrais couvrir de peintures un gigantesque dôme, je voudrais ciseler un tabernacle de cristaux et de diamants, je voudrais sculpter une forêt d'aiguilles pleines de fleurs et d'oiseaux, je voudrais paver un temple de mosaïques, je voudrais couler de colossales portes de bronze, je voudrais entourer d'arceaux de marbre rare un cimetière dont la terre serait prise aux lieux saints, je rêve des étages de colonnes précieuses, des mondes de statues, des clochers plus sveltes que des peupliers, des chapelles revêtues d'argent... Faites! leur disait-on, et des municipalités de village payaient des monuments dont le luxe effraierait aujourd'hui un possesseur d'empire. C'est que tous contribuaient volontiers à cette dépense, qui était pour tous. Le plus pauvre comme le plus riche portait avec plaisir sa pierre au temple où il irait prier. Tandis qu'un portique et quelques chambres, dont le nombre s'accroissait avec la famille, formaient l'habitation du plus grand seigneur, il n'y avait rien de trop beau, de trop spacieux, de trop splendide pour la maison de Dieu, qui était vraiment la maison commune dans les époques de foi. Les hommes y gagnaient d'abord de n'éprouver pas le besoin et pas même le désir de ces affadissantes commodités domestiques, filles et sœurs de l'égoïsme, du malaise et de l'ennui; d'un autre côté, tous, jusqu'au dernier, puisaient, dans l'habitude et la contemplation des chefs-d'œuvre, un sentiment élevé qui leur agrandissait l'âme, et qui s'est perdu lorsque les beaux tableaux, les marbres, les ciselures ont passé de l'église, où ils appartenaient à chacun, dans les maisons de quelques riches privilégiés. On ne verrait pas aujourd'hui, comme cela s'est fait à Florence, le peuple promener en procession dans les rues le tableau d'un grand maître. En sortant de l'église, l'art a cessé d'être intelligible pour la foule. Il ne parle plus au peuple, et le peuple ne l'entend plus, ne l'aime plus, ne l'honore plus. Lorsqu'on peignait des Christs, des Vierges, des martyrs, des traits de la Passion et de la Vie des Saints, le dernier artisan savait ce que cela voulait dire, et s'y intéressait. Mais les guerriers grecs, les Vénus, les Jupiter, les Pomone qu'on a peints depuis deux cents ans; les sujets tirés de Walter Scott, et les portraits de notaire qu'on fabrique aujourd'hui, en quoi cela nous regarde-t-il, quel intérêt pouvons-nous y trouver? Il faut être presque érudit pour comprendre un tableau, ou se borner à y chercher du dessin, de la couleur et de la lumière. Ces toiles sont toutes pour les yeux, ce n'est pas assez; elles n'éveillent plus au fond de l'âme les grands souvenirs, les beaux exemples, les douces consolations, et nous les voyons, sans regret, passer de l'atelier du peintre au cabinet du banquier.

Dans l'église que domine la tour de maître Jordil, on admire une autre merveille de l'art : c'est un orgue, le plus grand, le plus beau probablement qui soit au monde entier, et, chose étrange, tout neuf. Voici comment cela se fait. Fribourg vit naître, il y a quelques années avec soixante ans, d'une bonne et honnête famille allemande, un garçon qui, dès qu'il put parler, voulut à toute force faire des orgues, tant il prenait plaisir à les entendre durant les offices du dimanche, et trouvait doux de prier pendant que l'instrument sacré chantait dans les cieux. On le laissa suivre son goût ; il se mit à courir le monde, étudiant et travaillant. Lorsqu'il eut à ce métier gagné de la réputation, de la science, quelque fortune et des cheveux blancs, Aloyse Mooser revint dans sa patrie. Les bonnes gens qui vont à la messe, et il n'en manque pas, y étaient fort tristes. Le tonnerre, en tombant sur l'église, avait détruit l'orgue de Saint-Nicolas, celui-là justement que notre bon vieil artiste avait entendu dans son enfance et qui lui avait révélé sa vocation. Seul, Aloyse Mooser n'en témoigna pas grand chagrin. Il avait son projet bien ancien et bien chèrement caressé. Il proposa, moyennant un peu d'aide, de faire, pour terminer sa carrière, un orgue tel que jamais prince, archevêque, cardinal ou roi n'en donna de pareil à sa paroisse. La proposition acceptée, il se mit à l'œuvre avec ce dévouement d'artiste chrétien dont quelques restes sont encore épars en Allemagne, mais ne se trouvent guère plus que là ; demandant à Dieu pour unique grâce de ne pas le faire mourir avant qu'il eût achevé et que l'œuvre arrivât à bonne fin. Il fut exaucé. Je m'entends trop peu au métier de facteur d'orgue pour détailler techniquement les mérites de celui-ci. Il a je ne sais combien de registres, c'est une forêt de tuyaux grands et petits, dans laquelle on peut se promener et se perdre. De ces tuyaux sortent tous les sons et toutes les harmonies que rêve l'oreille humaine, depuis le sifflottement du galoubet champêtre jusqu'à des mugissements d'orage et de tonnerre qui font trembler les vitraux, depuis la flûte de Tulou jusqu'aux chœurs de l'Opéra. Du temps que les contes fantastiques étaient à la mode, et qu'Hoffmann régnait sur la menue littérature, quelqu'un imagina l'histoire d'un luthier qui avait enfermé l'âme de sa grand'mère dans un violon, et c'était bien le roi des violons, très-supérieur à ceux de Stradivarius; cette pauvre âme, qui voulait sortir, se plaignait merveilleusement sous l'archet; mais Mooser aurait mis à ce compte dans son orgue toutes les âmes de sa famille depuis quatre générations, car je ne sais combien d'âmes y chantent, combien de voix s'y font entendre, les unes très-loin, comme un groupe de pèlerins qui passent au fond d'un bois, répétant des hymnes dont la tempête emporte la moitié, les autres si près qu'on croit distinguer les paroles et les soupirs; tellement que, lorsqu'on monte à l'orgue après cela, on s'étonne de n'y voir qu'un gros Allemand, assis devant son clavier. Voilà un beau rêve d'artiste, un noble ouvrage, une grande joie pour celui qui l'a fait. Mais, pour tirer tout le parti possible de ce bel instrument, il faudrait maintenant que Pergolèse et Allégri revinssent écrire exprès une musique digne d'eux et de lui.

J'ai plusieurs fois entendu l'orgue de Mooser. Hélas! chaque fois, excepté le dimanche, l'église était pleine d'Anglais, qui, le dos tourné à l'autel, les jambes croisées et bâillant comme s'ils lisaient Locke, se faisaient servir les mélodies sacrées. Le dernier jour, comme j'entrais à Saint-

Nicolas, avant de partir, j'en trouvai encore un grand nombre. L'organiste, connaissant son monde, s'avisa de jouer un petit air sautillant qui parut divertir beaucoup les ouailles de la princesse Vittoria, et réellement je fus peiné de voir ce bel orgue faire le gentil pour amuser des Anglais. Cela non plus ne réjouit pas trop Mooser, dit-on.

J'ai ouï dire, je ne sais où ni par qui, que le vieil artiste fribourgeois devait entreprendre, pour Notre-Dame, de Paris, un orgue pareil à celui de Fribourg ; je voudrais bien que cela fût. Celui-là au moins serait respecté, et des hérétiques étrangers ne le feraient pas chanter pour un louis (1).

LES PROTESTANTS ET LES CLOCHES CATHOLIQUES.

Voici un fait difficile à raconter sérieusement jusqu'au bout ; il a pourtant son importance, et lève aussi un coin du voile qu'on veut étendre sur la vérité. C'est encore un épisode de la lutte qui se renouvelle chaque jour entre les Catholiques et les Protestants.

Dernièrement un Protestant meurt à E***, petite ville dont les habitants sont en majorité catholiques, mais d'une manière assez molle et qui confine à l'indifférence. Les Protestants, au contraire, y gardent cette âpre volonté de domination et d'envahissement qui se manifeste partout où ils se sentent bien soutenus ; de plus, ils recherchent les moindres prétextes de crier à l'intolérance, pour justifier d'autant leur conduite là où ils sont maîtres tout à fait. Cette mort

---

(1) Ce souhait ne sera pas accompli, l'illustre Mooser est mort en 1839, et mort comme il avait vécu, en Chrétien.

leur parut l'occasion d'un excellent petit scandale, et les voilà complotant d'aller sonner les cloches en l'honneur du défunt. Ce n'était pas qu'ils y attachassent la moindre idée religieuse, puisque les cloches sont bannies des temples réformés. Quant au défunt, il s'était plus d'une fois dans sa vie moqué avec eux des *superstitions romaines*. Ils voulaient seulement humilier le clergé par un triomphe, prouver à tous qu'il n'était pas maître chez lui, et fulminer de nouveau s'il résistait à leur stupide accusation d'intolérance. Agissant en cela comme ces tolérants de notre pays, qu'on voit souvent introduire de force dans les églises les cadavres d'individus qu'il aurait fallu payer pour les y faire entrer de leur vivant.

Mais les conspirateurs n'avaient pu si bien cacher leur projet que quelque chose n'en vînt aux oreilles d'un certain chanoine de la collégiale, assez résolu d'habitude et qui le leur fit particulièrement voir ce jour-là.

Ils se rendent à l'église en bon ordre, graves et silencieux comme les compagnons du Cid. L'église est ouverte, point d'obstacle, ils entrent, ils étendent les mains pour saisir les cordes des cloches,... les cordes se retirent tout doucement, et remontent à la voûte. Il y avait évidemment garnison dans le clocher. Cependant l'on ne s'était pas tant avancé pour reculer. Nos sonneurs désappointés se résolurent d'atteindre ces cordes qui les fuyaient. Autre embarras, l'étroit escalier du clocher est gardé par deux paysans, Catholiques tous deux, et tous deux de ces paysans et de ces Catholiques qui ne badinent pas. Ils sont là, fort tranquilles, mais ils ont à la main une hache dont la physionomie donne tout de suite à l'affaire un caractère des plus sérieux. Les sonneurs en appellent à leur rhétorique, voilà les paysans assaillis de beaux discours. Ils n'y répondaient guère et bougeaient encore moins, lorsque tout à coup une voix descend de la place où les cloches attendaient tranquillement l'issue de la conférence; aussitôt les sonneurs renoncent à parlementer. C'était la voix de ce chanoine, dont nous avons déjà parlé. Il s'était posté auprès des cloches, bien décidé à les empêcher de sonner, dût-il placer son corps entre la robe de bronze et le battant de fer.

Cela constituait bel et bien le délit d'intolérance. Jaloux d'un autre succès, les Protestants portent l'affaire à l'homme du gouvernement, lequel, avec le grand sens qui caractérise en beaucoup de lieux l'autorité populaire, délivre un bon ordre de sonner les cloches sur-le-champ. Pour le coup, les Protestants se crurent victorieux. « Lisez, monsieur le chanoine, et dites-nous ce que vous en pensez. — Je dis, répond le chanoine, que cette affaire ne regarde pas l'autorité civile, que le seul droit du gouvernement est de protéger les prérogatives de l'Église, et que les cloches ne sonneront pas. »

Tout cela ne s'était point passé sans rumeur. On s'en occupait dans la rue, des rassemblements commençaient à se former devant l'église, le chanoine ne quittait pas son poste, et les Protestants cherchaient quelque bon moyen de l'en déloger, lorsqu'un secours leur arriva sur lequel ils comptaient bien un peu. C'étaient les officiers au service de l'un des cantons voisins, qui, se trouvant campés tout près d'E..., étaient venus s'y promener par hasard. Protestants aussi, ces officiers prirent le parti de leurs coreligionnaires. Sans réfléchir à ce qu'une telle conduite offrait d'illégal, d'inconvenant, de pis encore, et trop sûrs de l'impunité, ils osèrent joindre leurs menaces à celles que faisaient entendre les groupes malveillants; ce renfort redoubla l'audace de tous. Des conciliateurs s'interposèrent, mais la condition était toujours qu'on sonnerait, et le chanoine, malgré le

bruit qui se faisait autour de lui, n'y voulait point entendre.
— « Nous protesterons, lui disaient aussi quelques-uns de ses collègues, redoutant un malheur. — Eh! qu'est-ce que je fais donc? leur répondit-il. Vous savez ce qui résulte des protestations sur le papier, mais je vous promets qu'ils ne passeront pas de même sur celle-ci, je m'y ferai tuer plutôt. » Ils se rangèrent à son avis, plusieurs d'entre eux fortifièrent même la petite garnison du clocher, décidés à n'en sortir que maîtres ou morts. Le tumulte augmentait pendant ce temps-là, et devenait plus inquiétant à vue d'œil. L'autorité, ne se souciant guère, à ce qu'il paraît, de faire exécuter son ordre, envoya des parlementaires au clocher; elle conseillait une capitulation. Le chanoine répondit que l'Église avait eu des martyrs pour toutes ses doctrines, tous ses mystères, et que, s'il le fallait, elle en aurait aussi pour l'usage de ses cloches, pour le moindre de ses droits. Les Protestants entrevirent que les cris de la canaille et les belles épées de leurs alliés n'y feraient rien : à toute force, cependant, ils n'en voulaient point avoir le démenti. La colère se mêlait à l'obstination.

Beaucoup de gens étaient sur la place ; le curé y vint. C'est un vieillard respectable et respecté. Faute de mieux, quelques misérables, parmi ceux qui aboyaient contre le clocher, se mirent à l'insulter; les autres le souffrirent, mais nul ne le souffrit plus tranquillement que lui. En définitive, il pouvait appeler les Catholiques à son aide; malgré leur tiédeur, bien peu seraient restés sourds, et les tapageurs auraient été écharpés. Il se tut. Seulement quand l'heure des vêpres fut venue, comme il se trouvait seul du chapitre : « Mes amis, dit-il, en s'adressant à la foule, « nous ne pouvons pas célébrer les vêpres aujourd'hui, « comme vous voyez. Mais nous allons chanter un *miserere*

« pour ce peuple, puisqu'on veut le rendre protestant. »
Et sur-le-champ il entonna le *miserere;* les Catholiques, par un mouvement d'âme admirable, l'imitèrent avec une émotion qui fit taire les clameurs, et le psaume tout entier fut chanté sur la place publique, en présence de l'émeute, et au milieu du silence le plus profond.

Il parut aussitôt que la face des choses avait changé. Les Catholiques regardaient d'un œil moins patient; les Protestants se montraient plus accessibles aux bonnes raisons. Les officiers étrangers, qui se voyaient au moment d'être ridicules, se retirèrent, déclarant franchement qu'ils avaient voulu soutenir leurs frères, mais qu'au fond ils n'avaient guère su de quoi il était question, et que les cloches et le mort leur importaient fort peu. Dès lors les menaces se convertirent en plaisanteries. Le chanoine tint contre les plaisanteries comme il avait tenu contre les injures. Enfin, de guerre lasse, on enterra le mort sans le moindre carillon, et le chanoine put descendre; les assaillants s'étaient dispersés, après trente-six heures de siége, avec tous les déshonneurs de la guerre.

HISTOIRE D'UN ARBRE.

Les touristes jugent Fribourg de haut et fort dédaigneusement. Je ne sais pourquoi : c'est certainement une des plus agréables villes de la Suisse et du monde entier. Cependant, ils s'y arrêtent à peine. Les jésuites leur font peur, je crois. Il en est un, des plus accrédités, qui consacre la moitié de son lourd volume à Genève, où il paraît avoir mangé beaucoup de gâteaux; l'autre moitié à Berne, dont les hauts faits occupent exclusivement son admiration. Il ne donne à Fribourg qu'une seule page, pour blâmer les emblèmes pieux qui s'y voient, pour dire qu'on y est très-ignorant, que les jésuites manquent d'instruction, et qu'on les appelle des capucins à cheval; ce qui lui paraît plaisant. Je n'y vois de drôle, je l'avoue, que l'extrême sécurité avec laquelle on intitule : *Voyage en Suisse*, un recueil de balivernes pareilles, destiné à prouver qu'il est possible de faire pis que ne rien apprendre au public sur un pays dont on l'assomme durant tout un mortel in-8°. Fribourg est une ville de mœurs douces, conservatrices, où l'on fait beaucoup de charités cachées, où l'on étudie modestement, pour soi et non pour le public, où les familles nobles ont toujours gouverné assez paternellement pour éviter les révoltes si fréquentes à Berne et à Genève. Quant au manque d'instruction des jésuites, si le brave homme avait fait les douze années d'études qui sont ordinairement exigées pour entrer dans l'ordre, il est probable qu'il aurait supprimé son bon mot et saurait écrire autrement l'histoire.

Pour moi, je ne quitterai pas Fribourg sans parler encore d'un de ses monuments les plus vénérables et les plus curieux. C'est un vieux tilleul qui se voit sur une place pittoresque, devant la maison de ville, si vieux qu'il ne peut plus porter ses branches, soutenues par des colonnes, comme les bras d'un vieillard sur les épaules de ses jeunes fils. On l'appelle vulgairement la *tille*, et, selon la tradition populaire, il doit avoir été planté par le duc Bercktold IV, ou après la bataille de Morat. Ainsi, il est contemporain de la ville ou du plus beau titre militaire de ses habitants. Déjà au seizième siècle, se tenait, sous son ombrage, une cour de justice en plein vent, pour juger les petites difficultés élevées entre les campagnards qui avaient fréquenté le marché; on y affichait les publications; la vie civile était en quelque sorte attachée là. Le tilleul a pris part aussi aux révolutions. Les Français, en 1798, le coiffèrent des emblèmes de la liberté; en 1802, les milices des cantons forestiers lui rendirent les couleurs de la ville : les partis se le disputaient. Il ne porte actuellement que son feuillage, et l'on voit avec plaisir qu'aucune armée, révolution ou discorde, n'a pu lui enlever l'ombre, les fleurs, et les enfants qui viennent jouer sous ce vert rideau. Enfin, il a eu aussi ses mauvais jours, ses accidents dont on sait l'histoire. Une fois, il allait périr, il était sec, dépouillé, on lui avait presque dit adieu. Des jeunes gens qui jouaient sur la place lancèrent une grenade enflammée dans le tronc creux et presque mort, elle y mit le feu. Les Fribourgeois, voulant sauver leur arbre à tout prix, coururent aux pompes et jetèrent dans le tilleul une grande quantité d'eau. Le feu s'éteignit; mais la surprise fut grande lorsque, le printemps suivant, l'arbre vénérable rafraîchi reprit une vie à laquelle il ne paraissait plus devoir prétendre, se couvrit d'un vigoureux feuillage, se chargea de fleurs en quantité incroyable, et, par son pénétrant parfum, annonça loin à la ronde sa résurrection. Au temps des mœurs simples, lorsqu'il se trouvait de bons gros savants pour célébrer les douces choses, le professeur Joseph Michaud (et quel digne homme cela devait faire) célébra le quatrième jubilé du tilleul de Fribourg dans une belle ode en allemand.

Mais voyez le malheur ! c'est au pied de cet arbre poétique qu'un juge casse la verge sur les condamnés qui vont au dernier supplice. Inhumaine coutume, et pour le condamné et pour le tilleul qui doit tant aimer, vieux comme il est, les voix et les jeux des petits enfants.

Joies, supplices, révolutions, le vieux tilleul voit tout, et pourrait en raconter long.

Le tilleul est un des arbres chers à la Suisse. Beaucoup

de villes et de villages en ont un sur leur place publique. Celui de Tron, aux Grisons, était célèbre dans l'histoire des libertés helvétiques. Au pied de cet arbre antique, Pierre de Pultinger, abbé de Dissentis, Hans Brum, seigneur Rœtsuns, et le comte Hans de Saxe, avaient juré, en 1424, la première confédération qui procura l'affranchissement de leur pays.

PRIME A LA PIÉTÉ FILIALE.

En 1802, Ferdinand Guex, Protestant, médecin à Aubonne, institua par testament, dans sa patrie, un prix annuel de piété filiale, au capital de 6,000 fr., donnant 240 fr. par an, sur lesquels 200 fr. sont applicables à la vertu, et 40 au jury, formé d'administrateurs et de pasteurs qui se dérangent pour la couronner. L'intention peut avoir été bonne, et je veux rendre justice à Ferdinand Guex, comme à l'honnête Monthyon, qui, plusieurs années avant, fit chez nous des libéralités analogues; mais je ne suis pas pour cela plus grand partisan de ces mécaniques à vertu. J'y vois quelque chose de misérable, d'impuissant, de honteux, je dirai même d'impie. Ce qu'on y peut trouver de mieux, c'est un désir du bien, fort inintelligent et tout prêt à se pervertir au mal. L'origine protestante et philosophique se trahit par tous les bouts. Les vieux Catholiques, qui se connaissent en charité, n'ont rien imaginé de semblable dans le cours de dix-huit cents ans. Ils ont fondé des couvents, des hospices, institué des confréries, semé d'abondantes aumônes, secouru en un mot le malheur partout où ils ont pu le trouver, mais ils ont toujours pieusement laissé à la parole de Dieu le soin de faire naître et d'encourager la vertu.

On dit : hors l'Église point de salut, et cela révolte beaucoup d'esprits fiers. Pour moi, j'ajouterai volontiers : hors de l'Église point de bienfaisance. Voilà de braves gens très-désireux de pousser leurs semblables aux bonnes œuvres; mais, comme en même temps ils sont hérétiques ou philosophes, que font-ils avec toute cette pureté de vues? Ils font de l'humanité un calcul presque odieux, et rendent la charité mercenaire. Grâce aux imaginations du médecin Guex, on est bon fils dans sa commune à raison de 200 fr. une fois payés. Celui qui a gagné le prix peut laisser là son rôle s'il le trouve fatigant; celui qui l'a manqué abandonne également la partie, et dit, pour se venger, que les juges n'entendent point leur métier. Un père de famille, par la somme alléché, vient déclarer, contre conscience, qu'il est satisfait du garnement auquel il a donné le jour; un autre doute d'une tendresse dont son fils touche les émoluments; un jeune homme essaie de faire valoir les mauvais traitements qu'il a patiemment supportés en songeant à la récompense, et pour prouver qu'il est bon fils, demande à prouver que son père est mauvais père; on ne fait pas le bien parce que le Ciel le commande, mais parce que la municipalité peut le payer : le lauréat n'est plus un homme qui a donné de nobles exemples à ses concitoyens, c'est un individu qui a plus ou moins habilement gagné soixante écus. Pour ces malheureux soixante écus, l'obligé ne doit plus rien au bienfaiteur, et la société ne doit plus rien à l'homme vertueux. Et puis l'opposition s'en mêle, car le cœur est ainsi fait; si quelques-uns paraissent s'améliorer pour attraper le prix, mille se gâteront pour avoir la gloriole de le dédaigner. Comme c'est édifiant! Vous qui prétendez payer la vertu, dites-nous donc pour qui est fait l paradis?

Et cette glorieuse auréole de désintéressement et de malheur, que Dieu rend si belle et si tentante aux fronts des purs et des bons, que devient-elle au milieu de tout cela?

Vraiment ces riches, lorsqu'ils ne veulent pas consacrer leur fortune à l'éducation et au soulagement des pauvres, ni l'employer à réparer silencieusement les silencieuses misères qui pleurent autour d'eux, devraient bien la laisser intacte à leurs héritiers. Qu'est-ce que cette méthode de semer les gros sous pour récolter les beaux sentiments! Les vertus chrétiennes, et il n'y en a pas d'autres, sont des fruits de vérité, qui ne germent pas sous un fumier d'or. Quelques mois de catéchisme, les discours d'un curé de village, les leçons d'un frère ignorantin en produisent plus que tous les trésors de tous les Guex et de tous les Monthyon du monde. Il ne faut pas croire que tout soit possible à l'éloquence de la monnaie. Un sac d'argent ne fait pas indifféremment un honnête homme ou un fripon.

Pelerinage d'Einsiedeln.

LIVRE DEUXIÈME

LAUPEN.

N sort de Fribourg par le magnifique pont suspendu qui joint les deux bords du large ravin où coule la Sarine. C'est un admirable ouvrage, la merveille de l'industrie moderne, et je suis bien aise que M. Chalet, qui l'a construit, soit Français. Rien de plus hardi que cette voie aérienne, sous laquelle on voit des arbres, des maisons, des routes, des prés. Contemplé d'en bas, ce pont tout blanc, sans arches ni piles, apparaît onduleux et flexible dans l'espace comme les fils de la Vierge qui flottent aux branches des arbres durant les jours d'été. Par une belle nuit transparente, c'est l'aile ouverte d'un oiseau dont la ville et la campagne sont le corps, et qui porte comme une aigrette la belle tour de Saint-Nicolas, ou bien encore un nuage qui traverse l'horizon. Qui oserait parler des ponts du diable, maintenant qu'on a vu un homme faire celui-là ?

La route tournoie ; on découvre la ville sous divers aspects ; puis elle s'abîme dans je ne sais quel bas-fond, derrière je ne sais quelle colline, et l'on n'aperçoit plus rien. Le temps est à souhait pour un pèlerin et pour un piéton ; les nuages couvrent le soleil, mais le soleil va par-dessus les nuages, et va sur les forêts, dans les plaines, au faîte des montagnes, briser l'ombre en mille morceaux qui font d'autant ressortir la lumière. Un champ de blé mûr détache son or éclatant dans un fond d'herbe sombre, quelques têtes de chênes sont des monceaux d'émeraudes sur le velours noir des sapins ; çà et là, des pics couverts d'une neige récente s'élèvent en pyramides d'argent sur des piédestaux de brouillard. Le vent aide à la marche, la route grimpe et divague, la lumière et l'ombre se poursuivent, tout se meut... Ah ! c'est un noble plaisir, lorsque l'on sent Dieu dans son cœur, de se trouver ainsi, libre et pensante créature, au milieu des merveilles de la création ; de courir comme des nuages, de commencer gaiement, plein de force et de vie, un voyage qui n'aura ni dangers ni fatigues, parce qu'on l'a mis sous la protection de la Mère de Dieu !

Parfois, au détour d'un chemin, un vallon inattendu se déroule entre deux montagnes. On s'arrête à contempler ses bouquets de noyers et de cerisiers sauvages, sa petite rivière agile, ses prairies sur les bords, ses chalets à mi-côte, ses maisons d'apparence heureuse, verger devant, potager à droite, jardinet à gauche, vases pleins de beaux œillets et de capucines sur les galeries... Le cœur descend vite les berges gazonnées que bordent ces vallons. Le voyageur se dit que, s'il était le maître, il s'établirait là : il soupire du destin qui l'entraîne... il se console en songeant qu'il sera mieux encore où le conduit la volonté paternelle qui veille incessamment sur lui.

Nous avons passé la Singine. La première barrière du pont est aux couleurs de Fribourg; la seconde au rouge et au noir de Berne. L'ours paraîtra bientôt. Voici le chemin de Laupen : il y a ici un grand souvenir.

En 1339, Berne n'avait guère que trois siècles d'existence; mais, forte de sa position et de son courage, elle refusa de reconnaître l'autorité de l'empereur Louis de Bavière, qui soutenait l'Autriche dans sa querelle contre les cantons, et qui, chose plus grave encore, était excommunié. Vingt mille soldats, sous la bannière de l'empire, investissaient déjà la bourgade de Laupen. Les Bernois ne pouvaient mettre sur pied que six mille hommes, en comptant quatre-vingts cavaliers de Soleure, et neuf cents guerriers de Waldstetten, braves à toute épreuve, qui portaient avec eux les drapeaux de Morgarten. Ils n'en résolurent pas moins, malgré la disproportion des forces, d'attaquer l'ennemi dans son camp.

Rodolphe d'Erlach, bourgeois de Berne, étant vavasseur du comte de Nideau, qui commandait l'armée impériale, lui demanda noblement la permission de se joindre à ses concitoyens. — Allez, lui dit légèrement le jeune comte, ce ne sera pour nous qu'un homme de moins. — Je tâcherai, répondit d'Erlach, de montrer que je suis en effet un homme de moins; et il se rendit en toute hâte à Berne, où la joie fut grande de voir arriver un guerrier si célèbre. On lui donna aussitôt le commandement. L'armée quitta la ville au milieu de la nuit; un prêtre portait devant elle l'hostie consacrée; tout ce qui pouvait tenir une arme grossissait les rangs. Les femmes, les vieillards, les enfants trop jeunes et trop faibles pour combattre fermèrent les portes, puis, s'entassant dans l'église, ils y restèrent à prier.

Les armées étant en présence, et la prière faite, les

hommes de Waldstetten et les Soleurois attirèrent la cavalerie ennemie; d'Erlach, à la tête des Bernois, se précipita sur le reste. Les chariots armés enfoncèrent les bandes impériales; les frondeurs, après avoir fait trois décharges, attaquèrent corps à corps avec la hache, la pique et la large épée à deux tranchants. La mêlée fut sanglante, le carnage fut beau mais de courte durée. Les soldats de l'excommunié se sauvèrent en désordre; et à la chute du jour, les alliés, maîtres du champ de bataille couvert de morts, y rendaient grâces à genoux. On disait alors que Dieu était devenu bourgeois de Berne. C'était le bon temps.

DRAME.

Si nous ne savions pas que nous avons quitté le canton catholique, nous le verrions bien, depuis le pont de la Singine, à l'absence des croix, à la rareté des églises, surtout à la multitude des cabarets et des auberges. L'une d'elles nous tente à cause des belles guirlandes de capucines qui entourent les croisées. L'hôte de cette maison fleurie se présente à la porte : imaginez-vous une espèce de géant avec une toute petite tête surmontée d'un bonnet de coton pointu qui se dresse sur ses épaules comme un paratonnerre au sommet d'une tour. Son pantalon ne lui vient qu'à mi-jambe et étrangle ses mollets monstrueux; les amples basques de son habit de bouracan, taillé à la française, se gonflent en voiles de navire. Des hauteurs de sa cravate bordée, il contemple dédaigneusement notre sac sans embonpoint, nos blouses de toile, nos souliers poudreux. Visiblement il nous fait grâce en nous recevant chez lui; cependant nous lui demandons de son meilleur vin, cela le rend plus affable, et il vient causer avec nous tandis que nous soupons. Quelle nouvelle dans le pays, notre hôte? — De bien mauvaises, Messieurs, on nous gouverne mal; nous ne sommes pas contents. Si vous parcourez le canton, vous trouverez le chagrin et la désolation partout. — En effet, vous avez l'air triste. Qu'y a-t-il donc? — C'est la taxe. — Quelle taxe? — La taxe des chiens. Il faut payer six francs au gouvernement par chaque tête de chien, et comme on ne peut pas se résigner à cet impôt, les malheureux propriétaires de chiens sont obligés de les tuer. — Pauvres bêtes! —Ah! certes, Messieurs, nous sommes à plaindre. Tel que vous me voyez, je ne me consolerai jamais. Vous savez ce que c'est qu'un chien : ça vaut mieux qu'un enfant; c'est plus soumis, plus aimable et pas si cher. Lorsqu'un homme a un chien, il est heureux. Et bien, moi qui vous parle, j'en avais trois; tous trois superbes, tous les trois élevés comme des fils de landamman. Tibère savait ouvrir la porte; Nestor aboyait en musique; et Jupiter, que j'ai gardé, danse sur ses pattes de derrière comme un pur singe. C'est moi qui leur avais tout appris, et je puis dire que je les aimais tous les trois également. Ils m'amusaient beaucoup et ne me coûtaient pas un rapp. Jugez de ma position quand je me suis vu obligé de payer dix-huit francs par an ou d'en tuer deux. Et pas moyen de les vendre! Lequel garder, lesquels détruire? je n'avais pas de préférence; mettez-vous à ma place! j'y pensais jour et nuit. Enfin il fallut se décider. Un de mes amis qui demeure dans le Valais me proposa d'en prendre un, je le fis tirer au sort, il eut Tibère; et ce qui me vexa le plus, c'est que peu de temps avant, cet individu avait offert de l'acheter. Voilà donc mon chien qui part, et pour rien. Saperlotte! quel crève-cœur! Mais ce n'était pas tout. Il s'agissait maintenant de décider qui mourrait de Nestor ou de Jupiter, car d'en donner encore un, non ! j'aurais mieux aimé les massacrer tous les deux. Je mets leurs noms dans une casserole et je fais tirer ma bru. Elle tire Jupiter... permettez, il faut que je boive un coup, parce que le cœur me manque quand je songe à cela... C'est donc Jupiter qui doit périr; mon pauvre Jupiter, mon pauvre danseur. — Il était justement dans ce moment-là, entre mes jambes, bien tranquille; il s'amusait comme un enfant à me gratter les mollets, je sentis que je l'aimais mieux que tous les autres. C'est égal, je ne perds pas la tête, je le fais bien manger pour son dernier repas, je l'embrasse, et je dis à Frédéric, le garçon d'écurie, d'aller le jeter dans la Singine, avec une pierre au cou. Trois heures après, Frédéric revient; c'était fait! Je ne dis rien, mais la figure de Frédéric commençait à me déplaire, quand cet animal-là se mit à chanter. Ah! tu chantes, bandit; tu chantes après avoir noyé Jupiter! tu chanterais donc après avoir noyé ton père! Je le mets à la porte, Messieurs, net, et cela me fit du bien. Le soir, je pensais à mes chiens; l'un perdu pour moi, l'autre mort; j'étais bien triste comme vous pouvez croire : tout à coup Nestor aboie, la porte s'ouvre, qui est-ce que je vois entrer? Jupiter, mouillé encore, avec un bout de corde au cou! Je me lève, j'oublie tout, et nous nous mettons à danser l'un et l'autre en nous revoyant... Cependant le dernier jour était venu. Je ne pouvais garder Jupiter et Nestor; il fallait en tuer un, ou payer pour deux. Je me décide à sacrifier Nestor, j'avais trop regretté Jupiter. Mais comme j'avais chassé Frédéric, aucun de mes domestiques ne voulut se charger de la besogne, il fallut la faire moi-même, Messieurs, moi-même!...

— Ah! permettez que je boive... A votre conservation! — Je prends un fusil, je fais attacher mon malheureux Nestor à un poteau... Messieurs, il chantait!... Je vise, je ferme les yeux... Pan! Scélérat que je suis! Des hurlements plaintifs m'apprennent que je n'ai pas manqué ma victime; mais je n'ai pas la force de me sauver; au contraire, je veux revoir Nestor encore une fois. Hélas! il nageait dans le sang et se débattait faiblement avant de mourir! il me regarda de ses pauvres yeux affaiblis, si tristement et si doucement, qu'il semblait en même temps me faire reproche et me pardonner. Le cœur navré, je me baissai pour le caresser; et lui, joyeux de voir que je n'étais pas fâché, faisant un dernier effort, leva la tête, puis mourut en me léchant la main... Depuis ce jour, je suis comme un orphelin qui ne tient plus à rien dans le monde. Rien ne me plaît, je n'ai plus d'appétit; je n'aime même plus Jupiter. Nestor était le meilleur des trois: je le vois toujours; je vois ses yeux qui me demandent pourquoi je l'ai assassiné; j'entens sa dernière chanson: je sens sa langue qui me lèche ma main!... Brrmm! ça étrangle de raconter ces choses-là.

Mais, dit mon compagnon interrompant la sombre rêverie où notre hôte restait plongé après avoir, dans le trouble de sa douleur, prélevé sur notre bouteille une troisième rasade, au lieu de vous faire tant de peine, pourquoi n'avez-vous pas payé six francs? — Saperlotte! six francs, reprit vivement le gros homme, c'est douze francs par an qu'il aurait fallu payer. Vous ne savez donc pas ce que c'est que douze francs par an?

BON ACCUEIL.

Berne s'annonce en grande ville: des maisons de campagne opulentes, une longue avenue de vieux arbres, une porte grillée. Le premier édifice que nous apercevons est une prison monumentale; le deuxième, un temple protestant; le troisième, un *casino*. On se sent en pays civilisé. La ville est belle, mais d'une régularité et d'un roide qui sont cousins-germains de l'ennui.

Que je garde aussi longtemps que je vivrai le souvenir de la brave vieille fille qui, passant auprès de nous dans la rue, reconnaît mon compagnon et veut à toute force nous donner à dîner, par cette seule raison que nous sommes Catholiques, que nous allons à Einsiedeln et que nous venons de Fribourg. C'est une Bernoise; elle se nomme Marie. Jeune, riche, jolie, elle voulut revenir à la vraie religion, malgré sa famille protestante. On la menaça de l'abandonner; elle brava tout, renonça courageusement à tout, et, confiante à la protection d'en haut, elle a vécu médiocrement et péniblement de son travail, sans se plaindre un moment, sans rien demander aux siens, sans en rien recevoir, sans même réclamer ce qui lui était légitimement dû; toujours solitaire, toujours pauvre, mais respectée, mais heureuse, et sachant encore se créer, à force de privations, un héroïque superflu dont elle fait en secret de modestes aumônes. Nous la devançons à son humble logis; bientôt elle arrive en toute hâte, un vaste plat de soupe à la main, un morceau de fromage dans son tablier, un pain sous son bras. Elle met le tout sur une table luisante de propreté, elle y place encore du vin sans eau et trois verres;.... je n'ai fait de ma vie un meiller repas.

HISTOIRE.

Les commencements de Berne sont admirables, les premiers siècles de son histoire ressemblent aux premiers siècles de Rome ; et jusqu'à la prise de Veïes, la ville qui devait être éternelle ne déploya ni plus de courage, ni plus de grandeur. Les Bernois se montrèrent en vingt lieux comme nous les avons vus à Laupen, pleins de cette valeur irrésistible et simple que donnent la foi religieuse et l'amour du pays ; c'était fête dans la ville lorsqu'il fallait prendre les armes. Les institutions politiques, basées sur une probité profonde, étaient libérales et sages ; l'autorité, confiée aux meilleurs, pouvait devenir le partage de tous ; nul n'était exclus : on acceptait les emplois avec dévouement, on ne les recherchait point ; les mœurs étaient pures ; et la belle église collégiale, bâtie au quinzième siècle, prouve que le Catholicisme faisait, là comme partout, fleurir les nobles arts. Sans doute, il y avait de fâcheuses ombres au tableau, et si l'histoire n'en disait rien, l'avénement de la Réforme le prouverait assez ; ce thermomètre moral est infaillible. Mais enfin, telle qu'elle était encore au commencement du seizième siècle, Berne pouvait espérer de longs siècles de gloire et de prospérité.

Ce bel avenir fut soudainement changé. En 1522, Berchtold Haller commença de prêcher à Berne les doctrines luthériennes. Nous savons par quels artifices d'enfer ces malheureux prédicants séduisaient les hommes. Les succès de Haller furent prompts. L'exemple voisin de Zurich, qui avait embrassé l'hérésie de Zwingli, le secondait puissamment. Les effets matériels du changement de religion étaient faciles à deviner : Berne, influente et forte, entrevoyait la possibilité d'un patronage qui la placerait à la tête de la Confédération, en même temps que les nombreux couvents situés sur ses terres lui offraient de riches dépouilles. Après avoir flotté pendant six années environ entre le prêche et la messe, le Grand Conseil reçut et approuva les thèses d'une conférence zwinglienne qu'il avait provoquée et qui venait de se tenir sous sa présidence. « Il ordonna, dit M. de Haller, de les recevoir et de s'y conformer, défendit à tous les curés ou ministres de rien enseigner et rien dire de contraire : il abolit la messe, fit démolir les autels et brûler les images, dépouilla les évêques de toute juridiction spirituelle, et délia les doyens et camériers des chapitres du serment d'obéissance qu'ils prêtaient aux évêques, de sorte que ceux mêmes qui se récriaient le plus que le pape pût en certains cas extraordinaires délier d'un serment, c'est-à-dire déclarer, après mûr examen, qu'il était impossible à accomplir, illicite, contraire à la loi divine et par conséquent non obligatoire, se délièrent et prétendirent délier les autres, soit de leurs devoirs naturels, soit de leurs promesses volontaires et licites. Cependant les avoyers et les conseillers de Berne n'oublièrent pas de prescrire qu'on continuerait à payer les dîmes, cens et autres redevances affectées aux usages religieux, se réservant d'en disposer en temps et lieux comme ils le jugeraient convenable. Ensuite, ils permirent aux prêtres de se marier, aux religieux et religieuses de sortir de leurs couvents, obligèrent les ministres de prêcher quatre fois par semaine, sous peine de révocation; et, finalement, ils se réservèrent la faculté de changer encore cette nouvelle religion si on venait à leur prouver quelque chose de mieux par l'Écriture. »

On rirait de la folie de ces bourgeois qui, en déclamant contre l'autorité du pape, se proclamaient juges infaillibles en matières de foi, présidaient des conciles, arrêtaient ce qu'il fallait admettre ou rejeter des saintes Écritures, si les annales de la Suisse n'étaient dégoûtantes du sang versé, des sacriléges commis au profit des croyances qu'ils ont de la sorte inaugurées. *L'Évangile veut du sang*, disait Zwingli, et ce dicton du maître fut souvent la loi des disciples. Nous ne suivrons pas le long détail des moyens que Berne employa pour faire pénétrer son hérésie dans tous les pays qui relevaient d'elle, et même chez ses voisins. Ruses indignes, trahisons, pillage, meurtres, les églises dévastées, les monastères spoliés, les populations tourmentées sans relâche au mépris des promesses les plus solennelles, les prêtres abandonnés à la brutale fureur des sectaires, tels en sont les traits les plus communs.

Le peuple ne perdit pas à ces mesures seulement sa liberté religieuse, sa tranquillité, les secours spirituels des prêtres, les aumônes des couvents, enfin sa religion elle-même ; il y perdit la liberté politique. Des hommes qui s'étaient déclarés maîtres des croyances et qui se voyaient assez forts pour cela, ne devaient pas s'arrêter en si beau chemin. Le nombre des bourgeois éligibles fut successivement restreint à un petit nombre de familles, l'oligarchie s'éleva sur les ruines de la démocratie. Dès lors, il n'y eut plus de vie politique sinon dans les familles souveraines, où cette vie politique entretenait la honte et les corruptions : on s'y disputait les places, devenues lucratives depuis la sécularisation des propriétés monacales ; les frères visaient à se supplanter auprès des électeurs, auprès des filles à marier qui apportaient en dot l'éligibilité ; de pauvres jeunes personnes, victimes de semblables arrangements, devaient se résigner à des mariages odieux. Mais une fois la place prise et l'entrée au Conseil obtenue, la seule pensée, le seul effort était d'immobiliser le pouvoir et le pays : les oligarchies ne changent pas d'opinions, parce que les intérêts sont toujours les mêmes, a dit Bonaparte. La liberté civile, considérablement amoindrie et même totalement supprimée par un pouvoir qui traitait les dissidents comme les révoltés, ne se releva jamais à ses franchises premières. Les seigneurs de Berne s'appliquèrent à éteindre tout mouvement autour d'eux; ils y réussirent sans peine. La population, qui n'avait plus ni dieu ni patrie, se plia promptement à l'oppression morale, contente du bien-être matériel dont on avait soin de l'entourer. La tranquillité revint, les impôts furent modérés, la justice se montra suffisamment équitable. Mais il faut un cours à l'esprit humain; comme l'eau, s'il s'arrête il se corrompt. La fange s'entassa au fond de ce peuple dormant; son orgueil patriotique se changea en une brutalité grossière; il n'eut plus d'artistes; son courage cessa d'être celui des héros. En 1819, un Bernois, qui n'était pas membre du Conseil, comparait ses compatriotes aux bœufs qui paissent dans leurs champs : Ils sont gras, disait-il, tranquilles, bien nourris, l'air de fierté même ne leur manque, mais... c'est du bétail (1). Il en est de même aujourd'hui, malgré la révolution populaire qui, après notre révolution de 1830, a enlevé le pouvoir aux patriciens, et démocratisé la constitution. Ce que la révolution religieuse a détruit, aucune révolution politique ne le relèvera : les partis se vaincront et deviendront maîtres chacun à son tour, mais le peuple ne fera que changer de servitude, souvent à son détriment. Il n'y a pour les peuples qu'une loi de vie, de bonheur, de liberté : c'est la loi divine, qui rend les hommes frères, qui donne à toute une nation, comme à un seul homme, les mêmes pensées, les mêmes devoirs, le même but; qui inspire en bas la patience, en haut la modération, partout l'espérance, la charité partout. Quand vous avez anéanti cette loi, quand vous avez,

---

(1) Voyage de Simond.

en brisant les liens qui rattachent l'homme à Dieu, brisé les liens plus faibles qui unissent l'homme à l'homme, c'est-à-dire quand il n'y a plus ni foi chez les grands, ni espérance chez les petits, ni charité, ni confiance chez aucun, alors ne cherchez plus rien pour le bonheur de l'humanité, vous ne trouveriez pas. Vous êtes parqués dans un champ fatal où tous vos progrès consistent à faire alterner à grand bruit vos folles attentes devant quelques panacées de charlatans. Eh! que pourrait-on attendre de bon de ces révolutions qui sont des chocs d'immoralités, des combats de larrons, ou plutôt de chacals se disputant leur pâture infâme? Il semble, en effet, qu'une nation corrompue soit pour ceux qui l'exploitent une proie empoisonnée et qui les fait mourir.

Non, plus de bonheur pour un peuple qui n'a plus de religion! plus de tranquillité possible, plus de progrès! On ne peut gouverner une nation intelligente qu'en lui inspirant une certaine résignation pieuse, une certaine espérance surhumaine que ne produiront jamais vos codes matérialistes et athées. Toute agrégation sociale comporte toujours une grande quantité de malheureux; et sans religion, les malheureux le sont toujours immensément; et sans résignation apprise dès l'enfance, toujours ceux qui souffrent voudront cesser de souffrir; et, dans une société impie, toujours ils en auront le droit, parce qu'une société impie élève mal ses enfants, ne les munit pas de ce stoïcisme religieux qui garde encore l'espérance après le naufrage de toutes les prospérités, n'est pas fraternelle enfin, et n'étend jamais sur les membres nus du pauvre la charité du puissant.

Il n'y a qu'un droit à l'abri du raisonnement, c'est le droit divin. Quand les lois ne découlent pas de là, elles viennent de la force ou de l'astuce, et une autre force, une autre astuce en font bientôt raison. Les gouvernés trouvent tous les jours mille arguments fort clairs, auxquels les gouvernants ne peuvent répondre que par les sbires, les géhennes et les bourreaux. Mais alors le condamné n'est pas un criminel qu'on punit; c'est un vaincu qu'on égorge. Et pour les vainqueurs, de tels triomphes sont toujours la moitié d'un revers?

Je veux que celui qui me commande d'obéir soit juste; et comment cela peut-il être, lorsque la justice ne lui est pas imposée d'en haut? Et comment puis-je lui obéir lorsque la force fait tous ses droits à ma soumission?

Je veux que celui qui me dit de souffrir me dise aussi d'espérer; et que puis-je espérer, quand je n'ai qu'une foi composée de lambeaux impuissants, quand mon esprit matérialisé ne peut concevoir d'autres joies que les joies de ce monde, et quand je vois toutes ces joies livrées au hasard de la naissance, de la force et de l'improbité?

Chrétien, fils soumis de la sainte Église catholique, la plus attentive et la plus consolante de toutes les mères, je me résigne sans peine à l'infériorité de ma condition, car je puis être au ciel l'égal des saints, et plus je serai humble en cette vie qui dure peu, plus j'aurai de rayons dans les gloires de l'éternité; je crois que toute puissance vient de Dieu, et je me soumets en tout ce qui n'est pas contraire à mes croyances, même à la plus injuste, même à la plus dure; je me soumets non-seulement sans murmure, mais avec joie, car je sais que Dieu ne m'envoie pas une souffrance qui ne soit une expiation; je porte gaiement mon fardeau d'humiliation, de contrainte et de misère, car Dieu ne m'en donne jamais plus que je n'en puis porter...

Mais si vous m'avez fait Hérétique, ou indifférent, ou athée, si vous m'avez soustrait à l'obéissance de Dieu, de quel droit voulez-vous me plier à la vôtre? qui vous a faits mes maîtres? qui vous a établis législateurs et juges? Pourquoi êtes-vous riches, et pourquoi suis-je pauvre? pourquoi regorgez-vous de superflu, et pourquoi n'ai-je point le nécessaire?.... Pas de solution! — Vous m'imposez vos lois, je vous impose mes besoins; la force est votre droit, la révolte est le mien : combattons! Et vous ne me persuaderez pas que je suis un criminel, entendez-vous! Je suis un ennemi; bien plus, je suis un opprimé. Or, maintenant, guerre à vous! Je n'aurai pas de repos que je ne sois à la première place; pas de liberté tant qu'une règle quelconque gênera la moindre de mes passions; pas de contentement tant que je pourrai désirer quelque chose... Je ne dois nulle pitié à des hommes qui ne m'ont pas dit qu'il y eût un Dieu, et qui par leurs actions semblent proclamer qu'il n'y en a pas! Et pour me soumettre, il faudra ou me contraindre absolument par la violence, ou m'abrutir tout à fait.

La Réformation de Berne ne tarda pas non plus à briser le lien fédéral : Zurich, la première infidèle à l'Église, avait été aussi la première infidèle à la patrie. Les cantons réformés demandèrent contre leurs compatriotes l'alliance du landgrave de Hesse, l'ignoble patron de Luther : les cantons catholiques, pour se défendre, furent obligés d'avoir recours à l'Autriche. La tyrannie insupportable des hérétiques força la modération de leurs anciens alliés : on se battit à Cappel, comme nous le verrons plus loin; et, pour la première fois, une armée bernoise quitta avec déshonneur le champ de bataille. L'union helvétique reçut là un coup dont elle n'a pu guérir. Si depuis cette époque la Suisse a conservé sa nationalité, ce n'est pas qu'elle eût pu la défendre, c'est que la sûreté de ses voisins y est intéressée.

Les historiens protestants ne disent pas de Berne, comme

de Genève et des autres pays, que la Réformation y rétablit les mœurs ; pourquoi cette exception au mensonge ordinaire? « Je ne connais pas de pays en Europe, observe le « major Weiss (1), où le gros du peuple soit moins conti- « nent que dans le canton de Berne. » Mais si Berne ne vaut pas mieux que sa réputation, les autres valent moins que la leur et peuvent à peu de chose près revendiquer le compliment : ils le devraient d'autant plus, que toute l'unité de la Réforme est pour ainsi dire là; c'est un des caractères qui lui sont communs partout. Des causes pareilles ont dû produire en tous lieux de pareils effets.

Abordons ce vieux sophisme de l'épuration des mœurs par la grâce de l'Hérésie. Sans doute, il y avait au commencement du seizième siècle des abus dans l'Église, du relâchement dans la discipline du clergé, et surtout de la corruption dans les mœurs publiques. C'était le fruit des longues guerres que l'Europe avait subies, et de la renaissance des lettres païennes. Pourtant il s'en fallait de beaucoup que ces abus et ce relâchement fussent tels qu'on les a peints depuis, sur la foi des pamphlétaires du temps, d'après les récits des Réformateurs eux-mêmes, peu scrupuleux de leur nature, et fort intéressés à travestir la vérité. La grande majorité du clergé était excellente et pure. Les chefs de l'Église voyaient le mal ; ils en gémissaient ; ils y cherchaient un remède et n'attendaient qu'un peu de calme en Italie pour entreprendre ce grand ouvrage. Mais, tandis que l'incendie allumé par Luther jetait ses plus ardentes flammes, les troupes du connétable saccageaient Rome ; Charles-Quint et François Ier se querellaient, se trompaient mutuellement et ne pouvaient s'entendre sur la tenue du

(1) **Principes philosophiques.**

Concile (1). Au bruit que faisaient les doctrines nouvelles, aux applaudissements qu'elles excitaient, à la protection que leur accordaient en beaucoup de lieux les gouvernements et les princes, tout ce qu'il y avait, dans les couvents et dans les presbytères, d'indignes prêtres, de faux religieux, d'esprits orgueilleux, de cœurs impurs, s'émut et s'agita. Les plus mauvais donnèrent l'exemple; les faibles l'imitèrent; les règles furent brisées, ce qui fait suffisamment voir qu'elles n'étaient pas si relâchées ni si douces; les apostats se jetèrent dans le monde, y devinrent les dignes ministres de la religion nouvelle, donnèrent carrière à leurs passions et prêchèrent par leur conduite encore mieux que par leurs discours le mépris des lois qu'ils avaient violées. Luther, Zwingle, Haller, Bucer, tous leurs principaux disciples, et mille autres, sortaient des ordres. « On faisait de bons Réformés, « dit Bossuet, de tous ces mauvais prêtres: » chacun d'eux commençait son nouvel apostolat par la violation des vœux de chasteté qu'il avait prononcés au pied des autels, et permettait le divorce à ses ouailles comme cadeau de bienvenue. Qu'on nous dise maintenant quelle influence morale de pareils Réformateurs pouvaient exercer sur les populations ? La conviction religieuse et l'étude particulière de ces temps-là ne sont pas nécessaires pour répondre; il suffit du sens commun.

Au surplus, les chefs de la Réforme eux-mêmes nous montrent leurs disciples et leurs collègues tels qu'ils devaient être naturellement; on sait ce qu'en disent tous les premiers Luther et Calvin (2).

Érasme, si benin pour les novateurs, les embrasse d'un

---

(1) Car accordant l'un ce que l'autre demandoist, il y avoit entre eux si grande deffidence que l'autre ne le pouvoit trouver assez bon. (Du BELLEY.)

(2) *Voyez* Calvin, *Livre sur les Scandales*.— Luther, *Entretiens*. Capito, etc.

coup d'œil et ne leur voit nulle part une vertu. « Montrez-moi quelqu'un qui, par le moyen de votre nouvel évangile, soit devenu sobre d'intempérant qu'il était, doux de féroce, honnête de pillard, réservé et charitable dans ses paroles, de médisant et de calomniateur! Pour moi, je vous en montrerai un grand nombre qui sont devenus plus pervers qu'ils n'étaient auparavant... Ils sont pires que des Turcs... Bien que cet évangile que l'on prêche contribue à corriger les hommes, il ne semble, pour ceux-là, que les rendre plus mauvais; il ne les retire pas du péché, mais il les porte à pécher avec plus d'impunité (1). »

Si la Réformation a corrigé les mœurs, ce n'est donc pas parmi les Réformés, on ne peut en douter maintenant; mais il est sûr qu'elle a considérablement épuré le clergé catholique, en s'emparant de tout ce qui ne pouvait supporter l'austérité du cloître ou du ministère sacré. Une fois débarrassées de ce fatal levain, les milices de l'Église universelle rayonnèrent des éclatantes qualités qui convertissent les peuples et qui plaisent à Dieu. L'Église retrouva promptement des apôtres et des martyrs, et le Ciel fit grâce à la moitié de l'Europe du fléau qu'il avait déchaîné. Les ministres des Réformés sentirent alors qu'ils paraissaient avec trop de désavantage, même aux yeux ignorants de leurs sectaires, à côté de ces saints et savants hommes, et qu'il fallait montrer au moins quelque apparence de tant de vertu, s'ils voulaient conserver encore un reste d'autorité. L'intérêt, et sans doute un peu aussi la volonté des gouvernements, accomplirent autant que possible ce que la libre interprétation des Écritures n'avait pu faire; la troisième ou quatrième génération des pasteurs valut mieux que celles qui l'avaient

---

(1) On nous pardonnera d'avoir cité ces textes imprimés partout. Nous avons songé à quelques amis qui liront notre livre, et qui ne les connaissent pas.

devancée. Mais les malheureux perdirent la foi en reprenant des habitudes décentes. Ils commencèrent à passer de leur Hérésie encore croyante à ce déisme vague et presque athée où ils sont arrivés aujourd'hui; la fausse science, les systèmes matérialistes, les folies mystiques datent de cette réforme de la Réformation.

En même temps qu'ils se corrigeaient, les pasteurs voulurent corriger les ouailles, et, comme les prêches n'y suffisaient point, ils eurent recours au bras séculier. On promulgua des lois de fer. Les amusements les plus honnêtes, les plaisirs les plus licites furent défendus. Une rigidité maussade et menteuse fut imposée au peuple. La vivacité d'esprit, la bonne humeur, l'enjouement disparurent, comme déjà avaient disparu la liberté de conscience, la liberté civile et les droits politiques. Après le plaisir d'écouter les sermons de leurs pasteurs, aussi secs, aussi vides que les églises où elles allaient les entendre, il ne resta plus à ces tristes populations que le plaisir de manger et les ignobles joies d'une sombre et secrète corruption; tandis qu'auprès d'eux les Catholiques, dirigés par des hommes qui avaient mission du Ciel, libres, joyeux, mouvants, conservaient avec leurs mœurs les arts, la gaieté, les nobles usages, et voyaient éclore en France un siècle littéraire tel que l'histoire du monde n'en compte que trois; siècle sublime et croyant, dont tous les plus grands noms, rayons éternels dans l'auréole des gloires humaines, sont des noms catholiques et plébéiens.

Berne, comme Genève, a porté et portera longtemps la peine de son apostasie. Ses citoyens ont vécu dans les discordes civiles, dans les haines intérieures, dans les brigues dont le succès laisse peu de joie et dont l'insuccès est plein d'amertumes; ses conquêtes lui ont donné plus de soucis que de satisfactions réelles; ses trésors, lentement amassés, lui ont été enlevés par l'étranger; elle n'a point atteint la suprématie qu'elle avait en vue et qu'elle aurait exercée si elle fût restée catholique; plus d'une fois, enfin, au revers de ses prospérités insolentes, elle a dû se rappeler cette parole terrible : « La vengeance m'appartient, laissez-les « croître jusqu'à la moisson ! »

LES ÉGLISES.

En Suisse, le pèlerin catholique, partout où il y a une chapelle de son culte, la trouve ouverte; il peut entrer, il peut prier aussi longuement qu'il le désire, et il est bien rare qu'il ne rencontre pas dans le lieu saint quelques frères inconnus, priant comme lui. Plus d'une fois j'ai vu de ces bons Chrétiens qui, m'apercevant après avoir achevé leur oraison, se remettaient à genoux afin sans doute d'ajouter quelque chose en faveur de l'étranger. Mais, pour se faire ouvrir dans la semaine les portes d'un temple protestant, il faut payer une rétribution, plus ou moins forte, suivant la beauté de l'édifice et les curiosités que le custode prétend y garder.

Berne n'a pas brûlé et noyé autant que Genève, mais elle ne fut guère plus tolérante. Les Catholiques n'y ont pu obtenir jusqu'à présent que le coin d'un vaste temple dont le reste est consacré à la religion de Luther. Ce partage est une brutalité toute gratuite du gouvernement. Le Protestantisme a dans la ville, sans compter la magnifique collégiale, plus d'églises qu'il n'en peut remplir; et les fidèles de la vieille foi, bien que pauvres et peu nombreux, bâtiraient à leurs frais, si l'on voulait leur en donner la permission, l'édifice dont ils ont besoin. Ils n'auraient même qu'un mot à dire à leurs frères de Suisse et de France pour le construire aussi magnifique qu'ils voudraient. LL. EE. ont mieux aimé faire l'intelligente concession dont nous venons de parler. Elles ont cru peut-être que cela donnerait à la Réforme un air de dédaigneuse grandeur bien fait pour humilier le papisme et lui prouver son néant.

C'est un singulier spectacle que celui de cette église mi-partie. Je ne sais ce qu'en pensent les enfants de Luther; mais il me semble que tout ce qui ressemble à une religion, à une foi, se trouve dans ce coin où les cierges allumés brûlent devant les images saintes, où un digne prêtre, père et frère des malheureux qui forment sa famille, célèbre avec majesté le sacrifice d'amour et de salut, où tous les jours des croyants fidèles viennent pieusement rendre grâces de leurs joies et de leurs chagrins. Qu'importe si la chaire de l'erreur s'élève en face de l'autel de vérité! La tribune du prédicant, et la table de communion, marbre inutile qui ne reçoit qu'un pain matériel, ne sont pas pour distraire les yeux et le cœur des fervents adorateurs de Dieu ; ces outils de l'évangile corrompu n'empêchent pas, je puis l'attester, la messe d'être consolante et douce, et d'occuper toute l'âme du Chrétien, tandis qu'il faut tirer un grand rideau devant les emblèmes catholiques, pour que le ministre hérétique puisse vaquer tranquillement à ses occupations. Hélas! malheureux, le rideau a beau être épais, Dieu, que tu ne veux pas voir, t'écoute et te voit.

Le portail de l'église collégiale est curieux et charmant par le mérite et la quantité des sculptures qui le décorent. Le vieil artiste, inspiré par la lecture de l'Évangile, y a représenté, outre plusieurs anges et patriarches d'un style naïf et gracieux, la *Parabole des vierges folles et des vierges sages*, sujet des plus favorables au ciseau, bien en harmonie avec la destination du pieux édifice, mais où un peu de monotonie était à redouter, puisqu'il s'agissait de répéter cinq fois d'un côté l'expression de la joie, et de l'autre cinq fois l'expression du regret et de la douleur. L'écueil a été parfaitement évité; à part une ou deux *folles* qui sont peut-être un peu grotesques, les attitudes, les draperies, les physionomies sont variées avec une admirable ressource de talent. Toutes les vierges sages ont une angélique beauté.

Il n'y a point de pauvres au seuil des églises protestantes, mais nous trouvâmes à l'entrée de celle-ci trois vieilles tricoteuses, occupées à se disputer dans un langage qui semble fait exprès pour déchirer le prochain. Nous voudrions voir l'église, leur dîmes-nous en poussant la porte fermée. — Payez, nous répondit sèchement, sans bouger de sa place, la Tysiphone de ce trio. — Mais si c'était pour prier Dieu? objecta l'un de nous. — Cela n'empêche pas de payer, reprit-elle. Nous déboursâmes alors chacun deux batz, et l'on nous ouvrit.

Pauvre sainte maison d'où l'on a chassé le Maître, qu'elle est triste! mais qu'elle est belle encore dans sa tristesse et dans sa nudité! Il faut que l'Hérésie soit l'Hérésie pour avoir osé choisir un tel théâtre au spectacle de ses profanations. Malgré l'absence des images, tout rappelle encore dans ces murailles le culte qui les sanctifia. Elles ont gardé leur architecture révélée; au dehors, leurs frêles aiguilles qui s'élèvent comme des cierges bénits, au dedans, leurs arceaux magnifiques, leur voûte hardie, leur jour religieux, et cette forme sainte de la croix dont le signe matériel a été banni, comme pour soustraire aux yeux de l'homme le plus éclatant souvenir des bienfaits et de l'amour de son créateur. Tout parle ici du passé; tout parle des pompes catholiques, des chants sacrés, des saints mystères, et tout parle aussi des offenses faites à Dieu dans ce temple où il fut honoré.

L'ancienne église collégiale paraît être l'église favorite du gouvernement. L'aristocratie bernoise l'a orgueilleusement remplie de ses bancs réservés, et l'on voit aux vitraux coloriés des fenêtres resplendir les armoiries des principales familles. Leurs Seigneuries ont pensé que ces emblèmes remplaceraient avantageusement les peintures pieuses tirées de l'Écriture et des légendes, et seraient plus propres soit à exciter de bons sentiments dans les âmes des pauvres fidèles, soit à inspirer dignement le prédicateur..... N'est-ce pas que cela fait pitié?

LES JUBILÉS.

Les Protestants déclament toujours contre l'Église catholique et cherchent souvent à l'imiter. On croirait qu'ils espèrent, en lui prenant quelques-uns de ses usages, lui ravir le secret de sa force et de sa durée. Mais c'est ici que l'on peut dire que l'esprit seul vivifie. Leurs imitations n'ont jamais été que de méchantes parodies : parodies des mœurs austères, parodies de la science, parodies du courage et du dévouement. Quand l'Église forme des sœurs de charité, le Protestantisme paye des garde-malades; quand l'Église envoie des missionnaires, le Protestantisme répand des brochures, ou fait, comme en Angleterre, partir des commis-voyageurs. A certaines époques l'Église célèbre des Jubilés solennels, qui sont dans le monde catholique tout entier une occasion de pénitence et de bonnes œuvres où se retrempe la foi. Le Protestantisme, voyant la Réforme, les mœurs et la foi des siens s'en aller à vau-l'eau, imagina pour arrêter la débâcle d'avoir aussi ses Jubilés. Zurich et Bâle commencèrent en 1817, à la date de l'avénement de Luther. La première de ces villes, voulant faire d'une pierre deux coups, fixa la célébration de sa fête au 2 janvier, jour qui, de temps immémorial, est, dans ce pays, consacré, comme chez nous le mardi gras, aux saturnales de la population; et la farce n'en fut pas plus *gaie*. Berne suivit l'exemple en 1828, troisième anniversaire de sa séparation. Il y eut force discours, force banquets; on distribua beaucoup de médailles frappées en l'honneur du grand événement; on répandit quantité de brochures et de pamphlets contre le Pape, les prêtres et la religion catholique; on chanta dans les églises des chansons d'un étrange goût; puis enfin, pour se délasser, on organisa nombre de ces parties de plaisir qui déjà, au temps de la Réforme, s'appelaient des *parties luthériennes*. Tout cela ne vaudrait guère que nous en occupassions nos lecteurs, sans un fait qui sort un peu du commun de ces puérilités. Les prédicateurs furent peut-être, de tous les Réformés, ceux que divertirent le moins tant de nobles réjouissances. Ils n'étaient pas cependant forcés de s'entendre et de prêcher dans le même esprit, pourvu qu'ils n'épargnassent point le papisme ni ses superstitions; mais ce qui se passait sous leurs yeux était bien fait pour leur jeter un peu de rouge au visage, et il arriva à l'un d'eux (c'était le doyen du clergé de Berne et un très-zélé) qui prêchait dans la grande église, en présence de tous les membres du gouvernement, un accident singulier. Il voulut faire un tour de force, il se posa cette question difficile pour les hommes de son état : Qu'est-ce que la vérité? Ses auditeurs, enchantés de voir aborder si franchement un problème qu'ils n'avaient pas souvent entendu résoudre, prêtèrent une oreille attentive. Malheureusement l'orateur ne put aller plus loin. Sa langue resta glacée dans sa bouche; et, après avoir fait de vains efforts pour articuler du moins quelques lieux communs qui sauvassent son honneur et celui de sa Compagnie, il lui fallut descendre de chaire, cesser le service, quitter l'église, et remettre au Jubilé suivant la fin de son discours, ainsi que la définition de la vérité.

Sept ans plus tard, en 1835, Genève célébra les commencements de l'ère célèbre que nous avons racontée plus haut. Son Jubilé eut le caractère de jactance particulier aux enfants directs de Calvin, le péché favori d'orgueil s'y montra sans fard. La bicoque inglorieuse dont les habitants reçurent la Réforme comme un enfant reçoit les verges, voulut escamoter à son profit le triste éclat des premiers Hérésiarques, en invitant les églises calvinistes de Suisse, de France, d'Angleterre et d'Allemagne à lui envoyer des députés, non pour accroître la splendeur des fêtes qu'elle voulait célébrer, mais pour exercer officiellement une sorte de suprématie. Ces députés (car il en vint, et les Catholiques contribuèrent à payer leurs frais d'auberge) reçurent dans le jardin Botanique l'accolade de M. le Modérateur de la Vénérable Compagnie : on exécuta des services religieux dans le *temple de la nature;* on chanta comme à Berne (1); on se disputa avec acharnement; on invectiva contre Rome; on insulta grossiè-

---

(1) Le couplet suivant est extrait de l'un des hymnes religieux et patriotiques chantés dans le temple de la nature. Il donne une idée du reste.

> Je te salue, ô jour où ma patrie
> Sortit de l'avilissement
> Où la tenait ensevelie
> Des prêtres l'abrutissement.

Nos lecteurs jugeront à quel point un peuple est sorti de l'avilissement, lorsqu'il se trouve dans son sein des poëtes pour faire de tels vers, des lettrés pour les approuver, et des chanteurs pour les répéter.

rement les Catholiques et leur religion, on distribua des pamphlets, cela ne pouvait manquer à Genève; on banqueta plus que ne l'exigeait l'appétit; on fit des promenades en bateau à vapeur sur le lac; on tira quelques fusées pour les polissons, et l'on se sépara enfin avec l'estime et l'édification réciproques que des actes si pieux devaient naturellement provoquer.

Au milieu de tous ces Jubilés protestants, il y en eut un aussi à Rome, sous Léon XII de haute mémoire. Dix mille Chrétiens y assistaient, venus de tous les points du monde; ils furent reçus et hébergés aux frais du Pape; ils se confessèrent à Saint-Pierre et à Saint-Jean-de-Latran, baisèrent les saintes reliques, s'agenouillèrent devant la croix du Colisée, entendirent des discours pieux, virent des cérémonies imposantes; ils prièrent pour le bien de l'Église, demandèrent à Dieu de convertir les Hérétiques, d'entretenir la paix entre les princes, de maintenir l'union et la tranquillité parmi les peuples chrétiens; ils pardonnèrent à leurs ennemis, reçurent la bénédiction du Saint-Père, et revinrent dans leurs foyers le cœur plein de bonnes résolutions.

CATHOLIQUES DE GLARIS.

Puisque nous en sommes aux faits et gestes du Protestantisme ancien et moderne, nous rappellerons les actes tout récents de sa tolérance et de son autorité à Glaris.

Les Catholiques de Glaris, bien que formant au plus le quart de la population du canton, y vivaient tranquilles sous la protection d'un édit de tolérance perpétuelle, conclu peu de temps après la Réforme et solennellement sanctionné à diverses reprises. Unis au gouvernement de la majorité en tout ce qui concernait les affaires temporelles, ils faisaient en quelque sorte gouvernement à part pour celles de la religion, relevant comme Catholiques de l'évêché de Bâle, nommant eux-mêmes leurs curés, fournissant eux-mêmes aux dépenses du culte. Cette séparation, observée avec bonne foi et rigoureusement bornée au soin des consciences, n'offrit jamais le moindre inconvénient. Cependant les Protestants, sans autre raison que leur caprice, sans autre motif que l'esprit d'envahissement et d'intolérance qui les anime partout et toujours, mais particulièrement depuis 1830, entreprirent en 1836 de changer cet état de choses, si favorable durant trois siècles à la concorde et à la paix. Trop sûrs de la connivence du gouvernement fédéral, pour avoir à redouter autre chose que des plaintes sans résultat, ils commencèrent par demander la révision du pacte : les Catholiques répondirent avec toute justice que cette révision n'était ni obligatoire ni nécessaire, que le pacte perpétuel ne portait préjudice à personne et qu'ils en réclamaient l'exécution.

Alors on imagina d'imposer aux curés le serment odieux et ridicule de révéler au gouvernement tous les projets formés contre lui dont ils obtiendraient connaissance par la voie de la confession. Le gouvernement de Glaris savait bien que les Catholiques pauvres, simples et en petit nombre, n'avaient ni le moyen ni la volonté de conspirer; et d'ailleurs pourquoi demander aux curés de trahir des secrets qu'on ne leur aurait pas révélés, aussitôt que les Catholiques qui savent la valeur d'un serment auraient connu celui-là? Les malheureux prêtres qu'on désirait placer entre deux parjures, refusèrent comme on s'y attendait, et les défenses de l'évêque leur firent doublement un devoir de ce refus. Cependant, après de longs pourparlers, l'évêque, lassé, permit le serment de révéler au gouvernement les projets formés contre lui dont on aurait connaissance, sous la réserve cependant des droits de l'Église et des devoirs qu'elle impose. Alors le gouvernement n'en voulut plus, mais il profita de l'occasion pour séparer le clergé de son chef et le soustraire à sa juridiction. Ce ne fut pas tout.

Les Catholiques célébraient tous les ans l'anniversaire de la bataille de Næfels, la gloire de la contrée, gagnée en l'an du Seigneur 1338, contre six mille Autrichiens, par cinq cents hommes de Glaris et quelques gens de Schwitz. L'honneur de cette célébration leur appartenait, puisque Glaris était alors catholique (1). De toutes les paroisses on se rendait processionnellement au champ de bataille en chantant les Litanies. Le service divin était offert sur le lieu même dans une de ces chapelles que les vieux Suisses ont élevées partout où Dieu donna la victoire à leurs armes. On priait pour tous les morts. Un prêtre, ordinairement quelque bon capucin, faisait ensuite un sermon à la fois religieux et patriotique, puis on s'en retournait comme on était venu. Les Protestants se joignaient en grand nombre aux processions, et, ainsi que les autres, ils chantaient les Litanies, tant la vieille foi a laissé de profondes racines chez ceux dont les pères ne se sont point enrichis des dépouilles de l'Église. Le gouvernement vit dans cette coutume le moyen d'arriver à ses fins; il ordonna qu'à l'avenir le service et le sermon seraient faits par un ministre réformé, et que *tout le monde* serait tenu d'y assister. Les prêtres catholiques déclarèrent

(1) Avant la bataille, les Glaronnais firent cette courte prière : « O saint patron! ô saint Fridolin! ô fidèle compatriote! puisque le pays est ta propriété, aide-nous aujourd'hui à nous maintenir (*Chanson de Næfels*)». Après la bataille, ils ne manquèrent pas de rendre des actions de grâces à Dieu, à Notre-Dame, à saint Fridolin, seigneur du pays, et à saint Hilaire, qui a donné son nom à la vallée de Glaris. (*Jean de Muller.*)

qu'ils ne pouvaient ni ne voulaient obéir à cet ordre, et en effet ils n'y obéirent pas. C'était où le gouvernement les attendait. Il poursuivit comme un *crime d'État* cette désobéissance si juste et si modérée. Les *coupables* furent jugés et *condamnés*, les uns à *cinq ans*, les autres à *dix ans d'exil*.

Le maximum de ces condamnations iniques frappa entre autres le curé de Glaris, vieillard respectable, né à Glaris même, où ses vertus le faisaient chérir, qui fut à soixante ans forcé d'abandonner sa patrie, son église, sa mère octogénaire et sans ressources, et d'aller demander au loin, à ses frères, le pain de la charité.

Maintenant les Catholiques de Glaris n'ont plus de prêtres ou n'ont que des prêtres apostats, séparés de leur évêque, séparés de l'Église. Et si quelques dignes ecclésiastiques, bravant la prison, l'amende, les avanies, ne restaient pas pour donner en secret à leurs fidèles paroissiens les encouragements de la foi, ces malheureux vivraient et mourraient sans secours spirituels.

Le fait paraîtra peut-être de peu d'importance à quelques esprits fermes qui ne pensent pas que la paix d'un malade, l'espérance d'un mourant, la vertu d'une femme, la consolation d'un affligé puissent être mises en balance avec les progrès des lumières, de la liberté et de la raison; mais qu'ils daignent songer que ces pauvres gens sont catholiques, et que toutes ces superstitions sont quelque chose pour nous.

Aujourd'hui que le Grand-Turc est devenu libéral, lorsqu'on veut citer un type de tyrannie, on parle du duc de Modène; mais en vérité ce prince n'est qu'un écolier auprès de certains gouvernements républicains des cantons suisses. J'ai vu les Modénois chez eux : le poids qu'ils portent m'a paru lourd; cependant, si j'avais à choisir, j'aimerais mieux habiter Reggio que Genève, Glaris, Berne ou Zurich. Outre que le duc de Modène défend une autorité légitime contre des attaques qui ne le sont pas, il ne se donne ni pour philosophe ni pour libéral, et il n'ajoute pas l'odieux de l'hypocrisie à l'odieux de l'oppression. S'il exige le silence, il ne force point les consciences à des manifestations qui leur répugnent, ses sujets ne sont point obligés de venir entendre l'éloge de son gouvernement; s'il y a des Protestants dans ses États, il ne confisque pas leurs propriétés par ce seul fait qu'ils sont Protestants, comme dans les États protestants de la Suisse on confisque les biens des couvents. Il n'ordonne point à ces Protestants de venir entendre la messe sous peine d'exil et de prison.

L'amour, on pourrait dire la rage de l'autorité, semble être en raison inverse du pouvoir, des forces et de la légitimité de ceux qui l'exercent. L'aristocratie était douce ; les vieux pays démocratiques sont heureux et tranquilles. Mais partout où des changements récents ont mis le gouvernement dans des mains nouvelles, l'autorité se fait sentir par tous les bouts, et rudement. Ces bourgeois suisses, qui deviennent souverains pour un cent cinquantième d'un royaume de quelques lieues carrées, ne font pas grâce au public d'une parcelle de leur prépotence. Je voyageais un jour, avec un gros monsieur, beau parleur, et dans le fond assez bon homme. Le conducteur l'appelait à toute outrance M. le conseiller, et lui-même voulut bien m'apprendre qu'il était conseiller d'État. Il se mêlait de tout sur la route ; il ne voyait pas deux polissons se disputer, qu'il n'eût envie de descendre pour s'interposer au nom du conseil d'État ; il n'était pas de choses qu'il ne parlât de réformer, et il ne tarissait point en louanges sur la grande révolution qui l'avait mis à même de procurer tant d'améliorations à son pays. Or, comme nous étions juchés sur l'impériale de la diligence, il arriva deux ou trois fois que les branches des arbres fruitiers qui bordent la route lui balayèrent le visage, car il ne songeait point à les éviter tandis qu'il discourait. —Vraiment, s'écria-t-il, je ne comprends pas les préfets, de n'avoir pas fait émonder ces arbres; il faut que nous leur en donnions l'ordre au plus tôt. Et en effet, quelques jours après, les arbres chargés de fruits naissants furent émondés sur toutes les routes du canton. Vainement les paysans demandèrent qu'au moins on attendît après la récolte : on coupa sans miséricorde les branches qui avaient gêné M. le conseiller et celles qui auraient pu le gêner.

Ailleurs, un étranger injustement soupçonné d'avoir publié une brochure fort inoffensive contre une école favorisée par le gouvernement, fut expulsé sans autre information.

Dans le canton de Berne, les partisans de l'ancien gouvernement furent soupçonnés aussi de vouloir entreprendre quelque chose contre le gouvernement nouveau; sur-le-champ on en arrêta un grand nombre; plusieurs furent mis en prison, plusieurs y restèrent un an et plus, et on finit par les priver de leurs droits politiques, sans jugement, car il n'y avait pas de jugement ni de procès possibles. Je ne connais pas au juste le nombre des victimes de cette mesure, mais un habitant du canton m'a dit trois cents.

J'aurais bien d'autres faits à citer, si je voulais ici m'occuper de politique; je me borne à ceux-là, en faisant observer que ces choses se passent exclusivement dans les pays protestants ou nouvellement révolutionnés.

JUGEMENT DE DIEU.

(Extrait des Histoires de ma Famille, manuscrit de Mme de Th.***, 1742.)

« ... Par Catherine de Buel, nous remontons à cette fameuse héroïne, Mathilde de Tellis, dont on parle encore dans notre pays sans connaître aucunement son histoire : la voici telle qu'elle est dans les vieux papiers que m'a lus mon savant grand-oncle, le seigneur de Wernen, qui fut bailli dans le pays de Vaud.

« Vers le milieu du quatorzième siècle, ce n'est d'hier, il y avoit à Berne deux nobles bourgeois qui se haïssoient mortellement : l'un, déjà vieux, Jorg de Tellis, très-loyal et bon homme ; l'autre, en maturité d'âge, plus chargé d'ambition que de franchise, mais estimé politique habile, et d'ailleurs brave comme l'épée, c'étoit Pierre de Kœpf. De dire pourquoi ils se détestoient, cela n'importe ici. Un moment on avoit cru que cette haine feroit place à un sentiment des plus autres. Tellis avoit une fille, cette fameuse Mathilde, belle, riche et de vingt ans. Kœpf la fit demander en mariage : il fut refusé et de la fille et du père. Ce n'étoit pas pour les raccommoder. Ils devinrent après cela plus ennemis que jamais, et Kœpf de s'intriguer à leur nuire. A quelque temps de là, il arriva qu'un banneret de Berne fut tué. Personne ne put découvrir qui avoit fait le coup : Kœpf s'imagina de déclarer que c'étoit le vieux Tellis, lequel en effet n'aimoit pas le banneret. Comme en ces âges reculés de telles vengeances n'étoient pas rares, on crut l'accusateur, d'autant plus aisément que le vieux Tellis, entendant qu'on le vouloit faire passer pour assassin, en fut si frappé qu'il demeura perclus, sans pouvoir ni remuer ni parler, et c'étoit, pensoit-on, un effet surnaturel de la colère divine. Le procès commença. Des témoins se présentèrent, qui avoient vu, disoient-ils, Tellis se sauver à cheval du chemin creux où s'étoit trouvé le corps du banneret. Tellis ne pouvoit répondre qu'en levant les yeux au ciel, ce qui ne le justifioit pas. Mais Mathilde, voyant qu'il y alloit de l'honneur et de la vie de son père, entreprit de le sauver, et par un étrange moyen.

« Dans ces temps de barbarie, lorsqu'il y avoit une cause embrouillée et que le juge ne savoit où prendre la justice, il faisoit battre ensemble l'accusateur et l'accusé. Celui qui succomboit étoit considéré coupable, ou d'une fausse accusation ou du crime imputé, et incontinent mis à mort. On appeloit cela le jugement de Dieu. Un accusé pouvoit toujours, lorsqu'on ne savoit autrement le convaincre, demander ce jugement : or qui croiroit qu'une demoiselle, toute jeune, toute faible et timide, qui n'avoit jamais tenu dans ses mains que sa quenouille ou son livre de prières, réclama ce combat contre un homme fort et brave? c'est pourtant ce qui est arrivé. C'est ce que fit Mathilde pour défendre son père.

« Elle alla donc devant le juge, et, suivant l'usage, elle déposa un papier où étoit écrit : Je me plains de ce que Pierre de Kœpf a féloneusement accusé mon père, et je suis prête à le lui prouver par le jugement de la bataille, aux jour et heure qui seront fixés. Kœpf répondit qu'il maintenoit son accusation et qu'il *obéissoit* se défendre d'en avoir menti. Alors Mathilde lui jeta son gant, et Kœpf, après l'avoir ramassé, lui donna le sien; puis on les mit tous deux en prison jusqu'au jour du combat.

« Quand ce jour fut venu, ce fut bien une affaire pour armer Mathilde, car, comme elle étoit noble, elle devoit combattre armée de toutes pièces ainsi qu'un chevalier; et où trouver une armure à sa taille? Enfin il s'en rencontra une fort légère, d'un page du comte de Nidau qui avoit été tué à Laupen. On plaça les deux adversaires sur un terrain bien uni, de manière qu'ils n'eussent pas l'un plus que l'autre le soleil ou le vent à la face. Cependant, lorsqu'on les vit en présence, il y eut un nouvel embarras extrême: la loi vouloit que toutes choses fussent égales entre les combattants, au point que si l'un étoit borgne l'autre devoit avoir le même œil couvert. Or comment faire la partie égale entre une fille de vingt ans et un homme de guerre qui en avoit plus de quarante? On pensa qu'il seroit bon de lier un bras à Pierre de Kœpf, de façon qu'il ne pût s'en servir; mais Mathilde dit qu'il n'étoit nécessaire et que Dieu sauroit bien faire triompher le bon droit, que seulement elle demandoit de combattre à pied, parce qu'elle n'avoit pas appris à monter à cheval. On lui accorda cela; chacun remarquoit comme elle avait bonne tournure sous son vêtement de fer. Elle marchoit d'un pas tranquille, le visage fort calme, tandis que le seigneur de Kœpf, pâle, honteux de son rôle, sembloit plus mort que vivant, et faisoit si vilaine figure, disent les vieux papiers, que les juges, et le peuple accouru de tous côtés pour assister à ce duel, voyoient clairement qu'il auroit voulu être bien loin; mais il n'y avoit plus à s'en dédire, il falloit tirer l'épée ou se déclarer calomniateur.

« On fit encore plusieurs cérémonies suivant la mode du temps. Il y avoit un chevalier de chaque côté des combattants: l'un de ces chevaliers, après avoir sonné de la trompette, proclama à haute voix la défense, sous peine sévère, de faire aide ou nuisance à nul champion, par fait ou par dit.

Ensuite, Mathilde et Pierre de Kœpf s'agenouillèrent auprès l'un de l'autre et se prirent la main, comme pour un mariage, mais c'étoit un mariage où l'un des deux représentoit la mort que l'autre alloit épouser. Les chevaliers demandèrent d'abord à Mathilde ses noms de baptême, si elle croyoit au Père, au Fils et au Saint-Esprit, et si elle tenoit à la foi de la sainte Église. Elle répondit à toutes ces questions en levant modestement les yeux au ciel, et d'une voix si ferme que tout le monde l'entendit au milieu du grand silence qui se faisoit. Aux mêmes questions, bien sérieuses en pareille situation, Kœpf se contenta de faire une inclination de tête, il sembloit n'avoir plus de voix. Pourtant, se tournant vers Mathilde, il jura ainsi, non sans effort : Femme que je tiens par la main gauche, et qui as reçu au baptême le nom de Mathilde, je sais qu'il est faux que j'aie féloneusement accusé ton père. Mathilde reprit aussitôt, toujours de sa voix claire et sûre : Homme que je tiens par la main droite et qui as reçu au baptême le nom de Pierre, mais qui devrois plutôt porter le nom de Satan, j'atteste que des paroles que tu as jurées tu t'es parjuré. Ainsi m'assistent Dieu, la bonne Vierge et les Saints. Disant cela, elle le regardoit en face, et il baissoit les yeux ; on eût dit qu'il étoit la jeune fille, et qu'elle étoit le guerrier.

« Ils se relevèrent et allèrent prendre place aux deux extrémités du champ clos : Mathilde, comme demanderesse, à l'orient, Kœpf à l'occident, comme défenseur. Là, chacun d'eux, après avoir attesté sur l'Évangile qu'il n'avoit employé ni sorcellerie ni enchantement pour s'aider ou pour nuire à l'autre, fit sa prière séparément. Quand Mathilde se mit à genoux, tout le peuple, pour prouver l'intérêt qu'il prenoit à sa cause, sans cependant manquer à la loi, se tourna silencieusement de son côté et s'agenouilla. Les vieux papiers disent qu'on ne vit jamais si beau spectacle. Je le crois bien ; cela fait pleurer.

« Enfin Mathilde et Kœpf marchèrent l'un vers l'autre, elle plus radieuse qu'un ange, lui tout chancelant. Les assistants retenoient leur souffle et paroissoient immobiles. La bataille commença. On entendoit les épées retentir sur les armures. Les premiers coups du seigneur de Kœpf furent bien foibles : il paroissoit ne pas pouvoir lever le bras, tandis que Mathilde, au contraire, après avoir jeté son bouclier qui la fatiguoit, tournoit agilement autour de son adversaire, cherchant avec beaucoup de sang-froid une place que le fer ne couvrît pas, afin de pouvoir frapper plus sûrement. Peu à peu, cependant, Kœpf parut reprendre courage. Profitant d'un moment où Mathilde était bien en face de lui, il lui asséna un grand coup sur la tête, qui la fit tomber. On la crut morte, et un cri de désespoir sortit de toutes les bouches; mais Mathilde ne s'effraya point, toute terrassée qu'elle étoit. Elle se dressa lestement sur ses genoux, puis se servant de son épée comme d'une hallebarde, elle l'enfonça bien avant sous le bras de son ennemi, qui alloit la frapper de nouveau, et il tomba lui-même couvert de sang. Alors, sans se relever, elle se traîna près de lui, coupa les courroies qui fermoient son casque, et lui mettant le poignard sur la gorge, lui commanda de demander grâce et de confesser sa calomnie. Les juges du camp arrivèrent aussitôt. Kœpf, pouvant à peine parler, leur déclara qu'il étoit coupable, qu'il avoit lui-même tué le banneret pour faire ignominieusement mourir le seigneur de Tellis, et que ce n'étoit point une méchante fille qui avoit vaincu un brave soldat comme lui, mais Dieu, et qu'il savoit bien qu'il mourroit en ce combat, parce qu'un ange le lui avoit annoncé dans sa prison. — Et moi, dit Mathilde, je savois que je te vaincrois par la force de Dieu, car cet ange, je l'ai vu aussi.

— Là-dessus, on appela le bourreau, et Pierre de Kœpf ainsi que les témoins qu'il avoit subornés furent mis à mort à la satisfaction du peuple.

« Causant de cette aventure avec mon bon vieil oncle, je m'étonnois de la folie de ces coutumes barbares qui laissoient une jeune fille combattre un dur soldat au risque d'être cent fois tuée. Mais mon oncle m'assuroit que ces coutumes n'étoient point autant ridicules comme nous les voyons, que c'étoient alors des temps de foi, où chacun croyoit fermement que Dieu n'abandonnoit point le juste; où, même en succombant, le juste, confiant jusqu'à la mort, mouroit en martyr, sans crainte et sans regret, tandis que le méchant ne se pouvoit tranquilliser, avoit peur, étoit vaincu d'avance, au milieu de ses triomphes trembloit encore, ne connoissoit point de repos. Et que seulement cette croyance suffisoit pour faire l'injustice plus foible et le bon droit plus fort qu'ils ne le seront jamais. Dans sa prison, disoit mon oncle, le coupable étoit assailli de terreurs et de remords qui lui enlevoient tout courage; au contraire, l'innocent se sentoit appuyé de Dieu, des anges et des saints. Sur le terrain, c'étoit bien pis encore. Là, devant cette grande foule assemblée autour des combattants, ils prenoient tous deux le Ciel à témoin, et il n'y alloit pas seulement du déshonneur et de la mort pour le coupable, il y alloit de sa damnation éternelle; tandis que l'innocent ne doutoit pas de son salut. Jugez de l'effet que cela devoit produire chez l'un et l'autre adversaire. Aussi est-il très-peu d'exemples de vaincus en ces sortes de combats, qui ne se soient avoués coupables avant de mourir. Ceux dont la cause étoit injuste ne s'y exposoient pas souvent. Ils laissoient ordinairement leurs juges ou leurs ennemis provoquer l'épreuve, car les plus braves la redoutoient... Maintenant nous nous battons en duel, et ces prétendues affaires d'honneur qui mettent la vie d'un honnête homme à la merci d'un spadassin, font périr plus d'innocents en une année que les combats judiciaires n'en voyoient mourir en plus d'un siècle dans toute l'Europe. Nous n'avons rien gagné au change. Nulle crainte ne retient le bras du méchant, et le bon droit cesse d'être une force lorsqu'on n'appelle pas Dieu à son secours.

« A cela je ne savois que répondre, sinon que mon oncle en tenoit un peu pour le papisme, et c'étoit vrai, bien qu'il fût homme sage et grand savant. »

THOUNE.

Bien jolie ville à trois étages, dans un fouillis d'eaux, de bois et de montagnes, avec un vieux château à quatre tourelles, qui fait la joie des paysagistes du monde entier. Du cimetière, qui entoure l'église, placé à l'extrême pointe de la ville, la vue est si belle, que c'est à donner l'envie d'être enterré là. On découvre le lac; l'Aar, qui s'en échappe en deux branches, se sauve avec rapidité; le Niesen, la Bluemliesalp, la Gunzenen et le Stockhorn dentellent l'horizon, au fond duquel s'entassent les collines, passent les nuages, étincellent les monts neigeux. C'est un beau spectacle à toutes les heures du jour et par tous les temps, mais particulièrement lorsque le soleil dissipe la poussière humide du matin, et que ces légers brouillards semblent, comme des voiles de gaze, se replier dans le ciel.

Par malheur, le champ solennel d'où l'on contemple tout cela n'a pas, pour nous du moins, tout le grand caractère des sépultures chrétiennes. Les Protestants ne mettent point de croix sur leurs tombes ; ils placent des ancres renversées. Que veut dire cet emblème païen ? La croix, signe de la rédemption et du salut éternel, s'élevant sur la tombe où les vers ne rongent qu'une dépouille vaine, est pleine d'espérance et d'enseignements; c'est le mépris de la mort, c'est l'assurance d'une vie meilleure, c'est la promesse éternelle de clémence rappelée par un amour confiant, c'est la résurrection. Mais ces ancres? sont-elles pour exprimer que l'homme a jeté l'ancre sur la terre et ne la quittera plus, et que tout ce qu'il fut est dans le cercueil? Triste pensée! pensée qui a besoin d'être inintelligente pour n'être pas impie!

Près de Thoune, au sein des montagnes qui bordent le lac, la tradition a placé l'ermitage où saint Béat passa de longues années et mourut. Saint Béat était Anglais, il se nommait Suétone. Au retour d'un voyage qu'il avait fait à Rome, sous l'empereur Claude, il trouva, parmi ces solitudes, une caverne avec un ruisseau et quelques fruits à sa portée; il s'y arrêta pour prier et pour prêcher l'Évangile aux hommes sauvages que le hasard ou la curiosité amènerait près de lui. On l'enterra dans sa grotte, près de son ruisseau, et la tombe de l'ermite fut durant bien des siècles le but de beaucoup de voyages pieux. Au temps de la Réformation, les seigneurs de Berne, devenus Protestants, s'inquiétèrent de ces pèlerinages; ils firent murer l'asile du premier Chrétien de l'Helvétie. On l'a rouvert depuis, parce qu'on s'est avisé que c'était un lieu dont le pittoresque pourrait attirer les voyageurs, et que les aubergistes y gagneraient de l'argent. Les voyageurs y reviennent, mais en petit nombre. Ils parcourent deux cavernes muettes et nues; ils se demandent en bâillant comment un homme a pu vivre là, et se retirent, bien près de penser qu'ils ont perdu leurs pas. Il est certains lieux dont les anges seuls savent montrer les beautés.

On a établi sur le lac de Thoune un bateau à vapeur. En deux ou trois heures il vous transporte jusqu'à Neuhaus. Autrefois ce trajet se faisait en barque; on allait moins vite, et l'on payait plus cher; mais on jouissait mieux de la magnificence des rivages, et l'on avait les manœuvres, les propos, les chansons et les histoires des bateliers. Pauvres bateliers ! la race en sera bientôt abolie; le bateau à vapeur a fait une fortune à son riche propriétaire aux dépens de l'existence de tous ces malheureux. Ils meurent de faim, et leurs enfants chercheront un autre métier, chose difficile à trouver, ou s'expatrieront. Il y a inhumanité et folie à permettre ces monopoles écrasants. Personne n'en profite, que le richard qui les exploite. L'État y perd, car le voyageur passe comme un trait sans s'arrêter; le voyageur y perd également malgré sa rapidité, car il ne trouve point d'auberges intermédiaires, et, forcé de descendre aux points ordinaires de la station, il y est rançonné à merci.

Ce bateau à vapeur du lac de Thoune porte une singulière date de sa construction. C'est un mécanisme qui fait jouer par sept trompettes à la fois l'air de la *Parisienne*. On nous en régala beaucoup durant la route, et certainement il n'y a pas ailleurs, dans la nature entière, un ensemble de sons capables de former un charivari plus affreux. Je préférerais entendre un septuor d'ânes ou de grenouilles. Mais cela sans doute charma longtemps les oreilles des passagers; je ne sais ce qu'en pensent maintenant les Anglais, les Français et les Suisses; pour moi, cet air oublié me ramena par la pensée à des temps qui ne sont pas loin, où je l'aimais encore, où je ne pouvais me défendre d'un frémissement d'enthousiasme en l'écoutant, tout niais qu'il est de sa nature et tout boueux qu'on l'a fait. Je fus étonné de la différence que ces souvenirs me firent voir entre mes idées d'hier et mes idées d'aujourd'hui. De toutes les passions humaines, il n'en est pas dont on se dégoûte plus que de la passion politique, lorsqu'elle est passée. Que d'entraînements stupides, que de haines ignorantes, que d'outrages grossiers, que d'encens offert à de misérables idoles !

On ne s'en consolerait pas si une certaine pureté de cœur n'avait un peu sauvé tout cela, et si cette justice qu'on fait de soi-même, on ne pouvait la faire des autres aussi. Tous les partis, en effet, en sont là ; tous ont quelques droits et beaucoup de torts, dans ce monde qui a brisé les véritables lois de justice et de charité. On ne peut absoudre entièrement personne, ni condamner personne absolument, excepté ces fils de perdition qui se font une odieuse industrie des malheurs publics. Hommes de rapine et de meurtre, qui allument durant la nuit des phares assassins pour attirer les vaisseaux sur l'écueil ; vautours infâmes qui ne voient dans la société qu'un cadavre à dévorer. Grâce à eux, la plus grande honte des partis n'est pas d'être violents et injustes : elle est de leur donner naissance et de les avoir pour alliés.

LES ANGLAIS.

Qu'on parcoure l'univers ou qu'on fasse seulement quelques centaines de lieues, on trouvera qu'il y a bien des Anglais dans le monde, et l'on se demandera pourquoi ils sortent de leur pays. On les rencontre partout, on croirait partout voir les mêmes, empaquetés du même manteau, parlant le même baragouin, remplissant les registres d'auberge des mêmes plaintes sur la cuisine, le vin et le coucher, enfin montrant la même hâte d'arriver et de partir. Il y en avait une volée sur le bateau à vapeur. L'un d'eux, s'approchant de moi, se plaignit que nous ne marchions pas. Or, d'admirables paysages fuyaient de chaque côté comme le vent. J'appris de cet Anglais qu'il avait en quelques mois parcouru l'Europe, une partie de l'Afrique et la moitié de l'Asie. Je lui demandai si c'était une gageure qui le faisait courir ainsi ; il me répondit qu'il voyageait pour son plaisir et son instruction, mais que le plaisir était assez mince, vu le mauvais état des routes, le désagrément des passe-ports, l'ennui des quarantaines et l'ignorance culinaire du monde entier. Quant à l'instruction, voici le résumé à peu près exact de ce qu'il répondit, pendant une conversation de deux heures, à mes questions sur l'état politique, intellectuel, commercial et moral des pays qu'il avait visités. « Les Espagnols ont été abrutis par les moines ; à Rome, je me suis bien diverti le jour de Pâques, en restant debout et couvert sur la place de Saint-Pierre, tandis que le pape bénissait tout le peuple agenouillé ; il y a d'assez beaux cafés à Florence ; on vend de très-mauvais cigares à Naples ; dans les rues de Palerme, on voit des mendiants en chemise ; les chiens de Constantinople ne sont pas aussi nombreux qu'on le dit ; j'ai mangé au Caire des petits pâtés excellents, qu'on nomme des *foutirs*, mais il n'y a que cela de bon ; Damas est un drôle de pays ; j'ai bu du vin de Champagne sur le Liban ; les Russes parlent très-bien français ; les fiacres de Berlin ne vont pas vite ; à Vienne j'ai fait blanchir un pantalon d'été, et on l'a empesé, ce qui est fort gênant ; à Munich la bière ne vaut rien ; les diligences françaises sont attelées de très-vilains chevaux ; les Français ne savent pas construire les routes ; ce qui m'a charmé le plus à Paris, c'est le bal Musard, etc., etc. » Il me nomma aussi notre meilleur écrivain, notre plus grand homme d'État, et me glissa, pour conclure, que les Français sont aimables, mais un peu trop superficiels. Je le priai de me dire si ses voyages étaient terminés et ce qu'il comptait faire. Je vais, me répondit-il, profiter de huit ou dix mois qui me restent pour étudier l'Amérique, et ensuite je compte entrer au Parlement.

INTERLAKEN-LAUTERBRUNN.

La vallée d'Interlaken, longue environ d'une lieue, traversée par l'Aar, ceinte de montagnes, au milieu desquelles s'élève le glacier de la Jungfrau, s'étend gracieusement entre le lac de Thoune et le lac de Brientz. Près de ce dernier, la petite ville d'Unterseen occupe un espace conquis moitié sur les eaux, moitié sur les rochers. Cette vallée heureuse n'était encore au treizième siècle qu'un séjour stérile et malsain, par suite des fréquentes inondations qu'occasionnait la chute de la Lutschinnen dans l'Aar. Mais il y avait à Interlaken une communauté d'Augustins, et les moines ne reculaient devant aucun travail utile. Ceux-ci entreprirent de jeter la Lutschinnen dans le lac de Brientz. Ils en vinrent à bout en y sacrifiant momentanément leur fortune, et la vallée sortit de leurs mains riche et salubre, comme par une nouvelle création. De tels projets ne se formaient alors que dans les cloîtres, et ne trouvaient que là des volontés capables de les accomplir.

A la suppression du couvent, le pays vit décroître sa prospérité. L'autorité d'un bailli remplaça celle des moines, au grand désavantage des habitants, car les moines les nourrissaient, et il leur fallut nourrir le bailli. Le changement ne s'accomplit pas sans quelque résistance. Mais les coups de fusil et le bourreau firent bien taire les objections.

Depuis quelques années, la vallée d'Interlaken, située près de deux lacs délicieux, au pied des glaciers de l'Oberland bernois, entourée de cascades et voisine du Hasli, est devenue le rendez-vous de tous les touristes fashionables. La petite ville d'Unterseen a été augmentée d'un faubourg qui est lui-même une ville, de belles auberges bâties sur l'emplacement qu'occupaient les jardins des moines, et où se voient encore les noyers qu'ils ont plantés, les plus beaux noyers du monde.

C'est un contraste étrange et charmant. Lorsqu'on a franchi la porte d'Unterseen, vieille petite ville noire et toute suisse, on se trouve au commencement d'une large et longue avenue formée d'arbres antiques, de maisons neuves, de magasins élégants, et pleine de beau monde en grande toilette, ciré, pincé, panaché, robe de soie, ombrelles tendues, voiles au vent, plumes flottantes, habits du dernier goût, enfin la grande allée des Tuileries et la rue de la Paix, avec toute leur population, transportées par un coup de baguette au milieu de ces montagnes sauvages. Ce spectacle est des plus agréables. Nous ne nous y arrêtâmes pas cependant. Il effrayait notre légère bourse de piéton autant qu'il plaisait à nos yeux ; nous sentîmes que ce n'était point là un gîte à pèlerins comme nous, et le grand air de toutes ces auberges fit taire jusqu'à notre bonne envie de déjeuner. L'hospitalité se vend cher, dans ces lieux où si longtemps elle fut donnée. Entre le couvent d'autrefois et l'auberge d'aujourd'hui, il y a trois cents ans de progrès.

Lauterbrunn est à trois heures d'Interlaken ; triste revers de ce brillant tableau. Des rochers nus, des mendiants qui le sont à peu près, des curieux endimanchés qui viennent par plaisir contempler la double misère de l'homme et du sol. Parfois, des fenêtres de l'auberge où ils ont bien dîné, les étrangers jettent quelques pièces de monnaie ou les restes de leur repas aux pauvres qui leur tendent la main..... Pas toujours : le métier de voyageur endurcit. On est si dévalisé par ceux qu'il faut payer, qu'on ferme volontiers son cœur à ceux qui supplient. Et de ceux-là, d'ailleurs, il y en a tant ! Et puis, l'on ne sait guère, lorsqu'on donne, si l'on empêche un malheureux de mourir, ou si l'on encourage la honteuse industrie d'un garnement; car il se trouve dans cette triste foule bien des âmes abaissées, gangrenées, perdues. La générosité ne peut rien guérir à des plaies si profondes, il faudrait la charité. J'ai vu quelque part une belle pensée, bien juste et bien chrétienne : *La générosité est une qualité, la charité est une vertu.* Les qualités sont de la terre, les vertus sont du ciel. On ne fait de bien réel et durable qu'avec les vertus. Semez la parole en même temps que l'or, ou confiez vos dons à quelque missionnaire qui saura parler, aimer et consoler en les repandant : sinon l'or sera stérile ou corrupteur.

De Lauterbrunn, on pénètre par l'Ammertenthal jusque dans le Valais. C'est un voyage qu'on peut entreprendre lorsqu'on ne tient pas à la vie. Il faut franchir des passages où les chasseurs de chamois eux-mêmes ne s'aventurent pas, traverser une mer de glaces aux pentes brisées, braver des précipices apparents et des précipices cachés, s'avancer, en un mot, durant plusieurs heures, à travers mille chances de mort. Il y a quarante-cinq ans, quatre mineurs valaisans, qui travaillaient dans la vallée de Lauterbrunn, firent pourtant ce trajet que personne n'a fait depuis; et ce n'était pas par curiosité, ni par dégoût de l'existence, ni pour faire parler d'eux : c'était pour aller entendre la messe dans leur pays.

LAC DE BRIENTZ.

Un plat hémistiche de Voltaire a fait au Léman une réputation qu'aucun amant des beaux paysages ne saurait admettre après avoir parcouru la Suisse et l'Italie. Cet hémistiche si répété des Gènevois, qui se font de tout réputation et gloire, tout le monde le connaît : *Mon lac est le premier !*..... Le seigneur de Ferney se trompe. Son lac n'est pas le premier, ni le second, ni le troisième. Ce qui fait le charme d'un lac, c'est le sauvage des escarpements de ses rivages, c'est le calme et le silence virginal de ses eaux qui ne reflètent que les montagnes et les cieux, c'est la solitude de ses bords, chargés de vieux arbres ou formés d'âpres rochers. Le lac de Genève, entouré de villes, sillonné de bateaux, n'est qu'un grand fleuve marchand. Combien je préfère, à son étendue pleine de mouvement, le dernier lac de la Suisse intérieure, fût-ce même ce pauvre petit lac noir, si mélancolique, si frais et si caché. Mais Voltaire ne sentait pas la nature, et aucun écrivain de son école et de son siècle ne l'a sentie, pas même Rousseau, malgré tout l'étalage de ses goûts campagnards et la fameuse histoire des pervenches. Ils n'aimaient ni les eaux, ni les montagnes, ni les buissons; l'odeur de l'herbe ne leur disait rien; ils étaient faits pour admirer tout au plus les plates-bandes, les ifs taillés en pain de sucre et les faunes de pierre ou de briques des jardins de leur temps. Ainsi défigurées et géométrisées, les choses de la création devaient moins leur déplaire, on y voyait plutôt la main de l'homme que l'œuvre de Dieu...... Ce que Voltaire admire le plus dans *son lac*, ce ne sont pas ses véritables beautés, c'est *la déesse immortelle des hu-*

mains, qui habite sur les bords. Mais voyez comme tout ce qu'il dit est misérable, sec, menteur, et manque même de style et d'esprit :

> Que tout plaît en ces lieux à mes sens étonnés !
> D'un tranquille océan l'eau pure et transparente
> Baigne les bords fleuris de ses champs fortunés ;
> D'innombrables coteaux les champs sont couronnés ;
> Bacchus les embellit ; leur insensible pente
> Vous conduit par degrés à ces monts sourcilleux
> Qui pressent les enfers et qui fendent les cieux.
>
> . . . . .
>
> C'est sur ces bords heureux,
> Qu'habite des humains la déesse éternelle,
> L'âme des grands travaux, l'objet des nobles vœux,
> Que tout mortel embrasse, ou désire, ou rappelle,
> La liberté !...

Et notez bien qu'il s'agit de la liberté de Genève.

Ne semble-t-il pas voir le vieux et laid Voltaire, sous sa grande perruque, assis devant un portrait du roi de Prusse, et rimant ses platitudes comme un bouquet à mademoiselle Sallé. — C'est sans doute que je ne m'y connais pas : mais franchement je ne sais pas pourquoi l'on représente toujours Voltaire comme le type de l'esprit. Il me semble que nul écrivain ne manque plus souvent de cette qualité que nous prisons si fort. L'esprit est une faculté qu'il faut posséder dans une mesure parfaite. En avoir trop, c'est n'en avoir point assez ; et ceux qui portent partout et toujours la prétention d'en montrer, commettent fréquemment des balourdises insignes. Cela se voit particulièrement lorsque l'esprit veut suppléer au cœur. Alors les bons mots deviennent odieux ou ineptes. Voltaire en est là plus souvent qu'un autre, et en général toutes les fois qu'il veut être tendre ou enthousiaste, ou vrai dans la peinture des nobles sentiments.

Cependant, si par esprit on entend ce misérable et déplorable talent de tout parodier, de tout injurier, de tout salir, Voltaire y est professeur et maître, il faut l'avouer. Mais cet esprit-là, c'est l'esprit sans cœur; c'est l'esprit qui rit des choses les plus simples et les plus belles; qui jette sa plaisanterie infecte et son rire faux à tout ce qui est chaste, timide, voilé; qui glace par une pasquinade les plus chaleureux épanchements de l'âme; qui invente ces mots infâmes donnés en aide à la foule, pour déshonorer tout grand caractère et rapetisser toute noble action. Cet esprit-là, c'est l'envie qui bave, c'est la rhétorique calquant et critiquant ce qu'elle ne comprend pas, c'est l'orgueil des petites supériorités, la lâcheté des basses vengeances, le cynisme des petitesses; c'est le vol terre à terre qui se heurte et s'arrête à toutes les méchantes antithèses de la vie; c'est le parlage impertinent qui a toujours cent raisons à fournir contre une croyance et jamais un sentiment, cent préceptes à développer pour enseigner le monde et jamais une vertu, cent consolations à donner pour une douleur et jamais une larme... Une nation brave et grande doit-elle estimer cet esprit-là?....

Mais il est temps de revenir, et de s'écrier comme le bon Polonius : « J'avais commencé à dire quelque chose : où en suis-je resté? » Nous sommes sur les bords du lac de Brientz; nous suivons entre les haies, à travers les prairies, sur le bord des rochers à pic, un sentier qui sans cesse tourne, monte et descend; qui, durant cinq lieues, change d'aspect pour ainsi dire à chaque pas, bien que nous ayons toujours de chaque côté des montagnes et sous les pieds de l'eau. Ces chemins capricieux font vagabonder la pensée : tantôt le lac s'endort dans une anse tranquille, et tantôt il s'émeut sous de brusques coups de vent qui font plier les herbes et gémir les buissons, tantôt la montagne s'élève en pente verdoyante, et tantôt elle nous montre comme une large plaie le lit aride d'un torrent de cailloux. Parfois, en levant la tête, nous apercevons des maisons là où il semble que des chèvres pourraient seules s'aventurer, et plus loin un faux pas nous ferait tomber sur les cheminées d'un autre village, tranquillement assis sur le bord du lac à vingt-cinq toises au-dessous de nous. Rien ne nous prouve que nous ne voyageons pas dans les airs, car nous passons aussi souvent sur la cime des arbres qu'à leurs pieds, et les bateliers qui vont d'une rive à l'autre pourraient bien nous prendre pour des oiseaux. Nous les voyons nous-mêmes comme de grandes mouettes qui volent pesamment.

Tout cela est beau, tout cela est grand, tout cela parle. Lorsque l'on veut réfléchir après avoir tant senti, on éprouve un mouvement impétueux de reconnaissance. Le premier bienfait de Dieu est de nous avoir placés au milieu des merveilles de sa création. L'immensité, la diversité, la beauté de la nature, est la porte toujours ouverte du sanctuaire où, de lui-même, l'esprit devine et va chercher le Seigneur. L'ordre infini de ce grand spectacle est un miracle préliminaire et permanent, destiné à frapper le sens d'abord, à prédisposer l'âme, et qui doit ensuite servir à l'esprit de *memento* perpétuel. Toute la nature chante les louanges de Dieu, pour instruire l'homme à louer Dieu. Elle lui a été donnée avec l'intelligence, comme un premier guide dans la connaissance des choses divines. Elle est le livre clair et infini où l'ignorant peut toujours lire, le savant toujours apprendre, le grenier où l'indigent peut toujours puiser.

L'homme trouve dans la nature les moyens de doubler, de centupler ses forces et sa vie. Avec les vents et la mer, il se fait des ailes comme l'oiseau, ou plutôt comme la pensée, car il franchit des espaces que l'aigle et l'hirondelle ne sauraient franchir. Son action n'est plus circonscrite; il peut l'étendre sur le globe entier; il peut porter à travers les mondes le pain de la foi; il peut aller régénérer les âmes au milieu des déserts où souffrent les races punies; il peut aller planter la croix et semer le nom du Sauveur chez les nations dont la langue n'a pas même un mot pour dire Dieu.

Mais l'homme peut aussi abuser de ces moyens. Ce qu'on lui donne pour Dieu, il peut le détourner à son usage. Dans ses mains et par l'effet de ses passions, ce qui devait le mener au but l'en écarte souvent. D'un instrument utile, il peut faire un mauvais emploi; d'un plaisir permis, une faute, un crime. Pourquoi le peut-il?

Parce que Dieu n'a point parqué l'homme sur la terre, comme on enferme le bétail dans les prairies, pour y paître et s'y engraisser, jusqu'au jour du couteau qui finit tout. L'homme est libre, et d'une liberté indépendante des liens du corps, d'une liberté sur laquelle nul ne peut rien. Nous possédons le pouvoir de faire mal, pour que nous ayons plus d'attention et plus de gloire à faire bien; mais Dieu lui-même ne peut forcer à mal faire.

Sans crainte vaine et sans désirs téméraires, promenons donc nos regards sur ce vaste monde, notre domaine. Rappelons-nous seulement, pour échapper au danger, le précepte que saint Ignace donne à méditer dans ses exercices spirituels : « Toutes les choses qui sont sur la terre n'ont
« été créées que pour l'homme, afin de l'aider à parvenir
« à la fin de sa création (louer et honorer le Seigneur et se
« sauver en le servant). Il s'ensuit que nous ne devons en
« user ou nous en abstenir qu'autant qu'elles servent à nous
« conduire à notre fin, ou qu'elles nous en détournent. »

Brientz se compose d'une centaine de maisons de bois

assez misérables, situées à l'extrémité du lac, et formant une rue des plus pittoresques. Ses batelières ont une grande réputation. On les dit très-belles, et on assure qu'elles chantent fort bien. J'en ai vu quelques-unes, leur beauté m'a paru ordinaire ; mais je ne les ai point entendues. Depuis qu'elles se savent musiciennes, les femmes de Brientz ne chantent que pour de l'argent.

En face de Brientz, est le Giessbach, pauvre cascade, bien inférieure aux cascatelles de Tivoli, et qui ne vaut point qu'on l'aille chercher. Dernièrement un Anglais s'y rendit accompagné d'une vache qu'il avait embarquée à Brientz, malgré mille difficultés, et que plusieurs guides menaient solennellement. Arrivé au pied de la cascade, l'Anglais fit traire sa vache, but un verre de lait chaud, puis revint, sans avoir un instant perdu son sang-froid et sa gravité.

Lorsque des étrangers visitent le Giessbach, on ne manque pas de leur faire voir, dans un petit cabaret qui se trouve près de là, des lithographies représentant une sorte de concert. Ils demandent ce que cela signifie : on leur répond d'un air indifférent que c'est M. le pasteur de..... chantant avec sa famille, et on ajoute, sans y toucher, qu'il chante admirablement. Un instant après, M. le pasteur se trouve là, par hasard, et sa famille s'y trouve aussi, par hasard toujours. Il aborde les voyageurs d'un air gracieux ; la conversation tombe sur son talent ; bref la famille se met en rond et chante. Après quoi le voyageur glisse, en rougissant, à l'un des chanteurs, quelque pièce de monnaie qui est reçue sans embarras. Que voulez-vous ! il faut bien faire aller son petit ménage !

Dans la vallée de Lauterbrunn, un autre pasteur a trouvé un autre moyen d'accroître ses revenus. Il fait concurrence à l'aubergiste du lieu. On dîne chez lui, on cause avec lui, il est aimable, prévenant, instruit; il donne même, si on l'exige, de très-bons conseils, et le tout pour rien. Seulement l'usage est de laisser à la servante l'équivalent d'un repas fait, ou d'une nuit passée à l'auberge, et plus si l'on veut. Cette hospitalité tolérante est à la disposition des Juifs, des Turcs et des Catholiques, aussi bien que des Réformés.

LE BRUNIG.

Le Brunig est sans contredit la plus douce et la plus commode des montagnes. On le traverse sans fatigue, en suivant une rampe aisée, d'où l'œil embrasse la vallée de Meyringue, un de ces paradis dont il n'est pas sage d'entreprendre la description. Nous y sommes arrivés après avoir fait mille détours dans cet autre Éden, silencieux, ombreux et vert, qui, lorsque nous le regardâmes de haut, nous apparut comme une fleur immense, où nous nous serions promenés longtemps. « Dieu, dit l'Écriture, pour révéler aux premiers hommes la grandeur de ses œuvres, plaça son œil sur leurs cœurs : *Posuit oculum suum super corda illorum, ostendere illis magnalia operum suorum.* » Cet œil céleste est la source de l'enthousiasme chrétien. Lorsqu'il s'ouvre, l'amour, l'admiration, les joies surhumaines jaillissent à flots de nos âmes, ainsi que sous la baguette de Moïse l'eau jaillit du rocher; la pauvre créature humaine est inondée d'un bonheur qu'elle n'imaginait pas pouvoir sentir et qu'elle ne croira jamais mériter.

La contrée que nous venons de parcourir, depuis Interlaken jusqu'au point du Brunig où commence le canton d'Unterwald, a été violemment tourmentée par la Réforme. Le 7 juin 1528, les habitants du Hasli, que les seigneurs de Berne avaient forcés de renoncer à la religion catholique, décidèrent qu'ils la reprendraient jusqu'à la décision d'un concile général. Leurs voisins des autres parties de l'Oberland se joignirent à eux. Brientz et Interlaken entrèrent dans cette confédération, et les hommes de cette dernière vallée censurèrent l'abbé et les moines qui avaient remis leur maison et leurs droits aux Bernois. Le 22 octobre suivant, une conférence eut lieu à Interlaken. Tous les montagnards jurèrent par Dieu et les saints de ne point abandonner leur ancienne religion, de ne soumettre leurs différends qu'aux sept cantons catholiques, de maintenir le couvent dans son intégrité, mais de s'acquitter d'ailleurs de tous leurs devoirs envers leurs seigneurs. Les Bernois ne furent point touchés de tant de courage et de probité; ils prirent les armes, et comme ils étaient les plus forts, il fallut bien se soumettre. Quatre chefs des insurgés furent mis à mort. On pilla leurs maisons, on confisqua leurs propriétés, on chassa les prêtres ou on les fit mourir, on dévasta les églises, et les priviléges du pays, supprimés d'abord, ne lui furent rendus qu'à la requête des Protestants qui l'habitaient. C'est ainsi que la *liberté de conscience* s'établit dans la contrée.

Aujourd'hui l'on y chercherait vainement quelque trace d'esprit public. Ces paysans, autrefois si fiers, si vifs, si mouvants, sont taciturnes, grossiers, sauvages. Leur intelligence, aplatie sous le double joug de l'Hérésie et de la misère, forme un contraste douloureux avec la terre qui les porte, et dont on peut dire ce que Byron a dit de l'Asie : Tout y est divin, excepté l'esprit de l'homme.

LIVRE TROISIÈME

NOTRE-DAME-DU-PASSANT.

Dans un recoin ignoré d'Unterwald, sur le bord d'un sentier qui, comme un long serpent, ondule entre les fragments éboulés dont le flanc de la montagne est couvert, au point le plus étroit du passage, là où le voyageur, contemplant à ses pieds de plus profonds précipices et sur sa tête des blocs plus effrayants, s'avance entre deux menaces de mort, s'élève un petit oratoire ouvert, orné de peintures naïves représentant la sainte vierge Marie. Cette douce image, ainsi placée loin de toute habitation et de tout secours, dans un lieu plein de terreurs et de dangers, a reçu le nom de *Notre-Dame-du-Passant*.

La tradition rapporte qu'autrefois (mais il y a bien longtemps) ce lieu sinistre s'appelait *Couloir du Diable*. Les démons y faisaient sentinelle, et tout ce qui passait, voyageur, chasseur, berger, leur appartenait. Tantôt l'affreux vertige poussait les malheureux dans les abîmes, au milieu desquels les sapins hauts de cent pieds paraissaient comme des brins d'herbes sur le bord d'abîmes plus profonds, et les vantours mêmes n'osaient les aller chercher là; tantôt c'était la foudre qui les traversait comme une épée de feu; tantôt le cri d'une cigale, l'aile d'un oiseau, le travail d'une fourmi, provoquaient la chute d'un quartier de roche; et, sous ces blocs énormes, les passants restaient ensevelis comme sous la pierre d'un tombeau. Bref, le chemin était maudit. Après avoir bien cherché les moyens de le rendre plus sûr, on imagina d'y bâtir une chapelle et d'y mettre une image sainte, afin que personne n'oubliât, quels que fussent la frayeur ou le péril, d'invoquer le nom du bon Dieu et de faire le signe de la croix. Mais où trouver des ouvriers assez hardis pour aller travailler là? Il s'en présenta cependant plusieurs qui s'y rendirent après avoir assisté à la Messe. Et la sainte Mère de Dieu, pour prouver à ces hommes pieux sa puissance et sa faveur, tant que dura leur travail, retint les rochers chancelants par des fils de la Vierge accrochés aux brins d'herbes et aux branches des buissons. Depuis ce temps le passage est sûr, il n'y arrive plus d'accidents ni le jour ni la nuit. Notre-Dame est si bonne, qu'elle protége et préserve tous les passants, même ceux qui ne la voient pas ou qui ne veulent point l'honorer.

Notre-Dame-du-Passant! la vie entière est ce chemin redoutable où nous côtoyons les abîmes du péché sous les vengeances toujours prêtes du Seigneur. Ne nous y abandonnez pas sans secours et sans lumière! Éloignez le vertige qui nous pousse à mal faire, retenez les foudres qui nous menacent lorsque nous sommes en état de perdition, et faites que ceux que nous aimons n'oublient jamais de vous implorer, afin que nous soyons tous un jour réunis dans vos bras. Amen.

SACHSLEN.

L'imagination ne peut rien créer de plus joli, de plus gracieux, de plus tranquille que ce bourg de Sachslen, avec ses noires maisons de bois, capricieusement jetées sans ordre et sans plan sur le versant d'une colline tachetée de beaux arbres, tapissée d'herbe, cachée au sein des montagnes, près de deux petits lacs (Lungernsee et Saarnensee), qui brillent, au milieu des sombres forêts, comme deux gouttes de rosée dans les herbes. La maison suisse n'est nulle part aussi vraie, aussi pure de tout mélange étranger, aussi riche et aussi élégante dans sa simplicité qu'à Sachslen. On y retrouve tous les vieux ornements du passé, les naïves peintures, les légendes pieuses, les solives curieusement travaillées, les nombreuses fenêtres vitrées de petits verres ronds qui ne laissent pas voir dehors; échantillon complet et peut-être unique aujourd'hui de la Suisse d'autrefois.

Notre première visite fut pour l'église, riche, spacieuse et de mauvais goût, mais d'un mauvais goût qui ne déplaît point. Les Unterwaldois y montrent avec orgueil huit ou dix belles colonnes de marbre noir, taillées dans je ne sais quelle carrière du canton. Véritables joyaux nationaux pour eux, trouvaille inestimable, et dont le pieux usage qu'ils en ont fait relève encore le prix. On serait surpris de voir tant de magnificence dans cette église de village, surtout lorsque l'on songe à la pauvreté de l'État, si les prodiges du sentiment religieux pouvaient étonner. Nous avions avec nous un jeune Protestant qui n'en revenait pas.

Lorsque nous fûmes arrivés devant le maître-autel, le

custode qui nous accompagnait tira un rideau, et nous nous sentîmes pénétrés d'un sentiment de respect en voyant les restes précieusement conservés d'un homme qui fut à la fois un héros catholique et un grand citoyen, le bienheureux Nicolas de Flue. Une piété plus sincère et plus vive que délicate s'est plu à orner ces ossements séculaires de toutes les parures mondaines que l'austère anachorète avait dédaignées durant sa vie. Le squelette est tatoué d'or et de diamants. Mais si le bon goût peut y reprendre quelque chose, le cœur y trouve son compte, et ne voit rien de messéant à cette affectueuse prodigalité. Parmi ces ornements, il en est d'ailleurs qui ont un caractère aussi élevé que touchant : le bienheureux porte à son cou une demi-douzaine d'ordres de tous les pays; ce sont les décorations que ses descendants ont gagnées au service étranger. La croix de Saint-Louis et la croix d'Honneur, conquises l'une après l'autre à la pointe du sabre sur les champs de bataille, y figurent glorieusement.

NICOLAS DE FLUE.

Nicolas de Flue naquit à Sachslen, en 1417, le 21 mars. Dieu, qui l'avait destiné pour servir de modèle aux Chrétiens dans tous les états de la vie, lui imposa successivement les devoirs de fils, d'époux, de père, d'homme public et d'homme privé. Nicolas de Flue fut soldat, magistrat, chef de famille, et toujours le serviteur fidèle du Maître tout-puissant; brave au milieu des camps, intègre sur le tribunal, doux et ferme à son foyer, pieux et bienfaisant partout. Mais, lorsqu'il eut rempli ces devoirs, défendu son pays, rendu la justice, élevé ses enfants, il prit lui-même sa récompense. Abandonnant la maison où il avait vécu et les champs fertilisés par son travail, il alla s'établir, à l'âge de cinquante ans, dans une solitude voisine, n'emportant de sa fortune qu'un vêtement, son chapelet et son bâton. Là il se livra tout entier à la contemplation et à la prière, ouvrant du reste généreusement tous les trésors de sa sagesse et de sa piété aux nombreux pèlerins que le bruit de sa retraite attirait auprès de lui.

Nicolas, ou, comme on l'appelait, frère Klauss, demeura vingt ans dans son asile, couchant sur la dure, avec une pierre pour tout lit, sa robe pour unique vêtement, et ne prenant d'autre nourriture que la très-sainte Eucharistie. Le miracle de cette perpétuelle abstinence, qui était comme une marque extraordinaire de la sainteté de Nicolas, et, si l'on peut parler ainsi, comme la lettre de créance donnée par Dieu à cet ambassadeur du Ciel, fut d'abord pour l'humble anachorète une source d'affronts et de calomnies. On disait, malgré la modestie irréprochable de sa vie passée, qu'il voulait éblouir le vulgaire, et que des aliments lui étaient apportés en secret. Nicolas souffrit ces bruits outrageants, mais l'Église s'inquiéta. L'évêque de Constance fit faire une enquête solennelle. Il alla lui-même trouver Nicolas, et lui ordonna, en vertu de la sainte obéissance, de manger et de boire devant lui. L'ermite y consentit avec quelque répugnance. Mais, à peine eut-il pris une bouchée de pain et avalé quelques gorgées de boisson, qu'il fut saisi de convulsions violentes et qu'il rejeta tout. Non content de cela, on fit cerner sa demeure pendant un mois entier par un cordon de soldats, et l'on se convainquit enfin que son jeûne était réel. Et pourquoi donc aurait-il menti, cet homme plein d'honneur et de foi, qui avait tout abandonné afin de vivre durement au désert? que pouvait-il ambitionner?

Après cette enquête, dont Bullinger et Muller, tous deux archi-protestants, donnent les détails sans élever le moindre doute contre leur authenticité, voici ce qu'on écrivit dans les archives publiques de Sachslen.

« Nous faisons savoir à tous les Chrétiens que l'an 1417,
« naquit à Sachslen, Nicolas de Flue; qu'élevé dans la
« même paroisse, il quitta son père, son frère, son épouse
« et ses enfants, pour habiter une solitude appelée Rauft;
« qu'il s'y est conservé avec l'aide de Dieu, et sans prendre
« aucune nourriture, depuis dix-huit ans, jouissant, au mo-
« ment où ceci est écrit, de toutes ses facultés, et menant
« une vie fort sainte. C'est ce que nous avons vu nous-
« mêmes, et ce que nous affirmons ici en toute vérité. Prions
« donc le Seigneur de lui donner la vie éternelle lorsqu'il
« daignera l'appeler de ce monde. »

Si ces preuves ne suffisaient pas, il y en a d'autres; c'est le concours incessant des personnes de toute condition et de tout âge qui venaient de la Suisse entière recevoir de l'ermite des conseils toujours écoutés. Les magistrats sollicitaient ses avis, les malheureux imploraient ses prières, les pécheurs accouraient pour lui demander comment il fallait vaincre le péché : « Conservez la pureté de cœur, et soumettez-vous en toute chose à la volonté de Dieu. » C'était le résumé de tous ses discours, et il priait avec ceux qui voulaient se réformer. Un de ces visiteurs, le comte Ulrich, de Munich, fut si frappé de cette sainte vie, qu'il ne voulut plus en mener d'autre. Abandonnant aussi le monde et ses splendeurs, il se bâtit, non loin de Nicolas, une cellule austère, où il demeura toute sa vie.

Un jour, frère Klauss vit arriver à sa porte un homme qu'il tenait en haute estime. C'était le curé de Stanz, bon prêtre et bon patriote. Un grave sujet l'amenait. Après les

récentes victoires de Grandson et de Morat, le trouble s'était mis dans la Confédération. Soleure et Fribourg, qui avaient pris leur part des dangers communs, demandaient à faire partie de la ligue helvétique; mais plusieurs des cantons ne voulaient pas les y admettre. Nombre d'assemblées s'étaient tenues à cet effet, et les esprits n'avaient fait que s'y aigrir. Une dernière diète réunie à Stanz, loin d'amener un meilleur résultat, semblait n'avoir fait que consommer la division; et, comme les coups suivaient toujours de près les disputes, la guerre était à redouter. Le bon prêtre supplia Nicolas de Flue, dont il connaissait l'amour pour la concorde et la paix, de venir en toute hâte tenter un dernier effort sur les députés qui étaient au moment de retourner chez eux. L'ermite prit son bâton, et, sans perdre de temps, se rendit dans la salle des séances. Il était d'une taille majestueuse et élevée, son noble visage portait l'empreinte de ses vertus. A son aspect, les députés se levèrent respectueusement; il s'avança au milieu d'eux la tête découverte : « Mes chers seigneurs, leur dit-il, je viens ici de
« mon ermitage; je n'entends rien aux sciences humaines,
« mais Dieu m'a instruit. Vous, députés des villes, renoncez
« aux alliances particulières qui ne peuvent faire naître que
« des dissensions ; et vous, députés des cantons, souvenez-
« vous des services que vous ont rendus Fribourg et So-
« leure; admettez-les dans le corps helvétique, un jour
« vous vous applaudirez d'avoir suivi mon conseil. En
« outre, j'ai appris avec douleur qu'au lieu de remercier
« Dieu de vos victoires, vous disputez sans cesse entre
« vous sur le butin : chers amis, partagez dans la suite les
« terres conquises suivant le nombre des cantons, et le
« reste du butin suivant le nombre des hommes. Enfin,
« unissez-vous tous par un lien commun d'affection, de bon

« ordre et de fidélité. Et maintenant, mes chers seigneurs,
« je n'ai plus rien à vous dire. Je retourne à ma solitude.
« Que le bon Dieu soit avec vous. »

La démarche, la présence et les paroles de l'ermite touchèrent fortement les députés pieux des cantons. Ils crurent sagement ne pouvoir mieux faire que de suivre ses conseils; la négociation, entièrement rompue le matin même, fut reprise, arrangée, conclue en moins d'une heure. Quelques jours après, l'alliance des dix cantons fut signée à la joie générale. De toutes parts, on se rendit dans les églises pour remercier Dieu, et le nom de Nicolas fut couvert des bénédictions publiques. On ne sait, dans ce fait si remarquable, ce qu'on doit admirer ou de la confiance du solitaire, ou de la docilité des hommes qui, mettant aussitôt de côté les préventions et les discordes, se conforment à ses avis.

Du reste, la suite des événements fit voir avec quelle certitude Nicolas avait lu dans l'avenir. Les petits cantons se félicitèrent, comme il l'avait prévu, d'avoir accédé à ses désirs. Soleure et surtout Fribourg, sincèrement attachées comme eux à la foi catholique, demeurèrent toujours leurs fidèles alliés.

Les cantons exprimèrent à l'envi leur reconnaissance au bon anachorète, en lui offrant des ornements pour une petite chapelle que la piété de ses concitoyens lui avait bâtie. Quels autres dons auraient pu le flatter? Il accepta cependant de Fribourg une pièce d'étoffe pour remplacer sa robe qui tombait en lambeaux. Les Bernois lui firent cadeau d'un vase sacré. Il les remercia dans une lettre où sa tendresse patriotique et chrétienne enferma des conseils précieux : « Ayez
« soin de maintenir la paix et la concorde parmi vous, car
« vous savez combien cela est agréable à celui de qui pro-
« viennent toutes choses. Quand on vit selon Dieu, on con-

« serve toujours la paix ; bien plus, Dieu est la souveraine
« paix qui ne peut jamais être troublée en lui. Protégez les
« veuves et les orphelins, comme vous avez fait jusqu'ici.
« S'il vous arrive du bien dans le monde, remerciez-en Dieu
« afin qu'il vous en accorde la continuation dans le ciel. Ré-
« primez les vices publics, exercez toujours la justice. Gravez
« profondément dans vos cœurs le souvenir de la Passion de
« Jésus-Christ, et vous en ressentirez de grandes consola-
« tions dans les moments d'adversité. On voit de nos jours
« un grand nombre de personnes qui ont des doutes sur la
« foi, et que le démon tente. Mais pourquoi avoir des doutes ?
« la foi d'aujourd'hui est la même que celle qui a toujours
« été. »

Jusqu'à sa mort, qui arriva le 21 mars 1487, le jour même où il accomplissait sa soixante-dixième année, Nicolas resta, malgré lui, l'arbitre de la Suisse. On s'en remettait à lui du jugement de toutes les querelles. Dans cette solitude où il ne voulait que servir Dieu, par le seul fait de sa sainteté, il fut, parmi tous ses compatriotes, le plus utile à sa patrie et à son prochain. Ses bienfaits furent si grands qu'on s'en souvient encore, et ceux qui s'en vont pleins de foi prier sur son tombeau publient que le cours des grâces obtenues du Ciel par son intercession ne s'est point arrêté.

Prière.

O beata solitudo !
Sola beatitudo !

SAINT BERNARD.

Bienheureux serviteur du Ciel ! depuis longtemps vous avez votre couronne ; mais pour le Chrétien plein de foi, votre esprit habite encore ces lieux sanctifiés par vous. Vous compatissez à nos peines, vous comprenez nos besoins, vous écoutez nos vœux, et vous pouvez nous inspirer encore les sages résolutions que votre voix charitable indiquait jadis à ceux qui venaient de loin prier à vos côtés.

Brillant flambeau de chastes solitudes, apprenez-nous comment, au milieu du monde, on peut s'isoler du monde pour être tout à Dieu ; comment on regarde à ses pieds les ambitions de la terre ; comment on élève au Créateur des mains libres et pures de toute attache aux biens mortels, et comment on immole son cœur à la sainte charité.

Comme vous avez condamné votre corps à l'abstinence des choses sensuelles, faites par vos prières, ô bienheureux! que nous puissions soustraire nos âmes à la sensualité de l'esprit ; faites que nous passions dans la vie sans orgueil, sans haine, sans vaine curiosité ; soumis à la foi du Ciel, sans vouloir en sonder les mystères adorés ; pleins de pardons pour les autres, afin d'obtenir un peu de pardon pour nous ; contents d'aimer sans demander qu'on nous aime ; dévoués au prochain, non pour l'amour de nous-même, mais pour l'amour de Dieu. Amen.

L'AUBERGE :

L'auberge où nous allâmes nous reposer se nomme, si je ne me trompe, la Croix-Blanche. Je la recommande à ceux qui feront le pèlerinage de Sachslen. Elle est située près de l'église, sur la hauteur. C'est une de ces maisons pittoresques dont j'ai parlé. Les panneaux extérieurs sont noirs comme si on les avait vernis, et on y a tracé de fines arabesques qui semblent des broderies de velours. Nous trouvâmes, dans la salle principale, une pauvre fille de seize ans, fort embarrassée d'une famille anglaise qui voulait manger de la viande, et à qui elle essayait de faire comprendre que cela ne se pouvait pas un vendredi. Mais les Anglais tenaient bon : Viande, disaient-ils? — OEufs, répliquait-elle, cherchant à se conformer à leur étrange allemand. — Non, viande ! — Si, œufs?

Enfin, n'en pouvant venir à bout, elle appela sa mère et lui exposa la difficulté. — Comment! ils veulent de la viande! s'écria la bonne femme bien étonnée. — Oui, viande! firent tous les Anglais en chœur. — Songez donc que c'est vendredi, jour maigre? — Viande ! — Eh bien ! allez en chercher ailleurs, vous n'en aurez point ici. Et comme le premier chemin à prendre pour aller ailleurs était celui de la porte, elle le leur indiqua d'un geste clair. Les Anglais, surpris, se consultèrent un moment. Ils avaient bon appétit. Cependant ils ne voulurent pas se rendre; et, préférant le martyre de la faim à celui de la superstition, ils remontèrent en voiture assez désappointés... pour aller faire maigre ailleurs; car je suis bien sûr que dans tout Sachslen, on ne trouverait pas une côtelette le vendredi. Honneur au courage malheureux !

Pour nous, qui n'avions point fait de demande saugrenue, on nous servit avec bonne grâce une des plus splendides omelettes dont j'aie mémoire; et quand on nous vit dire notre bénédicité, la bonne grâce devint de la cordialité.

CAUSERIES.

Notre compagnon le Réformé était un bon et aimable garçon, qui se souciait aussi peu de Luther que de Calvin et de Zwingle, et qui n'en aimait pas plus le pape, ni l'Église pour cela. Notre soumission aux devoirs du Chrétien l'étonnait beaucoup, et il nous demandait naïvement quel avantage nous y trouvions. Nous n'eûmes pas grand'peine à le lui expliquer, puisque nous avions malheureusement passé par un état tout autre. Il fut surpris d'apprendre que ces pratiques, auxquelles on se plie avec tant de joie, n'étaient pas chez nous une vieille habitude d'enfance toujours observée ; nous dérangions beaucoup l'idée qu'il s'était faite des Catholiques, et un de ses étonnements était encore de ne nous trouver ni tristes ni bêtes, après ce qu'il nous voyait faire et ce que nous lui apprenions. Ainsi, dit-il, la religion vous aide réellement à vous conduire mieux que vous ne faisiez autrefois, et vous êtes plus contents de vous? — Sans doute, lui répondîmes-nous. — C'est singulier, reprit-il ; j'avais toujours cru que la religion ne servait à rien, et qu'on était bon ou méchant, honnête ou malhonnête, par un penchant naturel que nul homme ne peut entièrement gouverner. Moi, je suis honnête et loyal, je n'ai fait de ma vie tort à qui que ce soit de la moindre chose ; je n'ai manqué à aucune promesse d'honneur en affaires, mais je vous avoue que ce n'est pas par religion, je n'y pensais jamais : quand je me suis vu tenté d'agir différemment, j'ai été plutôt retenu par la crainte de compromettre ma réputation, de perdre mon crédit ou de me jeter dans de grands embarras, que par un autre motif. Quelquefois aussi, j'ai regretté, à ma honte, d'avoir agi avec trop de loyauté. Cela vous arrive-t-il? — Jamais, car nous sommes persuadés que, dans le cas contraire, Dieu nous punirait, même ici-bas, et que sa plus grande punition serait de ne pas nous punir. — Parlez-moi franchement, continua-t-il ; vous autres vrais Catholiques, êtes-vous toujours aussi honnêtes et aussi bons que vous voudriez l'être?

— Parfois, et en certaines choses, oui. En beaucoup d'autres, nous espérons y arriver par la grâce de Dieu. — Et quelles sont ces choses où vous n'êtes pas satisfaits? — Ah! dit l'un de nous, il y en a beaucoup; mais les principales sont la modestie et la charité : pour moi, je trouve toujours que je m'aime trop et que je n'aime pas assez le prochain. — Vraiment, cela vous chagrine?...

Nous essayâmes de lui faire sentir, car il ne paraissait pas bien le comprendre, quels péchés ce sont que l'amour-propre et le manque de charité, comment un Chrétien peut espérer de s'en défaire, et à quel point un grand nombre y sont parvenus.

Alors, il nous déclara ingénument qu'il ne s'estimait pas toujours autant qu'il le voudrait. Vos moyens pratiques, poursuivit-il, me semblent infiniment plus sûrs que nos bonnes résolutions. D'ailleurs je ne me trouve pas heureux, malgré mon honnêteté. Je sens tous les jours, comme vous avant votre changement, s'accroître en moi le nombre de ces regrets et de ces inquiétudes qui ressemblent souvent à des remords. Il y a des choses que les lois ne défendent point, et que les mœurs permettent, qui rendent bien heureux. Et puis, il est humiliant et affligeant de penser qu'on est vertueux ou que les autres ne le sont que par crainte des hommes et des tribunaux. — Faites-vous Catholique, lui dit mon compagnon. Aucune vertu ne vous sera difficile, bien né comme vous l'êtes; et vous aurez la joie d'être vertueux pour l'amour de Dieu. — Je ne peux pas, répondit-il, je suis né Protestant. — Quelle raison ! reprit l'autre; dites plutôt que vous êtes né Catholique; car contre quoi protestiez-vous quand vous êtes né? Pour protester contre une chose, le moins que puisse faire un homme sensé, c'est de la connaître. Or, connaissiez-vous la religion catholique dans ce moment-là, et maintenant encore la connaissez-vous? Le peu que nous venons de vous en apprendre vous a semblé secourable et bon. Voyez donc si vous êtes sage de vouloir rester Protestant, parce que vous l'avez été dès votre naissance, c'est-à-dire sans savoir ce que vous faisiez, et de vouloir encore protester en mourant contre une foi dont vous approuvez tout ce que vous en savez. Si votre père exerçait un état honteux, et qui dût vous réduire à la misère, vous croiriez-vous obligé de l'embrasser uniquement parce qu'il l'a embrassé?

Mais ce bon jeune homme, qui jusque-là s'était montré si modeste et si doux, voulut nous faire voir qu'il avait d'excellentes raisons pour rester dans son hérésie. Il nous déroula donc un tableau de l'Église catholique le plus monstrueux et le plus stupide qu'il soit possible d'imaginer. Je puis en parler ainsi sans l'offenser, il répétait ce qu'on lui avait appris. — Nous croyez-vous gens d'honneur, lui demandâmes-nous lorsqu'il eut achevé? — Oui, reprit-il, de tout mon cœur. — Eh bien! nous vous affirmons que vous avez été instruit par les plus pervers et les plus ignorants des hommes, et que si, un jour, après avoir étudié vous-même, vous manquiez de raison pour réprouver l'hérésie, les ruses et les mensonges qu'on emploie pour vous y retenir suffiraient amplement.

Nous lui fîmes remarquer quelques-unes des plus grosses fautes historiques qu'il venait d'avancer, et nous choisîmes aussi parmi ses arguments ceux qui menaient le plus vite à l'athéisme. Mais ces derniers raisonnements le touchèrent peu. L'athéisme n'effrayait réellement pas ce pauvre jeune homme, que sa religion n'avait jamais retenu ni consolé. Vous conviendrez, ajoutâmes-nous ensuite, qu'une bonne et vraie religion ne doit pas avoir besoin de ces ressourceslà. Il en tomba d'accord. Cependant, il revenait toujours aux mauvais prêtres et à la superstition.

D'abord, lui dit mon compagnon, vous parlez des prêtres catholiques comme si vous les connaissiez, et vous me permettrez de dire que vous avez tort. Où les avez-vous vus? Certes, vous ne pouvez vouloir parler de ceux que vous auriez rencontrés en Suisse. — Non, répondit le jeune homme, ceux-là sont de dignes et courageux ministres. Mais en Allemagne, mais en Italie... — Il faudrait d'abord voir l'Allemagne et l'Italie. En attendant que vous fassiez le voyage, je puis vous assurer qu'on a, sur ce point encore, abusé de votre bonne foi. Quant à moi, j'ai entendu beaucoup de choses de vos pasteurs; mais comme je ne les ai point fréquentés, je m'en tais. Je puis dire seulement que leur doctrine ne vaut rien, même celle des plus honnêtes, tandis que, dans un prêtre orthodoxe, fût-il par ses actions et son caractère au-dessous de la dignité de son état, la doctrine est toujours excellente et pure. Un prêtre catholique ne peut manquer des hautes vertus de sa profession sans se condamner lui-même, sans se mettre en contradiction flagrante avec la loi qu'il enseigne et sans se couvrir de mépris. Pour un pasteur, c'est différent. Sa religion et sa profession ne lui imposent aucune vertu surhumaine. Qu'il soit aussi honnête, aussi bon que le premier laïque protestant venu, c'est assez; qu'il le soit autant que vous, c'est beaucoup. Il ne se croit pas obligé de soigner les malades pendant les épidémies; il ne s'engage pas jusqu'au martyre; il ne lui est pas défendu de songer à lui ni aux siens; tout au contraire, puisqu'on veut qu'il ait une famille, on veut qu'il songe à ses intérêts et qu'il y songe beaucoup; il ne lui est point interdit de satisfaire son orgueil ou sa passion en modifiant les croyances; la charité n'est point son premier devoir, la vérité sa première loi, les bonnes œuvres ne doivent pas être sa seule préoccupation ; enfin sa foi, même lorsqu'elle est vive, ne l'astreint point à l'angélique pureté du sacerdoce catholique, puisque Dieu n'obéit point à sa voix, et qu'il ne reçoit et ne donne dans le sacrement de l'Eucharistie qu'un pain matériel où le Sauveur ne s'est point incorporé... Et puis, après tout, pour nous Catholiques, que prouve un mauvais prêtre? qu'il ne suffit pas, pour se sauver, d'endosser un costume, de faire un vœu, et qu'il faut dans tous les états gagner le ciel à la sueur de son front. Voyez-vous là quelque chose qui blesse votre esprit et votre cœur? Si je me détache de la religion parce que je lui vois par hasard un indigne ministre, je prends parti pour ce méchant contre le Dieu qu'il outrage. C'est bien absurde, convenez-en.

Vous parlez aussi de superstition. Il faut que vous sachiez qu'il n'y eut jamais d'hommes plus niaisement et plus cruellement superstitieux que les premiers Réformateurs. Ces savants, qui prétendaient rendre la religion plus intellectuelle, n'étaient occupés que de présages et d'astrologie. Zwingle s'épouvantait d'une comète, et la regardait comme un signe de sa mort ; Mélancthon se réjouissait de ce qu'une vache avait jeté un veau à deux têtes le jour où la confession d'Augsbourg fut présentée à l'empereur, et cela lui semblait clairement annoncer la ruine de Rome ; les astrologues protestants affirmaient que les astres seraient propices aux disputes ecclésiastiques vers l'automne. On brûla encore plus de sorciers dans le duché de Brunswick qu'à Genève. Le nombre des poteaux où l'on attachait ces malheureux dans le pays de Calenberg et de Wolfenbuttel était si grand, dit Spitler, que l'endroit où ils avaient été dressés ressemblait à une petite forêt.

Mais les superstitions de ces temps-là ne sont vraiment

rien près des superstitions d'aujourd'hui, car n'est-ce pas la plus misérable, la plus honteuse, la plus idiote des superstitions qu'une foi comme la vôtre (ou plutôt comme celle qu'on veut vous inculquer, car dans le fait vous n'en avez pas), toute pleine d'incertitudes et de contradictions, où rien n'est entier, ni certain, ni durable, et qui fait de Dieu nous ne savons quel maître dédaigneux, indifférent aux destinées du monde, à la conduite des hommes, incomplet, sans justice, sans amour, qui ne veut pas même indiquer à l'humanité une voie certaine, d'honneur, de repos et de salut? Dites ce que vous voudrez en faveur de votre Hérésie; il est une chose dont vous ne pourrez la laver : elle a créé la superstition du néant. Il faut absolument que vous croyiez au néant, pour cacher dans cette absurdité immense les mille absurdités où se perd votre raison.

Nous arrivions à Saarnen, l'entretien finit là.

SAARNEN.

Saarnen est une des capitales du canton d'Unterwald. C'est un grand bourg aux maisons éparses, comme Sachslen, mais le vieux caractère suisse y est moins marqué. On y voit quelques églises élégantes. La situation est belle. Les habitants forment des groupes libres et pittoresques au milieu d'une vaste plaine. Le bon air des montagnes y circule abondamment. C'était jour de conseil; nous rencontrions à tout moment des représentants qui sortaient de l'assemblée, graves, vêtus de noir, portant culotte courte et jabot, et tenant sous le bras leur large épée de cérémonie roulée dans son baudrier. Mes compagnons ne manquaient pas de les saluer, et je faisais comme eux de grand cœur;

mais leur exquise politesse nous prévenait souvent. La dignité de ces vieux conseils de paysans et de bourgeois est digne de remarque. Partout où il y a eu des changements, à Berne par exemple, les révolutionnaires se sont empressés d'abolir le costume, comme si le premier caractère de l'égalité devait être la malpropreté. Le langage s'en ressent. Il devient violent et grotesque, de calme et digne qu'il était. M. Hans Schnœl, un des chefs du radicalisme bernois, disait des nobles, en plein conseil, qu'ils avaient volé non-seulement l'empeigne, mais la semelle, et qu'il ne serait pas content qu'il n'eût mis le pied sur la nuque du dernier aristocrate, et qu'il ne l'eût forcé à demander grâce. Des tirades de ce goût, des mesures de vengeance, des lois spoliatrices et quelques adoucissements dans la législation criminelle, qui n'intéressent et peuvent intéresser que les fripons ou les scélérats, tels ont été en Suisse, comme en beaucoup d'autres pays, les résultats les plus clairs des révolutions.

Mes deux compagnons, depuis qu'ils s'étaient rencontrés, se tataient avec toutes sortes de précautions pour deviner à quelle opinion ils appartenaient. A Saarnen enfin, ils se reconnurent tous deux conservateurs, et parlèrent alors à cœur ouvert de leur patrie. Bien que fort jeunes, ils en connaissaient les moindres personnages et appréciaient parfaitement la situation des divers cantons. Je fus touché de la pureté des vœux qu'ils formaient, sans trop espérer, pour le salut de la Suisse, et j'y vis encore que l'honnêteté de cœur est la première condition d'une pensée juste et d'un jugement sain. Ils souhaitaient que la Suisse gardât ses vieilles institutions, ses états fractionnés, son rôle modeste, gages de cette neutralité dans les affaires de l'Europe, sans laquelle elle ne peut conserver longtemps sa nationalité. Si nous nous mêlons de la politique de nos voisins, disaient-ils, ils se mêleront de la nôtre, et il faudra bien faire ce qu'ils voudront.

Tous les Suisses ne pensent pas ainsi. Il en est, et beaucoup, et j'en ai vu, qui se sont laissé gagner par la fièvre politique, dont sont dévorés les citoyens de grands États. Leur ambition, éveillée par le bruit qui se fait autour d'eux, ne peut pas se contenter du modeste titre de représentants ou de landamman d'un des vingt-deux cantons. Ils veulent aussi avoir influence sur les destinées de l'Europe, aspirer au gouvernement d'un empire, commander à de grandes quantités d'hommes. Cette maladie fait surtout de nombreux ravages à Genève et dans les cantons protestants. Pour atteindre le but de leurs désirs, les radicaux visent présentement à centraliser la Suisse. C'est le secret de toutes les manœuvres qu'ils mettent en usage contre leurs concitoyens catholiques, et par lesquelles ils essayent d'entamer ou de réduire l'inébranlable fermeté des petits cantons. Une fois l'unité de pouvoir et de gouvernement établie, ils n'auraient plus qu'à se disputer entre eux les premières places, et chacun espère bien les obtenir. On leur dit qu'ainsi constituée, la Suisse sera forcée d'avoir une politique, des alliances, qu'elle offusquera ou la France ou l'Autriche, et que l'une ou l'autre, peut-être toutes les deux, pourraient bien alors transformer en sujets de si incommodes voisins; mais si cette éventualité les effraye, ils ne le laissent guère voir. Il est certain que la réunion de la Suisse à un grand État les mettrait en belle voie d'honneurs, et ils donnent lieu de croire qu'ils n'en seraient pas trop fâchés. — Voici comment les jugeait un journal du pays : « Ils voudraient « étendre leur pouvoir, leur influence, leur activité politique « sur la Suisse entière. Je ne sais pas même si cela leur « suffirait pour bien longtemps, si le territoire helvétique

Bérne.

« ne leur paraîtrait pas un jour bien resserré, s'il ne vien-
« drait pas tôt ou tard dans l'esprit que la réunion de la
« Suisse à quelque puissant État étendrait merveilleusement
« leur influence et les mettrait à même de travailler plus en
« grand au bonheur de l'humanité. Cependant, pour le mo-
« ment, ils se contenteraient de régner sur la Suisse. Le
« grand motif, le grand mobile est ce qu'on a nommé si
« bien une ambition *démesurée.* »

LES TROIS CANTONS (1).

Le lac de Waldstetten est une étoile tombée au milieu des montagnes, entre lesquelles il étend ses branches étincelantes, comme pour procurer à cette noble nature le plaisir de se mirer et de voir elle-même sa splendeur. C'est le roi des lacs, et à double titre la perle et l'honneur de la Suisse, car la Suisse s'est formée sur ses bords; nulle part elle ne fut aussi grande, nulle part elle n'étale autant de beautés : sites gracieux et sombres, rochers arides, rives fleuries, héroïques souvenirs, tout se trouve là. Il n'est peut-être pas un point du monde où le soleil se lève et se couche si beau, il en est peu que l'amour de la patrie ait illustrés d'un renom plus pur. Jusqu'à présent, courant à travers des contrées dont les habitants se sont de façon ou d'autre laissé arracher ou leur foi, ou leur liberté, je m'étais demandé quel si grand plaisir on pouvait trouver à être Suisse; mais là, au sein de la vieille Helvétie, en présence

---

(1) Schwitz, Uri, Unterwalden. On les appelle aussi cantons forestiers (Waldstetten). Ces trois cantons sont la base et l'origine de l'ancienne confédération suisse, où ils ont successivement admis Lucerne, Zurich, Berne, Zug, Glaris, etc., etc.

de ces bords qui sont ceux des trois cantons, au pied de ces montagnes que n'a pu escalader le sophisme bavard si triomphant ailleurs, je l'ai deviné. C'est là que la liberté suisse a eu ses premiers et ses derniers défenseurs : Sempach, Morgarten, Cappel, Stanz, Altorf et le Grütli sont voisins; les héros poétiques de l'indépendance ont vécu là; c'est là que l'étranger n'a pu régner; c'est là que n'ont pénétré ni la déloyauté, ni l'Hérésie; c'est là qu'avec la foi sont restées la gloire et la liberté.

La domination romaine oublia ces retraites, qui n'ont, du moins, gardé aucune marque de son passage; Attila n'y conduisit point ses armées, la féodalité n'y a pas laissé de traces. Un seul conquérant pouvait établir son empire sur les pâtres qui se partageaient, avec les ours, les aigles et les chamois, la souveraineté de leurs montagnes et de leurs forêts : ce conquérant, ce fut l'Évangile. Il y fit des progrès lents, mais sûrs. Avant le douzième siècle, on ne voyait encore dans les cantons forestiers que peu de chapelles, et le peuple n'allait guère à la messe que tous les mois; il n'y avait qu'un seul ecclésiastique pour Unterwald et Schwitz. Les paroissiens s'assemblaient au son du cor des Alpes, car les églises manquaient de cloches. Le calice était de bois, les ornements sacerdotaux de toile peinte.

Dans les siècles suivants le culte avait déjà pris tout son développement, et ce furent les siècles héroïques de la Suisse, les temps de Guillaume Tell, de Morgarten et de Sempach, époques moins belles encore par le courage admirable des paysans que par la grandeur simple et sublime de leurs mœurs, de leur foi, de leur probité. Ces pâtres, à peine sortis de la sauvagerie, surent garder leur modestie; vainqueurs, ils ne voulurent point s'agrandir, ils ne songèrent point à se donner des richesses; et quels que fussent le danger et la disproportion des forces, ils ne refusèrent jamais d'aller au loin secourir leurs alliés.

Vint la Réforme. Presque tous leurs voisins, enrichis par la guerre ou le commerce, adoptèrent l'Hérésie. Les hommes des Waldstetten restèrent soumis à la foi de leurs ancêtres, épuisant les remontrances les plus touchantes et les plus sages, pour engager les cantons infidèles à persévérer comme eux. Mais lorsqu'ils virent que, loin de les écouter, on voulait encore les forcer à changer de croyance, ils se levèrent courageusement et conquirent, à Cappel, la liberté religieuse que leurs confédérés impies, ingrats et fratricides, entreprenaient de leur arracher. A partir de ce moment, les Waldstetten demeurèrent dans une paix profonde, ignorés du monde, durant près de trois cents ans, comme s'ils n'eussent pas existé, et formant au sein de la Confédération suisse une sorte de confédération particulière dont les liens antiques ne furent jamais brisés, ni affaiblis. Berne, Zurich, Bâle, Genève, villes riches et plus ou moins littéraires, regardaient avec dédain ces républiques de bergers dévots qui n'avaient ni trésors, ni philosophes, ni savants; mais à la fin du dernier siècle, lors de l'invasion française, les pâtres purent leur rendre tous leurs mépris; car il se trouva que les lettrés et les riches n'avaient ni patriotisme, ni courage, ni soldats.

On ignore assez généralement ces dernières guerres de la Suisse; on ne sait pas que l'amour du sol natal et la foi religieuse y firent, quoique sans succès, les mêmes prodiges qu'au temps de Guillaume Tell. C'est que la France n'a point à s'en vanter, que les trois quarts des Suisses doivent en rougir, et que ceux à qui en revient tout l'honneur songent moins à chanter leur gloire qu'à conduire leurs troupeaux. Pour moi, je ne crois pas que les hordes de bandits qui ont gouverné la France depuis 1792 jusqu'en 1801 puissent le moins du monde souiller la couronne de gloire qu'elle porte parmi les peuples. S'ils firent des martyrs dans la moitié de l'Europe, ils en firent encore davantage chez nous : tant de noble sang courageusement perdu nous lave bien de leurs infamies. Je ne craindrai donc point d'arracher en passant une palme aux arcs de triomphe de la révolution, pour en orner la tombe des malheureux qu'elle égorgea.

Quand la révolution française éclata, la Suisse jouissait, depuis trois cents ans, d'une paix extérieure que rien n'avait troublée; mais des querelles intestines agitaient la plupart des cantons, et particulièrement les cantons réformés. Il y avait des maîtres et des sujets, par conséquent des partis, par conséquent des révoltes plus ou moins fréquentes. On avait peu de patriotisme, mais on voulait beaucoup d'une part garder le pouvoir, de l'autre y arriver. Le lien fédéral était rompu. Les Suisses eurent tout de suite conscience de leur faiblesse. Les principes révolutionnaires répugnaient aux gouvernements établis; cependant ils n'essayèrent rien contre leurs terribles voisins, et les massacres du 10 août qui auraient, trois siècles avant, fait prendre les armes à toute la confédération, n'en obtinrent qu'une déclaration de neutralité. Cette honteuse neutralité ne pouvait être respectée longtemps. On sut en France qu'il y avait de grandes richesses dans le trésor de Berne, et le Directoire aimait l'argent.

Les envoyés de la République commencèrent par répandre *les principes;* on agita les mécontents, on les soutint dans leurs révoltes. Le 28 décembre 1797, le Directoire rendit un décret qui mettait sous la protection spéciale de la France *tout bon patriote réclamant ses droits naturels.* Il ne manque pas de ces patriotes-là dans les cantons de Bâle, Berne, Zurich, Schaffouse, Soleure et Fribourg. Enfin, on expédia de Paris une nouvelle constitution helvétique, dont l'envoyé du Directoire, Mengaud, et le général Brune, qui occupait le pays de Vaud à la tête d'une armée française, exigèrent dans les termes les plus insolents et les plus durs, la prompte acceptation.

Pendant ce temps, Berne, plus spécialement menacée, était déchirée par des partis, et dans ces partis, tour à tour vaincus et mécontents, l'ennemi trouvait des auxiliaires disposés à le servir. Mais les plus odieusement traîtres furent les partisans de la révolution. Quelques gens de cœur parvinrent, non sans peine, à organiser une sorte de résistance. Près de vingt-cinq mille hommes étaient à leur disposition. Ils firent face aux Français, qui vinrent les attaquer en nombre supérieur, et ils ne furent pas facilement vaincus. Après leur défaite, Berne dut ouvrir ses portes. Pour l'honneur de la Suisse, c'était trop tôt. Ce résultat soumit le pays. Berne, Fribourg, Zurich, Lucerne, Soleure furent dévalisées. On enleva ainsi des millions et des millions. Non content de ces grandes rapines, le ministre de France, nommé Mengaud, faisait ouvrir à la poste les lettres des voyageurs anglais, et réclamait le montant des lettres de change qui s'y trouvaient, ou des crédits qui leur étaient ouverts chez les banquiers (1). Où cela passait-il ? M. de Marbois prouvait en 1797 (avant le pillage de la Suisse), au Conseil des Anciens, que le gouvernement avait dès cette époque détourné 240 millions de contributions levées en pays étrangers !

En dédommagement de tous ces vols, le Directoire en-

---

(1) Essai historique de Simond.

voyait aux confédérés des constitutions libérales et philosophiques. On fit d'abord de la Suisse une *république indivisible.* Brune imagina ensuite de la diviser en trois autres républiques indépendantes, qu'il appela la *Rhodanique*, l'*Helvétique* et la *Tellyane;* mais cela ne le contenta point. Sept jours après avoir établi la *Rhodanique*, le général vit, comme il le disait lui-même, que rien ne valait les *charmes de l'unité républicaine*, et adressa aux cantons une nouvelle *constitution unitaire* fraîchement arrivée de Paris.

C'était une copie de la constitution française, qui régnait pour le moment, avec ses cinq directeurs exécutifs, ses deux degrés d'élections, etc. Elle divisait la Suisse en vingt-deux cantons, et lui donnait vingt-deux juges élus par le peuple. Ce bel ouvrage était accompagné d'un préambule qui en énonçait, en ces termes, les principes fondamentaux : *Les lumières sont préférables à l'opulence. — La liberté naturelle est inaliénable, elle n'est restreinte que par la liberté d'autrui. — La loi réprime tous les genres de licence. — Le citoyen se doit à sa patrie, à sa famille et aux malheureux : il cultive l'amitié, mais il ne lui sacrifie aucun de ses devoirs; sa gloire est l'estime des gens de bien, il ne veut que l'ennoblissement de l'espèce humaine, il invite sans cesse au doux sentiment de la fraternité*, etc., etc.

Les vaincus adoptent tout, et, dans l'état où il avait mis la Suisse, le Directoire ne devait plus craindre d'obstacles. Brune, en adressant sa constitution unitaire aux cantons forestiers, leur écrivit, pour la forme, que la République française leur conserverait son amitié et que la guerre ne serait point portée sur leur territoire. Mais ces cantons, qu'on n'avait point attaqués jusqu'alors, et qui restaient tranquilles, ne purent voir ainsi renverser un ordre de choses sous lequel ils vivaient depuis cinq cents ans. Ils adressèrent au Directoire les remontrances les mieux fondées, le suppliant de leur laisser leurs libres assemblées populaires, leurs vieilles magistratures simples, modestes et pauvres comme eux. « Comment auriez-vous donc la volonté d'anéantir notre bonheur en touchant à notre organisation politique? Quels seraient vos motifs pour le faire, et quelle espèce d'avantage pourriez-vous en retirer? Nous sommes des peuples de pâtres et de montagnards, ayant peu de besoins et contents de notre médiocrité; les faibles revenus de nos cantons ne sauraient payer les dépenses de ce nouveau gouvernement dont nous ne voyons pas l'avantage. Votre grande nation ne saurait vouloir ternir ses annales glorieuses, par l'oppression d'un peuple paisible, qui ne lui a jamais fait de mal! » Pour toute réponse, le Directoire fit marcher une armée sur le canton de Schwitz.

Les petits cantons avaient contre eux la France, et pour eux, eux seuls! Les forces réunies de Schwitz et d'Unterwalden s'élevaient à dix mille hommes. C'était tout ce qui pouvait porter les armes. Aloys Reding, chef militaire de Schwitz et descendant du vainqueur de Morgarten, les commandait. Mais dans ses dix mille hommes, il n'y avait pas un lâche, pas un traître, pas un secret partisan des idées révolutionnaires et des Français. Ces dix mille hommes étaient dix mille frères, que ne divisait aucune animosité politique. Ils étaient liés par l'amour de la patrie et des lois sous lesquelles ils avaient vécu paisibles, vertueux et unis. Ils étaient liés surtout par un sentiment religieux qui doublait le courage et les forces de chacun. Deux prêtres, Marianus Herzog, curé d'Einsiedeln, et Paul Styger, capucin, soutenaient leur enthousiasme, priaient au milieu d'eux, bénissaient leurs drapeaux, et promettaient la victoire ou le

ciel à ceux qui combattraient pour la patrie et la religion (1).
C'est ce qu'on a vu en Espagne, c'est ce qu'on a vu dans la
Vendée, c'est ce qu'on verra partout (en pays catholique)
où d'injustes agressions menaceront la liberté et la foi ; et
partout où on le verra, on verra aussi ce que peut le courage
d'une nation. Je causais un jour avec un vieux soldat revenu
de bien des affaires. « Quand il faut combattre des ennemis qui ont un diable de *calotin* dans leurs bagages, et qui
se sont confessés le matin, me disait-il, on ne serait pas
fâché d'en avoir fait autant. »

Tandis que ces héroïques bergers se préparaient à mourir,
le directoire helvétique, assemblé à Aarau, leur adressait
des représentations officielles sur la folie d'une plus longue
résistance, et, d'un ton de pitié et de supériorité, leur conseillait de se méfier des fanatiques qui les trompaient.

Enfin on se battit. Les Français reprirent d'abord Lucerne, sur les troupes de Schwitz, qui l'avaient occupée ;
mais ils furent repoussés avec une perte assez considérable
à Wollrau et à Richtenschwyl, près du lac de Zurich.
Malheureusement les Suisses, ayant perdu leurs deux officiers supérieurs, furent forcés de reculer. A Kussnacht et
Immensée, le feu meurtrier des tirailleurs suisses arrêta encore l'ennemi. A Morgarten, où commandait Aloys Reding,
les sublimes paysans firent des prodiges de valeur.

Les femmes de Schwitz employèrent la nuit du 1er mai
à traîner les canons parmi les rochers et les précipices ; plusieurs, leur enfant sur un bras, travaillèrent de l'autre à

---

(1) Au commencement du quinzième siècle, lorsque Berne fit la guerre au
Valais, Jacques Minichow, curé de Munster, somma tous ses paroissiens
d'aller combattre une injuste agression et partit avec eux. Le cardinal J. d'Al-
bano adressa à l'archevêque de Minichow un bref d'absolution en faveur de ce
prêtre (1420).

préparer les fascines. Des feux allumés sur les montagnes éclairaient ces scènes héroïques, et appelaient au loin des secours qui ne vinrent pas. Durant toutes les journées du 1er et du 2 mai, on se battit à Morgarten et dans les environs d'Arth. Ces bergers et ces paysans firent tête partout aux attaques réitérées des troupes de ligne, rompirent plusieurs fois à la baïonnette les bataillons ennemis, si supérieurs par la discipline et le nombre, leur firent éprouver des pertes considérables, enfin gardèrent le terrain. Mais la victoire même les épuisait. Depuis quatre jours ils n'avaient pas eu de repos, ni presque de nourriture; beaucoup de postes n'étaient plus gardés que par des femmes : il fallut songer à un arrangement. L'ennemi offrait aux paysans le libre exercice de leur religion, leur laissait leurs armes, et s'engageait à ne pas pénétrer dans le pays, pourvu que la constitution fût acceptée. Cependant beaucoup ne voulaient rien accorder, rien entendre. Une assemblée générale se tint le 4, elle fut très-agitée; à la fin ceux qui savaient la résistance inutile, et qui voyaient arriver le moment où il ne serait plus possible de traiter, émus à la vue de leurs femmes et de leurs enfants, déterminèrent la majorité; les conditions offertes furent acceptées, et la paix signée le 5 (1).

(1) Voyez l'*Essai historique* de Simond.— C'est peut-être ici le lieu de déclarer que je ne prétends nullement dans tout ce livre découvrir ou présenter des faits nouveaux. Je prends les faits comme je les trouve, chez les auteurs la plupart du temps protestants ou philosophes que j'ai lus; seulement j'ai des droits de bon sens dans les conséquences que je me permets d'en tirer. Qui ne comprend, par exemple, malgré Simond et tous les Protestants du monde, que l'abaissement de la Suisse fut une conséquence prompte et naturelle de la *Réformation ?* Ils disent le contraire cependant. Après la bataille de Sempach, un vieux poëte suisse donnait à ses concitoyens les conseils suivants : « Afin « qu'on ne divise pas votre puissance, resserrez le lien de votre serment; ainsi « vous demeurerez les maîtres du pays. Gardez-vous bien de vous fier à un « maître étranger, toujours avide et plein d'astuce. Ne laissez pas entrer dans « le pays des hôtes étrangers; opposez-leur toute espèce de résistance, ou c'en

Quand la constitution unitaire fut ainsi établie dans les cantons forestiers, le directoire helvétique, qui les avait si lâchement abandonnés, les réunit tous en un seul État afin de diminuer leur influence dans la législature. Le gouvernement ne pouvait leur devenir plus odieux qu'il l'était déjà. Ils supportèrent donc en silence cette nouvelle avanie, comme on supporte les diverses phases d'un fléau qui doit passer. Seul, le peuple de Nidwalden (section inférieure du canton d'Unterwalden) ne voulut pas s'y soumettre, et ce district, où l'on comptait au plus deux mille individus de tout âge et des deux sexes capables de se défendre, entreprit de résister aux seize mille hommes qu'on faisait marcher contre lui. Deux cent quatre-vingts volontaires du voisinage se réunirent à ces pauvres gens.

Ici nous retrouvons Simond : « Trois prêtres en grand crédit parmi les gens de Nidwalden, dit-il, les avaient *fanatisés.* » C'était le curé de Stanz, son vicaire et ce même capucin Styger. Ces ecclésiastiques voyaient le double pouvoir des Français et des libéraux suisses menacer la religion autant que la liberté. Ils pensèrent qu'il valait mieux mourir que de courir le danger de perdre le ciel en même temps que la patrie, et, comme la mère des Machabées, ils se dévouèrent avec leurs enfants. Peut-être espéraient-ils encore que la Suisse protestante, sentant enfin la honte de son inaction, ne les laisserait pas égorger sans les secourir. Il est certain que si leur exemple avait été suivi partout, les Français auraient dû quitter le pays ou y seraient morts.

Les Nidwaldiens défendirent par des palissades tous les

« est fait de votre État. » Le bon vieux poëte ne songeait qu'aux Autrichiens. Qu'aurait-il dit, s'il avait pu prévoir que deux siècles plus tard la moitié des Suisses briseraient les liens de la sainte foi catholique, et garderaient parmi eux le plus terrible des hôtes étrangers : l'Hérésie !

lieux de débarquement sur leur lac ; ils y placèrent six petites pièces de canon, qui, avec deux autres pièces mises en batterie du côté de la terre, composaient toute leur artillerie. Pendant quatre jours (du 4 au 8 septembre 1798) les Français ne purent aborder, et perdirent beaucoup de monde. Le 9, dans la matinée, ils pénétrèrent enfin ; leurs pièces de campagne nettoyèrent le plat pays ; les Nidwaldiens se retirèrent sur une colline boisée à une demi-lieue de Stanz, où ils résistèrent encore plusieurs heures. Mais vers le milieu du jour, les Français étant parvenus à pousser à terre trente grands bateaux pleins de soldats, tandis que des renforts leur arrivaient par le haut pays, l'engagement devint une mêlée où toute la population combattait non pas en désespérés, comme on dit, mais au contraire avec l'espérance des martyrs. Des familles entières, l'homme, la femme, le vieux père et les enfants, armés de tout ce qu'ils avaient pu trouver, attendaient l'ennemi, se faisaient mutiler, et cherchaient encore à combattre lorsqu'ils étaient tombés. A la fin, les malheureux, ne pouvant plus résister, se retirèrent dans les bois et les montagnes. Parmi leurs morts on trouva sur le champ de bataille cent deux femmes et vingt-cinq enfants !

D'horribles boucheries souillèrent cette odieuse victoire. Les soldats, irrités par une résistance si longue, se livrèrent à des actes de férocité que leurs officiers ne purent réprimer entièrement. On préserva les maisons de Stanz qu'ils voulaient détruire, mais toutes les habitations éparses, au nombre de cinq cent quatre-vingt-quatre, furent pillées et brûlées (1). Plus de cent soixante personnes s'étaient réfu-

(1) L'armée de Schauenbourg profana la chapelle de Winkeried, qui se trouvait dans le Bas-Unterwalden, sur le chemin d'Ennemoos. Les traducteurs de Muller s'indignent avec raison de ce vandalisme ; mais que les libéraux suisses

giées dans l'église, elles y furent massacrées ainsi que le prêtre à l'autel, et l'on voit encore le trou de la balle qui le perça.

Reposez en paix, saintes victimes, dans les bras de Dieu ! et avec nos prêtres égorgés par les mêmes bourreaux, avec Louis, avec Antoinette, avec tant d'illustres âmes rentrées au ciel par la porte sanglante des persécutions, priez pour la France et pour nous !

Trois mille Français au moins moururent dans cette expédition. Schauenbourg, leur général, disait en parlant du dernier combat : *C'est le jour le plus chaud que j'aie jamais vu.* Sa position serait devenue très-critique, si les Nidwaldiens avaient pu tenir seulement encore un jour. Le pays, ainsi qu'on l'avait prévu, allait envelopper son armée de tous côtés. L'affaire du 9 mit fin aux soulèvements, mais non pas aux malheurs de la Suisse. Par suite de l'alliance offensive et défensive avec la France, qui corroborait la constitution unitaire, la Suisse perdit son caractère neutre et devint immédiatement le théâtre de la guerre, entre les Français, les Russes et les Autrichiens. Ainsi l'abandon des petits cantons ne fut pas seulement une chose lâche, ce fut une chose impolitique et fatale.

Tels sont les souvenirs qui, sur le lac des Waldstetten, devraient faire palpiter d'orgueil, de reconnaissance et de respect, tout cœur véritablement suisse. Cependant, écoutez les politiques de Berne, de Zurich, de Genève, de Lucerne même : tous vous parleront avec dédain de ces pâtres qui sont l'honneur de leur pays. Suivez la marche des meneurs de la confédération : vous les verrez tendre à cette

---

y prennent garde, ils sont sur le chemin de profanations bien plus graves et plus odieuses encore.

constitution unitaire qui leur fut si glorieusement imposée ; vous les verrez opprimer et chercher à dissoudre par tous les moyens possibles l'esprit démocratique et religieux à qui l'indépendance helvétique doit ses derniers martyrs, et qui est le dernier refuge de leur nationalité. Qu'on réforme les petits cantons ; au lieu d'une population ferme, confiante, unie, décidée à mourir pour sa croyance et ses lois, on aura des ambitieux et des mécontents; des partis plus empressés de se nuire que de servir le pays; des Protestants et des Catholiques, bref des divisions de toute nature. Et comme déjà le reste de la Suisse, à peu de chose près, en est là, il est facile de prévoir ce qui en résultera au jour du danger.

Il y a un enchaînement terrible dans les actions des hommes. Lorsqu'ils brisent la loi qui les unit à Dieu, mille autres liens doivent se briser nécessairement. C'est d'abord la fraternité nationale qui disparaît, puis on cesse d'aimer la famille, puis on cesse d'aimer le pays, puis on cesse d'aimer l'honneur. Le principe de toutes les grandes choses et de toutes les grandes affections s'évanouit. L'égoïsme reste seul, prêt à tout pour quelques satisfactions matérielles et privées. Que ne trahira pas sur la terre celui qui a trahi Dieu !

LUCERNE.

« Ce que je puis dire de Lucerne, c'est qu'il y pleut, » m'écrivait un jour un ami qui parcourait la Suisse. Je ne saurais ajouter grand'chose à cet aperçu. Il pleuvait encore à Lucerne lors de notre arrivée; tout ce que nous y remarquâmes, c'est qu'il y avait beaucoup de boue et qu'on y faisait beaucoup de bruit. Lucerne était en ce moment le canton-directeur, la Diète fédérale y tenait ses séances, les ambassadeurs y habitaient, les voyageurs y affluaient de toutes parts, de sorte qu'on se remuait beaucoup dans cette petite ville. Nous rencontrions tant d'équipages, tant de détachements marchant au son du tambour, et tant de parapluies, que l'envie de déguerpir nous prit aussitôt entrés. Cependant, comme c'était dimanche, il fallut bien rester au moins quelques heures pour aller à la messe.

Lucerne est catholique. Ses longs et curieux ponts couverts sont ornés de peintures dont les livres pieux ont fourni les sujets. Elle a de nombreuses églises, que nous trouvâmes pleines pour la plupart, mais pleines de servantes, d'ouvriers et de paysans. La rareté des bourgeois était remarquable, surtout pour nous qui venions de Fribourg. Cela nous confirma tristement ce que nous avions entendu dire : qu'une partie de la société à Lucerne n'est guère catholique que de nom. Il y en a d'autres preuves. Les Lucernois, qui doivent leur existence aux petits cantons, figurent contre eux dans toutes les circonstances politiques, comme alliés des Protestants, et se montrèrent souvent plus acharnés. Berne et Zurich n'auraient pas osé peut-être traiter Schwitz comme Lucerne, obéissant à ses rancunes particulières, s'est permis de le faire dans des circonstances toutes récentes, au mépris des convenances et des lois (1).

Le peuple du canton de Lucerne a une grande réputation de bon caractère et de jovialité. Les montagnards de l'Entlibuch, particulièrement, railleurs et chansonniers, plaisent à ceux qui leur font visite par des façons cordiales et de joyeux propos. Ils ont une coutume singulière : le dernier

---

(1) « Schwitz a été traité, par le dépositaire de l'autorité fédérale, comme aucun monarque n'oserait traiter aujourd'hui la province la plus indigne de sa bienveillance. » (*Fédéral de Genève.*)

lundi de carnaval, chaque village envoie dans la commune voisine un poëte chargé de raconter en vers, aux habitants de l'endroit assemblés autour de lui, l'histoire des folies et des sottises qu'ils ont faites durant l'année. On assure qu'il y a souvent dans ces vers incorrects et rudes mais spirituels de véritables beautés. Du reste, bien que le poëte mette ordinairement assez de franchise dans son examen, et qu'il ne ménage pas les vices, lorsqu'il s'en trouve, plus que les ridicules, on l'écoute sans se fâcher. Il exerce en toute sécurité sa magistrature d'un instant.

Une justice analogue s'exerçait autrefois et s'exerce encore maintenant dans plusieurs de nos villages de la Beauce et du Gatinais, mais d'une façon moins directe. Le lundi ou le mardi gras, les jeunes gens promènent dans les rues un mannequin qu'on appelle *Carnaval*. De temps en temps on s'arrête et on lui reproche à haute voix tout ce que l'on croit avoir à reprocher aux particuliers; puis, pour tant d'iniquités, *Carnaval*, défendu en vain par sa femme, est condamné au feu. Cet usage, jadis fort redouté et par conséquent utile, se perd à mesure que la religion s'en va et que les mœurs se gâtent. Autrefois les discours prononcés contre Carnaval étaient spirituels, une sorte de charité chrétienne retenait la langue des juges, et ils n'avaient d'ailleurs que peu de personnes à châtier. Maintenant ces sortes de réquisitoires, où il faudrait pour être juste attaquer à peu près tout le monde, ne sont plus qu'un tissu de grossièretés sans aucune espèce d'esprit, capables d'éteindre la pudeur publique plutôt que de la ranimer. Le type le plus achevé de la brutalité et de la bêtise se trouvera partout dans le paysan sans religion. Les gens de l'Entlibuch, fervents Catholiques, n'en sont pas là, il s'en faut. Leur esprit plein de finesse et de vivacité est un fait reconnu

par les Protestants eux-mêmes, qui en font honneur à *l'air des montagnes*. C'est aussi à *l'air des montagnes* qu'ils attribuent la lourdeur d'intelligence extrême des paysans bernois. « Il y a, disent-ils, de certaines divisions, de cer-
« taines expositions, qui font que, par le mélange des eaux
« et des forêts, l'air prend de certaines qualités, l'atmos-
« phère subit de certaines variations d'où ressort *évidem-*
« *ment* cette différence d'*humeur*. » Cela est clair.

Il y a deux choses à Lucerne, si j'en crois le voyage de Simond et le guide, qui excitent l'admiration des curieux. La première est un plan en relief de la Suisse, exécuté par le général Pfyffre, avec beaucoup de patience et d'exactitude. Tout y est, les maisons, les chalets, les chemins, les croix au bord des précipices. C'est un travail de cinquante années, grossier du reste et véritablement sans grand intérêt. Simond déclare qu'il n'a jamais vu d'objet d'art qui lui ait fait tant de plaisir. C'est ce digne Simond encore qui, faisant un jour son tour obligé dans la chapelle Sixtine, ne put absolument pas deviner pourquoi l'on admirait tant l'objet d'art qu'il y vit, et qu'on appelle le *Jugement dernier,* de Michel-Ange. « Franchement, dit-il, on fait semblant de trouver cela beau, mais c'est une affaire de mode. Je n'y vois, quant à moi, qu'un pouding de ressuscités. » Et le malheureux imprima son beau mot.

L'autre curiosité, l'autre merveille, mérite mieux la visite qu'on ne peut se dispenser de faire à l'hôtel de Pfyffre. C'est le monument, consacré à la mémoire des Suisses massacrés à Paris le 10 août 1792, qui se trouve dans le joli jardin de cette habitation. Au milieu d'un vaste pan de rocher, couronné d'une végétation élégante, et que baigne une petite pièce d'eau, on a creusé un enfoncement au fond duquel est sculpté en haut-relief, dans la masse même du rocher, un lion expirant. L'expression de ce lion gigantesque, au flanc percé d'une lance dont le tronçon est resté dans la plaie, et qui meurt sur un bouclier fleurdelisé, est simple et belle. C'est un ouvrage plus digne de la réputation de Thorwaldsen, que beaucoup de morceaux exposés à Rome dans l'atelier de ce sculpteur célèbre. Un invalide jovial, revêtu de l'uniforme des gardes suisses, est préposé à la garde et à l'explication du monument. Ce brave homme paraît avoir pris depuis longtemps son parti sur la catastrophe qu'il raconte, et à laquelle il eut lui-même le bonheur d'échapper. Il assure qu'il n'en veut point aux Français, et qu'au contraire il les aime. De tous les visiteurs de ce monument, les Français sont en effet les plus généreux.

Mais la véritable merveille de Lucerne, c'est le lac ceint de hautes montagnes qui baigne ses murs.

TEMPS PASSÉS.

Lorsqu'ils furent en présence des Autrichiens, à Sempach (9 juillet 1386), les Suisses, dit la chanson de la bataille, se jetèrent à genoux, et, selon leur antique usage, prièrent Dieu : « Ah! riche Christ du ciel, par ta dure mort, aide-nous, pauvres pécheurs, tire-nous de cette ignominie, de cette angoisse, de cette extrémité; aide-nous, fais-nous subsister: aide-nous à conserver le pays en toute sûreté. » Ils se précipitèrent ensuite sur l'ennemi. Autour du duc d'Autriche, noble prince, se serraient six mille combattants environ, bien montés, bien armés, fleur de noblesse et de chevalerie, élite de riches bourgeois, bons soldats des villes valeureuses. Dans l'armée des Suisses, quatre cents Lucernois, hommes de mâle vertu, dont aucun, dit encore la chanson, ne regarda jamais en arrière; neuf cents hommes des Waldstetten, cent de Glaris, de Zug, de Gersau, d'Entlibuch et de Rotenbourg;... c'était tout! Ils portaient de courtes armes; quelques-uns seulement tenaient des hallebardes déjà ensanglantées à Morgarten par leurs aïeux, d'autres couvraient leur bras gauche d'une petite planche en guise de bouclier. Les Autrichiens avaient de longues lances, mais les Suisses avaient la poitrine de Winkelried, et ils venaient d'appeler Dieu au secours de la patrie. On sait comment ils combattirent, comment Winkelred mourut. Avec le duc d'Autriche, six cent cinquante-six comtes, seigneurs et chevaliers, sans compter l'infanterie, restèrent sur la plaine; les Suisses perdirent deux cents des leurs, parmi lesquels étaient leurs chefs principaux. — Mais ils rendirent grâces, et passèrent la nuit sur le champ de bataille, pour offrir à qui voudrait une revanche, que personne ne vint demander.

Voilà l'œuvre des guerriers courageux, elle est belle ; voici celle maintenant des prêtres et des chrétiens, elle est sainte :

Aussitôt que les morts furent enterrés, avant que les blessés ne fussent guéris, on bâtit une chapelle sur le sol même de Sempach, et on institua pour le repos des âmes, sans distinction d'amis ni d'ennemis, un service anniversaire à perpétuité. « Souvenons-nous, disait l'officiant à l'autel, souvenons-nous, pour l'amour de Dieu, de tous ceux qui sont morts sur le champ de bataille, tant de notre côté que du côté des Autrichiens, et dont on célèbre aujourd'hui l'anniversaire et la mémoire. » — Hélas ! et j'ai entendu la majorité de mes concitoyens déclamer avec fureur, et j'ai moi-même déclamé, contre les pieux évêques, qui, supérieurs à toute injure, ne voulaient voir dans les martyrs de nos dernières guerres civiles que des morts, des frères et des Chrétiens ! Pourtant ces malheureux soldats, immolés sous leurs drapeaux, n'étaient pas des étrangers. O brutalité impie de la passion politique, qui va chercher des ennemis jusque dans la tombe, et déterrer des morts pour les haïr ! Aussi, combien durent-elles ces commémorations fatales ? quelques années nous en dégoûtent. Elles finissent par inspirer du mépris et de l'horreur, et l'on dit que l'esprit public s'en va. Non, en vérité ! car nous sommes encore meilleurs que nous ne croyons ; ce n'est pas l'esprit public qui s'en va, c'est la pudeur publique qui revient !

Plus habiles que nous, parce qu'ils eurent plus de vertus, les vieux Catholiques suisses ont fondé des anniversaires de gloire qui les honorent pleinement, et qui dureront aussi longtemps que la religion vivra dans le pays. Cette fête de Sempach s'est toujours célébrée depuis quatre cent cinquante ans. Même pendant l'occupation française, il se trouva dans le clergé lucernois d'éloquents orateurs pour louer, en présence d'ennemis impies et victorieux, Dieu, la patrie et la liberté.

Il y avait une autre belle fête à Lucerne, religieuse et populaire comme toutes les belles fêtes du vieux temps. C'était le jour de Notre-Dame-de-Mars. On faisait une solennelle procession autour de la ville. Les prêtres marchaient en tête, portant d'un air vénérable les choses saintes; l'homme le plus honorable de chaque maison les suivait « avec grande piété, » a soin de dire l'ordonnance de 1410, qui règle le cérémonial, pour faire bien voir que ce n'était pas le fait de la procession, mais les sentiments qu'on y apportait qui devaient plaire à Dieu. Puis « humblement » les femmes après les citoyens. Le prédicateur le plus distingué prononçait deux sermons, le premier en latin pour les bons étrangers qui venaient de loin gagner l'indulgence plénière accordée par le pape à ceux qui célébraient cette fête; l'autre en allemand. On recommandait la ville natale à Dieu, le priant de ne point la visiter, comme il arrivait souvent autrefois, par l'adversité, la guerre et le feu; car, bien qu'on eût déjà donné des récompenses nationales aux premiers habitants qui avaient construit des maisons de pierre, presque toute la ville était encore bâtie en bois. Ensuite, chacun prenait part à la joie des festins. On distribuait des poissons aux prêtres, aux conseillers, aux pauvres de l'hôpital, aux malades de la léproserie, et à tous les indigents. Le plus beau et le meilleur de la fête, dit Muller (1) en terminant ce tableau, c'était l'empressement de l'homme à partager, plein de confiance en Dieu, sa joie avec tous ses frères. Et il ajoute, dans une note : « Telles étaient les fêtes des Hébreux, telles devraient, à plus forte raison, être les nôtres; mais la plupart des théologiens, surtout dans le siècle de la Réformation, se montrèrent animés, malheureusement, d'un esprit tout opposé. »

Ce bon vieil historien, Jean de Muller, n'osa pas, dans le temps où il vivait, philosophe et Réformé comme il avait le malheur de l'être, déclarer à quoi tenait la décadence visible de sa patrie. Peut-être même ne le comprit-il pas tout à fait. Cependant, il y a dans ses livres des éclairs de vérité qui durent parfois l'embarrasser d'étrange sorte. Jean de Muller consacra sa vie à l'étude, et n'y trouva point de joie : « Mes jours, dit-il dans son testament, n'ont été que travaux, et mes plaisirs n'ont été que peines! » Infortuné savant, il cherchait ce qu'il ne voulait pas trouver; il trouvait ce qu'il ne voulait pas chercher !

(1) *Histoire de la Confédération suisse*, t. IV.

TRADITION DU MONT PILATE (1).

« Dans les flancs sombres du Pilate, il est un lac marécageux qu'un rocher domine et qui ne reflètera jamais le ciel. Qui que vous soyez, berger ou voyageur, que le jour vous éclaire ou que vous ayez confié à la lune trompeuse le soin de guider vos pas, craignez ce lieu. Il y a là des choses dont la pensée fait trembler celui même qui ne craint pas la mort. Cependant, peut-être votre destinée exige-t-elle que vous traversiez ces passages funestes; alors recommandez-vous à l'ange gardien, baissez les yeux, et surtout ne jetez dans le lac ni pierre, ni fruits, ni herbe, ni feu, ni or, ni quoi que ce soit, car vous réveilleriez Pilate enchaîné sous ses ondes. Un moment la force qui le retient captif serait brisée : ce moment lui suffirait pour exciter des tempêtes qui bouleverseraient la montagne et vous emporteraient au loin comme le duvet d'un oiseau. Si vous voulez savoir pourquoi ce fléau tourmente notre pays, voici l'histoire, telle que nos pères l'ont apprise de leurs pères et nous l'ont racontée.

« Apprenez donc que, lorsque Jésus fut mort, Pilate, accablé de remords, eut toujours devant les yeux CELUI qu'il avait fait périr. Il n'y avait plus pour lui ni repos ni sommeil. Quelques années après son crime, il quitta la Judée, et vint à Rome, espérant que, loin des lieux où s'était élevée la croix, ses souvenirs le persécuteraient moins ; mais la croix étend son ombre sur le monde entier, et les terreurs vont partout avec le coupable. Enfin, ne pouvant plus supporter l'existence, Pilate se tua lui-même, comme avait fait Judas.

(1) En allemand *Frackmont*, près de Lucerne.

« Or, c'est une chose impie de croire qu'on trouvera le repos dans la tombe, lorsque durant la vie on n'a pas écouté la loi de Dieu ; il n'y a de repos dans l'éternité que pour le juste. La terre ne voulut point garder le cadavre de ce lâche, qui du haut de son tribunal n'avait pas su protéger l'innocent. On le sortit de son sépulcre et on le jeta dans l'eau ; l'eau n'en voulut pas davantage. Continuellement les flots étaient agités et les bateaux se trouvaient en danger sur le fleuve qui l'avait englouti. Alors le landamman de Rome ordonna que Pilate fût tiré du Tibre et porté bien loin. On alla jusqu'en France lui creuser une fosse sur le sommet d'une montagne qui s'élève près de Vienne. Aussitôt la montagne fut le séjour perpétuel des tempêtes. Pour mettre fin à ces orages qui détruisaient leurs moissons et leurs troupeaux, les habitants enlevèrent Pilate, et le précipitèrent dans le Rhône, qui coule près de là. Mais ce fut comme à Rome ; le fleuve devint furieux. Il fallut chercher un autre asile aux restes du maudit : or, dans ce temps-là, Charlemagne était roi de toute la terre ; il voulut qu'on transportât Pilate à Lausanne. Hélas ! Lausanne ne put pas le garder ; et ce fut alors qu'il arriva chez nous, car nous n'avions personne auprès de Charlemagne pour parler en notre faveur et défendre nos intérêts.

« Pilate, sur notre montagne, se montra plus méchant que jamais. Tous les diables d'enfer lui faisaient visite. Ils lui amenaient Hérode, Caïphe et Judas, et tous ceux qui ont trahi le Seigneur. Puis ces maudits s'accablaient d'injures ; leur plus grand supplice était de se voir réunis. Mais parfois ils s'accordaient dans le désir de nuire au pauvre monde, et quand par hasard un homme venait à passer, ils l'entouraient de prodiges effrayants. Tantôt des voix douloureuses et épouvantables criaient à ses oreilles, il les entendait et ne voyait rien; tantôt des bras invisibles le saisissaient, le tourmentaient dans les airs, et le précipitaient au fond des abîmes. Malheur à celui-là, s'il était en état de péché mortel !

« Après bien longtemps, passa par Lucerne un bon moine à qui Dieu avait donné pouvoir sur les démons. A la prière des habitants, il vint exorciser la montagne. Le combat fut terrible. Le moine prononça des paroles qui ébranlèrent les rochers sur leurs bases, où, depuis, ils ne se sont jamais raffermis, et qui rendirent en certains endroits la terre à jamais stérile. Enfin, Pilate vaincu fut obligé de se précipiter du sommet de la montagne dans le lac marécageux et sombre dont je vous ai parlé. Il y est encore; il y restera jusqu'au jour du Jugement, sans pouvoir sortir jamais, qu'une fois chaque année, en costume de magistrat; et si quelqu'un le voit alors, celui-là doit mourir avant la fin de l'année. De même, celui qui oserait l'insulter, soit en paroles, soit en jetant quelque chose dans son lac, lui rendrait pour un moment son pouvoir et y serait soumis.

« Maintenant, voyageur, que la prudence vous inspire, que la bonne Vierge et votre saint ange vous protègent, et tâchez d'être sans péché, afin que partout et toujours le Seigneur demeure avec vous. »

TRADITION DE PILATE.

Cette tradition, la plus poétique peut-être de toutes celles auxquelles le nom et le crime de Pilate ont donné lieu, a été fort répandue jusqu'au milieu du seizième siècle, et elle existe encore parmi les bergers de la montagne où les rêveuses et crédules imaginations du moyen âge avaient placé la tombe de ce malheureux. Sans vouloir ici défendre le moins du monde des superstitions que l'Église a la première condamnées et combattues, je crois pouvoir penser qu'il ne faut pas non plus affecter, pour ces inventions d'une foi naïve, le dédain moqueur dont le dernier siècle s'est plu à les cribler. Nos philosophes ont eu des superstitions bien autrement dangereuses et coupables. Les grands savants qui ont imaginé le règne et la puissance de la matière, me paraissent cent fois plus fous, je dois l'avouer, cent fois plus stupides, que les pâtres grossiers et les esprits crédules des anciens temps. On conçoit que des hommes ignorants de toutes choses, sans cesse placés au milieu des merveilles terribles d'une nature imposante et sauvage, entourés de torrents, de précipices, de tempêtes, et toujours isolés, aient attribué à des influences surnaturelles les prodiges effrayants qui les frappaient. On conçoit que leur imagination, préoccupée sans cesse des récits de l'Évangile, ait cherché à deviner le sort des personnages que ces récits mettent sous leurs yeux, toutes les fois que leur histoire, comme celle de Pilate, par exemple, n'est pas terminée. Ils ont voulu savoir ce que cet homme était devenu, non-seulement dans cette vie, mais dans l'autre, et ils ont brodé des légendes plus ou moins ingénieuses sur tous les rapprochements fortuits que les lieux et les noms leur offraient. Ainsi, tantôt Pilate se suicide, comme Judas; tantôt les ordres de l'empereur le font injustement mourir, comme il a fait lui-même mourir Jésus; tantôt il meurt subitement en se lavant les mains : toujours il a des remords, il erre dans le monde, la terre même se refuse à lui donner un tombeau.

Mais ce qu'on ne peut concevoir, c'est que des hommes à qui la science a permis de découvrir plus de merveilles que leurs pères n'en avaient soupçonné, de voir plus de miracles qu'on en avait vu, d'admirer dans l'univers un ordre et une intelligence que nul dans le monde avant eux ne connaissait, aient pu néanmoins être assez abrutis par l'orgueil pour nier Dieu en présence de tant de grandeurs, ou, ce qui est pis encore, pour parler et pour vivre, connaissant Dieu, comme si Dieu n'existait pas. Voilà la folie; tranchons le mot, voilà la sottise, l'ignorance, la grossièreté.

Il est également ridicule aujourd'hui d'attribuer à l'influence du clergé toutes ces légendes, brodées sur la croyance par la crédulité. Le clergé a pris le monde dans la barbarie où le règne du mal l'avait plongé, il l'en a sorti par degrés, avec des efforts constants et sincères; cherchant sans cesse à acquérir des lumières, et répandant sans cesse celles qu'il acquérait. Forcé de croire à la puissance du démon, puisque cette puissance est réelle, il a toujours dit aux hommes qu'ils seraient plus puissants par la vertu, et que la force du Ciel était toujours avec ceux qui l'imploraient. C'est ce qu'il nous dit encore aujourd'hui, faisant, maintenant comme autrefois, naître la vigilance de l'imminence du danger. Ainsi, de la superstition même, le clergé savait encore tirer quelque chose d'utile et de bon. Mais de l'impiété brutale, de l'incrédulité sauvage, que peut-on tirer, si ce n'est des maximes d'égoïsme, des instruments de crime et des éléments de barbarie,

Nous ne devons pas non plus croire que nous savons tout, et que rien n'existe de ce que nous ne pouvons comprendre, ou de ce qu'il nous plaît de nier. Quant à moi, je le dirai franchement, rien ne me prouve que tant de traditions répandues dans toute l'Europe et presque partout les mêmes, n'aient aucun fondement. Sans doute je n'admets pas tout, je fais la part des imaginations, mais je suis loin de tout rejeter. Quand l'Église me dit que des saints ont guéri des possédés, je le crois, et je crois que le démon, pour entraîner nos aïeux, a employé des moyens physiques, comme il emploie aujourd'hui, pour nous perdre, les tentations de l'esprit.

Quoi qu'il en soit, on ne peut douter que les leçons et les efforts de l'Eglise n'aient été toujours admirablement appropriés aux nécessités du temps et des âmes. Ce n'est pas ici le moment de se livrer à des recherches qui pourraient le prouver; quelqu'un un jour le fera, s'il plaît à Dieu; cela n'est pas au-dessus des forces les plus ordinaires. Il suffit de dire maintenant que partout où une superstition dangereuse fut détruite, ce fut l'Église qui la détruisit, comme partout où il y eut une vertu utile à défendre, ce fut l'Église qui la défendit et la garda. Jusqu'à la fin du seizième siècle, la tradition que nous avons racontée fut si bien établie à Lucerne, qu'il était défendu de la manière la plus expresse de rien jeter dans le petit lac de la montagne, et qu'on ne pouvait monter au sommet du Pilate sans la permission des magistrats; mais à cette époque (1585), Jean Muller, curé de la ville, résolut d'en finir avec ces contes. Il se rendit au lac, en présence de tous les pâtres du voisinage qu'il avait rassemblés; il y jeta du bois, de la pierre, de l'ordure; il provoqua le spectre par des paroles injurieuses; enfin il ordonna à un domestique d'aller battre ces eaux et de les traverser en tous sens. Pilate resta muet, et perdit de sa réputation. Cependant la leçon ne suffit pas; il est probable que l'exorciste, dont il est question dans la légende, avait fait de même, dans le même but, avec encore moins de succès. Le monde s'est élevé lentement, et, comme un écolier indocile, il a frappé, raillé et calomnié ses patients précepteurs.

KUSSNACHT.

Nous eûmes, en mettant le pied sur le territoire de Schwitz, le triste spectacle des discordes civiles, au sein même du pays qui s'en était le mieux préservé jusqu'à ces derniers temps. La propagande libérale est parvenue, dans les intentions que nous avons fait connaître, à entamer l'unité d'opinion qui liait ces familles de pâtres. Un ferment de discorde y existait, tel qu'il pouvait se rencontrer là. C'était une question de pâturage. Un district du canton possède une montagne communale, où de tout temps chaque propriétaire peut envoyer son bétail. Mais parmi ces propriétaires les uns sont riches, les autres sont pauvres. Les premiers parquent sur la montagne des troupeaux de vaches; les autres n'ont à y garder que quelques moutons : ceux-ci, qui sont en général de nouveaux habitants, trouvèrent à la longue que l'usage n'était pas juste, et réclamèrent une indemnité exagérée; les autres refusèrent absolument. Je ne sais si ce refus était sage, mais il était de droit, et les tribunaux jugèrent ainsi. Cependant la difficulté pouvait s'arranger. Vingt discussions pareilles s'étaient élevées en différents lieux, et souvent même, entre les divers cantons, elles avaient toujours été terminées d'après les règles d'une justice naïve et fraternelle (1). Le directoire fédéral pouvait s'interposer et décider amiablement, d'autant plus que l'indemnité refusée d'abord fut ensuite offerte sur un pied plus équitable par ceux à qui le bénéfice de l'usage appartenait, et qui n'auraient pu changer subitement sans dommage un

---

(1) Le Kiemen est une contrée contiguë au Rigi, dont la haute justice appartient à Lucerne, les forêts à Zug, le gibier à Schwitz. (Jean de Muller, *Hist.* IV.)

état de choses depuis si longtemps établi. Au lieu de cela, on manœuvra de telle sorte que cette querelle particulière d'un seul district devint une affaire politique pour le canton tout entier. Il s'y forma deux partis : celui des *Klaunmanner*, gens à ongles, et celui des *Hornmanner*, gens à cornes, ainsi nommés l'un et l'autre de la différente nature de leurs troupeaux. Mais bientôt le trait distinctif de chaque parti ne fut plus là. Du côté des Hornmanner se rangèrent tous les Conservateurs, tous les partisans des anciennes idées et des anciennes institutions, tous les vieux Suisses, ainsi qu'ils se nomment eux-mêmes. Avec les Klaunmanner, allèrent les Réformateurs, les Radicaux, les Unitaires; et ceux-ci ne tendirent plus à la conquête de la moitié des pâturages litigieux, mais bien à celle du gouvernement. Dès que ce but fut dévoilé, les idées religieuses se mêlèrent de la querelle et bientôt la dominèrent tout à fait. Tel est aujourd'hui son véritable caractère; il nous fut aisé de nous en convaincre. Quand nous questionnions des Hornmanner, ils nous disaient qu'on en voulait à leur religion et qu'ils la défendraient jusqu'à la mort; les Klaunmanner nous déclaraient qu'ils ne pouvaient pas vivre dans un pays où il y a des Jésuites. Mais quel mal vous font les Jésuites, leur demandions-nous? — Nous n'en voulons pas, répondaient-ils pour toute raison.

Ce fait est digne de remarque. Ce n'est pas seulement en Suisse qu'on peut l'observer. Partout où il y a lutte, la religion est intéressée, elle est dans les choses lorsqu'elle n'est pas dans les mots; et partout où il y a oppression, c'est la religion qu'on opprime; et partout où il y a résistance et courage, c'est la religion catholique qui résiste courageusement. Voyez l'Angleterre et l'Irlande; voyez la Russie et la Pologne; voyez la Prusse et les provinces Rhénanes; la

Belgique et les Pays-Bas; l'Espagne libérale et la Navarre. Ce sont-là des exemples concluants.

Quelques hommes d'État, justement célèbres d'ailleurs en Europe et chez nous, ont voulu dernièrement prouver que le philosophisme, l'Hérésie avec ses sectes et le Catholicisme peuvent vivre tranquillement en France et sans doute en tous lieux, les uns près des autres, se donnant paisiblement la main. Ils le peuvent, dit-on, parce qu'ils le doivent; cela sera parce qu'il faut que cela soit. Ceux qui tiennent un tel langage sont aveugles, ou bien ils veulent, dans l'intérêt de leur secte et de leurs propres systèmes, endormir plus profondément encore ces froids Catholiques qui ne savent pas quels grands principes sont placés sous la garde de leur sainte religion. Il n'y a qu'une vérité, cette vérité ne *doit* pas vivre tranquillement à côté de l'erreur, et l'erreur ne *veut* pas vivre tranquillement à côté de la vérité. Les hommes ne sont pas dans l'erreur uniquement pour le plaisir d'y être : ils s'y créent des intérêts; ils y cherchent des satisfactions auxquelles la vérité, même inerte, oppose des obstacles qu'il leur faut nécessairement combattre et surmonter. L'attaque appelle la résistance; la lutte s'établit, s'envenime : voilà le fait éternel contre lequel tous les syllogismes ne prouveront rien. Je sais que la lutte plaît aux hommes d'État philosophes; ils y voient l'état normal de la société; ils croient que le monde ne peut pas vivre autrement; que toute lumière, toute grandeur, toute civilisation, toute gloire naissent du combat. Mais en même temps ils sont obligés d'affirmer que cette lutte, qui leur plaît si fort, peut être restreinte à des bornes paisibles et légales, conviction que le bon sens n'avoue pas, et que l'histoire n'autorise nulle part comme il l'entend. Le libre examen enfante l'Hérésie, l'Hérésie est un crime social. Admettre ce crime comme un fait nécessaire et juste, lui donner droit de bourgeoisie, puis espérer un repos public quelconque, une morale sûre, une grandeur vraie, une prospérité durable, un noble développement de l'esprit humain, c'est une chose insensée.

Le mal est fait, dira-t-on; aujourd'hui quel remède est possible? Voulez-vous des guerres de religion? Non, certes, je n'en veux pas. Il y en aura, cela me semble hors de doute; mais les Catholiques subiront ces guerres, ils ne les provoqueront jamais. Le moment approche où l'élite des peuples, comprenant que le philosophisme et l'Hérésie ont donné leur dernier mot, voudra remonter aux sources certaines de la justice et de la vertu. Ce mouvement ne pourra s'opérer sans épouvanter mille intérêts odieux qui s'armeront alors, et qui, pour se maintenir, emploieront les moyens par lesquels ils se sont établis. Cependant nous ne sommes pas encore au temps où le mal pourra douter de sa pleine puissance; le jour n'est pas venu où il faudra dans toute l'Europe confesser Dieu devant les bourreaux. Ce qu'il convient de faire maintenant, ce n'est pas de prendre le glaive pour convertir les hommes, c'est d'employer la parole et l'exemple pour instruire les hommes et les enfants. Voilà comment il faut lutter contre le fait terrible de l'impiété, de l'athéisme et de la corruption. Un gouvernement fort, des hommes intelligents, et qui voudraient sincèrement travailler pour l'avenir au lieu de se borner à vivre au jour le jour, toléreraient l'élément délétère qu'on ne peut supprimer; mais ils ne l'approuveraient pas, ils ne l'accroîtraient pas. Loin de là, enfermant la peste morale dans les esprits qu'elle a infectés, ils s'attacheraient à en préserver les têtes saines encore, et surtout les enfants. Sans doute c'est une œuvre pénible, c'est une lourde tâche. Mais parmi tant de secrets merveilleux qu'on nous offre pour reconstituer le monde, en est-il un autre qui soit possible, qui n'ait pas échoué, et surtout qui puisse mériter l'appui d'en haut? Il nous semble qu'après avoir vainement invoqué tant d'hommes et vainement essayé tant de combinaisons, ce ne serait pas une si grande folie d'implorer un peu l'aide de Dieu.

Le différend des Hornmanner et des Klaunmanner agitait donc, comme nous venons de le dire, non-seulement le canton, mais la confédération tout entière. Les Klaunmanner, malgré la bonne volonté de la diète, dont la majorité protestante ou radicale (c'est tout un) leur est dévouée, avaient échoué dans la nomination du landamman en *langsdemeinde* (assemblée générale); et ils étaient d'autant plus furieux de cet échec que l'élection, illégalement annulée une première fois, constatait d'une manière éclatante leur infériorité. Ils cherchaient à prendre leur revanche dans les langsdemeindes de district. Lorsque nous arrivâmes à Kussnacht, l'assemblée, qui s'était tenue sous la présidence d'un délégué de la diète, se séparait. Un Klaunmanner avait été nommé. Tandis que les Hornmanner se retiraient isolément chez eux, l'état-major des vainqueurs célébrait la victoire à l'auberge, la plèbe vociférait dans les cabarets, et les enfants sciaient avec des cris de joie un arbre qui portait le chapeau de Gessler. Des fenêtres de l'auberge où se consommait le banquet dont il prenait sa part, le représentant de la diète regardait ces misérables farces d'un air attendri. Selon toute apparence, il en fit le texte de quelque beau discours de dessert, dans lequel il dut déclarer que la patrie était sauvée. Toutes ces choses formaient l'ensemble le plus tristement ridicule qu'on puisse imaginer. Ces malheureux paysans se réjouissant, sous la présidence d'un étranger, d'un succès politique obtenu contre leurs frères, et apprenant à leurs enfants la haine dont ils sont eux-mêmes transportés ; les plus grands souvenirs de la patrie si sottement profanés ; les liens les plus antiques et les plus chers brisés pour si peu, et cela à deux pas de l'endroit où Guillaume Tell tua Gessler, au lieu même où tous les hommes de Schwitz, armés contre l'oppression, combattirent ensemble il y a quarante ans,... non ! je ne puis dire combien cela me peinait. Mes deux compagnons, tous deux Suisses, ne pouvaient contenir leur indignation. — « Ah ! s'écriait l'un d'eux, et c'était justement le Protestant, combien je regrette que la diète fédérale ait manqué de cœur et n'ait pas envahi le canton de Schwitz, comme elle en avait envie ! Ab-Yberg (1) aurait fait sonner le tocsin ainsi qu'il le disait ; toute sa courageuse majorité se serait levée aussitôt ; Uri, Unterwald, Zug, Fribourg, le Valais, tous les Catholiques l'auraient soutenu ; Entlibuch et Oberland auraient profité de l'occasion pour se débarrasser, l'un de Lucerne, l'autre des Bernois ; ils auraient bien vite fait rentrer dans le devoir ces libéraux qui veulent renverser les institutions, et confisquer à leur profit notre repos et nos libertés. »

Il est bien sûr que si la diète avait osé donner suite à ses projets d'envahissement, elle eût rencontré une vive résistance. Les Hornmanner, pour être prêts au combat, avaient mis les femmes et les enfants au courant de tous les travaux. Uri, afin qu'ils pussent se rendre tous à la dernière langsde-

(1) M. Ab-Yberg, brave et pieux citoyen, est le landamman récemment élu du canton de Schwitz ; il a longtemps et honorablement servi en France, où il commandait un régiment de la garde royale. C'est un des hommes considérables de Suisse et de l'opinion conservatrice. Par sa fermeté courageuse, il a su à la fois éviter la guerre civile et préserver les droits de son canton.

meinde, leur avait envoyé trois cents hommes qui gardèrent les troupeaux durant l'élection. On vit ce jour-là des vieillards de quatre-vingt-dix ans, entourés de leurs enfants et de leurs petits-enfants, descendre des montagnes qu'ils avaient cru ne plus quitter, et se rendre à pied à l'assemblée. Plusieurs de ces citoyens vénérables haranguèrent la multitude, lui rappelant le souvenir des ancêtres, et l'engageant à les imiter dans leur respect pour la religion et les lois. Ce spectacle fit une profonde impression sur la Suisse entière. Il intimida les uns, il exalta l'admiration des autres pour ce reste si pur et si vivant des temps passés.

CHAPELLE DE GUILLAUME TELL.

Je m'étais bien promis en commençant cette narration d'épargner au lecteur Guillaume Tell, les glaciers et les chasseurs de chamois. Cependant nous voici dans le fameux chemin creux de Kussnacht, où Gessler fut tué. Sur une éminence au bord du lac de Zug, qui est encore un de ces diamants tombés du ciel dans les montagnes, s'élève une modeste chapelle dont le fronton, peint à fresque, représente le vengeur, son arbalète à la main, et le tyran mortellement blessé, près de rendre l'âme. Au bas du tableau, une légende en vers allemands adresse aux concitoyens du héros des conseils qu'ils oublient : « Ici Tell abattit l'or-« gueil de Gessler. De là est sortie la liberté suisse. Com-« bien de temps durera cette liberté? Encore longtemps si « nous étions les anciens. »

Ce qu'il faut admirer chez les Suisses, c'est l'intelligent et profond amour qu'ils portent à toutes les gloires de leur patrie. La mémoire des héros et des hauts faits se transmet d'âge en âge par des cérémonies, par des monuments, par des poëmes populaires, qui n'en laissent rien ignorer. Ils défendent et conservent avec raison ces augustes souvenirs comme leur plus noble patrimoine. En 1760, je ne sais quel savant de Berne entreprit de prouver que Guillaume Tell n'avait pas existé. C'était bien là une idée de savant, qui, dans le brutal désir d'étaler une érudition souvent menteuse, attaque et va détruire, sur la foi d'une étymologie ou d'un conte, ce qu'il y a de plus noble et de plus vrai. Les Waldstetten, ne pouvant attraper l'érudit, condamnèrent au feu son livre, qui disparut peu à peu. Mais les chapelles(1) de Guillaume Tell restèrent debout, et son souvenir inspira plus tard deux chefs-d'œuvre à deux hommes de génie. Il faut prendre Schiller après avoir parcouru cette contrée héroïque des Waldstetten; mais, après avoir lu le drame de Schiller, il faut entendre celui de Rossini. Alors il semble que le langage sublime du poëte a cependant trahi sa pensée, et que le musicien a exprimé ce que la parole ne dira jamais. Certains sentiments naissent dans l'âme avec des ailes que la parole est forcée de leur arracher et que la musique rend : *Parla la ragione, ma l'amor canta*, disent les Italiens.

Au sortir de la chapelle de Kussnacht, où nous avions inscrit nos noms après ceux de plusieurs milliers de visiteurs de tous les pays, notre ami le Réformé, pour nous faire pièce, nous demanda si Guillaume Tell, coupable de meurtre, n'était pas damné. Mon compagnon, bon Suisse et bon Chrétien, n'hésita pas à lui répondre. S'il n'a point fait pénitence, dit-il, il est hors de doute qu'il sera puni suivant la justice de Dieu. Mais Guillaume était Catholique

(1) Il y a une autre chapelle, sur un rocher de Waldstetten, à la place où Guillaume Tell sauta de la barque de Gessler. Cent quatorze personnes qui avaient connu Guillaume Tell vivaient encore et se trouvaient sur les lieux quand cette chapelle fut inaugurée.

dans un temps où personne ne l'était à demi ; il est mort en sauvant la vie d'un enfant qui se noyait ; j'espère le revoir en paradis... Et vous, Protestant? — Moi, reprit le pauvre jeune homme, j'ignore où sont allés les autres, et je ne sais pas où j'irai.

LES RÉVOLUTIONS DE THURGOVIE.

Chemin faisant, notre compagnon me raconta les dernières révolutions de Thurgovie. Le Brutus de ce pays-là fut un avocat de renom, qui s'en alla, quelque beau matin, trouver un ministre protestant transformé en chef de parti populaire et tout prêt à devenir César. Après s'être bien assuré qu'on ne pouvait l'entendre ni le voir, l'avocat fit au ministre, assez surpris de sa visite, une longue harangue où il mit tant qu'il put son éloquence de première qualité, commençant à la manière de Cicéron : Jusques à quand, etc. Puis, vers la fin, tirant un grand diable de poignard caché sous sa redingote, il fit éclater cette péroraison que le pauvre pasteur n'écouta guère tant il était ému. « J'étais venu pour « vous immoler à la patrie... mais je me souviens que la loi « de Dieu défend l'homicide.... et je m'en vais. » Cela dit, il laissa son poignard sur une table, et se retira, en effet, bien majestueusement.

Revenu des doutes que l'aspect du poignard lui laissait encore sur sa propre existence, l'autre ébruita l'aventure. Les esprits s'échauffèrent, le bruit se répandit que le chef des patriotes avait été assassiné. Aussitôt le peuple accourut, demandant l'avocat parricide pour le mettre en pièces. On assiégea la maison de force où il était enfermé. Vainement le prétendu mort déclare qu'il n'a pas été tué ; on admire tant de magnanimité, mais on lui répond qu'il se trompe. Il fut obligé d'insister beaucoup, et ne prouva pas sans peine qu'il était vivant. Enfin, pourtant, la colère publique s'éteignit.

Quelques jours après, un procès termina tout doucement l'affaire. L'assassiné perdit son influence et revint à son métier. L'assassin, déclaré fou, continua d'être un avocat célèbre dans le pays de Thurgovie.

CHUTES DE MONTAGNES.

A Art, beau village sur les bords du lac de Zug, nous retrouvâmes encore la politique, et nous faillîmes, innocents voyageurs, attraper quelques horions que nous ne cherchions pas. Les Hornmanner y avaient triomphé. Un parti des leurs, composé d'une trentaine de jeunes garçons qui parcouraient les rues en chantant, vint à passer devant une auberge où les Klaunmanner étanchaient leur soif avec moins de bonne humeur qu'à Kussnacht. Après quelques quolibets peu gracieux renvoyés de part et d'autre, la conversation finit bien vite par une mêlée au milieu de laquelle nous nous trouvâmes assez en peine, voyant autour de nous plus de bâtons, et regardant passer sur nos têtes plus de pierres qu'il n'en fallait pour nous faire souhaiter un autre divertissement. Heureusement le curé et le vicaire, redoutant le conflit, n'étaient pas restés tranquilles chez eux. Ils se jetèrent au milieu des combattants, malgré le danger et malgré les injures des Klaunmanner ; le bon vieux curé reçut plus d'une pierre sans en rien dire et sans se décourager. A la fin ses exhortations eurent assez d'influence sur les Hornmanner, qui étaient les plus nombreux, pour les décider à quitter la partie. Et certes, ils lui prouvèrent par là qu'ils l'aimaient beaucoup; car, à juger sur la mine, la chose la plus difficile auprès de tels gaillards doit être de leur persuader qu'il ne faut pas rendre au moins deux coups de poing pour un mauvais propos.

Art est situé à l'entrée d'une plaine étroite, au pied de deux hautes montagnes, le Rigiberg et le Rossberg, entre deux lacs charmants, celui de Zug et celui de Lauwertz. Mais, lorsqu'après avoir dépassé le village on a fait quelques pas vers Lauwertz, une tristesse mêlée de terreur vient peser sur l'âme : on se trouve dans la funeste vallée de Goldau. Là est arrivée la plus récente de ces catastrophes dont la Suisse a été si souvent témoin : les chutes de montagnes, effroyables avalanches de pierres, de terre, de forêts et de rochers, qui, plus d'une fois, sont venues combler des lacs, détourner des rivières et engloutir des villages entiers avec tous leurs habitants. Le 2 septembre 1806, la cime de Spitzenbühl (partie de la chaîne du Rossberg), dont le sommet était à 3,516 pieds au-dessus du lac de Zug, se détacha subitement, tomba comme la foudre dans la plaine inférieure, et, en moins de cinq minutes, couvrit d'une masse effrayante de débris l'espace de plus d'une lieue. Rochers, maisons, troupeaux, hommes, forêts, tout fut entraîné, broyé, enseveli pêle-mêle, avant qu'on eût le temps de murmurer une prière ou de jeter un cri. Trois villages disparurent, un quatrième village perdit la moitié de ses maisons; cinq cents personnes demeurèrent sous les décombres, et leurs cadavres mêmes ne furent pas retrouvés.

Après trente années, ces lieux, autrefois si riants, offrent encore l'image de la désolation. Des blocs énormes, formés, comme les vieux pans de maçonnerie romaine, de petites pierres liées par un ciment plus dur que la pierre elle-même, sont épars sur le sol ; une route se faufile entre ces débris, ossements gigantesques d'une Alpe abattue ; çà et là, des maisons neuves s'élèvent où furent les villages écrasés ; çà et là, une triste et chétive verdure fait voir combien la vie sera lente à renaître sur cette immense destruction.

Hélas! et quand les moissons auront reconquis le sol fertilisé de nouveau par le travail et le temps, quand les hommes, oublieux du grand désastre qui fit mourir d'un coup toute une génération, auront rebâti leurs villages, plus riants et plus beaux, un désastre pareil viendra renouveler cette scène horrible, et pulvériser encore les hommes et les demeures sur la tombe de leurs devanciers, comme, au pied du Vésuve, Portici sera quelque jour enseveli sur Herculanum. La vallée de Goldau est placée entre deux dangers que nul effort humain ne peut prévenir. D'un côté le Rigi, de l'autre le Rossberg la menacent incessamment. L'éboulement de ces montagnes, baignées par les eaux de plusieurs lacs et détrempées continuellement par la fonte des neiges, n'est que trop certain. Mais l'homme, craintif et imprévoyant tout ensemble, tremble sans cesse et vit comme s'il ne redoutait rien. N'y a-t-il pas cependant (c'est une question que je m'adresse, et non pas un fait que je prétende avancer), n'y a-t-il pas quelque chose de plus noble et de plus élevé que l'imprévoyance, dans le sentiment qui fait que l'Italien reste sous ses volcans, et le Suisse au pied de ses montagnes ruineuses? Ne pourrait-on pas y voir aussi ce mépris de la mort qui rassure toujours plus ou moins l'âme du Chrétien ?

Après tant de lacs aux beautés diverses, tant de rivages sévères et gracieux, tant de montagnes couronnées de pâturages, de forêts, de chalets et de troupeaux, il faudrait en présence du lac de Lauwertz trouver des paroles nouvelles pour exprimer une nouvelle admiration; mais le langage est borné, il n'a qu'un mot pour dire ce que le regard voit de mille façons. Un étroit chemin côtoie ce joli lac : la montagne et l'eau semblent le disputer au piéton, quelquefois la vague l'envahit, quelquefois les éboulements l'obstruent; mais il s'avance, toujours bordé de fleurs aquatiques et de plantes des Alpes. Le voyageur, séduit par ces gracieux paysages, captivé par cet air si pur, s'assied, sans y songer, sur quelque pierre éboulée la veille et s'abandonne au plaisir de contempler, de sentir, de rêver. C'est surtout en face des îles de Schwanau, situées au milieu du lac, qu'on aime à s'arrêter. L'une de ces îles est un frais massif de feuillage et de verdure, où se voyait jadis un château-fort détruit par les premiers confédérés. Mais une tour s'élève encore, à moitié démolie par le temps. Un beau bouquet d'arbustes s'épanouit sur le haut de la ruine. Le temps a couronné son ouvrage comme les maçons leurs maisons nouvellement achevées.

Depuis Lucerne nous rencontrions fréquemment des pèlerins qui revenaient d'Einsiedlen ; c'étaient des familles entières de bons paysans : plusieurs portaient dans leurs bras leurs enfants si petits encore qu'ils ne pouvaient marcher. Pour abréger le chemin, ils chantaient des cantiques, ou disaient leur chapelet. Une pauvre vieille nous demanda l'aumône : nous cherchâmes dans nos poches, il n'y avait pas de monnaie. C'est égal, c'est égal, nous dit-elle en souriant, bon voyage, et je prierai tout de même le bon Dieu pour vous.

Après avoir salué dans le cimetière de Schwitz la tombe de Reding, fait notre prière à l'église et parcouru lestement les rues de ce bourg héroïque qui, par le courage indomptable et la fervente piété de ses concitoyens, a donné son nom à toute la Suisse, nous reprîmes la route d'Einsiedlen, et nous arrivâmes bientôt à la hauteur où Steinen est assis. C'est à Steinen qu'était située la maison de Stauffacher, l'un des trois libérateurs. Ce lieu n'a pas seulement des beautés pittoresques du premier ordre et des souvenirs héroïques, il rappelle encore à l'esprit une des plus nobles scènes qu'aient jamais enfantées les têtes dramatiques. C'est là, qu'au commencement de son Guillaume Tell, Schiller a placé le sublime entretien de Stauffacher et de sa femme Marguerite Herlobig; entretien historique d'ailleurs, et où Schiller a copié Tschudi, comme Corneille copiait Tacite.

SCIENCE DE LA VIE.

Nous avions trouvé en sortant d'Art, où était resté notre ami le Réformé, un nouveau compagnon : c'était un Père jésuite qui faisait à pied aussi le pèlerinage d'Einsiedlen. Mon camarade le connaissait, et en avait obtenu la permission de continuer notre route avec lui. Nous allions donc causant tous trois ensemble, et ses conversations étaient, pour mon camarade et pour moi, le plus grand plaisir que le voyage nous eût encore procuré.

Le Père a de quarante à quarante-cinq ans, mais les austérités l'ont vieilli. Il est faible, courbé, ses cheveux grisonnent, son front est marqué de rides déjà profondes, la règle de douceur et d'humilité imposée à son ordre, et qu'il observe fidèlement, contribue encore à le faire paraître plus âgé; il n'y a de jeunesse que dans ses yeux, confiants et clairs comme ceux d'un enfant. Je vois encore son visage amaigri, où les pensées saintes ont noblement marqué leur séjour; un homme du même âge, mais occupé des pensées du monde, ne saurait avoir cette beauté. Il parle doucement, lentement; tout ce qu'il a de feu se convertit en douceur et n'éclate que dans la vigilante tendresse de ses conseils.

« Il m'a confessé longtemps, me disait mon camarade, je le connais bien. J'ai surtout appris à le juger dans une retraite où il me dirigeait. Cet homme, aux yeux baissés, lit avec une incroyable certitude dans les replis les plus sombres de la pensée; cet homme, en qui l'examen le plus attentif ne peut découvrir aucune vanité, cache d'immenses lumières et est tout plein de la connaissance de Dieu; cet homme timide, qu'un mot de politesse fait rougir, est prêt à tout pour le salut des âmes. Il ira prêcher sur la borne au coin des rues; il partira demain, ce soir, pour le Japon ou la Chine; il subira, lorsqu'on voudra, le martyre et la raillerie. Dans nos entretiens, plus d'une fois je ne lui ai dit qu'à moitié la vérité; mais, lorsqu'un remords me poussait le lendemain à lui dire la vérité entière, je voyais qu'il la savait parfaitement, sans aller plus loin ni moins loin qu'elle. On ne peut avoir plus d'esprit, plus de raison, plus de cœur, plus de complaisance aussi, et plus de charité qu'il n'en montrait à mes faiblesses, à mes doutes, à mes ignorances, m'expliquant ce qui était par trop clair et par trop commun, de manière presque à me persuader que je ne l'ignorais pas, et que nous en parlions seulement parce que la conversation était tombée là-dessus.

« J'étais en retraite pour m'éclairer sur le choix d'un état. Le Père devait savoir toutes mes affaires, je les lui confiai. Et ce bon religieux qui ne m'avait jamais vu, quelques jours avant, me témoignait, sans en faire aucunement parade, un intérêt que n'aurait point senti au même degré le plus cher de mes vieux amis. Ses questions sur les plus futiles circonstances me prouvaient que pas une de celles que je lui avais exposées n'était oubliée, qu'il découvrait les autres, qu'il y songeait devant Dieu, s'oubliant là lui-même, pour demander au Ciel de bien me guider. Oh! que ces hommes savent aimer! Combien leur charité est forte! Que de touchants avis, que d'éblouissantes lumières leur sont inspirées! Aussi, comme il m'aimait, je l'aimais; comme il était père, j'étais fils, et j'avais remis d'un cœur tranquille toute ma destinée entre les mains de cet ami de la veille; prêt à sortir du monde et prêt à y rentrer avec une égale confiance, selon qu'il me dirait : Faites ou ne faites pas. — Que Dieu est bon, pour nous autres Chrétiens, d'avoir ainsi placé sur notre route, en tous nos besoins, des esprits si sûrs et des cœurs si dévoués! »

Tel était l'homme que la bonne sainte Vierge avait donné pour compagnon à ces dévots pèlerins. Ce portrait ne le fait pas encore connaître tout entier; les Chrétiens devineront des traits que je ne puis peindre. Et je le nommerais, si je ne craignais que ces pages n'allassent un jour affliger sa modestie; mais en taisant son nom, je ne redoute pas qu'il me lise : il ne supposera jamais que ce soit de lui qu'on puisse dire tant de bien.

Or, comme nous étions déjà dans le district désert d'Einsiedlen, mais encore éloignés du terme, nous nous sentîmes, mon camarade et moi, excessivement fatigués. Si le voyage pédestre a de grands plaisirs, il a ses inconvénients. Quelquefois, vers le soir, le piéton s'aperçoit que la course a été bien longue, le chemin bien rude, le soleil bien inclément; son bissac est plus lourd, sans être mieux garni : son bâton pèse à sa main; il sent naître les empoules dans son soulier trop étroit; il a l'œil morne et la tête baissée, et plaint de tout son cœur le pauvre épuisé qui passe en boitant, et qui ne sait où trouver gîte pour la nuit. Nous soupirions tout haut après une auberge, quelle qu'elle fût.

— Allons donc, courage! dit doucement le Père. Songez que la reine du ciel, mère de Dieu, la sainte Vierge que vous allez voir, a fait des voyages bien plus pénibles et bien plus longs. Ce fut d'abord de Nazareth à Bethléem, pour se faire inscrire parmi les sujets de l'empire, et payer le tribut. Marie bientôt mère, et qui savait qu'elle portait le Fils de Dieu, partait néanmoins sans murmure, obéissant à l'ordre de saint Joseph, comme il obéissait lui-même aux puissances à qui Dieu l'avait soumis; ils bravèrent toutes les fatigues afin d'accomplir ce devoir. Oh! bienheureux le passant qui salua sur sa route ces pauvres voyageurs, et qui leur indiqua le chemin! bienheureux ceux que Marie remercia d'un doux sourire, et qui gardèrent longtemps dans leur oreille le son de sa voix!

— Hélas! interrompit mon compagnon, le trouvèrent-ils seulement, ce passant pieux! Je n'oublierai jamais, mon Père, les simples et sublimes pensées de saint Ignace sur l'incarnation du Verbe, que vous m'avez fait méditer un jour. C'est quand la terre est couverte de ténèbres, d'horreurs et de malédictions, sous le règne d'Auguste, sous le règne de l'orgueil, que Dieu se prépare à naître dans le sein de l'humble et modeste Vierge, qui habite la plus pauvre chaumière de Nazareth. Saint Ignace fait en quelques mots deux tableaux pleins de grandeur. D'un côté, le monde souffrant et coupable; de l'autre, la très-sainte Trinité qui, voyant tous ces crimes, tous ces blasphèmes, toutes ces souillures, juge qu'il est temps d'accomplir la promesse et d'envoyer le Rédempteur. Dieu ne pense point à punir, il songe à pardonner, à racheter, à racheter au prix de son sang!

— N'oubliez pas, reprit le Père, ce que vous devez vous-même faire à l'exemple de Dieu. Accomplissez le bien lorsqu'autour de vous on s'abandonne au mal; pardonnez lorsqu'on vous maudit; soyez prêt à souffrir pour ceux qui vous accablent d'outrages; cherchez l'humble vertu lorsque tout sacrifie à la grandeur ; empressez-vous de renaître, en quelque sorte, au contact des purs et des bons ; enfin, souvenez-vous de vos promesses, même à l'égard de ceux qui négligent les leurs; car lorsque vous vous êtes engagé à faire une chose juste et bonne, ce n'est pas envers l'homme que vous êtes lié, c'est envers Dieu.

Et, puisque vous rappelez ces méditations de votre retraite, ne manquez pas de les renouveler souvent. La méditation jette dans l'âme des semences qui germeront plus tard. Parfois vous savez à peine où est maintenant le grain ; mais vous le verrez un jour : quand le moment sera venu, il marquera sa place, et la tige percera la terre, pour laisser mûrir au soleil le fruit éternel qu'il doit porter. Songez, dans toutes les circonstances de votre vie, à la vie de votre maître et de votre modèle, Jésus-Christ. Par un effet de sa bonté, nous connaissons pour ainsi dire ses actions, jour par jour, à partir du moment de son incarnation jusqu'au moment de sa mort. La leçon est entière, attachez-y votre cœur et vos yeux.

Voyez, par exemple, comme il a commencé de bonne heure à souffrir et à obéir. Je vous parlais des voyages de la sainte Vierge. Jésus n'épargna rien à sa mère ni à lui. Voilà qu'on ne veut pas recevoir Joseph et Marie dans les auberges, parce qu'ils sont de trop pauvres voyageurs. Eh bien! Dieu, qui va naître, n'ordonne point à ses anges de lui bâtir un palais : il a des miracles pour guérir tous les maux et calmer toutes les souffrances de l'homme, mais il n'en a point pour éloigner de lui une seule des douleurs de l'humanité. Il a voulu naître petit parmi les petits, au temps où les petits n'étaient pour ainsi dire rien; il se soumet en tout à la loi qu'il s'est faite. A peine enfanté dans l'étable de Bethléem, il faut fuir; il ne veut pas que les anges aveuglent ses persécuteurs, il fuit. Suivez la sainte Famille dans cette course nouvelle. O miracle! cet homme si patient qui marche sur la foi d'une parole, c'est le fils de David; cette pauvre mère, c'est la Vierge bénie entre toutes les femmes, et cet enfant qu'elle porte dans ses bras, qu'elle abrite sous les plis de son voile, c'est Dieu! Ils vont de Judée en Égypte, par les chemins arides, par les âpres montagnes, se reposant sur la pierre et buvant l'eau du torrent. Combien de fois Marie ne fut-elle pas obligée de s'arrêter pour reprendre haleine, combien de fois les cailloux ne blessèrent-ils pas ses pieds! Et jamais un mot de plainte ne sortit de sa bouche, et jamais Joseph ne murmura! Et parmi tant de peines et d'épreuves, ils ne doutèrent pas un instant!

Pauvre sainte Vierge! Quelle pécheresse souffrit jamais ce qu'elle a souffert, elle le plus haut symbole, après Dieu, de toute vertu et de toute pureté! Ce n'était rien d'être venue à Bethléem, ce n'était rien d'avoir fui jusqu'en Égypte; elle devait faire encore un voyage plus affreux, elle devait suivre, à travers les rues de Jérusalem, son fils, que se renvoyaient les bourreaux; elle devait le voir attaché à la colonne où le lacéraient les fouets et les bâtons; elle devait avec lui monter au Calvaire, et recevoir au pied de la croix sa dernière parole et les dernières gouttes de son sang!

Le Père se tut. Nous restâmes tous trois plongés dans une de ces méditations profondes et chères, où les souvenirs de la Passion jettent toujours l'âme d'un Chrétien. Nous ressuscitions par la pensée toutes ces belles scènes, si simplement retracées dans les Évangiles, où l'on voit vivre, où l'on entend parler Dieu; et tour à tour apparaissaient devant nous les divers personnages des livres sacrés, depuis le bon vieux Siméon qui demande à mourir après avoir vu le Messie, jusqu'au larron qui passe du gibet d'infamie au royaume éternel. — Oh! livres bénis, livres sauveurs! inépuisables trésors d'espérance, de consolation, d'amour et de vertu, se peut-il que vous existiez et qu'il y ait au monde des hommes qui ne vous entendent pas, qui ne vous ont jamais ouverts, qui ne vous relisent jamais? et nous-mêmes, hélas! se peut-il que nous vous connaissions et que nous profitions si peu de vos avis! Nous lisons, nous joignons les mains, nous versons des larmes, puis nous fermons le livre et nous allons un instant après faire saigner les plaies du Sauveur.

L'heure où nous nous trouvions, le paysage qui nous entourait en ce moment, ajoutaient à l'impression souvent écrasante de ces idées. Le soir allait venir, le ciel était gris et terne, nous avancions sur un chemin pierreux, au milieu d'une nature désolée. Point d'habitations, point d'arbres, point de rochers, point de troupeaux; partout des vallées et des collines bizarrement entremêlées et couvertes d'une verdure uniforme. Un voyageur m'a dit que rien ne ressemblait davantage aux steppes de la Russie. C'est un de ces passages qu'il ne faut pas franchir seul, non qu'il y ait danger en aucune manière, mais on y trouve plus de tristesse et d'accablement que l'âme n'en peut porter. Je comprends bien ce que m'a raconté un homme grave, de caractère et d'âge, qui, se trouvant aussi le soir en ces tristes lieux, s'assit sur une pierre, et, sans savoir pourquoi, se prit à pleurer. « Il me sembla, disait-il, que je versais là toutes les larmes que j'avais contenues dans ma vie. Mille afflictions oubliées ou vaincues se réveillèrent au fond de mon cœur. Je vis mes péchés plus clairement que je ne les avais jamais vus, et je pleurai non-seulement sur moi, mais sur tous ceux que j'avais vus souffrir, sur tous ceux qui ont souffert par moi et pour moi; et parmi ceux-là Jésus m'apparaissait comme le plus longtemps et le plus cruellement affligé de tous, puisque l'homme ne commet pas une faute envers le prochain qui ne soit un crime envers Dieu. Ce fut une heure amère, entre toutes celles que j'ai passées. Cependant je n'y songe point sans douceur, et je ne voudrais pas que le Ciel me l'eût épargnée. Elle a dû expier quelque chose; j'en suis sorti plus fort qu'auparavant. La plus douce des consolations est un repentir chrétien. Dieu est si bon ! »

Le Père s'aperçut que j'étais triste, et, avec sa bienveillance accoutumée, il essaya de me distraire en renouant la conversation.

— Doublons le pas, dit-il, il me semble, Monsieur, que l'air de ce pays ne vous vaut rien. Ce n'est point ici que vous voudriez demeurer.

— Au contraire, mon Père, lui répondis-je, ce désert me paraît préférable au monde.

Le Père me jeta un regard doucement, et, si je puis dire ainsi, tendrement railleur.

— Ou je me trompe fort, dit-il, ou il y a là-dessous un sentiment poétique. Voyons, expliquez-vous, mon enfant.

Car dans le courant de la conversation, le Père, qui ne me connaissait que depuis quelques heures, m'appelait *monsieur*. Mais si j'avais besoin d'une consolation, d'un reproche ou d'un avis, il devenait plus affectueux et m'appelait *son enfant*.

— Mais, mon Père, l'homme qui vit dans la solitude n'a-t-il pas moins souvent que l'homme du monde l'occasion d'offenser Dieu?

— Qui vous a dit cela, mon enfant? Croyez-vous que le démon ne sait pas toujours très-bien où nous trouver? C'est au désert que Notre-Seigneur fut tenté quarante jours. Il faut une vocation particulière pour la solitude, et bien des hommes s'y perdraient, qui font dans le monde leur salut. Dieu nous appelle où il convient que nous allions, et nous fait vivre où il convient que nous vivions.

— Cependant, mon Père, le monde a bien des embûches. Les hommes sont pleins de ruses, et tous conviennent que la science la plus difficile à acquérir est la science de la vie.

— Pourquoi donc? Ce sont là de vieilles idées, il faut vous en défaire. Sans doute, à ceux qui oublient ou dédaignent la loi chrétienne, à ceux qui veulent vivre avec les rusés et comme les rusés, la science de la vie est difficile. Les ambitieux, les orgueilleux, les complaisants, les trompeurs, usent leurs années dans cette étude et souvent ne sont pas plus avancés lorsqu'il leur faut mourir. Ils ont la tête pleine d'axiomes odieux; ils savent mille finesses, mille mensonges; ils se donnent mille peines qui ne leur servent à rien, car ils trouvent toujours plus habiles qu'eux. Non-seulement la science de la vie leur est difficile, mais elle leur est amère; et vous les entendez sans cesse se plaindre, sans cesse accuser l'humanité qu'ils voient tout à leur image. Ils sont méchants et moroses; lorsqu'ils rient, leur gaieté fait frémir. Mais que vous importe tout cela; en quoi cela vous regarde-t-il, vous Chrétien?

Ils blessent Dieu continuellement et gravement, parce qu'ils ne l'ont jamais présent à la pensée. Mais si vous voulez sincèrement ne point l'offenser, il vous sera souvent aisé d'y parvenir.

Leur route est semée d'embûches qu'ils ont eux-mêmes

dressées, et où de coupables ambitions les font tomber; mais vous ne devez point avoir d'ambition; et là où ils tombent, vous ne trébucherez même pas.

Le mensonge les jette en des embarras renaissants; mais vous ne devez point mentir.

Ils trompent, chacun se méfie d'eux; mais vous devez être fidèle; on le sait, et l'on se confie en vous.

Ils poursuivent avidement de misérables plaisirs et sont accablés de dégoûts; mais vous n'usez que des plaisirs permis, et ceux-là sont aussi pleins de bonheur que peut l'être une chose mortelle.

Ils ont des remords hideux; vous ne pouvez avoir que de nobles regrets.

Ils sont mauvais fils, époux inconstants, pères indifférents ou sans sagesse, et leur famille est troublée; mais vous devez être l'homme de tous les devoirs, et la paix et l'innocence garderont votre foyer.

Ils demandent toutes leurs joies au monde, et ils sont déçus; vous demandez toutes les vôtres à Dieu, et vous êtes écouté.

Ils sont pleins d'orgueil, ils veulent toujours s'élever, et souvent on les abaisse; mais vous devez être humble. Tandis qu'ils se mettent au-dessus de leur place, vous allez vous asseoir au-dessous de la vôtre, et lorsque l'opinion les fait descendre, elle vous fait monter.

Ils craignent les jugements du monde; mais quand vous avez fait ce que vous deviez faire, que vous importent les jugements du monde, à vous?

Pour briller dans les conversations, ils sont âcres, mordants, ils médisent, ils déchirent, et ils sont traités comme ils ont traité les autres. Mais la modestie chrétienne retient vos paroles, vous devez vous oublier, donner peu d'avis, vous abstenir de critique; et si l'on ne vous admire point, ce qui n'est pas nécessaire, au moins ne dit-on point de mal de vous.

On les craint; on vous ignore ou l'on vous aime.

Ils blasphèment dans les revers et sont inconsolables : mais vous offrez au Ciel vos peines : *fiat voluntas tua*, et vous êtes consolé.

Enfin, tandis qu'ils invoquent tous les jours, par leurs pensées, par leurs désirs, par leurs actions, par leurs efforts, le règne de Satan, et que Satan, établissant sur eux son tumultueux et despotique empire, les livre comme autant de jouets infortunés aux caprices des démons, quelles paroles et quels vœux faites-vous entendre à votre réveil ?

Notre Père, qui êtes aux cieux.... Faites bien attention que cette prière vient de Dieu lui-même, et qu'elle nous a été transmise par les apôtres, à qui Jésus-Christ l'a donnée : *Notre Père !* C'est ainsi que Dieu veut être appelé par vous.

Que votre nom soit sanctifié; que votre règne arrive... Et ce règne, n'en doutez point, arrivera pour vous, qui l'invoquez de cœur.

Que votre volonté soit faite en la terre comme au ciel. Oui, mon Dieu ! que le bien se fasse ici-bas, que les hommes vous honorent et gardent vos saintes lois; que moi particulièrement, qui vous implore, je ne les transgresse en rien durant toute cette journée; que j'accomplisse le bien, comme j'en ai le pouvoir par votre grâce, dans la sphère où vous m'avez mis, selon les moyens que j'ai reçus de vous, et que du reste il arrive de moi, Seigneur, ce qu'il vous plaira d'ordonner. Que ce jour ait du soleil ou de l'ombre, que mes projets réussissent ou ne réussissent pas, que je vive ou que je meure, pourvu que je vous obéisse et que je vous aime, ma paix ne sera point troublée, je serai content : que votre volonté soit faite en la terre comme au ciel !

Donnez-nous aujourd'hui notre pain de chaque jour. Car Dieu ne veut point que vous oubliiez les nécessités de votre vie; mais c'est à lui, à lui seul que vous demanderez de les satisfaire. Vous ne compterez point sur vous-même; vous n'irez point à la porte de l'enfer pour en obtenir des dons funestes qu'il faudrait payer de votre âme; vous direz : donnez-moi le pain d'aujourd'hui, ô mon Père! et votre Père vous le donnera.

Et vous savez quel pain vous demandez encore, et surtout! — Comme une noble créature, comme un véritable enfant de Dieu qui ne borne point ses désirs aux nécessités d'une vie périssable, vous sollicitez par ces mots le double pain de la vie éternelle, c'est-à-dire la sainte parole de Dieu et son corps sacré.

Pardonnez-nous nos offenses! Ne sentez-vous point Dieu dans ces paroles si simples où rien n'est oublié! Frappez, et il vous sera ouvert; demandez qu'on vous pardonne, et il vous sera pardonné. La clémence divine n'en exige pas plus. Mais pour que Dieu vous aime, il faut que vous ne haïssiez point. Vous ajoutez donc :

Comme nous pardonnons à ceux qui nous ont offensés. O mon enfant! que cet engagement soit bien sincère dans votre bouche! Ne le prononcez point comme une formule vaine. Songez que vous vous adressez à Dieu, qu'il lit dans votre cœur, que si vous y gardez une parcelle de haine, il le sait, et que par là vous l'offensez bien plus que tous vos ennemis n'ont pu vous offenser.

Ne nous laissez pas succomber à la tentation. Dieu sait bien que vous serez tenté; il importe à votre gloire future que le démon ici-bas vous tente. L'éclat du mal pourra donc séduire vos yeux : vous voudrez faire comme ceux qui vous entourent; vous envierez leurs plaisirs, leurs honneurs; vous sentirez l'orgueil envahir votre âme, vos pensées ne seront point charitables, le démon de l'impureté vous lancera ses flèches perfides;... mais Dieu, qui vous éprouve et qui veut que vous gagniez votre salaire céleste, ne permettra pas néanmoins que la tentation dépasse vos forces. Dites donc, quand le danger vous presse : Mon Père, ne me laissez pas succomber! et vous ne succomberez pas.

Cependant vous n'avez pu dépouiller entièrement votre nature mauvaise et pervertie. Tout homme peut dire avec saint Paul : Je ne fais pas le bien que je veux, et je fais le mal que je ne veux pas. Le péché est en vous, il vous entraîne, le mal est fait; ne vous laissez jamais décourager! Souvenez-vous que Judas n'est pas dans l'enfer pour avoir trahi Dieu, mais pour avoir désespéré de la miséricorde de Dieu. Voilà son grand crime. Dans le monde une faute en entraîne une autre : on cherche à réparer par le mal ce que le mal a fait. Mais vous, vous vous jetez aux pieds de votre Père, vous vous écriez : *Délivrez-nous du mal !* Et l'occasion s'éloigne, ou la force de fuir vous est donnée, ou le repentir vous vient.

Mon enfant, voilà toute la science de la vie, et vous pouvez la renfermer en moins de mots encore : Aimer et craindre Dieu. Aucun moraliste n'a été plus concis et plus clair. Cela n'est pas difficile à retenir, ni malaisé à comprendre, ni pénible à pratiquer, car Dieu vous a donné la force en même temps que le précepte, et lui seul le pouvait.

Ne vous préoccupez donc pas de ce que l'on peut faire autour de vous. Quand vous avez la voie droite et sûre du Chrétien, ne cherchez point à connaître des voies obliques où le plus habile est dévalisé. Les ruses et les détours du monde ont été imaginés pour atteindre des buts que vous devez fuir; quel besoin avez-vous d'y être expert? Votre rôle dans la vie n'est point d'y acquérir du pouvoir, d'y entasser de l'or, d'y poursuivre des voluptés. Vous y êtes pour aimer Dieu, pour être utile à vos frères, pour gagner votre part de l'héritage céleste, pour apprendre à mourir : voilà vos obligations, et, dans quelque position que vous soyez, vous pouvez les remplir. Dieu vous en inspirera la volonté, la prière vous en donnera la force; les saints, les anges, la bonne vierge Marie, que vous aurez appelés à votre secours, vous y aideront de leur pouvoir.

Ainsi, selon que vous sauriez faire un bon et saint usage de la fortune, ou souffrir avec patience la misère, Dieu, qui vous aime, vous donnera la richesse ou la pauvreté.

La richesse sème les aumônes, elle peut faciliter le bien. La pauvreté, supportée avec courage, nous rapproche de Dieu par la souffrance, et donne un bon exemple au prochain, en même temps qu'à nous-même un salutaire exercice. Prions Dieu d'en faire à sa volonté, non à la nôtre, et de tout régler dans sa sagesse et dans sa clémence, pour sa gloire et pour notre salut.

De même la santé nous donne une force dont nous pouvons user au profit des âmes, et la maladie nous est une leçon qui peut profiter au prochain aussi bien qu'à nous. Quand je suis malade, je veux bien guérir; mais si, pour me guérir, il faut un péché, je préfère mes douleurs; et si la guérison m'est une occasion de péché, je demande à Dieu de ne pas guérir. Tout est bon selon l'usage qu'on en fait. Les joies et les afflictions sont données à l'homme, comme les choses de la terre, pour louer Dieu, pour le révérer, pour le servir, et se sauver en le servant.

Les honneurs, la considération, l'influence m'investissent d'un pouvoir redoutable à moi-même, mais qui, bien dirigé, peut servir Dieu et la cause de Dieu. Si je puis pousser les hommes, et que je les pousse au bien., Dieu me bénira et me préservera. Si je suis méprisé, je me souviendrai de la glorieuse abjection du Sauveur, et les louanges de Dieu paraîtront belles et seront retentissantes dans la bouche d'un malheureux. Qui a mieux servi Dieu que Job, couvert d'ulcères, couché sur le fumier, et disant : Que votre volonté soit faite, ô Seigneur, que votre nom soit béni !

Ne compter parmi les choses dont on peut user sur la terre que celles qui ne sont point interdites par la loi; se tenir à leur égard dans une indifférence entière, et faire un pieux usage de toutes celles qui nous sont données; regarder du même œil la bonne ou la mauvaise fortune; ne point désirer les honneurs plus que le mépris, la gloire plus que l'obscurité, les richesses plus que l'indigence; n'être pas plus vain de son manteau troué que de son manteau d'or; ne pas désirer plus de mal à ses ennemis qu'à ses amis; ne pas souhaiter une vie longue plus qu'une vie courte; ne pas perdre une occasion d'être utile; demander tout à Dieu, lui rapporter tout, le bénir de tout, c'est là le Chrétien; et c'est là aussi l'homme fort, l'homme sage, l'homme digne du respect des hommes, et quoi qu'on fasse, et quoi qu'il arrive, l'homme heureux!

Or cet homme-là, Messieurs, est dans votre *Pater*.

Le soir s'avançait, les chemins devenaient plus noirs; mais au moment où nous venions d'atteindre le sommet de la dernière des collines superposées que nous ne cessions de gravir depuis Rothenthurm, un de ces coups de vents si fréquents dans les montagnes déchira subitement les nuages, de larges rayons bleuâtres tombèrent du ciel, comme une sorte d'aurore crépusculaire, et nous vîmes sous nos pieds l'imposante église d'Einsiedeln, dont les tours blanches et les vastes ailes resplendissaient dans la plaine, sauvage et sombre, comme un grand autel allumé.

LIVRE QUATRIÈME

NOTRE-DAME-DES-ERMITES.

> Solve calceamentum pedum tuorum :
> locus enim in quo stas, terra sancta est.

Au temps de Charlemagne, vers 800, était né de race princière à Sulgen, petite ville de Souabe, un de ces hommes de foi sublime, comme Dieu en faisait naître en ce temps-là ; fleurs de vertus modestes et douces, qu'on voyait éclore tout à coup parmi les orgueils sauvages ; pures et vives intelligences qui recueillaient et conservaient le savoir humain au milieu de la barbarie ; exemples d'humilité profonde au sommet de tout ce qui peut rendre fier, la science et le rang ; vivantes leçons, modèles saints, glorieux anneaux destinés à transmettre aux siècles la tradition des vertus chrétiennes, aussi intacte que les apôtres l'ont reçue de Dieu.

Meinrad, fils du prince Berthold Hohenzollern, allié par son illustre famille aux premières maisons de l'Europe, pouvait prétendre à tout : il se fit bénédictin. Mais du sang dont il était, et savant comme il avait su le devenir au fond du cloître, la gloire, les honneurs, le bruit pouvaient encore venir le chercher : il se fit ermite. Non loin de son monastère s'élevait une montagne, pleine de retraites inconnues. Un jour, étant allé par là se promener, il y resta, sous l'abri d'une hutte qu'il avait bâtie de ses nobles et savantes mains. Hélas! même en ce lieu le monde le suivit encore. Les pèlerins apprirent les chemins jusqu'alors ignorés du mont Etzel, et marchèrent en foule vers l'étoile de sainteté qui venait de se lever dans ce désert. Les hommes d'alors, moins grossiers et moins fous dans leur ignorance que nous ne le sommes dans notre vanité, se confiaient volontiers, en leurs projets comme en leurs peines, à ces solitaires qui ne voulaient plus pour remplir leur vie que la prière et la charité. Riches et pauvres, manants et gentilshommes, le prêtre, le seigneur, le vieillard, l'enfant, l'humble moine et le prince-évêque, allaient consulter l'ermite; il les recevait avec la même bonté et leur donnait des avis également sincères, des consolations également fraternelles. Mais souvent quand le pauvre retournait à sa cabane avec la joie et l'espérance au cœur, le suzerain revenait l'inquiétude dans l'âme et la honte sur le front : Meinrad parlait toujours en serviteur de Dieu, qui ne craint point les hommes et ne cherche que la justice ici-bas.

Cependant le saint ermite soupirait après une retraite plus close; tant de visites interrompaient ses chères méditations. Au pied de la montagne, plus loin des lieux habités, il y avait, dans un vallon mêlé de collines, une forêt de sapins, si noire et si profonde, que les chasseurs eux-mêmes en craignaient les aventures, et qu'on l'appelait la Forêt-Sombre, dans cette contrée de sombres forêts. Meinrad s'y rendit sans avertir personne; on l'y retrouva bientôt. Se résignant alors à ce que le Ciel semblait exiger de sa charité, il continua d'accueillir et d'instruire ceux qui venaient. Il se laissa même bâtir une cellule qui le défendit au moins des tempêtes, et un modeste oratoire où il put placer l'image de Marie, ce soleil de pureté, cette mère angélique des Chrétiens, toujours prête à demander grâce pour ses enfants. Meinrad l'implorait sans cesse, il conduisait à ses pieds les bons pèlerins que n'effrayaient point les dangers de la Forêt-Sombre; et les affligés, les malheureux, les coupables même, ne tardaient point à sentir qu'un regard de miséricorde était tombé sur eux. Les visites des hommes n'étaient pas les seules que l'anachorète reçut. Un soir, à minuit, l'un des religieux de Reichenau, qui venait parfois à l'ermitage, suivit de loin Meinrad jusqu'à la petite chapelle où il allait réciter l'office du soir : tout à coup cette chapelle éclata de lumière ; le moine s'approcha, et sur les degrés de l'autel où Meinrad était agenouillé, il vit un jeune enfant au front céleste qui récitait l'office avec lui.

Qui aurait cru que cette vie dût finir par le martyre? Après avoir vécu trente-trois ans dans sa solitude, Meinrad fut assassiné (21 janvier 863) par deux misérables qui pensaient trouver des trésors dans cette pauvre cellule où venaient tant de pèlerins. Il avait lu leur dessein dans leurs âmes, et leur avait dit. « Vous auriez dû venir plus tôt, afin d'assister à ma messe pour conjurer les saints de vous être propices à votre dernière heure. Vous ne me tuerez pas sans avoir reçu ma bénédiction et votre pardon de ma propre bouche. Quand je serai mort, je vous recommande d'allumer ces deux cierges, l'un à ma tête, l'autre au pied de ma couche. Après cela, fuyez au plus vite, vous pourriez être trahis par ceux qui me viennent voir (1). » Et ces malheureux l'avaient tué, puis ils s'étaient enfuis jusqu'à Zurich. Presqu'en même temps qu'eux y arrivaient les gens de Wolrau, déjà instruits du meurtre de l'ermite, et qui découvrirent l'auberge où les assassins s'étaient réfugiés, parce que deux corbeaux qui avaient appartenu à Meinrad, voulaient franchir la porte de ce logis, d'où une servante essayait en vain de les chasser. Les assassins saisis avouèrent le crime, et déclarèrent entre autres choses, dans leur interrogatoire, qu'ayant oublié les recommandations de l'ermite, ils avaient vu tout à coup les cierges s'allumer et des mains invisibles les placer ainsi qu'il l'avait dit. La légende allemande ajoute qu'au moment du supplice, on vit encore deux corbeaux voleter et planer au-dessus de l'échafaud.

L'ermite mort, la cellule fut abandonnée, mais non pas le pèlerinage; et la Forêt-Sombre perdit son nom pour prendre celui de Meinrad. On venait prier où il avait prié, implorer l'intercession de la sainte Vierge, devant l'humble image aux pieds de laquelle il s'était agenouillé si longtemps. Cependant le temps dégradait la cellule et la chapelle, les pèlerins eux-mêmes ne manquaient pas d'en emporter toujours quelque débris; lorsque Bennon (Benoît), prince du sang des rois de Bourgogne, chanoine de Strasbourg, et qui fut saint, étant venu visiter ces lieux déjà célèbres par les grâces que le Ciel y accordait à la foi, résolut d'en relever les ruines et d'y continuer la sainte vie du martyr. Après avoir résilié son canonicat, distribué ses biens à ses parents et gagné à la vie solitaire quelques hommes comme lui pleins de piété, il vint ériger autour de la cellule de saint

---

(1) *Chronique d'Einsiedeln*, par M. Régnier.

Meinrad plusieurs autres petites cellules en bois. Ce fut l'origine de l'abbaye. Dès lors la forêt cessa d'être un désert : on y entendit jour et nuit travailler et chanter les louanges de Dieu, et le séjour des nouveaux ermites fit prendre à cet endroit le nom d'Einsiedeln, que les légendaires et les chroniqueurs traduisent en latin par *eremus, eremus Deiparæ, eremitarum cœnobium...* Après saint Bennon, vint saint Eberhard, de la famille des ducs d'Allemagne, autre serviteur bien-aimé de Dieu. Celui-là, avec sa fortune et le secours du duc de Souabe, enclava la cellule de Meinrad dans un beau monastère, et sa chapelle dans une église magnifique. Il donna à la communauté la règle de saint Benoît, et prit le titre d'abbé. A saint Eberhard succéda saint Adelric, fils de Bourcard Ier, duc de Souabe; à saint Adelric, Thietland son oncle; à Thietland, Grégoire, de race royale, et sous ce troisième abbé, pieux et savant comme ses illustres prédécesseurs, le titre de prince du Saint-Empire fut attaché à perpétuité au titre d'abbé d'Einsiedeln. En moins d'un siècle, l'abbaye d'Einsiedeln avait bien grandi comme on voit. Les biens personnels des illustres solitaires, les donations des princes et surtout la sainteté de ses chefs l'avaient élevée à une haute influence. Elle était devenue, suivant la loi commune de ces chrétiennes fondations, un centre d'activité, de lumières, de travail, une école pour la jeune noblesse, un foyer de civilisation pour tout le pays. Dans les siècles subséquents son éclat s'accrut encore. Bien des saints vécurent à l'abri de ces murailles, bien des hommes illustres y accoururent, bien des hommes illustres en sortirent. Son chapitre fut comme une pépinière de doctes et pieux personnages, où les autres communautés venaient chercher des chefs habiles au maintien de la discipline et versés dans la connaissance des choses de Dieu. De là partaient fréquemment des fondateurs de maisons nouvelles, astres pieux, dont Einsiedeln était le centre de gravitation. Mais nous ne saurions redire ici cette longue histoire. Un de nos jeunes écrivains catholiques vient de l'écrire avec autant de savoir que de piété (1). Nous renvoyons nos lecteurs et surtout nos lecteurs chrétiens à ce consciencieux travail, qui va de saint Meinrad à dom Célestin Ier, abbé présentement régnant. L'auteur n'a rien négligé : prospérités, travaux, vicissitudes, il dit tout ; et, même pour les gens du monde, il y a autant d'intérêt que d'instruction dans ses récits.

L'abbaye d'Einsiedeln a vu de bien mauvais jours succéder à ses siècles de gloire. Pendant un temps qui n'est pas encore loin de nous elle demeura déserte. L'impiété dispersa violemment ses hôtes rassemblés pour l'étude et la prière. Une armée (une armée française, hélas!) se rua sur la sainte maison et permit à une populace non moins ignorante qu'ingrate et vile de la saccager. On se fit un jeu de violer les sépulcres, de briser les reliques saintes, de les répandre sur le pavé, de les mêler avec d'autres ossements afin que la piété des fidèles ne pût les reconnaître. Folie de bêtes brutes, qui par là s'imaginaient anéantir la religion. On crut aussi enlever l'image vénérée, léguée par Meinrad à ses successeurs et que, durant huit siècles, étaient venus visiter des millions de pèlerins ; mais l'orage s'était annoncé par des éclairs si terribles, que les moines avaient heureusement songé à mettre en sûreté ce modeste trésor, et tandis qu'on l'emportait secrètement au loin, Schauenbourg, trompé par une ruse assurément bien permise, n'envoyait à Paris qu'un simulacre orné de clinquant. Il est probable que

---

(1) *Chronique d'Einsiedeln*, par M. Joseph Régnier, 1 vol. in-18. Paris, Gauthier frères, 1837.

les Parisiens n'auraient pas contemplé chez eux cet *objet de curiosité*, si la véritable madone de Meinrad, toute revêtue de pierreries et d'or, était tombée dans les mains de nos héros.

Aujourd'hui enfin, bien que la pieuse image ait repris sa place et qu'autour d'elle les cénobites chantent comme autrefois les louanges de Dieu, les temps sont à peine meilleurs. L'avenir semble gros de persécutions. Ce que le monastère a gardé de sa fortune spoliée excite beaucoup de convoitises; la foi même de ceux qui l'habitent irrite beaucoup d'aveuglements. Au pied de l'abbaye s'élève un bourg qui lui doit sa naissance, ses développements, sa richesse, sa vie. C'est là, et dans tout ce district stérile, fort différent du chrétien et loyal canton de Schwitz dont il fait cependant partie, que les moines rencontrent leurs ennemis les plus acharnés. L'air de Zurich a traversé le lac et est venu jusqu'en ces lieux corrompre les cœurs et abaisser les intelligences; car il n'y a pas seulement de l'ingratitude dans l'hostilité du peuple d'Einsiedeln, il y a encore une inconcevable stupidité. Quand ils se seront partagé le peu de propriétés qui restent au couvent (et ce qui fait vivre cinquante religieux ne saurait suffire à quinze familles, si modestes qu'elles soient), que feront-ils, si le pèlerinage est supprimé, si les voyageurs pieux ne viennent plus par cent mille, tous les ans, leur apporter l'abondance et la prospérité? qui donnera du secours à leurs pauvres, de l'instruction à leurs enfants?

Mais les gens d'Einsiedeln ne voient pas si loin. En Suisse comme en beaucoup d'autres pays, les populations depuis longtemps sont excitées contre la religion et surtout contre les moines par des meneurs à qui l'on ne fera pas facilement entendre raison, car, parmi ces hommes, les uns ont imaginé de vendre tout ce que les ordres religieux donnaient, les autres ont assis leur industrie et leur fortune sur des bases que l'Église tend à supprimer. L'aubergiste veut vendre l'hospitalité, le médecin veut vendre la guérison, le professeur veut vendre la science, l'homme de loi veut vendre la concorde et mettre un impôt sur le bon droit, l'écrivain veut vendre le sophisme, le baladin veut vendre le repos et le délassement (1); autant d'implacables ennemis pour les hommes d'abnégation, de charité, de paix, d'austérité qui se consacrent, pour l'amour de Dieu et de l'humanité, au soin des malades, à l'instruction des pauvres, qui recommandent d'éviter les disputes, qui éteignent les procès, qui dirigent les âmes dans la voie étroite du bien, et qui font de la prière et du devoir les plus grands, les seuls plaisirs de l'homme élevé jusqu'à la connaissance de son créateur.

Quant aux moines d'Einsiedeln, ils vivent de telle sorte que l'avenir prospère ou sombre ne peut les inquiéter. Occupés exclusivement de bonnes pensées et de bonnes œuvres, ils emploient à faire le plus de bien qu'ils peuvent le jour que Dieu leur envoie, sans demander ce qu'apportera le lendemain. Les religieux sont comme ces phares qui jettent plus d'éclat pendant les nuits d'orage. Si parfois on a vu dans les monastères la vertu décroître au sein des splendeurs, on la voit bien plus sûrement, on la voit infailliblement se relever triomphante sous le vent de l'adversité. Jamais le pèlerin de Notre-Dame-des-Ermites n'a trouvé au terme de son voyage des guides plus éclairés, des cœurs plus

---

(1) Il y a sans doute de nobles exceptions. L'auteur de ce livre connaît des avocats, des médecins, des savants, des hommes de lettres aussi bon chrétiens qu'on puisse l'être, et certainement bien meilleurs chrétiens que lui. Mais, hélas! quel petit groupe dans un nombre immense!

ardents, des âmes plus saintement pliées à la loi de renoncement et d'amour. En voyant la douce sérénité de ces bons Pères, on se rapelle les paroles de l'Écriture : *Le juste ne sera point troublé quoi qu'il lui arrive par l'ordre de Dieu* (1).

Depuis saint Meinrad, le pèlerinage d'Einsiedeln n'a cessé d'être fréquenté chaque année par un très-grand nombre de Chrétiens (2). Nous sentîmes une émotion bien puissante et bien pure lorsqu'à notre tour nous pûmes fléchir le genou sur ce sol d'où tant de cœurs purifiés par la pénitence ont élevé à Dieu des prières pleines de reconnaissance, des vœux pleins de foi. Quelque chose qui ne s'exprime point dans le langage des hommes nous fit comprendre qu'en effet le souverain Maître devait regarder avec amour ce coin de terre béni, et par l'intercession de Marie y semer ces miracles que toutes les douleurs obtiennent de sa bonté. Dans l'ivresse de ce sentiment un illustre pèlerin d'Einsiedeln, illustre habitant du ciel aujourd'hui, saint Charles-Borromée, s'écriait (3) : « Après la maison de la Sainte-Famille, qu'on dit avoir été transportée sous d'autres cieux par la main des anges, je ne sache pas d'endroit où mon âme ait été, plus qu'à Einsiedeln, transportée de pieuses ardeurs. »

AVE MARIA...., ORA PRO NOBIS.

La première chose qui frappe les yeux dans la belle église d'Einsiedeln, c'est la chapelle miraculeuse où la modeste image de la sainte Vierge est exposée. On y disait la messe,

(1) Prov. x, 21.
(2) Voyez la note à la fin du volume.
(3) Lettre au prince Hohen-Embs, 1578.

et une grande foule de fidèles, hommes, femmes, enfants, de tout rang, de tout âge, assistaient au saint sacrifice, attendant avec ferveur le moment de la communion ; d'autres se pressaient autour des confessionnaux ; d'autres, après avoir communié, écoutaient dans les chapelles latérales la messe d'action de grâces. Presque tous les cantons de la Suisse avaient là des représentants. On y voyait les épaisses torsades de Fribourg, la jupe courte du Guggisberg, le corsage orné de chaînettes d'argent et le caducée de dentelles noires des femmes de Berne, les crêtes blanches de Schwitz, le collier de velours de Schaffouse, la petite casquette du Valais. Dans un groupe dont les autres pèlerins se tenaient éloignés avec une sorte de respect, nous reconnûmes les rubans, les châles et l'élégante attitude des femmes de France. Les hommes, moins nombreux et vêtus plus uniformément, trahissaient encore leur origine par certaines diversités de physionome. On pouvait distinguer parmi eux des Français, des Allemands, des Italiens; mais le respect et la dévotion étaient partout les mêmes. Il nous sembla que nous lisions dans le cœur de tous ces Chrétiens et que nous entendions leurs vœux.

LE PRÊTRE.

Sainte Vierge, priez pour ceux qui ont charge d'âmes : priez pour le pasteur et pour le troupeau. Que la pensée de mon Dieu et la vôtre, toujours présentes, m'inspirent la vigilance, la douceur, la charité ; faites que jamais je ne désire rien pour moi-même des avantages de ce monde ; gardez-moi de toutes fautes afin que le père ne devienne pas un objet de scandale aux enfants ; donnez à ma voix l'accent qui console ; que ma vie soit comme un feu dans les ténèbres, qui se consume pour éclairer et réchauffer les cœurs.

Porte du ciel, ouvrez-vous et laissez pleuvoir les bénédictions d'en haut sur la famille à qui Dieu m'a donné ; remplisse toutes ces âmes des douces vertus de la foi ; accordez-leur assez des biens de la terre pour attendre doucement le jour des biens éternels.

Mère toujours bénie et bien-aimée, priez Dieu pour le salut et le triomphe de notre sainte Église, son épouse comme vous ; n'oubliez point notre saint-père le pape, notre évêque, notre patrie et notre roi.

LE JEUNE CHRÉTIEN.

Par votre intercession, douce et pieuse Marie, et par la grâce de Dieu, je suis sorti des ténèbres où j'étais plongé. Mais je suis faible et chancelant encore, mon cœur saigne partout où j'ai frappé pour le détacher du mal, je traîne péniblement le reste des liens que j'ai rompus, je regrette et j'envie les joies coupables auxquelles j'ai renoncé, j'ai peur de retomber. O Vierge ! achevez votre ouvrage, soutenez-moi, écoutez ma prière. De tout ce que j'ai voulu, de tout ce que j'ai pu désirer ou rêver, je ne demande plus qu'une chose, et je la demande sincèrement malgré les murmures du corps et les rébellions de l'esprit : je veux persévérer.

Hélas ! sainte Vierge, bien que j'aie peu vécu, beaucoup dans le monde ont souffert et péché à cause de moi : souvenez-vous d'eux, accordez-leur votre appui. Quelle douleur de penser que mon âme sera sauvée, et que peut-être celles-là seront perdues ! Faites-leur la grâce que vous m'avez faite, et que Dieu m'envoie tout ce que je pourrai porter de leur fardeau.

Il en est d'autres qui m'ont entraîné vers le mal, qui ont les premiers jeté dans ma pensée, innocente encore, la boue qui la trouble maintenant : donnez-moi la force de leur pardonner et de prier pour que Dieu leur pardonne.

O mon Dieu ! puisqu'à cette heure je suis de vos enfants et que j'ai droit aussi d'envoyer au ciel une prière écoutée, éclairez tous ceux que j'aime, mes parents, mes amis et mes ennemis d'autrefois qui sont à présent mes frères : donnez-leur à tous le bonheur que je goûte malgré ces derniers combats où votre force me fera vainqueur.

LA MÈRE.

O Vierge, salut des malades et des souffrants, le bel enfant que vous m'avez donné languit dans son berceau ; ses doux regards ne s'animent plus à mon sourire, sa voix n'essaie plus de bagayer votre nom que je lui avais appris ; sainte Vierge, priez pour moi, sauvez mon enfant ; c'est la fleur de pureté qui parfume ma maison ; c'est l'ange gardien qui veille sur mon cœur ; c'est le rayon de grâce par qui tout fruit amer de la vie se change au miel le plus doux. Lorsqu'il dort dans mes bras et qu'en le regardant je bénis Dieu, rien de mauvais n'entre en mon âme, nul devoir ne m'est pesant, pas une des joies mortelles autrefois désirées ne me tente ; je ne souhaite que de le voir grandir pour l'entendre prier avec moi : il me semble que je suis vierge et mère, comme vous...

Si Dieu, toujours juste et bon, ne veut pas que ce frêle navire affronte les flots, sainte Vierge, Mère de douleurs, obtenez-moi le courage et la résignation ; faites que je n'oublie point que vous êtes restée debout au pied de la croix.

LE PÈRE.

Ma bonne sainte Mère, je vous prie pour ma femme et mes enfants. Veillez sur eux, tandis que je travaille pour eux ; sanctifiez-moi afin que je les sanctifie ; je les remets entre vos mains. Vous savez combien je les aime, cependant, je vous le demande au nom de votre divin Fils, que Dieu les prenne plutôt que de leur laisser commettre un seul péché mortel.

LE PAUVRE.

Consolatrice des affligés, portez aux pieds de Dieu mes actions de grâces, pour les forces qu'il m'a données en toutes mes misères. Le monde me plaint, mais pour moi je ne trouve point mon fardeau si pesant. J'ai souffert, quel homme ne souffre pas? Plus d'une porte où j'ai frappé est restée close; quel homme n'a demandé souvent et n'a pas été repoussé? Je n'ai point d'amis, point de famille; quel homme n'est froissé dans son cœur, lorsqu'il aime en dehors de Dieu?

Ceux qui me plaignent ne savent pas combien d'âmes généreuses m'ont assisté; combien de Chrétiens ont accueilli leur pauvre frère; combien de mains pieuses ont pansé mes plaies; combien de manne céleste est tombée chaque jour dans ce qu'ils appellent le désert de ma vie.

Ils n'ont point vu les anges qui me sourient aux passages les plus sombres, ni les foyers pleins de repos où souvent d'aussi pauvres que moi m'ont donné de leur pain pour la moitié de mes prières.

Ils ignorent surtout, ô sainte Vierge qui méritez si bien le nom de Mère, ils ignorent quelle radieuse espérance illumine mon cœur, car, assoupis dans leurs délices, ils n'ont point aussi souvent que moi le bonheur de rêver au paradis.

Pourquoi donc me plaignent-ils? Ne suis-je point votre enfant; ne puis-je point vous prier comme eux; resterai-je plus longtemps qu'eux sur la terre et n'irai-je point dans le ciel avec eux!

Sainte Vierge, bénissez mes bienfaiteurs, conservez-leur ces richesses dont le pauvre a sa part; mais surtout ayez pitié de ceux qui repoussent l'indigent, et adoucissez les souffrances de quiconque manque de force et de résignation.

Mère céleste, soyez bénie à jamais!

LE RICHE.

Sainte Vierge, mes biens se sont accrus et mon cœur s'est rempli d'inquiétudes; j'ai tremblé pour mes vaisseaux quand j'ai vu la tempête agiter les mers; quand j'ai vu les révolutions tourmenter les peuples j'ai moins frémi pour les peuples que pour mes intérêts. Plus d'une fois, j'ai donné au soin des affaires mortelles le temps qu'auraient dû remplir mes devoirs envers Dieu; j'ai suivi avec l'âpre souci des joueurs la chance favorable ou contraire, je me suis réjoui sans mesure, je me suis attristé sans courage selon le gain ou la perte, et il m'a semblé que si la fortune m'était enlevée je n'aurais pas de résignation. Sainte Vierge, ne souffrez pas que l'amour des richesses envahisse mon âme; priez plutôt Dieu de m'ôter tout ce que je possède; j'aime mieux perdre mes biens périssables que mon âme immortelle, et cette graisse de la terre que l'espérance du salut... Dans tous les cas, préservez-moi de l'orgueil et de la dureté; que je sois l'économe du pauvre, l'humble main par qui Dieu répand ses bienfaits, l'actif instrument de sa providence; que je paraisse enfin devant vous comme l'intendant fidèle qui a eu longtemps la clef des trésors de son maître et n'en a rien détourné.

LE FIANCÉ.

Sainte Marie, Vierge des vierges, vous savez le nom de celle pour qui je vous prie chaque jour, et qui parfois aussi prononce le mien dans ses prières; elle est douce et pure, la candeur de vos enfants bien-aimés rayonne sur son front : il me semble que mon père l'aimerait et que ma mère serait heureuse de l'appeler sa fille; cependant, sainte Vierge, je me méfie de mon cœur. Peut-être ai-je trop regardé ses yeux timides, peut-être ai-je trop admiré l'éclat mortel de son printemps; demandez à Dieu de m'éclairer et de me conduire; que je fasse sa volonté, non la mienne; qu'en ceci comme en tout je songe à le servir et non point à satisfaire mes vœux. Si celle-là que j'aime doit être chaste épouse et bonne mère, si elle doit comme l'arbre de bénédiction porter des fruits purs et d'une saveur agréable à Dieu, si elle doit trouver en moi l'appui bienveillant et fidèle que je souhaite à sa vie, si nous devons nous sanctifier et vous plaire en nous aimant, que cette union s'accomplisse. Mais si je n'écoute qu'un désir terrestre et passager, ou si je puis, dans un autre état, mieux agréer à mon Maître et marcher plus sûrement à mon salut, que Dieu me rejette loin d'elle, et qu'il la rejette loin de moi. Je verrai sans murmure se rompre ces liens lentement formés, je me détournerai sans regret de ce but où tend mon âme; car je ne veux qu'aimer Dieu, je ne veux qu'obéir à Dieu.

LA JEUNE FILLE.

Reine des anges, Mère très-chaste et très-pure, ma patronne bénie, faites que je ne rougisse jamais devant vous.

UNE AUTRE.

Doux refuge, le monde a passé sous mes yeux, et, comme un nuage sombre, la poussière de ses fêtes m'a caché l'étoile rayonnante que j'avais toujours suivie. Des bruits pleins d'épouvante, et que j'aime pourtant, ont étouffé la voix intérieure qui me parlait de vous. Mon cœur s'est troublé : j'ai senti mille amertumes que je ne connaissais pas. Je vois que je me perds et que je vous oublie; j'ai peur, je suis malheureuse, et malgré mes remords je descends chaque jour plus avant dans l'abîme où m'entraîne un vertige plus fort que mes résolutions; mais dites un mot, bonne Vierge, et je serai sauvée. Marie! Marie! souvenez-vous qu'on n'a jamais entendu dire qu'un Chrétien ait imploré votre secours et que vous l'ayez abandonné. Montrez que vous êtes mère. Préservez votre enfant. Obtenez de Dieu que je l'aime toujours et que je n'aime que lui. Rendez-moi la consolation de mes douces prières et le repos des jours où je ne vous offensais pas.

LE FRÈRE.

Trésor de candeur éternelle et d'éternelle bonté, rose des jardins célestes, blanche tour d'ivoire fermée aux rayons du mal, emblème de toute vertu, miroir de toute pureté, flambeau des familles, ô Vierge ! j'ai deux sœurs, deux enfants saintes encore, deux blanches colombes encore cachées au nid maternel; elles chantent et sourient dans leur innocence qui s'ignore elle-même, comme le fils d'un roi se joue sur les tapis précieux dont il ne sait pas le prix ; mais l'heure approche où elles atteindront le seuil des années sérieuses et pourront contempler la vie. Vierge très-prudente, faites que ce redoutable spectacle ne fascine point leurs yeux ignorants; préservez-les du souffle amer qui flétrit les jeunes fleurs ; préservez-les des larmes stériles, des angoisses qui font rougir, des désirs qui font tomber; gardez-les humbles et pures, soumises aux lois de Dieu, franches et fidèles jusqu'à la fin de leur vie. Qu'elles soient filles modestes, femmes patientes et dévouées, mères vigilantes et pieuses; qu'elles prennent avec les années les vertus de leur état et de leur âge, sans perdre jamais les douces vertus de l'enfant; qu'elles ne voient pas, qu'elles n'entendent point, qu'elles ne connaissent jamais ce qu'une Chrétienne ne doit ni entendre, ni voir, ni connaître; que votre nom soit toujours sur leurs lèvres, et votre exemple toujours dans leur pensée; qu'elles vivent et meurent en vous bénissant. Faites ainsi, très-sainte Vierge, et vous les mènerez, à travers le parfum des joies périssables, aux fruits sans nombre de l'éternité.

L'ARTISTE.

Beauté suprême, type sacré, fontaine de lumière céleste, gerbe étincelante de toutes les merveilles et de toutes les vertus, chef-d'œuvre des chefs-d'œuvre de Dieu, vous qui avez inspiré les saints et les prophètes! quiconque veut faire entendre sa voix et sa pensée en ce monde doit implorer votre appui. Si l'artiste n'a pas dans son cœur un rayon de la flamme qui couronnait les apôtres, il n'est que l'instrument esclave des volontés de la foule ou de l'orgueil des puissants. Il vend au hasard, à des mains qui possèdent l'or, le génie qu'il reçut du Ciel pour enseigner ses frères et pour honorer Dieu. Il se condamne à d'indignes labeurs, il devient l'écho des passions misérables, le complaisant des goûts vulgaires, l'interprète indifférent de mille pensées qui ne sont pas à lui, et son œuvre passe comme l'impur salaire qui l'a payée. Sainte patronne des nobles arts, faites que je ne tombe jamais en cet abaissement de prostituer aux plaisirs des hommes les facultés que je dois vouer au Seigneur. Que l'ivraie des intérêts humains ne se mêle point au blé pur de ma pensée : que toute œuvre de moi soit une leçon ou une prière ; que tout ce qui éclôra dans mon esprit réjouisse saintement les cœurs purs et soit à la louange des cieux.

LE FILS.

Ceux qui m'ont donné le jour se présenteront devant le Juge éternel, confiants et simples comme des enfants. Ils élèveront vers lui des mains endurcies par le travail, et que n'a jamais souillées un gain illégitime ; ils lui montreront des cœurs honnêtes et fermement dévoués à tous les devoirs qu'ils ont connus... Si ce n'est pas assez, suppléez, sainte Vierge, à leur justification par vos prières, et obtenez-moi la grâce d'y suppléer moi-même, par la pénitence, le sacrifice et l'expiation.

LE CITOYEN.

O Vierge! de la terre de France je viens en ces lieux lointains vous supplier pour ma patrie. N'oubliez pas qu'un roi pieux l'a mise aux siècles passés sous votre égide, et que, depuis lors, tout Français fidèle a droit de renouveler l'offrande et de vous regarder comme la patronne de son pays. J'ose donc, obscur et simple enfant de la France, vous implorer pour sa gloire, son bonheur et son repos; et je prie en même temps sainte Geneviève, saint Louis, saint Bernard, tous nos martyrs et tous nos saints de la recommander avec vous aux miséricordes du Tout-Puissant. Détournez de ses peuples le poids des colères célestes, apaisez nos haines, étouffez nos discordes, soutenez notre obéissance, ranimez notre foi. Que la prière nous fasse Chrétiens; que la charité nous rende frères; que, par la vigilance des ministres de Dieu, le flambeau catholique jette au milieu de nous de plus vigoureuses flammes et de plus éblouissantes clartés! Inspirez nos artistes, nos écrivains, ceux dont la pensée ou la voix agit sur la foule; inspirez surtout les hommes que la volonté divine appelle parmi nous au rang terrible de conducteurs des nations. Siége de sagesse et miroir de justice, dirigez leurs conseils, guidez leurs résolutions: qu'ils ne proposent que des lois sages; qu'ils n'entreprennent que de justes guerres; qu'ils ne fassent point d'alliance avec l'impie; qu'on ne les voie pas vendre l'honneur et l'avenir du royaume à l'avidité des marchands, mais qu'au contraire ils soient les soutiens de l'opprimé, les défenseurs de la foi, et que nulle part dans le monde un peuple chrétien ne désespère, tant que la bannière de France pourra jeter son ombre sur une épée! Amen! amen!

SOUVENIR.

A E. DE***.

Encore des soupirs, encore des regrets! Toujours le présent vous mécontente, et vous regardez ce qui n'est plus.... Je vous l'avouerai, ces retours mélancoliques vers le passé me font trembler pour votre avenir. Écoutez les conseils d'un frère; cessez de contempler ces images qui renaissent sous vos larmes; et s'il est vrai que vous ayez besoin de résignation, résignez-vous bravement, sans dire que vous vous résignez.

Ne vous plaignez pas! la plainte est un doute, le doute est un manque de foi. Vous doutez que Dieu ait pris soin de vous, il vous semble que vous auriez mieux arrangé votre vie, et que vous ne goûtez pas tout le bonheur dont vous auriez pu jouir. Véritablement, cela est insensé. N'y a-t-il donc qu'à chercher des joies et des plaisirs dans ce monde ! Ne faut-il pas y faire son salut? Eh bien! c'est dans la voie du salut que Dieu place toujours une âme chrétienne; c'est là que vous êtes, n'en doutez point. De tous les plaisirs que vous auriez pu trouver dans une voie tracée par vous, que vous resterait-il à l'heure de la mort? ce qui vous reste aujourd'hui du passé. Mais les épreuves où Dieu, juge de ce que vous pouvez supporter et de ce qui nous convient, veut que vous marchiez maintenant, seront, vous le savez, autant de rayons dans la couronne d'éternité qui vous attend.

Des devoirs austères ont lié vos jours, vous en aviez rêvé de plus doux. — Bénissons Dieu de toutes choses, mais bénissons-le plus tendrement lorsqu'il écarte de nous l'objet d'un désir mortel ; car le poids le plus lourd à porter, c'est le néant d'un souhait accompli, le mensonge d'une joie longtemps désirée et qui se trouve pleine d'amertume. On fait aisément face au malheur qui vient sous son nom; mais quand le malheur se trouve où l'on croyait trouver la félicité, c'est alors qu'il est difficile de n'y point succomber.

Il est des choses que vous ne pouvez savoir ; chacun reçoit de la miséricorde divine des grâces propres à sa situation. Ceux que Dieu a, comme vous, gardés à l'abri des orages, ignorent combien les joies du monde cachent de déception, et les désirent parfois : c'est leur épreuve. D'autres ont longtemps poursuivi ces fragilités, et se sont déchirés, pour les atteindre, à toutes les ronces du chemin; ils ont souffert, ils sont tombés, mais ils savent ce qu'il faut croire des promesses de la vie; c'est leur consolation.

Tous les deux, peut-être, par des chemins différents, nous avons cherché un but pareil; tous les deux nous avons vu s'élever d'infranchissables barrières entre notre espérance et nous. Cependant je suis calme, et vous gémissez. C'est que vous croyez à votre rêve, tandis que je sais, moi, que tout rêve a menti. Ne m'enviez pas cette sagesse, je l'ai chèrement achetée. Vous avez marché dans la paix et dans le repos, j'ai vogué parmi les inquiétudes et les tempêtes ; vous n'avez point quitté les doux rivages et les fraîches ombres, j'ai touché plus d'une terre aride, qui de loin me semblait riante et bénie; vous avez jeté l'ancre tranquillement, j'ai fait naufrage plus d'une fois au port que j'avais désiré; vous laissez parler tout haut vos souvenirs, je rougis quand j'entends murmurer les miens. Acceptons humblement la part qui nous est faite, et désormais tendons au but qui ne peut ni manquer ni décevoir.

Sachez bien que la joie humaine a des dégoûts, mais n'a point de satiété; qu'elle altère et ne rassasie pas. On en prend, on en veut encore, on en veut toujours; et l'on finit, ô malheur! par passer des joies permises aux joies condamnées, comme un homme que le vin ne réjouit plus, et qui s'enivre avec du poison.

La coupe où l'on boit l'épreuve a des bords amers; mais, au lieu de la repousser comme vous faites, videz-la courageusement : le miel est au fond; vous n'en garderez qu'un goût suave et parfumé.

Ne soyez pas comme ces enfants qui veulent prendre d'un festin splendide plus qu'il ne convient à leurs besoins, et qui pleurent quand le père prévoyant leur dit : Assez.

Surtout ne vous plaignez point au monde, de peur qu'il ne cherche à vous consoler, et que vous n'acceptiez ses consolations. Le monde ne vous aidera point à porter votre fardeau, il vous conseillera de l'abandonner. Est-ce là ce que vous voulez?

Et puis, que peuvent dire ceux qui vous entendent? « Voilà, penseront-ils, une âme chrétienne et fidèle; cependant elle est troublée et se plaint. » Et, sans considérer que vous péchez par ces murmures, ils porteront de faux jugements sur la loi de Dieu; ils croiront qu'elle n'est point secourable, qu'elle n'inspire point de force et ne donne point de consolation. Songez qu'il n'en faut pas davantage bien souvent pour éloigner un pécheur malheureux, pour refroidir un cœur déjà touché, et qu'une seule parole imprudente peut devenir ainsi, pour ceux qui l'écoutent, un motif d'éternelle perdition.

Laissez-moi vous répéter ce que j'entendais, il y a peu de jours, au tribunal de la pénitence (où j'ose vous conseiller de paraître souvent) : « Mon enfant, je vous en conjure, faites honneur à la religion ! Que le monde ne dise point : Celui-là nous avait quittés, et voici qu'il nous revient ; cette foi dont on nous vante les douceurs n'est qu'un mensonge impuissant. »

Certes, vous ne courez point ce danger, vous ne reviendrez point au monde, vous ne ferez point ce que vous n'avez pas fait ; mais n'est-ce pas déjà trop, et pour les autres et pour vous, de le donner à penser ?

Êtes-vous d'ailleurs tellement à plaindre ! Regardez autour de vous ; bien des fleurs y croissent, bien des fruits délicieux sont à la portée de vos mains. N'y a-t-il pas dans votre maison des sourires d'anges ; n'entendez-vous pas tous les jours des voix qui ont un écho dans votre cœur ; ne savez-vous pas que l'on vous aime, que l'on vous estime, et ne voyez-vous point les fronts s'assombrir lorsque vous souffrez ? Ce qui manque à votre bonheur, c'est seulement que vous vouliez en jouir.

Combien rendent grâces à Dieu qui n'en ont jamais reçu tant de secours, qui sont isolés, qui sont jugés par la haine, qui ne possèdent sur la terre ni un asile, ni un ami ?

Mais vous êtes jeune, il vous faut des rêves : eh bien ! levez les yeux au ciel, ne rêvez que là. Le ciel seul sera plus beau que vous ne pouvez le rêver.

Et quand les années s'avancent, ne regrettez plus la fleur qui tombe, songez au fruit qui va mûrir. Qu'importe ce que le vent a fait de ces fleurs d'un moment ! l'arbre ne vaut pas par la fleur, mais par le fruit.

Et toujours et en toutes choses, retournez à la pensée qui fait germer une espérance céleste sur la tombe où les espérances de la terre sont ensevelies.

Maintenant, adieu ! — Si quelque mot vous blesse en tout ce que je viens d'écrire, effacez ce mot, et ne jugez que mon intention. Le monde me trouverait sévère, mais nous nous parlons comme des Chrétiens doivent se parler. Il nous est commandé d'être vigilants pour nos frères, et vous savez aussi que, quand notre charité se trompe, la leur doit nous en avertir. Ne l'oubliez pas.

Je vous salue et je vous aime en N.-S. J.-C.

Einsiedeln, juillet 1838.

ZURICH.

Ville riche et commerçante. En général, quatre ou cinq mots résument la chronologie morale des peuples : commerce, richesse, orgueil, hérésie, corruption. Depuis quelques cents ans, Zurich, comme tant d'autres, en est aux derniers mots, et c'est dommage. Ses commencements, qui n'annonçaient pas sitôt le terme fatal, sont pleins de charmantes choses : elle doit la vie à deux fondations pieuses, elle entre dans l'histoire avec le grand nom de Charlemagne, et c'est à Zurich, pendant un hiver extrêmement rigoureux, qu'on fit une loi portant défense aux habitants de tuer les pauvres oiseaux du ciel, mourant de froid et de faim, qui venaient par bandes chercher un abri jusque dans leurs maisons.

Mais un jour vint aussi se réfugier à Zurich un homme, il faut bien le dire, un prêtre, qu'on nommait Zwingli. Esprit actif, orgueilleux, obstiné, réputation flétrie, âme plus mauvaise encore. Il connaissait les écrits de Wiclef; quelque chose de Luther était arrivé jusqu'à lui. Cette semence, dans un pareil cœur, avait donné des fruits tels, qu'on l'avait chassé déjà de plusieurs cures et de celle d'Einsiedeln en dernier lieu (1). Dans cette position, il voulait à la fois se venger, contenter ses passions, tranquilliser sa conscience et faire assez d'éclat pour couvrir les hontes de son passé. C'était bien comme on voit toute l'étoffe d'un Schismatique et d'un Hérésiarque. Un instinct, l'instinct des oiseaux de proie, le poussa vers Zurich; il s'y abattit en 1518, et se mit à travailler aussitôt.

Remarquons-le, ces destructeurs de l'unité catholique, mensongèrement appelés Réformateurs, et à qui l'on a fait une gloire des décombres qu'ils ont entassées, n'étaient pas de si grands hommes. L'instinct de la destruction n'est pas du génie, la destruction n'est pas témoignage de force. Le crétin débile, armé d'un marteau, va détruire en moins d'une heure tous les chefs-d'œuvre de Michel-Ange; et comme celui-là brise le marbre, le sophiste, pour peu qu'on le laisse faire, aura bientôt démoli les idées sur lesquelles reposent les institutions. Laissez débarquer de quelque galère africaine, un seul nègre pestiféré, il fera mourir en dix jours plus d'hommes que Napoléon n'en tuait en dix batailles. Est-ce que la peste aura du génie? Le nom de ce nègre deviendra-t-il glorieux dans l'histoire de l'humanité? La force et l'intelligence se mesurent à l'immensité de la création : mais à la grandeur de la destruction, c'est la sottise et la brutalité qui se font voir clairement. L'esprit qui conçoit le moindre bien est supérieur à celui qui exécute le plus grand

---

(1) Voyez ce qu'en dit Bullinger, son disciple, bien digne d'être en même temps son confident. Voyez ce qu'il avoue lui-même dans l'opuscule adressé aux frères de Toggenbourg : « Que si l'on vous dit que je pèche par orgueil, « par gourmandise et par impureté, croyez-le sans peine, car je suis sujet à « ces vices et à d'autres encore ; cependant il n'est pas vrai que j'enseigne le « mal pour de l'argent. » C'est donc ce dernier vice seulement qu'il n'avait pas. Il enseignait le mal par amour pour le mal, et non pour de l'argent. (M. de Haller.)

mal; il est plus *difficile* d'imposer une digue au ruisseau que de crever les digues qui retiennent la mer. L'Église avait creusé un lit aux berges immenses, dans lequel l'humanité roulait, impétueuse mais retenue, comme un fleuve à la fois terrible et bienfaisant. L'Hérésie est venue stupidement ouvrir de larges issues à ces flots captifs; qu'en est-il résulté? d'irrémédiables dévastations, des écueils fréquents, des marécages pestilentiels, des pleurs, des ruines, la mort et le désespoir. Maintenant, les reptiles qui vivent dans ces marais peuvent bien dresser des statues à ceux qui leur ont fait un si beau domaine; mais il faut aussi qu'on permette à l'homme de passer devant ces idoles sans découvrir son front. Si l'on honore aujourd'hui, n'importe de quelle façon et de quelle estime, Luther, Zwingli, Calvin, il faut pareillement que l'on fasse cas de deux ou trois autres qui vivent de nos jours quelque part, dans les mêmes égouts, et qui ne sont bafoués que pour être venus proposer un schisme à des déistes ou à des athées. En effet, ces novateurs, placés trop bas pour qu'on veuille les nommer, ne sont pas cependant tellement au-dessous de leurs devanciers célèbres, qu'ils n'eussent très-bien pu, il y a trois cents ans, obtenir aussi leur part d'illustration. On sait quel fut le père commun de toute cette engeance : un ignorant bourgeois de Lyon, Pierre Valdo, plus fou peut-être que coupable. L'Hérésie, depuis neuf siècles, n'a peut-être pas produit un sectaire capable d'égaler en imbécillité le chef des Vaudois.

Zwingli épousa les doctrines de Carlostad, l'ivrogne qui, dans un cabaret où il s'était enivré avec Luther, avait parié de renchérir sur les erreurs de ce dernier. Il se chercha ensuite des partisans, des soutiens, des disciples. Il en trouva.

Qu'on juge de ses conquêtes par une seule des plus importantes : Henri Bullinger vivait dans un désordre hideux à Bremgarten, dont il était curé; il avait cinq enfants qu'il élevait dans sa maison; à soixante ans il embrassa la Réforme. Cet immonde Bullinger faisait insolemment de sa conduite infâme un argument contre les vœux ecclésiastiques, à peu près comme le forçat pourrait arguer de sa flétrissure pour prouver qu'il n'y a pas de probité ni de vertu.

Les adversaires de l'Église procédaient toujours de manière à mettre l'autorité civile de leur parti, en attribuant aux magistrats temporels tout pouvoir sur le peuple et sur le clergé. Zwingli ne suivit pas une autre marche. Le Grand-Conseil de Zurich était jaloux des droits de l'évêque et cherchait à les usurper. Mais, d'un autre côté, ces tentatives déjà vieilles entraînaient l'excommunication prononcée par la bulle *In cœna Domini*, et l'excommunication était une menace qu'on hésitait à braver. L'instinct de la conservation la faisait voir aux peuples comme leur sauvegarde la plus sûre contre les envahissements et les tyrannies. L'excommunié n'avait plus d'amis, plus de sujets, plus de serviteurs. Zwingli promit au gouvernement de le débarrasser de toutes ces craintes, il devait en être bien venu.

Sur sa demande, un colloque fut indiqué (1523). L'évêque, après avoir en vain épuisé les réprimandes les plus douces, consentit à s'y faire représenter. L'assemblée eut lieu. Le bourguemestre la présidait, et voilà d'emblée les bourgeois du Grand-Conseil juges des difficultés de théologie; mais, en réalité, il s'agissait bien moins de décider si chacun était libre d'interpréter l'Évangile, que de savoir à qui resterait le droit de juridiction sur le clergé. Zwingli avait rédigé soixante-dix-sept articles sur lesquels il fallait prononcer, touchant la messe, les traditions, le célibat des prêtres, la confession, le purgatoire, etc., enfin, toute la discipline temporelle et spirituelle. Une de ces propositions portait que la juridiction sur le clergé appartiendrait au magistrat séculier, auquel tout Chrétien doit être soumis. Quant au droit d'excommunication, Zwingli voulait l'attribuer à l'Église dont le pécheur est membre. Or, comme l'Église était par le même Zwingli placée sous l'autorité du gouvernement, c'était en réalité le gouvernement seul qui pouvait excommunier. On conçoit que le Réformateur ne se hasardait pas trop en appelant le Grand-Conseil à trancher une pareille question : il le faisait juge dans sa propre cause, et le délivrait, comme il l'avait promis, de toute inquiétude sur un sujet si délicat.

La discussion marcha vite. Insultés toutes les fois qu'ils ouvraient la bouche, les théologiens catholiques ne parlèrent pas longtemps, et le Conseil, après une courte délibération, déclara implicitement que les observances prescrites par les hommes (c'est-à-dire par l'Église) ne servent point au salut ; que la messe n'est point un sacrifice, mais simplement la commémoration du sacrifice de Jésus-Christ ; que la confession devait être regardée seulement comme un examen de conscience. Il prononça dans le même sens sur tout le reste. Il ordonna que Zwingli continuerait à prêcher comme il l'avait fait jusqu'alors ; que les pasteurs de Zurich se borneraient, à son exemple, à appuyer leurs prédications sur l'Écriture sainte ; enfin, que personne ne serait inquiété dans ses opinions, et qu'il appartiendrait *aux magistrats seuls d'arrêter* celles qui tendraient à troubler la tranquillité publique. De sorte qu'il suffisait que le gouvernement embrassât une croyance pour que tout le pays fût contraint de l'adopter. De ce moment, la Réforme fut en quelque sorte accomplie de gré ou de force, elle se fit beaucoup de partisans, et Zwingli, débarrassé de l'autorité de ses supérieurs ecclésiastiques, se trouva libre sous la protection du Grand-Conseil, qu'il faisait mouvoir à son gré.

Avant cette espèce de synode, Zwingli et ses partisans, sollicités de ne pas troubler les peuples, et d'attendre la convocation d'un concile où se réuniraient les membres les plus illustres et les plus éclairés de l'Église, avaient répondu que les passions, l'ignorance et les intérêts dictaient seuls les décisions de ces assemblées. C'est pourquoi ils s'étaient soumis à une réunion de bourgeois suisses, présidée par un bourgmestre. Zwingli savait bien qu'un concile l'aurait forcé de se rétracter, son orgueil ne le voulait pas; et comme sa foi n'était point de celles qui cherchent le martyre, il craignait la punition. Du reste, le Réformateur ne croyait à son infaillibilité qu'autant que le Grand-Conseil le voulait bien. Il avait demandé que les prêtres conservassent leurs ornements sacerdotaux; le Conseil ne fut pas de cet avis : Zwingli reconnut aussitôt qu'il avait eu tort, et rendit grâces à la Providence de l'avoir soumis à des magistrats plus sages que lui.

En 1525, la messe, depuis longtemps négligée et que personne n'était plus tenu de dire ni d'entendre, fut formellement abolie. On avait déjà brisé les images, dévasté les églises, et, par ces brutalités, porté aux arts comme à la religion les plus funestes coups.

Après avoir aboli la messe on sécularisa les ordres, et les biens des chapitres furent confisqués pour entretenir les pasteurs et les professeurs réformés. « Ce n'était pas une dilapidation ni un vol, » dit naïvement un historien : non, en vérité! on faisait simplement cadeau à l'Église de Zwingli des biens qui appartenaient à l'Église de Jésus. Une Église ou l'autre, qu'importe? C'est toujours une Église, n'est-ce pas?

Mais, tandis qu'à Zurich on agissait de la sorte, l'arbre de Luther donnait déjà des fruits ailleurs : les sectes naissaient partout. Deux Thuringiens, Nicolas Storch et Thomas Müntzer, s'appuyant de ce passage d'un écrit de Luther sur la liberté chrétienne : *L'homme chrétien est maître de toutes choses et n'est soumis à personne*, en firent la base d'un système religieux qui ne manqua point de partisans. Ils déclarèrent que le vrai Chrétien n'avait besoin ni de supérieurs spirituels ni de magistrats temporels ; que la parole de Dieu n'était pas écrite, et arrivait directement de la bouche de Dieu au cœur du croyant, sans intermédiaire ; que le monde entier avait besoin d'être régénéré, et que tous les impies devaient être extirpés de la terre pour faire place à une nouvelle Église où règnerait la justice. Ces fous, qui n'étaient que des logiciens partis des principes réformateurs, rejetaient le baptême des enfants comme une cérémonie sacrilége, prétendant que les adultes étaient seuls aptes à le recevoir ; et ils se faisaient rebaptiser. On leur donna le nom d'anabaptistes. Bientôt divisés eux-mêmes en sectes ennemies, ils restèrent liés néanmoins par une aversion commune pour toute autorité en ce qui concernait la religion ; par leur prétention d'expliquer à leur gré et selon leurs caprices les paroles de l'Écriture ; enfin, par leur haine pour l'Église romaine et leur mépris pour les prétendus Réformés, lesquels, disaient-ils, s'approchaient bien en paroles de l'Évangile, *mais ne manifestaient aucun signe d'amendement*. Ils leur demandaient de pratiquer ce qu'ils enseignaient ; de ne point recevoir de salaire après avoir déclamé contre le salaire des prêtres catholiques ; de ne point s'emparer exclusivement de l'instruction religieuse après avoir déclamé contre les docteurs qui prétendaient interpréter les livres saints ; de ne rien posséder en propriété, eux qui avaient tonné contre les biens du clergé; de ne point exercer de fonctions dans la magistrature ; de ne pas se servir du glaive de la justice, ni de celui de la guerre ; de ne point résister à la violence ; de ne point prêter serment, puisqu'ils voulaient ramener le monde au règne de l'Évangile.

Ainsi, voilà Luther et Zwingli traités comme ils avaient eux-mêmes traité le pape et l'Église. Il faut dire qu'ils se défendirent autrement que le pape et l'Église ne s'étaient défendus. On ne chercha point à ramener les dissidents par la douceur, on ne leur accorda point synodes sur synodes ; mais on les traqua, on les mitrailla, on les mit à mort comme on put et tant qu'on put. Un biographe de Zwingli, Protestant pesant et maussade, mais précieux par la bonhomie qui lui fait dévoiler naïvement tous les secrets et toutes les misères de la cause qu'il entreprend de justifier, se livre à une curieuse critique de la doctrine des anabaptistes : « Leurs opinions, dit-il, tenaient *à la fausse interprétation* qu'ils donnaient à l'Écriture sainte. Ils ignoraient que, dans l'ensemble de la *religion chrétienne*, il y a des choses immuables, et *d'autres que le temps et les circonstances modifient. Incapables de s'élever à des vues générales*, ils voulaient renouveler le genre de vie des premiers Chrétiens contemporains des apôtres. Ils ne considéraient pas que les règlements et les usages qui convenaient aux disciples de Jésus, quand ils étaient dispersés en petit nombre au milieu des Juifs et des idolâtres, *cessaient d'être applicables à l'instant où des peuples entiers embrassaient le Christianisme*. Il se trouvait parmi les anabaptistes des hommes dont les intentions étaient pures et la conduite irréprochable; mais leur imagination les mit souvent à la merci des imposteurs qui voulaient s'emparer de leur esprit, et plus d'une fois des chefs ambitieux et dépravés les entraînèrent à la révolte en abusant de leur crédulité. »

N'est-ce pas là ce qu'on pourrait répondre à tous les rêveurs d'Église primitive, à tous ceux qui s'indignent du pouvoir de Rome, et critiquent ces splendeurs du culte qui n'ont d'autre objet que d'ennoblir jusqu'aux sens de l'homme, de lui faire entendre de plus nobles sons, de lui faire voir de plus chastes choses, de lui faire respirer de plus agréables parfums, lorsqu'il se trouve dans la maison de Dieu? N'est-ce pas là aussi, sauf les compliments, ce qu'on pourrait dire des premiers chefs et de la masse des premiers partisans de la Réforme ?

Au surplus, si les anabaptistes critiquaient avec raison la morale pratique des autres Réformés, ceux-ci pouvaient avec autant de raison critiquer la leur. Au rapport de Mosheim, Jean Bockold, garçon tailleur de Leiden, s'étant emparé de la ville de Munster, qu'il nomma la nouvelle Jérusalem, s'en proclama roi. Il y établit la communauté des biens, la polygamie, et, pendant près de trois années, y exerça la tyrannie la plus sanglante, se livrant à des excès monstrueux de débauche et de cruauté, punissant de mort le moindre murmure contre lui. Il fut pris et mourut dans les supplices. Personne n'a encore songé à mettre au martyrologe de la Réforme cet émule de théologiens novateurs du temps.

Malgré leurs extravagances, ou plutôt à cause de cette extravagance même, les anabaptistes se répandirent rapidement. Il s'en fit beaucoup dans le territoire de Zurich. On les vit un jour parcourir la ville, ceints de cordes et de branches de saule, injuriant Zwingli et menaçant la cité d'une destruction prochaine. Ces peuples sortis de la voie étaient préparés pour toutes les folies. A la fin, cependant, des mesures rigoureuses, des noyades et d'autres persécutions refroidirent leur zèle. Le biographe que nous avons cité dit à ce propos : « Il est des circonstances où l'indulgence n'est plus permise. Lorsqu'une secte professe une doctrine qui compromet la sûreté de l'État, le gouvernement doit se servir des moyens les plus efficaces pour en arrêter les progrès. » Il a raison. Mais de quel droit les Réformés osent-ils s'appuyer de ces raisons-là ?

Les cantons désiraient mettre un terme à tant de troubles. Une diète tenue à Einsiedeln (avril 1526) indiqua une conférence à Baden. Zwingli reçut des saufs-conduits et fut prié de s'y rendre ; mais il eut peur, et se fit défendre par le Grand-Conseil d'assister à cette réunion. Haller, de Berne, OEcolampade, de Bâle, ne furent pas si effrayés : ils allèrent soutenir à Baden les doctrines de Zurich, et on ne les inquiéta point. A cette époque environ, l'œuvre de la propagande zwinglienne passa presque tout entière à Berne, ainsi que nous l'avons déjà dit. Tout odieuse que soit cette tâche, quand on regarde Zurich et son apôtre, il semble qu'on méprise moins Berne et le sien. A Berne, il y avait au moins du courage ; mais à Zurich, c'était l'Hérésie dans toute sa honte, avec une jactance misérable et des velléités féroces qui n'aboutissaient sur le champ de bataille qu'à de médiocres exploits.

L'adoption définitive de la Réforme à Berne avait été pour la Suisse entière le signal d'une épouvantable conflagration. Les passions, déchaînées à la voix des prédicants, avaient fait pénétrer la haine dans tous les cœurs et intronisé la discorde partout. Non-seulement les cantons étaient divisés entre eux, mais les villes, les paroisses, les familles même se partageaient en factions ennemies. Au milieu de ce chaos, les cinq cantons catholiques Schwitz, Unterwalden, Uri, Zug et Lucerne, s'engagèrent par serment à maintenir chez eux la véritable religion. De leur côté, Zurich et Berne se lignèrent en faveur de la Réforme. Zwingli soufflait le feu de la guerre. Une première fois on avait été près d'en venir aux mains ; mais des médiateurs, la plupart Protestants, étant intervenus, il n'en résulta qu'une paix plâtrée (1529), toute au désavantage des Catholiques, qui en exécutèrent cependant les conditions. Les Protestants alors, se voyant les plus forts, et attribuant à la peur la modération de leurs ennemis, crurent, surtout à Zurich, qu'ils pouvaient tout oser. Zwingli, fidèle à sa devise : *l'Évangile veut du sang* (1), ne cessait de les pousser au combat. Il leur annonçait une victoire facile : « Levez-vous, » disait-il à ses auditeurs dans un sermon prononcé le 21 septembre 1531, « levez-vous, attaquez ; les cinq cantons sont en votre pou- « voir. Je marcherai à la tête de vos rangs et le premier à « l'ennemi. Là vous sentirez la force de Dieu, car, lorsque « je les haranguerai avec la vérité de la parole et leur dirai : « Qui cherchez-vous, impies ? alors, saisis de terreur et de « crainte, ils ne pourront répondre ; mais ils tomberont en « arrière et prendront la fuite, comme les Juifs à la mon- « tagne des Oliviers devant la parole du Christ. » Mais lorsque les cinq cantons, poussés à bout, envoyèrent une déclaration de guerre à leurs oppresseurs, qui, maîtres des passages, avaient été jusqu'à leur interdire le commerce du sel et du blé afin de les contraindre à l'Hérésie par la famine, le prophète, sentant venir l'orage, changea de ton. On le vit, écrasé de terreurs, s'épouvanter de l'apparition d'une comète, déclarer que tout cela finirait mal et qu'il y périrait. Ce malheureux était peut-être encore plus poltron que Calvin. Cependant ses partisans, croyant qu'à sa présence

(1) C'était, dit Érasme, la devise connue de Zwingli : *l'Évangile veut du sang* (*Ad fratres inter Germ.*, t. IX.) Il y avait aussi à la Convention d'autres horribles bêtes qui criaient : *La liberté veut du sang*.

tenait la victoire, le forcèrent de marcher avec eux : ils occupèrent le village de Cappel. Les Catholiques vinrent les y attaquer (11 octobre 1531) et les défirent complétement. Les Zuriquois, forcés de quitter le champ de bataille, se sauvèrent en désordre, après avoir perdu artillerie, drapeaux, munitions et plus de quinze cents hommes, parmi lesquels on comptait vingt-sept magistrats et une douzaine de prédicants. Zwingli, soldat contre son gré, s'était affublé d'un attirail de guerre, dans le double but de courir moins de danger et d'être moins facilement reconnu. Vaine précaution. Frappé au commencement du combat, il s'évanouit, et les siens l'abandonnèrent dans leur retraite précipitée; l'affaire était finie lorsqu'il reprit ses sens. Comme il essayait de se relever, des soldats catholiques arrivèrent près de lui. Le voyant fort gravement blessé, ils lui offrirent un confesseur. Le malheureux ne pouvait plus parler; mais il fit avec la tête un signe de refus. Sans se rebuter, ils l'engagèrent à recommander au moins son âme à la sainte Vierge ; il ne se laissa point toucher et refusa de nouveau. Alors, l'un de ces hommes, transporté de colère : « Meurs donc, « Hérétique, puisque tu le veux! » Et il l'acheva d'un coup d'épée. Le cadavre ne fut reconnu que le lendemain. Furieux à la vue de celui qui avait été la cause principale de leurs maux et des maux de la patrie, les paysans formèrent un tribunal, jugèrent l'Hérésiarque mort et le condamnèrent au feu (1). Ses cendres furent jetées au vent. Il aurait pu dire comme Henri VIII à l'heure suprême : « Nous avons tout perdu, l'État, la renommée, la conscience et le ciel. »

---

(1) Selon les lois générales de l'empire, alors en vigueur, tous les chefs de sectes étaient condamnés au feu, comme les premiers incendiaires et les plus grands perturbateurs.

Ce fut un grand spectacle, lorsqu'à la fin de la bataille les Catholiques, suivant leur usage, se jetèrent à genoux et remercièrent Dieu. Beaucoup de leurs prêtres les avaient suivis, non pour combattre, mais pour prier, secourir les blessés, confesser les mourants. Sans doute, tous les vaincus, Hérétiques de fraîche date et souvent par contrainte, ne refusèrent pas, comme Zwingli, de se réconcilier au dernier moment. Tandis qu'au loin le combat continuait encore contre les fuyards, on dut voir plus d'un saint ecclésiastique, victime de son zèle, blessé lui-même, absoudre l'ennemi repentant qui peut-être l'avait frappé, et le martyr ouvrir d'une main défaillante les portes du ciel à son bourreau.

Telle fut la bataille de Cappel. Les Zuriquois furent quelques jours à se remettre de la frayeur qu'ils avaient éprouvée. Bientôt pourtant des secours envoyés de Saint-Gall, de Toggenbourg, de la Thurgovie, des Grisons, de Berne, de Soleure et de Bâle leur rendirent courage : ils revinrent attaquer les Catholiques avec des forces très-supérieures, et furent une seconde fois rudement battus au mont de Zug (21 octobre 1531). La coalition se rompit : Berne et Zurich sollicitèrent un accommodement. Les Catholiques proposèrent des conditions modérées, loyales; elles furent rejetées avec hauteur. Mais, dix jours plus tard, les Protestants se trouvèrent trop heureux de les accepter, car les Catholiques, attaquant à leur tour, chassèrent l'ennemi de ses positions, envahirent son territoire et arrivèrent jusqu'aux portes de Zurich. La terreur les y précéda; toute la jactance des Hérétiques tomba comme une fumée. Ils signèrent (16 novembre) un traité de paix par lequel ils abandonnaient tous leurs alliés, et qui portait en substance « que les Zu-
« riquois devaient et voulaient laisser les cinq cantons avec
« leurs alliés et leurs adhérents, dès à présent et à l'avenir,

« *dans leur ancienne, vraie et indubitable foi chrétienne,*
« sans les inquiéter ni importuner par des chicanes et des
« disputes, et renonçant à tout mauvais subterfuge et ar-
« rière-pensée, à toute ruse, dol et fraude. » De plus ils
payèrent les frais de la guerre et rétablirent à leurs dépens
les ornements brisés ou enlevés dans diverses églises. Six
jours après, les Bernois souscrivirent aux mêmes conditions. On doit regretter que les cinq cantons ne se soient
pas montrés plus exigeants. Dans l'état où se trouvaient
Zurich et Berne, il eût été possible de rétablir partout en
Suisse la véritable religion. Ils se bornèrent à l'affermir dans
leur pays.

Nous ne feuilleterons pas plus longtemps l'histoire de
Zurich. Quels que soient les événements écoulés depuis ce
temps jusqu'à nos jours, ne savons-nous pas la leçon qu'on
en peut tirer ?

DU DROIT DES GENS EN MATIÈRE DE RELIGION.

Dieu nous abaisse par où nous voulons monter, et nous
punit par où nous péchons. L'histoire de l'Hérésie c'est
l'histoire de l'orgueil, et il n'en est pas de mieux faite pour
humilier l'esprit humain. Nous y voyons d'abord un petit
nombre de misérables sans honneur, sans génie, souvent
sans savoir, avec la seule effronterie de leurs propres
vices, et l'appui des vices et de l'ambition de quelques puissants, détruire les croyances et les libertés, bouleverser les
empires, entasser les ruines au milieu des corruptions,
changer une religion logique et sainte en un amas d'erreurs stupides qui enchaînent les peuples sous le double
despotisme de l'homme et des sens. Après ceux-là s'avance

une troupe plus odieuse encore, c'est la phalange des écrivains et des philosophes qui entreprennent d'écrire, de justifier et de compléter ce que les autres ont fait. Mille plumes se mettent à l'œuvre ; les événements sont contrefaits, les rôles sont intervertis ; on défigure audacieusement la vérité, on opprime le bon sens ; ce qui n'avait pas été assez calomnié, on le calomnie de nouveau ; ce qui était resté debout, on le mine, on le renverse ; ce qui était infâme, on l'excuse, on le glorifie ; mais tout cela sans gêne et sans pudeur, sans se donner la peine de pallier un mensonge, comme si l'on savait bien que l'homme n'appellera pas du mépris qu'on fait de sa raison, et qu'on peut tout persuader à l'incrédulité. Puis nous voyons nos pères, nos contemporains, nous nous voyons nous-mêmes admettant en effet tout ce que ces insolents historiens ont bien voulu nous dire, clabaudant à leur suite, et nous acharnant encore à disperser les pieux débris que nous devrions relever. Du gouffre de nos hontes et de nos misères nous élevons la voix pour glorifier ceux qui nous y ont plongés, pour insulter ceux qui voudraient nous en sortir. Nous nous réjouissons de notre chute ; nous honorons comme des libérateurs les impurs agents de notre dégradation. Voilà où en est venue cette intelligence superbe, révoltée contre Dieu. Il n'est piége si grossier où elle ne soit tombée aveuglément, si révoltant mensonge qu'elle ait refusé de croire, si absurde folie qui n'ait trouvé des sectateurs et des martyrs, si vil et si misérable rhéteur dont le monde n'ait fait un dieu, jusqu'aux jours d'opprobre où enfin la matière abjecte a été elle-même divinisée.

Certes, quand la pensée, arrêtée à cette contemplation, pèse dans son immense tristesse et tant de biens perdus et tant de maux à venir, quand elle voit une partie du genre humain s'arrêter subitement sur la voie de la civilisation chrétienne, faire violence à sa destinée et rebrousser chemin vers le paganisme en blasphémant le Dieu sauveur, on comprend tous les anathèmes dont l'Église prévoyante avait frappé ceux qui sortiraient de son sein; l'on regrette, pour le salut éternel de l'humanité, qu'elle n'ait pu faire encore plus; on se sent près de haïr, à l'égal des premiers fauteurs de l'Hérésie, les lâches souverains qui pouvaient étouffer l'incendie à sa naissance et qui ne l'ont pas fait. Dieu jugera ces princes, et nous souhaitons qu'il leur fasse miséricorde. (Hélas! nous voudrions qu'il pût un jour pardonner à tous, même à Luther, même à Judas, éternellement maudit!) Mais c'est le devoir de l'histoire de dire qu'ils ont mal rempli leur mission, qu'ils ont été des conducteurs perfides ou négligents. Ils ont laissé commettre le plus grand crime social qu'il soit donné à l'homme de pouvoir accomplir. Mieux vaudrait souffrir au sein d'une nation des empoisonneurs et des meurtriers, mieux vaudrait y introduire la guerre, y acclimater la peste, y entretenir la famine, que d'y laisser pénétrer l'Hérésie. La peste, la guerre, la famine, sont réparables et de courte durée; mais l'Hérésie traîne à sa suite, durant des siècles, pis que ces trois fléaux, et de plus, perd les âmes et les perd pour jamais.

Cependant, il ne manque pas de gens encore aujourd'hui, même parmi les Catholiques et parmi les lettrés, qui croient en toute sincérité que l'Église et les princes fidèles se livrèrent sans droit comme sans raison aux persécutions les plus odieuses contre les Hérétiques, tandis que ces derniers, innocents et paisibles, ne demandaient qu'à servir Dieu selon leur conscience et les lumières de leur esprit. Ils parlent de massacres, de bûchers et de dragonnades; ils font un argument de la mort de Jean Huss, et déplorent hypocritement que l'Église ait répandu du sang.

Pour moi, je le dirai franchement et nettement, même avant d'expliquer toute ma pensée : si quelque chose me semble à regretter dans tout cela, c'est qu'on n'ait pas brûlé Jean Huss plus tôt, et que Luther n'ait pas été brûlé comme lui ; c'est qu'il ne se soit pas trouvé en Europe, au commencement de la Réformation, un prince assez pieux et assez politique pour mouvoir une croisade contre les pays qu'elle avait infectés. L'Hérésie de Jean Huss fit périr plus de trois cent mille hommes ; celle de Luther en a fait périr des millions, et il n'est pas temps encore de clore la liste de ses victimes : ces millions d'hommes sont morts sans aucune espèce de profit pour le genre humain ; ils nous ont légué des haines, des troubles, des sophismes, plus d'éléments de crime et de dissolution qu'il n'en faudrait pour faire périr un monde, si la miséricorde de Dieu ne veillait pas sur nous... Quelque précieux que fussent les jours des Hérésiarques, ils ne valaient pas ce qu'ils ont coûté.

Je sais qu'il n'est par permis de faire le plus petit mal pour arriver au plus grand bien : c'est une maxime de l'Église, que les ennemis de l'Église oublient lorsqu'ils l'attaquent, et dont ils se souviennent lorsqu'elle se défend. Mais d'abord, ce n'était pas l'Église qui punissait les Hérétiques ; et ensuite, punir les Hérétiques, ce n'était pas faire mal, c'était faire justice ; c'était prendre contre la révolte, le vol, l'immoralité, l'assassinat, les précautions nécessaires que tous les gouvernements prennent encore aujourd'hui, en pareil cas, lorsqu'ils ne veulent pas mourir et voir mourir l'ordre avec eux. Certes, nul n'a droit de faire périr un seul innocent pour sauver un peuple, mais c'est le droit et le devoir de faire périr cent coupables, s'il le faut, pour sauver un innocent. Or, les Hérésies commencent d'ordinaire par un scélérat ou par un fou, et comptent bientôt des millions de complices qui font des millions de victimes, non-seulement en ce monde, ce qui se pourrait supporter, mais en l'autre, ce qui ne se répare plus.

L'Église, instituée par Notre-Seigneur pour maintenir l'intégrité de la loi, a toujours veillé avec la vigilance des anges sur ce précieux dépôt. Dès les premiers siècles, dès les premiers jours, elle a eu à le défendre contre l'Hérésie; elle l'a toujours défendu par les seuls moyens que Dieu lui ait permis d'employer, sans jamais se départir de sa prudence ni de sa modération, sans jamais outre-passer ses droits. Elle ne demandait compte de sa pensée à aucun homme; la pensée appartient à Dieu, qui la jugera. Mais lorsqu'une erreur était publiquement prêchée, lorsqu'elle commençait à faire des prosélytes, l'Église, craignant encore de donner à cette erreur plus d'importance qu'elle n'en avait, essayait d'abord de l'étouffer sourdement à sa naissance par la persuasion. D'ordinaire elle n'y réussissait pas, car il est rare que l'Hérésie naisse dans une âme pure et de bonne foi. L'Hérésiarque, enflammé d'orgueil, continuait son œuvre : alors l'Église poursuivait sa mission; elle évoquait solennellement à son tribunal les doctrines nouvelles : là, celui qui les répandait parmi les peuples était questionné; on lui prouvait son erreur, on lui demandait de se rétracter, et, s'il refusait de le faire, on le condamnait ou plutôt on condamnait sa doctrine, afin que les peuples fussent avertis que cette doctrine était mortelle à l'âme, et qu'ils ne pouvaient l'adopter sans sortir de la communion des fidèles. Dans un temps où l'âme de l'homme était comptée pour quelque chose par ceux qui conduisaient les nations, cet avertissement était, de tous les devoirs, le plus grand et le plus sacré.

Quant à l'Hérésiarque, il était excommunié; l'Église ne s'en occupait plus que pour lui pardonner un jour, s'il voulait rentrer au giron maternel. Mais où finissait le rôle de la puissance spirituelle, celui du pouvoir séculier commençait. L'Église avait préservé les croyants de la perte éternelle, le prince devait les préserver de la perte temporelle; il devait défendre le repos de ses États, les propriétés, la vie et la liberté religieuse de ses sujets, enfin sa propre autorité. Tout cela était menacé par l'Hérésie. Les foudres de l'Église laissant vivre ceux qu'elles ont frappés, le novateur condamné pouvait encore répandre son venin, se faire des pratisans, que dis-je! se donner une armée, et une armée de fanatiques! Il fallait prévenir ce danger éminent. L'Hérésiarque était saisi, malheureusement trop tard le plus souvent, et *jugé par le pouvoir séculier cette fois,* selon la rigueur des lois séculières. Elles condamnaient au feu tous les chefs de sectes, comme les premiers incendiaires et les plus grands perturbateurs. C'était la peine du talion.

C'est ce qu'on fit à l'égard de Jean Huss. Le concile de Constance ne le condamna point au feu, comme on dit, et ne le fit point brûler. Mais, après l'avoir longuement entendu, il condamna des erreurs que Jean Huss ne voulut point rétracter, et le dégrada de son caractère ecclésiastique. Ensuite, l'empereur Sigismond le livra au magistrat de la ville, qui le livra au feu sans que le concile l'eût autrement demandé. Sa condamnation par le concile n'était pas même nécessaire, dit un historien protestant, puisque la sentence était portée d'avance par les lois générales de l'empire.

Dira-t-on encore que brûler n'est pas répondre? Mais qu'y avait-il à répondre de plus! Lorsque aujourd'hui nos jurys condamnent un écrivain pour quelques lignes jetées dans un journal, auxquelles personne, excepté le ministère public, n'a fait attention, qui sont oubliées de tous ceux qui les ont lues, qui sont justifiées et rétractées à l'audience, si on leur disait que condamner n'est pas répondre, ils répliqueraient qu'ils n'ont point à répondre, mais à juger, et ils auraient raison.

Avec un intérêt social bien plus grand, et des lumières personnelles beaucoup plus sûres, l'Église était exactement dans la position de ces jurys. On lui demandait : Telle doctrine est-elle conforme à la foi? Elle répondait: Non. Puis le prince, comme le magistrat, appliquait la peine. Cette peine était rigoureuse sans doute, mais le crime aussi était affreux. Nos pères osaient punir ceux qui fabriquaient de fausses croyances, comme nous, qui sommes des sages, nous punissons les fabricateurs de fausse monnaie. Nos pères étaient des fous barbares, nous autres nous sommes des philosophes pleins d'humanité ; cela est entendu. Nous sommes inflexibles sur le dommage qu'on fait à notre bourse; quant à notre âme, nous y tenons peu, et quant à l'âme du prochain, nous n'y tenons pas du tout. Eux, ils jugeaient différemment; il faut passer quelque chose à l'infirmité des temps où ils vivaient. Peut-être même, en étudiant un peu l'histoire, arriverons-nous à leur pardonner d'avoir été presque aussi sévères à l'égard des novateurs religieux que nous le sommes à l'égard des novateurs politiques. De leur temps, ces deux questions, si indépendantes parmi nous, se tenaient étroitement. Ils appelaient les Réformateurs des incendiaires, et, à la lettre, ils avaient raison. Un homme, la plupart du temps par orgueil, par ambition ou par ressentiment, attaquait la croyance; il était seul, mais après son sermon il comptait vingt disciples; le lendemain il en avait cent, quelques jours après il en réunissait mille, et cette armée de fanatiques, grossissant toujours avec la même rapidité dans la même proportion, atteignait bientôt un nombre effrayant. Alors les sectaires ne se contentaient plus de se soustraire à la loi commune, ils voulaient imposer partout la loi qu'ils avaient faite. Ils attaquaient l'autorité, dévastaient les églises, assassinaient les prêtres, brûlaient et saccageaient les couvents ; ils prêchaient le meurtre, ils donnaient l'exemple d'une hideuse immoralité, ils appelaient l'étranger à leur secours, ils ne se faisaient enfin aucun scrupule de mettre à feu et à sang le monde qu'ils avaient préalablement damné, car tout cela s'accomplissait au nom de Dieu, et les livres sacrés à la main. Ces libertés d'esprit méritaient sans doute qu'on y mit un terme. L'Église et les princes devaient en préserver la Chrétienté.

L'Église et les princes accomplissaient donc chacun leur devoir, et restaient chacun dans la limite de leurs droits : l'Église en condamnant l'*Hérésie ;* les princes ou les gouvernements en punissant l'*Hérétique*, le perturbateur, l'incendiaire, comme ils l'appelaient fort justement.

Cependant il est encore, ce point admis, des gens qui viennent bravement dire : L'Église, en condamnant l'Hérésie, n'ignorait pas que l'Hérétique serait envoyé au feu ; donc c'était absolument comme si elle l'y eût envoyé elle-même, donc l'Église allumait les bûchers et répandait le sang.

A ce syllogisme, de bons et sincères Chrétiens répondent, en baissant la tête, que cela sans doute est bien malheureux, que les temps étaient sauvages, et qu'il est à regretter que les princes ne se soient pas chargés de tout.

Ainsi il aurait fallu que l'Église, pour sauver les Hérétiques, embrassât elle-même l'Hérésie ; il aurait fallu que le concile de Constance, par exemple, par égard pour Jean Huss, déclarât solennellement que la doctrine de Wiclef avait été injustement condamnée par le concile de Londres, qu'il adoptât les quarante-cinq articles de celui-ci et les trente propositions de celui-là, c'est-à-dire qu'il renversât l'édifice tout entier de la foi. Autant vaudrait demander au nom de l'humanité, à tous nos tribunaux, de prononcer désormais que le vol, l'incendie, l'assassinat, le parricide et tous les crimes qu'ils ont à juger, ne sont pas des crimes.

Il n'est guère plus raisonnable de souhaiter que le pouvoir séculier eût décidé sur les questions de foi. C'était arriver à l'Hérésie par un autre chemin, mais tout aussi sûrement. Qui se serait soumis à ces jugements, quand les jugements de l'Église elle-même, dictés par le Saint-Esprit et sanctionnés par les peines éternelles, n'étaient pas universellement respectés? Voyons-nous dans les pays protestants les hommes se peiner beaucoup des décisions et des excommunications de ce qu'on y appelle l'Église établie? Les excommunications empêchent-elles une secte, une folie? leur accorde-t-on, peut-on leur accorder le moindre respect? Mais ce n'est pas tout; quel usage terrible les passions et les intérêts des princes n'eussent-ils pas fait de ce pouvoir qu'ils ont essayé souvent d'usurper, et que le Protestantisme leur a lâchement abandonné? Dans ces temps où les prêtres, sortis du peuple, et rattachés à lui par tant de liens, se faisaient les avocats des droits et des besoins de l'humanité, le prédicateur, qui ne craignait point d'attaquer en chaire la conduite coupable des puissants, eût été bientôt inculpé d'Hérésie; on eût poursuivi comme Hérétique le pape lui-même, lorsque des bulles parties de Rome allaient réprimer au loin les exactions des seigneurs, les injustices, les vices et l'avidité des rois. Avec l'indépendance du clergé, l'indépendance et les garanties publiques eussent été perdues.

Catholiques de tous les pays, enfants de l'Église, mes frères! soyons fiers de la mère très-sainte par qui nous sommes les enfants de Dieu; et, tandis que des méchants ou des fous l'injurient, prouvons-lui plus de respect et plus d'amour. Allez! nous pouvons lever, parmi les hommes, le front que nous courbons à ses pieds; nous pouvons marcher d'un pas assuré dans la voie qu'elle nous indique; cette voie a toujours été et sera toujours la voie d'honneur, de charité, de lumière et de salut. Là est la liberté, là est l'intelligence, là est la grandeur, là est tout ce qui peut ennoblir et sauver !

Et vous rois et princes fidèles, nos frères aussi, mais frères aînés, chargés par le Père *qui est aux cieux* de protéger, de défendre et de punir, ne négligez point les sages avis de la mère commune; aimez-la si vous voulez que l'on vous aime; honorez-la afin que l'on vous honore, *afin que vous viviez longuement*. Votre tâche est difficile; plus que tous, vous avez besoin de prier et d'implorer les secours d'en haut. Implorez-les donc; et, pour que la foi vous défende, soyez les défenseurs de la foi.

Sans doute le temps n'est plus d'en appeler à la force des armes et de repousser le feu par le feu. Lorsqu'un membre est gangrené, il faut le couper; lorsque tout le corps est atteint, il faut le laisser pourrir dans son infection. Mais comme vous avez des lazarets pour la peste, ayez-en pour l'impiété. Enfermez-la, autant qu'il est en vous, dans un cercle qu'elle ne puisse franchir. Songez que si vous avez pu préserver une seule âme de la contagion, et que vous ne l'ayez point fait, vous en répondrez devant Dieu.

AMES EN PEINE.

Les voyageurs vont voir à Zurich, au bout de la promenade qui longe la Limmat, le monument élevé à Gessner, cet amant protestant de la nature, qui composa des paysages d'un ton si faux et de si criardes pastorales; je fis comme tous les voyageurs. Le monument est ridicule : je ne sais quel vilain pot de marbre élevé sur un gauche piédestal, revêtu d'une inscription prétentieuse; du reste, bien digne de l'homme et de ses écrits. Mais la promenade est magnifique, et la Limmat vole comme un trait sous ses ombrages silencieux. En somme, on peut, au risque de paraître honorer Gessner, aller plus d'une fois rêver par là.

Deux jeunes gens faisaient le tour du monument, et ne paraissaient pas médiocrement s'en amuser. De loin, à leur franc rire, je les avais devinés Français. Ma joie ne fut pas moins grande que leur surprise, lorsque, arrivé près d'eux, je reconnus Émile et Jules, deux camarades, deux amis de vieille date, deux loyaux et gais caractères, que j'avais plus d'une fois, durant mes courses, souhaités près de moi dans les bons comme dans les mauvais jours. Il faut être resté quelque temps loin de sa patrie et de tous ceux qu'on aime, pour comprendre avec quel bonheur je leur sautai au cou.

Et quelles nouvelles de la France? leur dis-je d'abord.

Ce fut Émile qui me répondit; je l'avais laissé fort mêlé aux affaires politiques et aux journaux, où sa plume, à la fois sérieuse et naïve, faisait lire souvent des pages plus chaudes et plus convaincues qu'on n'a coutume d'en rencontrer là. Émile me commença donc une longue histoire, mêlée de noms d'hommes, de titres de journaux, de dénominations de partis, choses oubliées dont j'avais grand'peine à me ressouvenir, et que les changements survenus dans les consciences et les intérêts depuis six mois achevaient de me rendre inintelligibles.

— Quel est ce jargon, lui dis-je, et que me racontes-tu ? N'y a-t-il en France que ces mesquineries ?

— Hélas ! reprit-il, s'il y a autre chose, nous n'en savons rien. Voilà de quoi nous nous occupons. Maintenant que je suis hors de ce petit cercle d'écrivains et de meneurs, je vois, comme toi, que nos discussions sont bien misérables ; mais j'ignore vraiment si la France s'en aperçoit.

— Le fait est, dit Jules, qu'elle n'en témoigne pas grand'chose, du moins ouvertement. Rien n'indique un travail plus grand dans les esprits, une volonté plus haute. Le gouvernement se débat on ne sait pourquoi avec les chambres ; les journaux l'injurient ; les écrivains font des romans où ils inventent des folies qu'on a point encore vues à Charenton, des crimes qui n'ont point encore paru à la cour d'assises, et des systèmes philosophiques comme il ne s'en trouverait pas dans une tête d'Allemand ou d'Anglais ; les partis ruinent l'un après l'autre ce qu'ils pouvaient avoir de bons et honnêtes principes, et se rendent mutuellement le service de se dégrader. Tous les jours un lien se brise, une conviction s'en va, un apostat se déclare, une conscience se vend, une lâcheté se commet, une escroquerie inconnue se révèle, un reste de pudeur s'évanouit. Au milieu de tout cela le pays se meut misérablement, il ne sait de quelle façon ni dans quel but. S'il y a une élection à faire, ce sont les intérêts qui la font, ou ce sont des passions plus ineptes et plus brutales que les intérêts. Rien ne sort de nulle part, rien n'éclôt, rien ne grandit, ni dans l'art, ni dans la philosophie, ni dans la politique. Nous n'avons planté que des arbres stériles, nous n'avons creusé que des puits qui ne donnent point d'eau. On dirait que toute virilité a disparu, et que cette époque n'engendrera point. Il n'y a d'éclatant et de visible qu'une effroyable volonté d'être riche et de jouir, à qui tous les moyens sont bons; on n'entend qu'un bruit formé de mille et mille voix injurieuses et discordantes; on ne voit que des actions douteuses, des hommes qui appellent courage leur cynisme, et d'autres qui qualifient de prudence leur lâcheté.... Oh ! triste spectacle, mon ami, et qui nous réduit à désirer des malheurs capables de nous tirer de là ! Oui, quand je contemple la France en cet état, j'ai peur de ce que les autres nations doivent en penser. Je voudrais qu'il nous tombât sur les bras une grande guerre, afin que, de ce chenil d'aboyeurs, on voie au moins sortir quelques lions.

— N'envie point pour ta patrie le sort des autres nations, ni leur estime, dis-je à mon tour; elles ont leurs plaies, qui ne leur permettent pas de voir les nôtres ou de s'en enorgueillir. Je me suis entretenu depuis six mois avec des hommes de tous les pays, et je n'ai vu que les Français abaisser la France. Le mal est partout, mais chez nous peut-être il est moindre qu'ailleurs. Nous possédons des ressources que les autres n'ont plus. Tu ne vois rien éclore; ne t'épouvante pas ! Nous avons de patients laboureurs qui te sont inconnus, et je sais plus d'une terre fertile où le grain germe rapidement. Il est une vieille semence qui n'a point donné son dernier épi. Quant à cette guerre que tu désires, souhaite d'y combattre sous la bonne bannière, car elle éclatera, et sera telle que le monde n'en a point vu. La révolution et l'empire n'ont pas moissonné toute l'ivraie que trois cents années d'hérésie, d'athéisme et d'orgueil ont fait croître dans les âmes, le monde ne saurait tenir comme le voilà; le despotisme et la liberté y sont également intolérables; la sagesse des hommes d'État n'y peut rien : il y aura une de ces œuvres de rénovation qui veulent des martyrs. Mais ce sont là des choses dont nous pourrons nous entretenir une autre fois. Que sont devenus nos amis? Que fait Adolphe?

— Sifflé au Vaudeville, dit Jules.

— Quoi ! il a fait un vaudeville, ce grave jeune homme si naïf, si tranquille, si savant?

— Oui, et ce qu'il y a de pis, c'est qu'il en a fait d'autres. Un oncle, dont il devait épouser la fille, se trouvait par hasard à la représentation d'une de ses pièces. A la vue de la morale qu'on y étalait, le bonhomme eut peur de son futur gendre et n'en voulut plus. Adolphe est condamné au vaudeville à perpétuité.

— Ernest?

— En prison pour dettes. Ruiné par le jeu, la mode et les usuriers.

— Et sa mère, qui l'aimait tant?

— Morte.

— Oh! mon Dieu! Morte avant ou après?

— Après !

— J'ose à peine vous questionner sur Alphonse?

— Passé au ministère, dans un moment de gêne, et avec éclat.

— Qu'en a-t-on dit?

— Tout ce que peuvent dire des jaloux.

— Et Paul?

— Passé à l'opposition.

— Et Germain?

— Suicidé pour faire parler de lui.

— Et ce lourd Victor?

— Député.

— Député! — Celui-là!...

— Et probablement bien en voie de fortune; car depuis que je lui ai fait sa circulaire, sa profession de foi et sa harangue de remerciement aux électeurs, je ne le vois plus.

— Denis?

— Denis dépensait, quand je suis parti, son dernier billet de mille francs, pour faire annoncer le troisième volume de poésies qui doit sans faute l'élever à la gloire.

— Pauvre fou! que fera-t-il après?

— S'il ne fait pas les discours de Victor, il faudra qu'il se jette à l'eau.

— Je n'en retrouverai donc pas un dans l'état où je l'ai laissé!

— Si; tu retrouveras Henri, calme, tranquille, gai comme toujours. Seulement il ne prend plus qu'une chaise à la messe, et ne mange plus qu'un plat à son dîner, parce qu'Ernest lui a enlevé la moitié de sa fortune. Mais ce qui lui reste sera tout à ta disposition comme par le passé. Ses pauvres ne se sont point aperçus de son accident.

— Noble cœur! c'est le meilleur de nous tous.

— Oui, et le plus sage et le plus heureux; mais il n'y a que justice.

— Et vous enfin, mes amis, qui vous amène en Suisse? Toi surtout, Émile, il me semble que tu devrais être à Paris maintenant?

— Tu ne devinerais jamais, me dit Émile, moitié souriant, moitié triste, ce que je viens faire par ici. J'y viens chercher une conviction.

— Une conviction! Mais je t'en ai connu une des plus robustes. Je t'ai vu dévoué jusqu'au fanatisme, et à ce point qu'un jour, si je n'avais pas été plus sage que toi, nous nous serions coupé la gorge pour un personnage et pour des idées qui ne valaient certainement pas cela.

— Cet heureux temps n'est plus. Un jour, moi qui avais marché sans broncher, bien certain d'être dans une voie de justice, de patriotisme, de raison et d'humanité, je me suis réveillé embarrassé de mille doutes. Il me sembla que je me trouvais dans un chemin assez tortueux, que tout ce que j'avais préconisé n'était pas parfaitement bon, que tout ce que j'avais combattu n'était pas parfaitement mauvais. Je voulus éloigner cela comme une hallucination, comme une faiblesse; mais je sentis aux premiers pas que la conscience me manquait. Je persévérai quelques jours encore; mes tourments s'accrurent, et je commençai à mal dormir. Alors vint à moi un de ces honnêtes entrepreneurs de convictions qui descendent dans tous les partis, comme les mineurs dans toutes les mines, pour y chercher le filon d'or. Il me confia qu'il allait dresser une nouvelle exploitation, et me proposa de m'y associer, parce que, disait-il, étant homme d'affaires, il avait besoin d'un homme d'esprit. Je le priai de m'expliquer ce qu'il attendait de moi : c'était à peu près le contraire de tout ce que j'avais fait, dit et pensé jusqu'à ce moment.

— Eh bien !

— Eh bien ! il y avait de grands avantages; je voyais de tous les côtés des apostasies analogues, et de plus criantes, faire joyeusement vivre ceux qui les commettaient : j'acceptai.

— Vraiment !

— Attends donc, et donne-moi ta main ! Cette acceptation fut comme un éclair qui, en m'effrayant, me fit voir où j'allais. Je m'arrêtai. Je me mis à réfléchir sur moi-même; je fis l'inventaire de mes croyances. Je ne trouvai que des lambeaux déchirés, des restes rompus, un pêle-mêle de contradictions qui venaient de tous les partis et qui ne pouvaient satisfaire aucun parti, des noms honorés parmi mes anciens adversaires, des cœurs connus et méprisés parmi mes anciens amis; bref, une tendance à l'éclectisme, capable de me faire chasser de toutes les opinions. Évidemment je ne pouvais continuer ma route; évidemment aussi je n'en pouvais prendre une nouvelle. Je regardai autour de moi, cherchant une tribune où un homme dans ma position pût dire toute sa pensée; je n'en trouvai point. Nous n'avons pas encore songé en France à faire la coterie des honnêtes gens.

Il fallait donc me résigner à ce qu'on m'avait proposé, étouffer à la hâte ce qui me restait de scrupules, devenir l'instrument mercenaire d'un homme d'argent, faire tous les matins ma pensée du soir, sans songer à la pensée de la veille, et sans m'occuper de la pensée du lendemain; distribuer l'éloge et le blâme, la flatterie et la calomnie, au hasard des haines et des intérêts de cet homme; rire de la vérité comme du mensonge; n'avoir plus qu'une demi-conscience et qu'une demi-liberté; enfin, me ravaler au rôle le plus indigne, le plus parricide, le plus traître que j'aie jamais imaginé, et prendre pour mon compte tout le mépris que j'avais versé sur ceux qui le jouent. Il fallait cela, ou attendre qu'une seule pensée, qu'une seule conviction se formassent de tout ce qui était en moi. Mais attendre à Paris, c'était m'exposer à trop de tentations. Cette mêlée a des charmes; mille passions vous y poussent; on n'y est pas aisément spectateur, lorsque l'on peut y être combattant. J'avais un peu d'argent, par je ne sais quel hasard; je fis un effort, je laissai là mon entrepreneur, je pris la diligence, et me voilà.

— Brave garçon! et cette conviction que tu cherches, s'est-elle faite, l'as-tu trouvée?

— Pas l'ombre! au contraire, depuis que je regarde tout cela de loin et par-dessus les frontières, il m'est venu cent raisons de ne rien adopter. Je suis plus que jamais de tous les partis, excepté du parti de ceux qui les font tous.

— Mais quels sont tes projets maintenant? Songe à notre vieille amitié et parle avec franchise.

— Franchement et sérieusement, je suis triste et fort embarrassé. Je n'ai point de fortune, mais en revanche je ne manque pas de prodigalité. Accoutumé à dépenser l'argent comme je le gagnais, je me suis d'une part créé des besoins assez grands, et j'ai perdu de l'autre les moyens de les satisfaire. Voilà la position. J'avais cru qu'il me suffirait, pour vivre, d'un encrier, d'une plume et d'une vérité. Aujourd'hui, la vérité me manque. Le reste, sans elle, ne m'offre qu'un assez ignoble moyen d'existence, et je n'en voudrais pas user. Cependant, que faire hors de là? Comme cinquante de nos amis, je ne suis bon absolument qu'à gouverner les empires. J'ai appris à juger, non à faire; à critiquer, non à produire. Je donnerai tant qu'on voudra deux pages admirables sur le premier sujet venu; mais s'il en faut écrire trois, je serai stupide, et si l'on m'en demande quatre, je n'y arriverai jamais. Je n'ai donc ni le temps ni le pouvoir d'entreprendre rien de solide et de grand. Faire des vaudevilles ou des mélodrames avec Adolphe, pour être sifflé conjointement, cela me répugne; faire des romans, j'y suis peu propre, et cela ne nourrit guère; faire du commerce, cela ne va pas comme un article sur la question des sucres bruts; travailler de mes mains, je le voudrais, mais je n'y aurais point de courage, et d'ailleurs il faudrait apprendre un état. Pourtant j'ai droit de vivre, après tout. Pourquoi la société a-t-elle été si stupide que d'offrir aux jeunes gens l'appât terrible d'un gain sans travail, d'un pouvoir sans responsabilité, d'un professorat sans savoir? Si je n'avais pas trouvé sur mes pas cette tentation funeste, j'avais du talent, de l'intelligence, du cœur; j'aurais travaillé, j'aurais fait choses utiles, je serais hors de peine aujourd'hui. Au lieu de cela, j'ai perdu la moitié de mon talent. Je hais le travail patient et modeste; j'ai besoin de l'atmosphère des tripots politiques; j'aime ces combats de rhéteurs et (pourquoi le cacherais-je?) le prix qu'on y met; enfin, je ne sais plus si j'ai une conscience. A qui la faute? La société veut du sophisme, de la passion, des haines, des mensonges, des troubles, elle en aura : elle sème l'opprobre, elle le récoltera; elle paye l'infamie, on la lui vendra.

— Ainsi, malheureux, tu n'auras reculé devant la honte que pour t'y plonger plus avant! Au moins, sais-tu bien à quoi tu t'engages? Sais-tu qu'à ce métier, on perd non-seulement son honneur, mais sa force, mais son esprit? As-tu vu quelques-uns de ceux qui t'ont devancé dans cette voie? Que leur reste-t-il au bout de la route qu'ils ont si vite parcourue? Qui les estime? Qui les plaint? Que peuvent-ils devenir? Invalides méprisés, blessés d'une honteuse guerre, repoussés par tous les drapeaux pour les avoir tous servis, ils n'ont pas même gardé un morceau de pain de tant d'or puisé partout. Cet or maudit s'est changé en feuilles sèches dans leurs mains, et les voilà vieux bouffons ou précoces vieillards, risée de ceux qui leur succèdent, dédain de ceux qui les ont usés, au bord de deux abîmes entre lesquels il faut choisir : le suicide ou la mendicité.

— Écoute, me dit Émile, les yeux étincelants, la voix émue et me serrant la main, je sais tout cela; mais je vendrai chèrement mon âme. Cependant, trouve-moi seulement une vérité à laquelle je puisse me consacrer; trouve-moi dans ce monde pourri une cause juste à laquelle je puisse me dévouer, elle me tiendra lieu de tout; je ne demanderai rien pour la servir : plante une conviction dans mon âme, je ne veux que cela. Mais cette vérité, si tu ne l'as pas, toi qui fais le docteur; cette conviction, si tu ne peux me la donner,... je suis décidé; ne me dis plus rien.

— Écoute à ton tour, toi qui veux faire le martyr, écoute bien : moi, j'ai ce que tu cherches, je puis te l'indiquer, le veux-tu?

— Parle!

— Prends-y garde. Je sais une vérité certaine, grande, irréfragable, cent mille fois prouvée. Je sais une cause dans ce monde, qui est la cause de tous les bons, de tous les justes et de tous les souffrants, une cause qui est le génie des forts et la force des faibles; mais elle exige des sacrifices qui semblent durs, et il faut s'y dévouer tout entier. Vois si tu es bien sûr de tes résolutions; si tu peux te passer du gain, renoncer aux plaisirs, à la gloriole, au fracas; si tu te sens capable, comme tu dis, de vivre et de mourir pour l'amour de la vérité.

— Parle!

— Songe bien que tu seras honteux de toi-même, si, après que je t'aurai nommé cette cause et fait toucher au doigt cette conviction, tu recules devant elle et mets en avant des subterfuges pour y échapper.

— Mais parle donc!

— Laisse auparavant notre ami Jules me raconter pourquoi je le trouve à Zurich. Je lui vois un air de tristesse qui n'annonce pas une âme en bon état, et je veux savoir ce qui le fait souffrir.

— Mon histoire n'est pas plus gaie que celle d'Émile,

dit Jules. Je ne suis pas ici pour mon plaisir, mais pour ma sûreté.

— Quoi! as-tu fait aussi la folie de conspirer, toi?

— Oui, j'ai eu la folie de conspirer malgré moi contre la lâcheté des calomniateurs et l'insolence des avocats; j'ai eu la folie de vouloir me faire justice parce qu'on me la refusait ou qu'on ne m'offrait qu'une justice dérisoire; j'ai eu la folie de vouloir défendre mon honneur dans un pays où l'on veut que l'honneur se paye et se vende; en un mot, j'ai appelé en duel un homme qui m'avait outragé; je l'ai tué, et les tribunaux me poursuivent. Voilà pourquoi je suis ici (1).

— Tu as tué un homme!... Dans quel pays vivons-nous! D'une douzaine d'amis que nous étions, tous honnêtes et bons, tous en voie heureuse, plus de la moitié sont perdus, déshonorés, ruinés ou près de l'être; les autres sont affligés; un seul prospère, c'est le moins capable et le moins généreux.

— Que pouvais-je faire? continua Jules. Un procès mit ma famille et moi en présence d'un homme infâme. Ce misérable, connaissant bien le temps où nous sommes, imagina de se faire une arme de la position politique de mon père. Il calcula qu'ayant à se prononcer entre un scélérat et un honnête homme, les journaux prendraient parti contre l'honnête homme qui est leur adversaire, en faveur du scélérat qui viendrait le calomnier, et que de cette façon, s'il n'était pas lavé, il serait au moins vengé. Il ne se trompait pas. Il prit pour se défendre un de ces avocats habitués à faire circuler le crime dans le labyrinthe des lois; une de ces providences du vol et de l'assassinat, qui passent leur vie à creuser sous

(1) Voir l'Appendice.

chaque article du Code une secrète issue par où leurs ignobles clients puissent échapper à la répression. Que te dirai-je? Nous fûmes mis sur la sellette, au-dessous du frpion que la justice y avait appelé. Mon noble père, dont tu connais le cœur et dont tu sais la vie, fut déchiré, vilipendé, couvert de calomnies et d'injures. Les journaux se jetèrent comme des chiens sur cette réputation pleine d'honneur dont un valet de bourreau leur faisait curée. On répéta tout au long les discours de l'avocat; on les commenta; on y ajouta ce qu'il n'avait pas osé dire; on défigura nos réponses; des paroles que nous n'avions pas prononcées nous furent attribuées; cela se répandit de journal en journal dans la France entière; bref, aux yeux de tous ceux qui ne nous connaissaient pas, nous eûmes la honte du procès, et quatre ou cinq cent mille de nos concitoyens nous croient des malhonnêtes gens, uniquement parce que nous n'avons pas voulu tolérer d'audacieuses escroqueries.

Mon père, regardant de haut les hommes et les choses, restait tranquille, et ne paraissait ni étonné ni affligé; mais ma famille était dans la désolation, et pour moi, je cherchais avidement le moyen de rétablir la vérité. J'allai trouver l'avocat, principal agent de toutes ces infamies; je lui demandai réparation. Il me dit qu'il n'avait pas excédé les bornes de la défense, et m'offrit de prouver devant le public ou devant les tribunaux que mon père n'était pas un fripon. Ainsi il me fallait entreprendre de lutter seul contre une centaine de journaux déjà prévenus, déjà engagés contre nous dans cette querelle, ou faire un nouveau procès, renouveler ces scandales, subir de nouveau toutes ces injures encore accrues, dans l'espoir incertain d'obtenir une condamnation dont mon adversaire se serait ri, une amende de quelques milliers de francs qu'on nous aurait jetée comme une compensation suffisante de notre honneur perdu! Je ne le voulus pas, je n'avais rien à attendre d'une publicité qui n'existait que contre nous. Je forçai ce misérable à se battre, et, comme je t'ai dit, je le tuai.

Mais la France est gouvernée aujourd'hui par une bande de sophistes poltrons, qui veulent user sans crainte et sans ménagement de leur pouvoir. Ils ont environné de franchises le seul terrain où ils sachent combattre, afin que personne n'y soit aussi fort qu'eux; qui ne manie pas la parole ou la plume avec la même dextérité doit baisser la tête et passer sous leur joug. Attaquer les droits souverains de l'insolence est crime de lèse-majesté. Coupable de ce crime, on me poursuivit. Les tribunaux, qui n'auraient pas su défendre mon honneur, me demandèrent pourquoi j'avais versé le sang. Le jury m'acquitta, je fus traduit devant une autre cour. Voyant alors qu'il y allait au moins de ma liberté, je m'enfuis. Oh! je ne peux pas te dire tout ce que j'emportai de rage et de haine dans mon cœur, contre les lois, contre les hommes, contre la société, contre la patrie tout entière, qui laisse tant de bas sicaires l'avilir dans la personne de ses meilleurs citoyens. Oui, de pareils faits renversent tout dans le cœur. Pendant plusieurs jours je me sentis un besoin exécrable de tuer des Français, et si nous avions eu quelque guerre, je me serais offert à l'ennemi. — Voyons! toi qui es calme et désintéressé en tout ceci, à ma place, qu'aurais-tu fait?

— Que puis-je te dire, mon pauvre et cher Jules? Le duel est un crime qui participe à la fois du suicide et de l'homicide, et qui n'est jamais permis.

— Il faut donc, reprit alors Émile, souffrir en silence tout ce que la richesse ou la force voudront oser? Certes, je ne suis pas partisan du duel; mais telle qu'elle est, avec tous ses inconvénients, je préfère la moralité du duel à celle des jugements par lesquels on veut le remplacer. Ne criez pas que les spadassins sont maîtres de la vie des gens; les spadassins sont maintenant fort rares, et un honnête homme a toujours la faculté de leur répondre honorablement par des coups de bâton. Mais les rhéteurs et les avocats sont d'autres spadassins qui seront toujours maîtres de nos réputations, si nous n'avons pour les faire taire que des brochures et des arrêts. C'est par le duel que nous gardons encore un peu de politesse et de pudeur. Avec mon épée on me respecte partout; mais qu'on me l'enlève, et je suis à la merci du fort qui viendra me frapper dans l'ombre, à la merci du riche qui se moquera de payer l'amende pourvu qu'il m'injurie. Avec mon épée je n'entends que des paroles décentes, sans mon épée il faut que j'apprenne la langue des portefaix. Et puis, irai-je demander justice aux tribunaux d'un outrage secret fait à ma famille, d'un regard brutal jeté sur ma femme ou ma sœur? irai-je dévoiler au grand jour et livrer aux appréciations des avocats les infamies que je puis seul connaître et que je veux seul punir? Espère-t-on nous amener enfin, nous autres hommes de France, à solliciter des juges, comme le font les Anglais, le prix de ces affronts qui ne se nomment pas? Qu'on règle judiciairement l'usage du duel, qu'on le ramène autant que possible aux belles et loyales conditions des jugements de Dieu, à la bonne heure! Qu'on mette un frein à la triple insolence de la tribune, de la presse et du barreau, ce sera mieux encore. Mais qu'on entreprenne de supprimer le droit de légitime défense dans une société comme celle-ci, déjà livrée à la matière par tant de bouts, en proie à tant d'insolents, et gangrenée de tant de lâchetés, c'est vouloir lui donner le coup de grâce, lui enlever à la fois l'honneur et le courage, et la jeter sans défense aux genoux de la force physique et de l'argent. — Est-ce là ce que tu veux?

— Non, répondis-je. Si je condamne les duellistes, je tiens également insensés les présomptueux qui se croient de force à dompter par quelques articles de loi des frénésies que toutes leurs institutions sociales tendent à développer. Je pense, comme toi, que la résurrection des lois contre le duel est une entreprise d'avocat effrayé, et je crois qu'il n'en résultera pas grand'chose. Cette fantaisie judiciaire fait trop belle part à l'insolence, il y a chez nous un sentiment de dignité qui ne s'y ploiera jamais. Quelques lâches seulement en profiteront, et, d'un autre côté, il est à craindre que nos cerveaux brûlés ne se battent exprès pour braver les tribunaux et courir double danger. Je n'approuverais pas davantage le duel légal et les jugements de Dieu, dans un siècle où l'on ne croit pas à Dieu.

— Alors que veux-tu?

— Je veux qu'au lieu d'imposer aux hommes des lois contraires à tous leurs préjugés, et qu'ils n'accepteront pas, on les soumette dès l'enfance, par une éducation religieuse, à leurs devoirs envers Dieu et le prochain; je veux qu'on leur grave profondément dans le cœur qu'au-dessus de la justice humaine, insuffisante, il en est une autre infaillible, dont il faut respectueusement attendre l'arrêt; je veux qu'ils apprennent à ne pas se croire condamnés par une iniquité, à ne pas se venger d'un crime par un crime; et je veux que des hommes de cœur, comme vous, sachent tout de suite ce qu'il faut tout de suite apprendre aux enfants.

— Je me doutais que c'était là ta fameuse vérité, dit Émile.

— Pensais-tu, repris-je, que, pour fermer vos plaies et sortir ce monde de son bourbier, j'aurais bien pu en inventer une autre en voyageant? Toi, qui cherches une conviction, croyais-tu que j'allais te proposer de te faire républicain, phalanstérien, doctrinaire, saint-simonien, théophilanthrope, humanitaire ou du tiers-parti? Et toi, qui es meurtrier et qui as des remords malgré l'apparente justice de ton action, que peux-tu espérer aujourd'hui des conseils d'un homme qui ne te parlerait pas de Dieu? — Oui, mon secret est tout dans un mot, et je vous le livre avec la conviction profonde qu'il peut seul vous guérir, vous sauver en ce monde et dans l'autre : Faites-vous Chrétiens!

— Quand nous irons à la messe le dimanche, et quand nous mangerons du poisson les jours maigres, s'écria Jules, nous serons bien avancés! Tu es fou.

— Mes bons amis, il ne faut pas seulement aller à la messe et faire maigre; il faut jeûner et aller à confesse, et surtout faire ce que vos confesseurs vous diront; il faut prier, il faut devenir humbles, et patients, et charitables; il faut servir Dieu par vos talents et plus encore par votre cœur.

— Et après?

— Après, Émile, tu sauras triompher des besoins qui te poussent aux vilaines actions; tu ne diras plus qu'un homme a droit de reprendre en argent ce que la société lui a pris en vertu; tu seras convaincu, beaucoup plus que tu ne l'es en ce moment, qu'il n'est jamais permis et jamais avantageux de vendre sa conscience ou sa voix; tu retrouveras l'amour du travail, tu retrouveras la paix, tu garderas l'estime de toi-même; tu te sentiras, dans ta misère, au-dessus de tout l'or du monde; et enfin tu verras renaître, sous l'aile d'une conviction qui ne chancellera plus, un talent dont tes amis pourront s'enorgueillir. Après, Jules, tu seras plus content de toutes choses, tu braveras le jugement des hommes, et tu te confieras dans une justice plus forte qu'eux; le courage te viendra de rendre le bien pour le mal, et peut-être que Dieu te délivrera du remords.

— Tu me parles toujours de remords. Je ne t'ai pas dit que j'en eusse.

— Tu as au moins des regrets; car, même à n'en juger qu'avec la sagesse humaine, ce meurtre n'a pas rétabli tes affaires. Te voilà banni, ta famille est dans l'inquiétude, les héritiers de ton ennemi te le feront payer plus cher qu'il ne valait, c'est encore là une spéculation qu'on fait assez volontiers; tu n'en sortiras donc, après beaucoup d'embarras, qu'avec une grosse somme; et par-dessus, le remords viendra, s'il n'est déjà venu. N'aurais-tu pas mieux fait d'agir en Chrétien et d'attendre patiemment le jour de Dieu? Que sais-tu si ce jour n'était pas proche et terrible? que sais-tu s'il n'aurait pas plu au Tout-Puissant de toucher le cœur de ce misérable, et d'en faire pour ton père et pour toi un instrument de gloire et de réparation? Oserais-tu dire que Dieu n'aurait pas su te faire justice, quand tu vois, par tes troubles, tes agitations, tes vicissitudes et toutes tes peines, qu'il fait déjà justice de toi? Crois-tu en Dieu, Jules?

— Oui.

— Et toi, Émile?

— Qui n'y croit pas!

— Ceux qui vivent comme s'ils n'y croyaient pas peuvent être soupçonnés de ne pas y croire. Si Dieu est, croyez-vous qu'il soit bon?

— Je le crois, dit Émile.

— Je le crois, dit Jules, après avoir un moment hésité. Nous souffrons bien sur la terre, mais Dieu ne peut pas ne pas être bon. C'est l'homme qui est mauvais.

— Bien! mon Jules. Maintenant vous accordez sans doute que Dieu, qui ne peut pas ne pas être bon, ne peut pas davantage ne pas être juste, et que l'homme ne peut être mauvais que contre sa fin propre et contre la volonté de ce Dieu juste et bon. Croyez-vous que Dieu soit juste?

— Oui, dit Émile.

— Je ne sais, dit Jules ; je vois le mal triompher audacieusement et les méchants mourir tranquilles.

— Quoi ! tu sais qu'il y a un Dieu, tu sais qu'il est bon, et tu ne sais pas s'il est juste ?

— Le mal a du pouvoir, ajouta Émile, mais il ne triomphe pas. Si le mal pouvait triompher, la terre tout entière serait depuis longtemps son empire. Les méchants auraient dévoré les bons, comme les animaux féroces du désert ont détruit la race des gazelles, et déjà s'entre-dévoreraient.

— Ajoute que pour soutenir le monde en cet état, pour qu'il pût subsister dans le mal, il faudrait un pouvoir supérieur à celui du démon ; c'est-à-dire de Dieu injuste. Cette terre serait déjà l'enfer, aucune vertu n'y rafraîchirait le cœur, nous n'aurions l'idée du bien que comme d'une chose impossible à l'humanité, tandis qu'au contraire nous voyons des saints. Un Dieu de bonté peut-il avoir pour les saints et pour les scélérats le même cœur et les mêmes récompenses ?

— Mais pourquoi y a-t-il des scélérats ?

— Je te répondrai quand tu m'auras dit pourquoi il y a des saints : le bien n'est-il pas aussi difficile à faire que le mal ? faut-il moins de courage, moins de volonté ? Ceux qui restent bons ne pourraient-ils pas aussi facilement devenir mauvais ? — Est-ce une chose au-dessus des forces de l'homme, que la vertu ? Ce que le plus grand saint a fait, tu peux le faire si tu veux. Or, si Dieu a mis en toi cette force, ne doit-il pas te demander compte un jour de son emploi ? — Encore une fois, Jules, crois-tu que Dieu soit juste ?

— Oui.

— Maintenant est-il besoin de vous prouver, à vous qui avez de la logique dans l'esprit et de la générosité dans le cœur, qu'il ne suffit pas à l'homme sensé de *reconnaître*, avec Robespierre, *l'existence de l'Être suprême*, et de vaquer du reste à ses affaires, d'obéir à ses passions, de contenter ses désirs, comme si cet Être suprême n'existait pas? Un athée est un fou; mais quel nom donner au déiste qui se vante d'avoir assez d'intelligence pour comprendre un Dieu bon, juste, tout-puissant, et qui se conduit néanmoins comme si ce Dieu, dont l'œil le suit, n'avait ni puissance, ni bonté, ni justice; qui se gouverne dans la vie bien plus par la crainte des lois humaines, que par le respect et l'amour des lois de Dieu? Vous comprenez facilement qu'un père juste et bon doit vouloir et veut être aimé; qu'un maître qui punit et récompense doit vouloir et veut être servi? Vous comprenez encore que le père a dû, dans sa bonté, vous rendre son amour facile; que le maître a dû, dans sa justice, vous laisser sa loi et même des interprètes de sa loi, afin que vous puissiez toujours connaître et le chemin qui mène à lui, et le chemin qui vous éloigne de lui. Eh bien! mes amis, c'est cet amour qu'il faut sentir, si vous voulez être heureux; c'est cette loi qu'il faut observer, si vous voulez être justes; c'est cet amour et cette loi qu'il faut enseigner à ceux qui les ignorent, si vous voulez servir l'humanité.

— Écoute, dit Jules, il y a du vrai dans ce que tu dis là. Mais je ne suis pas convaincu.

— Dis-moi ce qui te paraît obscur, j'essayerai de m'expliquer mieux. En tous cas, si tu veux de bonne foi en avoir le cœur net, j'aurai bientôt fait de t'adresser à quelqu'un qui ne te laissera plus de doutes.

— Oh! comme tu y vas! veux-tu déjà m'envoyer à confesse?

— Certes, je le voudrais! et de tout mon cœur, et je ne croirais jamais t'avoir rendu plus grand service. Mais fais toujours tes objections.

Et comme Jules cherchait un peu trop longtemps:

— Il t'est aisé, dit Émile, de nous réduire au silence ; nous ne sommes pas théologiens.

— Quelle plaisanterie! suis-je théologien, moi? T'ai-je cité des textes, t'ai-je accablé sous l'autorité des conciles? Crois-tu que j'aie jamais fourré le nez dans une controverse, et que jamais je songe à m'embarrasser de ce qui a été dit pour ou contre l'existence, la toute-puissance, la justice et la bonté de Dieu? Il y a quelques mois tu m'as vu tout aussi ignorant en ces matières que tu peux l'être toi-même. Qu'ai-je fait depuis lors? Je me suis simplement demandé comment j'étais sur la terre, pourquoi j'y étais, et j'ai prié. L'étude est bonne, mais elle n'est pas si nécessaire. Le bon sens est chrétien, mon ami ; chrétien orthodoxe, qui plus est. C'est encore une chose où éclate admirablement la bonté de Dieu. Le plus illettré des paysans catholiques te dira tout ce que je t'ai dit, et mieux que je ne l'ai dit, car il sera plus ancien et plus humble dans la foi, il aura mieux réfléchi et prié plus longtemps. Mais n'êtes-vous pas honteux, ou plutôt affligés, vous qui avez tant étudié, d'être pris au dépourvu sur des matières comme celles-là? de voir qu'aujourd'hui vous songez sérieusement, pour la première fois, à une chose qui est, vous n'en pouvez douter, la chose la plus grave, et même la seule chose grave de la vie, et que vous n'y songez que par hasard? Vous êtes des hommes intelligents, il ne faut pas tout vous dire. Réfléchissez seulement à cela : pensez que la société qui vous a élevés se trouve, à quelques hommes près, dans le même état ; pensez que cette ignorance est particulièrement le mal et le vice de tous ceux qui, par le droit ou par le fait, dirigent la France ; vous comprendrez où sont nos dangers, d'où viennent nos misères, à quoi tient notre impuissance, et vous aurez peut-être aussi quelques lumières sur l'unique remède qui peut nous sauver.

— L'unique remède! voilà comme vous êtes vous autres dévots. Vous façonnez le caractère de Dieu à la rigueur des vôtres; vous voulez plier le monde entier à la loi de fer qu'on vous forge dans les confessionnaux; vous donnez à la puissance céleste le goût des vengeances humaines. Il vous faut des austérités, des privations, des punitions, des haires, des cilices, un enfer. Il n'y a plus de joie, plus de liberté; le moindre penchant est un péché, le moindre défaut un crime. Eh bien! moi, je ne crois pas Dieu si exigeant. Je pense que l'amour de Jésus-Christ n'a point fait de catégories entre ceux qu'il voulait racheter; que la vie ne nous est point donnée à condition que nous nous la rendrons odieuse; et que nous ne serons pas punis par Dieu, pour suivre des penchants qu'il a mis en nous : je pense enfin que tout honnête homme qui suit la loi naturelle, écrite dans son cœur, sera sauvé, sans qu'il soit besoin de messe, ni de confesseur, ni d'expiation.

— Tu ne te doutes guère, Jules, toi qui n'es pas théologien, comme le disait Émile, que tu viens de déployer en quelques mots toute la science du théologien Luther, et de cent autres théologiens ses devanciers, ses continuateurs et ses émules. Ce qu'ont imaginé ces grands hommes, tu viens, à peu de chose près, de l'inventer en te jouant, ce n'était pas plus difficile que cela. Tu peux te dispenser de les lire, tu as résumé parfaitement ce qu'ils ont écrit.

— Eh bien! c'étaient des hommes de sens.

— Tu te flattes beaucoup. Mais examinons ta doctrine. En ce qui concerne la pensée des Catholiques et les rigueurs que leur mauvais caractère prête à Dieu, je te dirai d'abord que tout dévot qui n'est pas aussi patient, doux, charitable pour les autres que sévère pour lui-même, est un faux dévot. La *loi de fer* qu'on nous forge dans les confessionnaux, et qui, selon toi, rend la vie odieuse, nous semble plus douce à mesure qu'elle est plus pesante. Elle nous commande de remplir tous nos devoirs envers Dieu, et ces devoirs envers Dieu renferment tous les devoirs possibles envers le prochain ; elle nous interdit la déloyauté, la calomnie, la haine, l'impureté, tout ce qui fait la honte, le malheur et le trouble de l'existence; mais elle ne nous défend ni le bonheur d'aimer saintement, ni celui d'accomplir le bien ; elle fait une vertu de l'espérance, de l'infortune une consolation ; pour un désir mauvais qu'elle arrache du cœur, elle y met d'immenses joies; pour un plaisir douteux et passager qu'elle réprouve, elle procure un bonheur éternel et infini. Voilà comment la loi de Dieu règle la vie du Chrétien. Si cette vie ainsi réglée te semble odieuse, de quel droit accuses-tu la société qui suit d'autres errements? De quoi te plains-tu? Pourquoi souffres-tu? La société se dispense de ces prescriptions maussades; elle ne fait pas ce que font les dévots et ce qu'enseignent les prêtres; comme toi, elle ne croit pas Dieu si exigeant; d'où vient que tu la condamnes et que tu te montres plus exigeant que Dieu?

Tu tiens à tous tes penchants, tu ne veux pas les réprimer parce que Dieu les a mis en toi : si tu étais malade, renoncerais-tu à te guérir parce qu'il y a dans le corps humain un penchant à la maladie? Si tu étais père et que ton enfant eût un penchant au vol, renoncerais-tu à le corriger lorsqu'il t'aurait dit qu'il veut garder ce penchant parce qu'il l'a reçu de toi? L'avocat qui t'a calomnié suivait son penchant; l'en as-tu puni parce que ton penchant, à toi, était de le tuer? Mais alors tout est bien, tout est bon. Chaque homme dans le monde suit le penchant qui l'entraîne. L'injustice n'est qu'un mot. Tu te trompes en disant que Dieu est juste et bon. Dieu a créé la terre et la laisse subsister uniquement pour amuser ses yeux du mal qui s'y fait... Il ne me reste plus qu'à expliquer pourquoi Jésus-Christ s'est donné la peine de souffrir et de mourir.

Quant à la loi naturelle des honnêtes gens, que signifie-t-elle en présence de la théorie des *penchants,* qui est la loi naturelle des scélérats? L'établis-tu pour nous donner le consolant espoir qu'on peut se sauver en faisant le bien comme en faisant le mal?

— Tu me fais dire des folies. Je ne prétends point que les méchants resteront impunis.

— Ah! il y a donc une justice divine à présent, une justice qui punit le crime, tandis que la justice des hommes ne punit que la maladresse tout au plus. Mais dis-moi si tu la trouves bien entière et bien satisfaisante, cette justice de Dieu qui punirait les hommes uniquement parce qu'ils sont nés méchants ou le sont devenus? Évidemment, pour que Dieu puisse punir, il faut qu'il ait offert aux méchants un moyen de se corriger, qu'il ait donné aux bons un moyen de persévérer. Évidemment aussi, ce moyen de salut ne consiste pas seulement dans la loi naturelle. La loi naturelle est impuissante au milieu de ce monde plein de périls et de séductions; il est mille circonstances où elle reste en suspens sur les limites du bien et du mal, mille difficultés de conscience qu'elle ne peut résoudre; elle ne dompte ni la vanité, ni l'orgueil, ni l'égoïsme; enfin elle n'a pas de sanction certaine. Aussi vois comme elle est obéie et ce qu'elle produit. Émile, et toi, et tous nos amis, pour ne pas chercher plus d'exemples, vous l'avez certes bien profondément gravée au fond du cœur. Où en êtes-vous cependant? L'un s'est suicidé, un autre s'est perdu d'honneur, un autre prêche l'immoralité en plein théâtre, un autre méconnaît ceux qui l'ont obligé, un autre a trahi son parti, un autre s'est vendu, un autre veut se vendre, un autre est meurtrier, et dans tout cela pas un malhonnête homme! Dans le nombre, qui est resté pur, sage, heureux? celui qui, ne se bornant point aux conseils insuffisants de la loi naturelle, ou plutôt suivant, de tous ces conseils, le plus fréquent, le plus grave et le moins écouté, a voulu constamment pratiquer la véritable loi d'amour et de justification, la loi révélée, la loi écrite, la loi instituée par Jésus-Christ, et prêchée tous les jours à la terre par ses représentants; celui qui assiste à la messe, celui qui fait pénitence, celui qui se confesse en un mot, car c'est là le véritable, et, vous me permettrez de le répéter, l'*unique* moyen de salut.

Comprenez donc que vous êtes entourés d'embûches, de tentations; que vous êtes accablés de devoirs toujours pénibles lorsqu'on ne les porte pas avec la pensée de Dieu, que le mal est entraînant, que vos passions conspirent sans cesse contre vous, que votre raison vous trompe, que votre esprit vous abuse, et que vous devez nécessairement tomber à chaque pas si vous n'êtes sans cesse encouragés, soutenus, éclairés par un guide vigilant.

Encore une fois, la loi naturelle ne peut être ce guide, car elle est muette ou reste étouffée au milieu du tumulte de vos passions. On n'est pas vertueux d'ailleurs sans une certaine grâce du Ciel qu'il faut sincèrement demander et courageusement poursuivre; et cela est juste, puisque la vertu chrétienne est déjà le bonheur, c'est-à-dire la paix et l'espérance ici-bas. Celui qui ne vole pas et n'assassine pas croit ordinairement avoir fait tout ce que la loi naturelle prescrit. Mais le vol et l'assassinat ne sont défendus que par deux commandements; or il y en a dix, auxquels il faut obéir, sous peine de trouble et de malheur en cette vie et de souffrances éternelles en l'autre. Et ce n'est pas tout de garder les commandements et de ne pas faire le mal, il y a encore les vertus qu'il faut observer, il y a encore le bien qu'il faut faire, et faire bien.

Songez-y, mes amis, cela est sérieux ; il n'y a rien d'aussi sérieux dans la vie. Voyez comme vous chancelez, comme vous tombez avec vos qualités naturelles et votre philosophie ; voyez comme beaucoup d'autres sont tombés ou vont tomber. Si tous avaient pratiqué la loi de Dieu, si vous l'aviez pratiquée vous-mêmes, si vous aviez confié vos actions et vos projets à quelque bon prêtre, et suivi les conseils qu'il n'aurait pas manqué de vous donner, combien de fautes n'auraient pas été commises, combien de malheurs ne seraient pas arrivés ! Voulez-vous être lavés du passé et préservés de l'avenir ? voulez-vous rentrer dans la voie du bien ou y marcher d'un pas toujours plus ferme ? Non-seulement il faut croire, mais il faut *pratiquer*. Il le faut absolument.

— Je ne le pourrai jamais, dit Émile.

— Jamais je n'oserai, dit Jules.

— Dites que vous ne voudrez pas, car pourquoi ne pourriez-vous ce qu'ont pu tant d'autres, moins hardis et moins forts que vous ? Quel nouveau converti n'a douté de sa persévérance et craint les moqueries ? Mais la persévérance est un don que la prière obtient ; quant aux moqueries, elles sont bien rares, bien faibles, et ce qu'elles offrent de plus pénible et de plus dangereux, c'est qu'on est toujours tenté de s'en enorgueillir. Le converti est un voyageur qui, après une longue course, se retrouve enfin dans l'enclos de sa maison : encore quelques pas, il franchira le seuil, il embrassera son père, il reverra sa famille, il reprendra sa place restée vide au foyer. Si la fatigue l'accable et qu'il tombe avant d'arriver, les anges de Dieu, qui remplissent cet enclos béni comme autant de domestiques fidèles, le relèveront et le porteront à sa famille qui l'attend. Comment pourrait-il se décourager? comment se laisserait-il arrêter par les railleries d'une troupe d'insensés qui lui crient de revenir sur ses pas, et de poursuivre avec eux dans la honte, dans les ténèbres, dans la boue, de misérables joies dont il sait le néant? Il les plaint et passe en priant pour eux!

Que lui importent la lassitude, l'isolement, la misère? Il retourne à son royaume d'innocence et d'espoir. Ce dénué peut déjà faire aux puissants de la terre l'aumône d'une prière que le Ciel entendra, ce condamné a retrouvé le vieux titre de famille qui lui donne place au rang des élus, ce roi détrôné va ressaisir sa couronne éternelle. Le monde peut lui jeter ses mépris, faire briller à ses yeux ses hochets de clinquant, présenter à sa bouche ses coupes d'ivresses; il ne l'entend pas, il ne le voit pas, il ne se détournera plus.

Où sont aujourd'hui, parmi les peuples, le courage et la grandeur? Où sont, parmi les hommes, la science et l'amour de l'humanité? Là où est la foi catholique. Où sont les convictions durables? Dans la foi catholique. Où vont les esprits généreux? A la foi catholique. Quel faisceau se grossit et se serre tous les jours, et ne s'éparpille pas sous le vent délétère de la passion et de l'intérêt? Le faisceau catholique. Ne sont-ils pas dignes des sympathies d'un noble cœur, ces Catholiques de Pologne, d'Irlande, d'Espagne et de Prusse qu'on voit lutter si courageusement? Ne sont-ils pas dignes de l'attention des esprits élevés, ces orateurs sacrés dont l'enseignement surgit comme une eau pure au milieu de tant de flots bourbeux, et qui, dans ce monde où toute puissance appartient au talent de la parole, ont dédaigné la conquête assurée d'une grande fortune, afin de pouvoir instruire partout les pauvres et consoler partout les souffrants? Savez-vous qu'en ces jours d'égoïsme avide, il est encore des missionnaires, et que notre France, si abaissée aux goûts de la matière, produit encore des martyrs? Ah! non-seulement il est doux, mais il est beau d'être Chrétien.

Mes amis, cette société a banni la justice et la charité, elle n'est point faite pour vos cœurs, n'y restez pas; elle vous a blessés déjà, n'attendez pas qu'elle vous tue. Laissez-la dans son or, dans ses ambitions, dans ses plaisirs, dans ses misères; et tandis qu'elle s'agite malade sur sa couche, où le repos ne descendra point, rejetez le breuvage qui l'enivre, brisez le joug des maîtres qu'elle s'est donnés, servez Dieu, servez vos frères, commencez ainsi par vous-mêmes la réforme de tout ce qui vous semble odieux et coupable ici-bas; sauvez-vous enfin, et vous en sauverez d'autres, car vous serez bénis.

Maintenant, je vous ai dit tout ce que je sais dire, mais non pas tout ce que je devine et tout ce que je sens; cela est infini! D'autres répondront à tous vos doutes, lorsque, convaincus que le mépris ou l'ignorance de ces choses ne sont point permis à un être pensant, vous voudrez enfin déchirer le voile que j'ai soulevé. Permettez à mon ancienne et fidèle amitié de demander à Dieu que ce soit bientôt. Un Chrétien ne peut souhaiter autre chose pour ceux qu'il aime le plus.

DE ZURICH A BALE.

Entre ces deux riches villes protestantes se trouve la portion catholique du canton d'Argovie. Nous avons assez raconté les façons d'agir des Réformés pour que nous n'attristions point nos lecteurs du récit de tout ce que les Catholiques argoviens eurent à souffrir dans ces derniers temps et de leurs concitoyens et de leurs voisins. En 1835, ils se lassèrent de tant d'avanies : Zurich parla tout aussitôt de faire marcher contre eux ses intrépides bataillons. Les rédacteurs de la nouvelle gazette de Zurich écrivirent à ce propos une gentillesse qui fut fort applaudie : « Nous attellerons, disaient-ils, les moines devant les canons, pour épargner l'avoine; » et ils annonçaient en même temps aux Catholiques, s'ils résistaient, le pillage de leurs propriétés et le déshonneur de leurs filles. Telles sont pour les Catholiques suisses les douceurs de la confédération.

Au surplus, cela n'empêcha point les Argoviens de faire bonne contenance, et ils se sont donné l'innocente satisfaction de semer toute la partie de la route qui leur appartient, entre Zurich et Bâle, d'une si grande quantité de croix, qu'elles forment comme une haie de chaque côté.

Où trouverait-on des Anglais, si ce n'est en diligence ? Nous en avions un qui traînait avec lui un bataillon de femmes de chambre, de nièces et d'enfants, et qui, devant chaque maison à figure d'auberge, voulait s'arrêter pour manger ou boire quelque peu. A cela près, il était fort jovial, et c'est la chose la plus inimaginablement drôle, qu'un Anglais guilleret. Mais dans une petite ville où nous dînâmes, toute sa bonne humeur s'évanouit. Après la soupe, il demanda de la moutarde, on ne lui en apporta point; il en demanda une deuxième, une troisième fois, toujours d'une voix plus sombre, et toujours sans succès; enfin, il renouvela pour la quatrième fois sa demande avec une solennité de courroux telle, qu'il fallut bien l'entendre. Tout le monde leva les yeux sur lui ; les nièces, les femmes de chambre, les enfants, cessant de manger, le regardèrent d'un œil plein d'angoisse, et le garçon d'auberge, la honte sur le visage, lui répondit timidement qu'il n'y avait pas de moutarde à la maison. Oh! s'écria l'Anglais, tandis que ses enfants, ses nièces et ses femmes de chambre s'entre-regardaient avec une muette stupéfaction : singulier dîner, sans moutarde! Puis, repoussant son assiette et croisant les bras, il ne fit plus, durant tout le repas, que jeter sur la table et les murailles des regards pleins de mépris. Avant de remonter en diligence, il nota l'auberge sur son calepin. *At Bruck: a dinner without mustard.*

Voici sur une éminence boisée, séparée de la route par un beau vallon, quelques pans de murs couverts de lierre, et des débris de tourelles échancrées par le temps ; c'est tout ce qui reste du château de Habsbourg. De ce nid étroit, un petit seigneur à la solde des municipalités suisses, Rodolphe, si pauvre, qu'il fut plus d'une fois obligé de raccommoder lui-même ses chausses usées par la selle et les harnais, s'envola pour gouverner l'empire. Qu'on nous permette de rapporter ici une légende ou plutôt un fait encore assez ignoré.

Un bon curé, allant quelque part porter le viatique, fut arrêté par une rivière qu'il ne savait comment traverser. Dans son embarras, le digne prêtre s'adressait à Dieu, lorsque Rodolphe de Habsbourg vint à passer. Il était à cheval et seul. — Qu'avez-vous, mon Père? — Seigneur, un malade m'attend de l'autre côté, et je ne vois ni gué ni bateau. Rodolphe mit pied à terre : Prenez ce cheval, dit-il, souvent il a porté la mort et le désespoir dans les bataillons; qu'il porte l'espérance et la vie au pauvre qui vous demande : je vais vous attendre ici. Le curé ne se fit pas prier. Avec l'aide du sire de Habsbourg, il enfourcha le noble coursier, et fit hâte : le cas pressait. Rodolphe le regarda s'éloigner, et, lorsqu'il l'eut perdu de vue, il essuya de son gant bardé de fer une larme qui troublait ses yeux. — Hélas! hélas! dit-il en soupirant, celui-là n'est pas un célèbre capitaine, ni un riche baron, mais combien de vaillants n'auront point sa gloire, et combien de puissants seront moins heureux que lui ! Le curé revint bientôt après : il retrouva Rodolphe sur le bord de la rivière où il l'avait laissé. En le voyant, il voulut descendre : le sire de Habsbourg le prévint. Restez, lui dit-il, mon père, et gardez ce cheval, il est à vous ; c'est un vieux serviteur à qui je veux désormais épargner la fatigue des mêlées. Je ne suis pas riche, mais je puis encore faire ce don aux pauvres que vous servez ; seulement n'en dites rien : s'il est bon que Dieu le sache, il le saura sans que nous en parlions. Adieu, mon père ; je me recommande à vos prières — Ils se séparèrent là-dessus ; le curé bénissant Dieu sur son bon cheval ; le comte priant et rêvant doucement, quoique à pied.

Le lendemain, Rodolphe alla visiter l'abbaye de Farh, qu'il aimait beaucoup. Il se trouva là une simple religieuse d'une grande piété, qu'on nommait la sœur Berthe de Hasel. Dès que Rodolphe fut arrivé, sœur Berthe s'avança vers lui et le salua empereur. — Que voulez-vous dire? s'écria Rodolphe surpris ; car alors rien n'était moins probable aux yeux de Rodolphe même, que ce haut degré de grandeur. — Je veux dire, reprit Berthe, que vous avez fait hier une noble action. Ne le niez pas ; je le sais, bien que personne n'en ait encore parlé, et je sais aussi qu'en récompense de cette action, vous et vos descendants vous vous assiérez un jour sur le trône impérial. — Dieu m'y garde, s'il le veut ainsi ! dit le comte ; il y a loin de l'empereur au curé de village ; mais qui le sert mieux des deux? — Sire comte, reprit la sœur, l'un et l'autre peuvent le servir saintement.

Cette abbaye de Farh rappelle un souvenir touchant. C'est un monument de tendresse et de douleur paternelle. Le baron de Regensberg avait un fils unique, son amour et

24

son espérance. Ce beau fils se noya dans la Limmat. A la place où le corps fut retiré des ondes, le désolé père fit ériger un tombeau, sur le tombeau une chapelle, et autour de la chapelle un couvent. Il y venait souvent avec sa femme Judintha, pleurer et prier, en attendant le jour où ils iraient rejoindre dans la vie éternelle l'enfant bien-aimé qu'ils avaient cru y devancer. Tous deux furent ensevelis à l'abri de ces saintes murailles, auprès de leur enfant.

KŒNIGSFELDEN.

Près des ruines du château de Habsbourg se voient les ruines de l'abbaye de Kœnigsfelden (le Champ du Roi), ainsi nommée parce qu'elle s'élève au milieu du champ où mourut Albert d'Autriche. Ce nom et ces débris rappellent un des plus séduisants épisodes de l'histoire du moyen âge, un drame plein de passions sauvages, dont une main surhumaine dénoue l'un après l'autre tous les nœuds, et où l'on voit des hommes, abandonnés à leurs frénésies, n'être dans le crime que les instruments de la justice divine, qui les punit tous.

Lorsque Albert d'Autriche, prince avide et d'humeur altière, apprit que ses baillis avaient été chassés des trois cantons, il courut à Baden, afin d'y organiser des forces capables de soumettre les Waldstetten révoltés. Son neveu, Jean de Souabe, dont il retenait injustement l'héritage, l'y suivit. Or, un jour qu'il se trouvait à table avec ses fils, son neveu et ses barons, Albert, ayant fait apporter des couronnes de roses, en orna la tête de ses enfants; puis, avisant Jean de Souabe, qui le matin encore avait réclamé ses droits, il lui mit en riant sur le front un de ces diadèmes dérisoires. Jean ne put se contenir : il froissa les fleurs insultantes et sortit de la salle en versant des larmes de dépit.

Peu d'instants après, cinq autres convives, cinq barons de la cour impériale, le rejoignirent. C'étaient Walther d'Eschenbach, de Wart, de Palm, de Tegerfelden et de Finstengen. Tous cinq hautains, braves et hardis, tous cinq ayant à se plaindre d'Albert. Ils eurent avec Jean une conférence qui ne dura qu'un moment, mais qui fit soudainement briller ses yeux d'un espoir sinistre; et ils se disposèrent aussitôt à accompagner l'empereur, qui voulait, le jour même, aller voir sa femme Élisabeth, à Rheinfelden. C'était le 1er mai 1308, une année après la révolution.

Albert, sans défiance, se mit en route, accompagné de son neveu, des cinq barons que nous venons de nommer, et d'un sixième, le seigneur de Castelen, étranger au complot. Ils passèrent la Reuss près de Windisch. Arrivés sur l'autre rive, Jean s'adresse à son oncle : Sire, lui dit-il, par tout ce qu'il y a de plus sacré, je vous supplie de me rendre mes héritages. — Neveu, répond avec dédain l'empereur, laissons cela, s'il vous plaît, et n'en parlez plus. — Sire, insiste Jean, il y va de votre salut. — Qui te l'a dit? reprend Albert. — N'importe qui me l'a dit, je le sais, et vous le savez aussi, vous qui retenez ce qui ne vous appartient pas. — Prends garde, s'écrie Albert, tu menaces! — C'est à toi de prendre garde, réplique Jean; et tirant son poignard, dont il lui porte un coup à la gorge : Tiens, dit-il, reçois le prix de ton injustice! Au même instant les autres conjurés s'élancent sur l'empereur; d'Eschenbach lui fend la tête; Palm, Tegerfelden et Finstingen lui percent les entrailles; de Wart seul ne frappe point : il reste tranquille spectateur de cet assassinat, tandis que Castelen, incapable de défendre son maître, prend la fuite et va porter la nouvelle à Baden, où se trouvaient la cour et l'armée.

Les conjurés n'avaient pensé qu'à contenter leur haine; le coup fait, ils se regardèrent, épouvantés de ce crime irréfléchi; et, s'enfuyant de divers côtés, ils se séparèrent pour ne plus se revoir, laissant l'empereur mourant dans les bras d'une paysanne que le hasard avait amenée là. Albert expira bientôt, victime de son injustice et de son avidité. Ce fut le premier acte de cette tragédie.

Élisabeth, en apprenant le crime, jura d'en tirer une épouvantable vengeance. Mais, non moins avare que vindicative et sanguinaire, elle vit dans la mort de son mari un moyen d'enrichir sa maison; d'accord avec ses enfants, elle s'empressa d'en profiter. Agissant donc comme si la plus grande partie de la noblesse helvétique eût été complice de l'assassinat, ils firent mettre au ban de l'empire, non-seulement Jean de Souabe et les cinq barons conjurés, mais encore tous leurs parents, amis, voisins, leurs vassaux même, et beaucoup de gentilshommes dont les fiefs tentaient leur rapacité. Une grande quantité de châteaux furent brûlés et rasés. La ville fortifiée de Maschwanden, capitale des beaux domaines d'Eschenbach, fut détruite de fond en comble, et tous les habitants tués ou dispersés. Cinquante hommes, la plupart nobles, qui défendaient la tour d'Althburen, se rendirent à discrétion; Léopold (celui qui fut vaincu à Morgarten) les fit tous décapiter en sa présence. Une foule ds gentilshommes, réfugiés dans la forteresse de Farwangen, près du lac de Halwil, espéraient s'y maintenir jusqu'au moment où ils pourraient se justifier à la diète de l'empire; Élisabeth, elle-même, alla les assiéger avec toutes ses forces, en fit tuer beaucoup sur la brèche, prit les autres après une résistance désespérée, et, malgré leurs protestations d'innocence, les fit mourir au nombre de soixante-trois. Elle voulut assister à leur supplice. « Ce sang m'est plus agréable qu'un bain de rosée, » s'écria-t-elle lorsqu'elle eut vu les soixante-trois têtes tomber sous ses yeux. Il périt ainsi un millier de familles, dont la maison d'Autriche s'adjugea les dépouilles. Mais il convient de remarquer que cette persécution, plus fatale à la noblesse suisse que la journée de Morgarten, fut également funeste à la maison d'Autriche, en détruisant le pouvoir et l'influence des nobles, ses alliés naturels dans la guerre qu'elle faisait aux paysans des petits cantons. Ainsi, toujours la justice de Dieu tourne contre les hommes et les empires les effets de leurs propres crimes. Ces nobles, séparés du peuple qu'ils opprimaient et spoliaient, furent abandonnés par lui et livrés sans défense aux bourreaux autrichiens; la maison d'Autriche à son tour, privée du secours des nobles qu'elle avait fait injustement mourir pour les dévaliser, vit en un demi-siècle les paysans se soustraire pour jamais à sa domination. Tandis qu'elle poursuivait sa vengeance et ses rapines, les petits cantons se fortifiaient. Seuls innocents et purs dans ce conflit d'atrocités, ils en sortirent seuls libres, tranquilles et respectés.

La justice divine ne s'exerça pas d'une manière moins terrible sur les assassins d'Albert. Si elle permit qu'ils échappassent, hors un seul, à la vengeance des hommes, c'est que nul supplice n'eût été aussi affreux que leur existence. Travesti en mendiant, Jean de Souabe, désormais appelé Jean le Parricide, se rendit à travers mille périls aux pieds du pape Clément V, et confessa son crime. Absous au spirituel, il fut renvoyé pour le temporel devant l'empereur Henri, et condamné à la prison perpétuelle dans un couvent de Pise, où il mourut à l'âge de 25 ans. D'Eschenbach, si puissant et si riche autrefois, s'étant sauvé dans le Wittemberg, y garda 35 ans les troupeaux; il n'osa se faire connaître qu'au moment de mourir, au prêtre qui l'administrait. Il avait vu massacrer sa famille, envahir ses domaines, abolir son nom. De Palm, réfugié dans une maison de religieuses à Bâle, y finit lentement ses jours, inquiet, prisonnier, et survivant seul des siens dont il avait causé la ruine. Tegerfelden et Finstingen disparurent; l'on ne sut jamais ce qu'ils étaient devenus. Le seul de Wart, moins coupable peut-être que tous les autres, eut le triste bonheur d'échapper par la mort à de si longs tourments. Le récit de son horrible fin va nous montrer une héroïne digne de prendre place parmi les plus nobles figures de l'humanité. Nous avons besoin, après tant d'horreurs, de reposer un moment notre âme au spectacle d'une grande foi et d'une grande vertu.

De Wart, livré moyennant une somme d'argent par son cousin Thibaud de Blamont, que cette action fit surnommer Thibaud le Marchand, avoua qu'il s'était prêté au meurtre de l'empereur pour venger son ancien maître et bienfaiteur, l'empereur Adolphe de Nassau, détrôné et tué par Albert. Condamné à périr ignominieusement, il fut attaché à la queue d'un cheval, traîné à l'échafaud, rompu vif et étendu sur la roue. Jusque-là il avait montré la plus grande fermeté; mais son courage fut près de l'abandonner, lorsque, près de cette roue infâme où il devait expirer, vint s'agenouiller sa femme, jeune, belle, pieuse et tendrement aimée. Durant le procès, cette épouse chrétienne s'était vainement jetée aux pieds de l'impératrice et des juges, pour en obtenir la grâce de l'accusé. Maintenant elle venait, fidèle jusqu'au bout à la sainteté de ses devoirs, assister et consoler celui qu'elle n'espérait plus sauver; elle craignait, que dans les horreurs de sa longue agonie, il ne se prît à haïr et à blasphémer. Ni les larmes de sa famille, ni les prières de de Wart lui-même ne purent l'éloigner de l'échafaud ; elle y resta trois nuits et trois jours sans succomber, prodiguant à son mari les soins les plus tendres, comme s'il eût été dans son lit de mort, l'encourageant au repentir, à l'espérance, au pardon, lui parlant du Ciel, récitant avec lui les prières des mourants. Ce ne fut qu'après qu'il eut rendu l'âme et qu'elle lui eut fermé les yeux qu'elle consentit à l'abandonner. Alors aussi seulement elle laissa éclater ses sanglots. Couverte du voile des veuves, elle se rendit à pied, de Brouch, théâtre de cette scène inouïe, dans la ville de Bâle, où, consumée de douleur, elle mourut quelques années après, à la fleur de son âge, en renom de sainteté, objet, pour tous les gens de bien, de pitié, d'estime et d'admiration. L'histoire n'a pas conservé son nom, mais on sait qu'elle était de la maison de Palm.

Cependant la veuve et la fille d'Albert, repues du sang et des dépouilles de mille familles, commençaient dans le silence des nuits à trouver ces richesses pesantes. Elles imaginèrent d'en consacrer une partie à Dieu, et firent bâtir, à la place même où Albert était tombé, la somptueuse abbaye de *Kœnigsfelden*. Ces deux princesses y furent ensevelies. Bientôt après, on y plaça, près de leurs cercueils, ceux des deux Léopold, vaincus par les paysans, l'un à Morgarten, l'autre à Sempach ; on y enterra aussi la plupart des nobles tués à ce dernier combat. Aujourd'hui l'abbaye est sécularisée. Il n'en reste plus que des ruines, le souvenir d'un grand forfait, de grands malheurs, de grandes expiations, et aussi le souvenir d'une chrétienne et courageuse parole : les austérités qu'Agnès, fille d'Albert et d'Élisabeth et veuve du roi de Hongrie, s'imposait à Kœnigsfelden, surpassaient celles de toutes les autres religieuses. *Femme,* lui avait dit l'ermite Berthold d'Offtringen, vieux guerrier de l'empereur Rodolphe, *c'est mal servir Dieu que répandre le sang innocent et de fonder des monastères avec les biens acquis par la violence. Dieu préfère la clémence et la bonté.*

BALE.

Si je parle de Bâle, il est à craindre que je n'en fasse un portrait de fantaisie; je n'y suis resté qu'un jour, et ce jour m'a semblé bien long : la France était si près! Un célèbre auteur dit des Anglais qu'ils ne se trouvent bien que chez eux. Je ne sais pas comment un Anglais peut se trouver bien quelque part. Quoi qu'il en soit, j'affirme que nul, autant que le Français, n'est affamé de l'air natal. Nous nous moquons du patriotisme, comme de toutes choses, pour deux raisons : premièrement, nous ne manquons pas de concitoyens qui sont très-capables de nous en dégoûter; secondement, nous avons certaines prétentions à la largeur d'esprit qui nous portent à mépriser tout ce que nous sentons de naïf et de sincère en nous; mais, en définitive, sans chanter nos campagnes et nos montagnes, nous aimons terriblement le pays. Nos avons beau le bouder; au plus amer de notre rancune, pour le dernier de ces chenapans qui nous font rougir, nous irions faire encore le coup de fusil sur la frontière et beaucoup plus loin. C'est d'un vieux chevalier de Saint-Louis que je le tiens : il sortait de page, lorsque la révolution lui tua père et mère, brûla son château et le força de s'expatrier, emportant pour tout reste d'une grande fortune les habits qu'il avait sur le dos. Celui-là peut-être pouvait garder quelque ressentiment, et dans l'armée de

Condé, où il servait, son histoire était à peu près celle de chacun. « Eh bien! disait-il, lorsqu'un détachement de l'armée républicaine frottait, comme cela n'était pas rare, ces pauvres Prussiens, c'était fête parmi les émigrés; nous ne pouvions nous empêcher d'en être contents, et fort contents.... Après tout, ces diables de Prussiens étaient très-bêtes : de quoi se mêlaient-ils? »

Il fait bon voir nos Français, lorsqu'ils ont passé deux mois à l'étranger. Au commencement, c'était superbe : Oh! le beau ciel! oh! les beaux sites! oh! les belles gens! plus d'émeutes, plus de bruits, plus de journaux, plus de vaudevilles! qu'on est bien! que je voudrais passer mes jours ici! Attendez que cette *furia* se soit épuisée; ce ne sera pas long : l'enthousiaste commence à soupirer aux nuages que le vent emporte vers le beau pays de France : Où vont ces oiseaux? d'où vient cette brise? Oiseaux joyeux, brise embaumée, de mon pays ne me parlez-vous pas? Alors, ce sont des regrets infinis; le ciel italien n'a plus de douceur; l'air des Alpes n'a plus d'attraits; le monde entier n'offre plus rien qui soit digne d'être vu. N'était le sentiment des convenances qui défend de passer près d'un tableau de Raphaël sans le regarder, et de côtoyer une ville célèbre sans y entrer, au moins pour un instant, le pauvre exilé revolerait tout d'un trait où l'attendent son portier, ses journaux, son sergent-major; et mieux que tout cela, le pur accent français, le premier venu avec lequel il pourra causer sans dictionnaire, et avoir de l'esprit; car ce qui fait surtout que le Français ne se plaît pas à l'étranger, c'est qu'il y perd en grande partie le charme de la conversation, cette fine fleur du langage courant qu'il aime tant à répandre et à flairer. Il est comme un chanteur continuellement aux prises avec un air qui n'est pas noté pour sa voix. Le duc de Saint-

Simon raconte spirituellement l'histoire d'un seigneur qui, après s'être bien ennuyé en Italie, regagnait à toute bride Paris et la cour, persuadé qu'ailleurs on ne vivait pas. Sa chaise se brise à l'entrée d'une de nos petites villes inconnues : il va s'établir à l'auberge, faisant rage contre l'accident qui retarde de quelques heures sa félicité. Le lendemain, il pouvait repartir ; mais il ne s'était pas ennuyé à l'auberge, et puis il avait reçu des visites, il fallait bien les rendre ; il les rend donc, à loisir, s'arrêtant où les gens lui plaisent et ne se défendant même pas de quelques invitations à dîner. Cela prend huit ou dix jours. Au bout de ces dix jours, il tombe malade. Toute la ville s'émeut, on va le voir, on l'entoure des soins les plus affectueux ; souffrant, on le guérit ; guéri, on le fête ; on le reçoit de l'Académie ; on le met des réunions de charité. Pour lui, charmé d'une ville où l'on a tant de politesse, de bonne grâce et d'esprit, il y loue un appartement, bientôt il y fait bâtir un hôtel ; bref, sans plus songer à la cour ni à Paris, il y demeure trente-cinq ans ; il y est encore..... dans le cimetière de l'endroit. Quel homme sage ! Mais, sagesse à part, trouvez donc hors de France, et Rome exceptée, une ville où l'on en puisse faire autant ! Un Anglais, un Allemand, un Suisse, retourneront avec joie dans leur patrie ; c'est un de ces sentiments naturels que Dieu donne à l'homme pour l'attacher à beaucoup de devoirs. Mais l'Italien, le Suisse, l'Anglais, l'Allemand auront besoin de leur maison, de leur ville, de leur canton. Pour le Français l'air natal est partout en France. Nous avons un lien commun que les autres peuples n'ont pas. Malheureusement l'individualisme nous gâte ce trésor.

Quant à Bâle, pour y vivre, il ne suffit pas d'être Suisse, m'a-t-on dit, il faut être Bâlois. L'aspect de cette ville est étrange. J'y suis arrivé par un beau jour d'été, après avoir traversé une campagne pleine de poussière, de soleil et de bruits joyeux; j'y suis arrivé avec la pensée charmante que je n'y resterais pas longtemps. Cependant, malgré l'été, le soleil et le voisinage de la France, Bâle me parut lugubre au delà de toute expression. Pourquoi? je l'ignore en vérité; mais certainement il y a dans l'aïr de cette ville quelque chose d'ennuyé, de soucieux et d'attristant. On y observe beaucoup de mouvement sans bruit, beaucoup de richesse sans éclat, beaucoup de grandes maisons fermées et qu'on dirait désertes. Tout cela sent sa Forêt-Noire, son Allemagne et sa Réformation. Il semble que le Rhin, ce fleuve des légendes, y raconte en passant toutes les noires histoires qu'il connaît, et dans le nombre, il en est beaucoup que Bâle elle-même lui a apprises. Bâle a de sombres annales : pestes, tremblements de terre, discordes civiles, guerres politiques et religieuses, hérésies, sectes, et pour finir, l'amour de l'argent! — Les Bâlois font la banque avec ivresse; tandis qu'ils calculent, comptent, supputent, agiotent, entassent l'or pour le revendre, les Bâloises s'ennuient beaucoup. Elles consument leur vie à regarder dans la rue, non en se mettant à la croisée, ce qui ne serait que médiocrement amusant l'hiver, mais au moyen d'un petit miroir qui, placé à l'extérieur des fenêtres, fait passer dans le salon tout ce qui vient, bêtes et gens, battre ou salir le pavé.

Les anciens Bâlois, les Bâlois catholiques, au milieu de leurs guerres, de leurs pestes et de leurs tremblements de terre, menaient plus gaiement la vie. Ænéas Sylvius Piccolomini, qui fut pape sous le nom de Pie II, et qui passa plusieurs années à Bâle en qualité de secrétaire du concile, en a fait un charmant tableau. « Tout récemment, dit-il, on a embelli la ville de plusieurs promenades, semées d'arbres verdoyants et couvertes d'un joli gazon : les branches des chênes et des ormes, artistement étendues et projetées en dehors, produisent des ombrages épais : rien n'est plus agréable, pendant les grandes chaleurs, que de se retirer sous ces frais bocages pour se mettre à couvert des rayons du soleil. Dans ses promenades, la foule des jeunes gens se rassemble, soit pour célébrer quelque fête, soit pour se divertir ; là ils s'exercent à courir, à sauter, à lutter, à tirer de l'arc, à dresser des chevaux. Les uns lancent des traits, les autres montrent leur force en jetant de lourdes pierres ; plusieurs jouent à la paume, non point à la manière des Italiens ; mais ils placent à une certaine distance un cercle de fer, et chacun cherche à y faire passer sa paume, qu'il pousse avec une raquette de bois ; le reste de la jeunesse chante, ou fait galerie autour des joueurs : ces sortes d'assemblées se forment fréquemment et en diverses places de la ville. Les jeunes filles se réunissent aussi dans les prairies, où elles s'amusent, soit à chanter, soit à danser.

« Les nobles ont deux salles d'assemblée, l'une pour l'été, l'autre pour l'hiver, dans lesquelles chacun paye son écot. Dans une autre rue, ils ont bâti un grand hôtel où se donnent souvent des bals, auxquels ils invitent les plus belles femmes de la ville : celles-ci s'y rendent dans la plus brillante parure, couvertes de pierreries et de bijoux, comme s'il s'agissait des noces les plus magnifiques.

« Les Bâlois aiment la religion, portent beaucoup de respect à ses ministres, vont tous à la messe, fréquentent les églises non-seulement les jours de fête, mais tous les jours, et vénèrent les images de plusieurs saints. On ne peut pas leur reprocher beaucoup de vices, si ce n'est peut-être un peu trop d'inclination au culte de Bacchus. Du reste, ils sont fidèles à leur parole, ils ne savent pas refuser ce qu'ils ont promis, et ils aiment mieux avoir de la probité que d'en faire parade. Contents de ce que la fortune leur accorde, ils conservent leurs biens sans désirer ce qui appartient à autrui (1). »

Æneas, s'il revenait aujourd'hui, trouverait ses chers Bâlois un peu changés, et ce qui l'affligerait le plus, ce serait d'avoir peut-être contribué à ce changement, en leur faisant (1459), sans mauvaise intention, le cadeau funeste d'une université. Oui, funeste, il faut bien le dire au risque d'outrager les lumières. Cette université, qui brilla tout d'abord d'un vif éclat, contribua puissamment, une centaine d'années après sa fondation, à l'introduction de la Réforme dans le canton de Bâle. Il y avait là un tas de beaux esprits fraîchement versés dans les lettres païennes, fort avides de refaire à leur guise l'Église et la foi. Ils l'entreprirent, et contribuèrent pour leur part aux beaux résultats que nous voyons. Parmi eux se distinguait le docteur de Rotterdam, Érasme, ce Mélanchton catholique. Exemple notable des vanités du savoir et de la raison, quand ce stuc brillant n'est pas appliqué sur la pierre solide de la foi ! Érasme, en effet, comme Mélanchton son contemporain, égaré par l'orgueil de la science, et se confiant plus aux ressources d'un esprit curieux qu'à l'humble soumission d'un cœur fervent, fureta longtemps dans le doute, et peut-être s'y laissa prendre par la mort. Beaucoup de personnes pensent que c'est la peur seulement et le désir d'être tranquille, qui le retinrent dans le sein de l'Église ; c'est par peur aussi que Mélanchton n'y rentra pas. Peut-être y avait-il chez tous les deux un fond de sentiments bons et honnêtes, mais l'orgueil entraîna dans le même naufrage les vertus et les talents.

Les principaux artisans de la Réforme, à Bâle, furent

(1) Nous empruntons cette traduction au *Conservateur suisse*.

Œcolampade et ce Kœpflein (Capito) qui regrettait si naïvement de ne voir la plupart du temps aucune différence entre un ministre de l'Évangile et un garçon boucher. Pauvres têtes ! qui se donnèrent bien du mal pour enfanter quelque chose de bien absurde, et qui les désola souvent. Capito, particulièrement, laisse parfois percer des regrets si sincères, qu'on est presque aussi tenté de le plaindre que de le mépriser.

Il paraît assez, à ce que rapporte Ænéas Sylvius, et à ce que l'on voit maintenant, que les Bâlois ne sont pas corrigés de leurs vieux défauts, et qu'ils n'ont pas gardé toutes leurs vieilles qualités. Mais sans m'arrêter davantage à ce sujet, qu'il me serait encore difficile de traiter quand bien même je pourrais le faire avec des lumières que je n'ai pas, je les plains seulement d'avoir perdu la gaieté, les fêtes joyeuses, les mœurs sociables d'autrefois ; car je ne pense pas que leur sauvagerie protestante soit un résultat de l'amélioration des mœurs. Dieu, qui est vertu, nous a donné une loi de confiance et de charité ; les hommes soumis à cette loi doivent nécessairement s'aimer, par conséquent se voir avec plaisir : des frères se réunissent volontiers. Les Réformateurs, qui ne ressemblaient guère à Dieu, ont fait tout le contraire ; ils ont apporté la méfiance, et l'isolement n'est devenu un goût que pour avoir été une précaution et une nécessité. Triste sauvegarde, lorsqu'il n'y a que celle-là !

D. JUAN DE MERLO.

En 1428, entra dans les murs de Bâle un cavalier jeune et beau, que sa mine fière, son galant équipage, toute sa personne enfin annonçaient être aussi haut de rang que de cœur. Arrivé sur la place du marché, il arrêta son magnifique cheval devant l'hôtel de ville, et regardant tranquillement la foule qui s'était accrue autour de lui, il sembla y chercher en vain un visage connu. N'en voyant pas, il prit le parti de se présenter lui-même : « Je suis Espagnol, dit-il à haute voix; j'ai parcouru cent pays, j'ai vu cent villes, mais je n'ai rencontré nulle part un brave qui pût tenir tête à D. Juan de Merlo. »

Ce propos ne plut à aucun de ceux qui l'entendirent; D. Juan avait à peine fini de parler, qu'un gant vint tomber à ses pieds. C'était celui de Henri de Ramstein, fils d'un bourgmestre, et le plus jeune d'une race où la valeur n'avait jamais manqué. L'Espagnol releva poliment ce gage du combat qu'il demandait, et l'on s'occupa d'en régler les conditions. Il fut convenu que les deux champions se rencontreraient sur la grande place de la cathédrale, le dimanche avant la Sainte-Lucie, et qu'il y aurait un coup de lance, trois coups de hache, quarante coups d'épée. Guillaume, margrave de Rœthlin, Jean, comte de Thierstein, Thuring, baron de Halweill, Rodolph de Ramstein et Égloff de Rathsamhausen furent établis juges du camp.

Lorsqu'on sut qu'une si belle joute allait avoir lieu, chacun voulut y assister. On vit accourir les curieux en nombre tel, que le sénat dut prendre des mesures de prudence, d'autant plus nécessaires, que tout le pays d'alentour était en fermentation. Bâle avait, cette année-là, beaucoup d'ennemis au dehors et beaucoup de factions au dedans. Le jour du combat venu, on ferma cinq des sept portes de la ville, et l'on doubla la garde des deux qui restèrent ouvertes; une forte patrouille de cavalerie eut ordre de parcourir les rues; on plaça des sentinelles sur les tours et sur les clochers, afin de prévenir les surprises de l'ennemi; on ôta les cordes des cloches, pour que les factieux, en cas de mouvement, ne pussent sonner le tocsin; le pont du Rhin fut garni de soldats, vingt bateaux armés croisèrent sur le fleuve, et divers détachements battirent l'estrade de tous côtés. Au milieu de tant d'embarras, il ne vint en pensée à personne de confier D. Juan de Merlo à quelques sergents de ville, qui l'auraient conduit respectueusement jusqu'à la frontière d'un territoire voisin.

Sur la place de la Cathédrale on avait disposé le champ : c'était un espace de soixante pas en carré, entouré d'une barrière à trois ouvertures, et gardé par cinq cents hommes des troupes de la ville. Une estrade où flottait la grande bannière de Bâle était occupée par les juges du camp avec le bourgmestre et la plupart des sénateurs, tous en armure complète; une autre était destinée aux chevaliers étrangers; on y voyait beaucoup de grands et célèbres seigneurs des environs. Aux croisées des maisons, sur les toits, sur la place, partout une foule immense attendait.

Enfin la barrière s'ouvrit, on fit silence, les deux champions s'avancèrent fièrement. Ils se battirent avec courage, employant successivement, comme il était dit au cartel, la lance, la hache et l'épée. Mais ils avaient tous deux tant d'adresse et des forces si égales, qu'ils ne parvinrent point à se blesser, quoique l'intention n'y manquât nullement; les juges ne purent dire lequel était victorieux. Cependant, par courtoisie, on voulut accorder à l'étranger l'honneur de ce grand jour, et le vieux comte de Thierstein, étant descendu dans la lice, donna l'accolade à D. Juan.

Après lui avoir emprunté cette dernière anecdote, je laisse ici Bridel et son recueil, avec qui j'ai voyagé plus souvent comme un adversaire que comme un ami. Bridel sait et dit beaucoup de choses sur son pays, qu'il aime;

mais comme écrivain français, c'est un Suisse, et comme philosophe, c'est un Protestant. En déclarant qu'il m'a fourni beaucoup de faits, j'acquitte ma dette; en ajoutant que ces faits sont la plupart du temps vus de travers, je satisfais à la vérité.

PEINTURES D'HOLBEIN.

Ce gros Holbein, génie rude et brutal, qui laissait si souvent son ouvrage en train pour aller s'asseoir à la table de quelque cabaret, semble être le peintre de la mort; ses tableaux, qu'on va voir à la bibliothèque de Bâle, contribuent peut-être à donner à cette ville la sombre physionomie qu'elle prend aux yeux des voyageurs. Holbein aimait à peindre les cadavres, ou tout au moins les vivants qui s'en approchaient le plus; son crayon austère trace de préférence de maigres profils de vieillards et de savants, qui semblent occupés à supputer le peu d'instants qu'ils ont encore à passer ici-bas; il donne au vêtement une tournure de linceul, la figure est enfermée dans le cadre noir comme dans un tombeau : singulier goût de cet artiste, destiné à voir poser devant lui les épouses de Henri VIII !

On voit aussi à la bibliothèque de Bâle deux petits tableaux inspirés par le même sentiment, mais plus cru et plus ouvert encore. Tous deux représentent la Mort saisissant à l'improviste la Vie dans sa fleur, figurée par une femme belle et jeune, et qui résiste en vain. Dans l'un, le squelette entraîne au fond de l'abîme ouvert à ses pieds la beauté vigoureuse qui se croyait un long avenir; dans l'autre, il l'étreint de ses bras hideux, il la mord avec fureur, il va la dévorer. Ces peintures étranges méritaient presque autant que la fresque d'Orgagna d'inspirer de beaux vers à M. Auguste Barbier.

> Hélas ! ce monstre ailé qui plane dans les airs,
> Et dont la lourde faux va sarclant l'univers,
> La mort incessamment coupe toutes ces choses,
> Et femmes et bosquets, oiseaux, touffes de roses,
> Belles dames, seigneurs, princes, ducs et marquis,
> Elle met tout à bas. . . . .
> Elle met tout à bas avant le jour et l'heure.

Du reste cela était bien dans le génie sombre et hardi du moyen âge. On pensait bravement à la mort. Chaque année, au carnaval, des masques représentant la mort parcouraient la ville en dansant. Ils avaient le droit de saisir tous ceux qu'ils rencontraient, et de les forcer, quels qu'ils fussent, à danser avec eux (1). La bizarrerie de ces captures, l'effroi, la mauvaise humeur, la résistance ou la résignation de ceux qui se trouvaient ainsi arrêtés sans s'y attendre, divertissaient les curieux et inspiraient les peintres. Ces derniers en firent d'abord le sujet de beaucoup de petites images, dont on ornait les livres de messe et les maisons. Puis, comme cette danse symbolique paraissait renfermer une haute leçon de morale, on imagina d'en composer de grandes peintures qui couvraient ou la façade d'un édifice, ou les vastes murs d'un cloître. Le clergé approuvait ces sortes de moralités que tous les yeux pouvaient voir et tous les esprits comprendre ; il consentait de bonne grâce à ce qu'on l'y représentât : les deux premières figures que l'artiste peignait étaient ordinairement celle du pape et celle de l'empereur ; l'un avec sa tiare, l'autre avec son sceptre, sui-

---

(1) C'est de là peut-être que nous viennent ces menaces proverbiales : *Tu la danseras*, *il faut la danser*, etc.

vaient de force ou de gré l'inflexible mort. Après eux venait la foule des humains : princes, magistrats, évêques, moines, artisans ; les gentilshommes pleins de force et les pauvres perclus, le vieillard à qui l'infatigable danseuse prenait son or, l'enfant à qui elle prenait ses jouets, la jeune mère qu'elle entraînait loin du nouveau-né, le peintre lui-même qu'elle arrachait à sa toile imparfaite et qui laissait tomber son pinceau. Au bas de chaque scène, ou terrible, ou grotesque, on inscrivait quelque quatrain inculte, dont le sens était toujours : *Il faut mourir.* Mais la mort, dans ce temps-là, n'était pas le néant, et pour qui voulait bien vivre, elle n'avait rien d'affreux.

Il y avait à Bâle une de ces peintures qui était fort renommée. Déjà très-endommagée au commencement de ce siècle, elle a fini par périr tout à fait sous le marteau municipal. On l'attribuait à Holbein, mais elle était antérieure à sa naissance d'une quarantaine d'années, et c'est elle peut-être qui fit Holbein, en le frappant, tout enfant, d'une forme et d'une pensée qu'il n'oublia jamais.

MÉDITATION.

Vous avez été créé sans but, ou dans un but ; par le hasard ou par Dieu. Si vous aviez été créé sans but, pourquoi votre vie serait-elle importante en ce monde, pourquoi auriez-vous action sur tant de créatures, pourquoi tant d'autres créatures auraient-elles action sur vous ? Ce n'est pas le hasard qui vous a créé, le hasard n'a pu faire ni la plante qui fleurit, ni l'oiseau qui chante, ni, à plus forte raison, l'homme qui pense. D'ailleurs, qu'est-ce que le hasard ? Nous n'en avons pas l'idée, tandis que nous avons l'idée de Dieu. C'est le propre de la créature intelligente d'avoir l'idée du Créateur. La créature étant intelligente, le Créateur ne peut pas être inintelligent ; n'ayant pas été créé par le hasard pour le hasard, c'est-à-dire par rien pour rien, vous avez donc nécessairement été créé par Dieu pour Dieu.

Quelle doit être votre conduite à l'égard de Dieu votre *Père ?* Le laboureur sème le blé pour qu'il le nourrisse, l'homme bâtit la maison pour qu'elle l'abrite, l'artisan fait l'outil pour s'en servir, le père crée l'enfant pour qu'il le respecte et l'aime : Dieu vous a formé pour l'aimer, le révérer et lui obéir. Si vous ne faites pas ainsi, vous ne serez pas sauvé. Comme l'homme arrache de son champ l'herbe vénéneuse, Dieu vous rejettera si vous ne l'avez pas servi, si, contrairement au but et à la volonté de votre Créateur, vous employez votre vie à l'offenser.

Dieu veut être votre seul maître, et c'est un soin de sa bonté, parce que vous n'en pouvez choisir un plus puissant, un meilleur et qui vous récompense mieux.

Tout cela étant, pourquoi donc sentez-vous encore si souvent une si grande répugnance à servir Dieu ?

Mille choses vous retiennent. La peur, d'abord. Vous avez entendu des hommes d'esprit, parlant d'un Chrétien humble et fidèle, dire dédaigneusement : c'est un fou ! et cela vous épouvante. Reconnaissez donc ce qu'a de bas, de vulgaire une semblable terreur. Épousez-vous toutes les opinions de ces hommes d'esprit, sur la politique, sur la littérature, sur la morale et sur vingt autres sujets ? Façonnez-vous votre conduite à la leur, et vos goûts à leurs goûts ? Cependant vous en faites les maîtres souverains de votre croyance la plus haute, ou, ce qui est pire encore, vous humiliez cette croyance devant leurs discours insensés. Vous savez que Dieu existe, qu'il est votre maître, qu'il peut vous faire mourir; vous sentez qu'il vous aime et veut que vous l'aimiez; vous comprenez que votre indifférence l'afflige; je dis plus, vous l'aimez vous-même dans le fond de votre cœur, car il n'est pas de noble cœur qui n'ait l'amour de Dieu, et vous n'avez peur ni de son courroux, ni de son affliction : mais vous redoutez les vains propos de quelques cervelles folles, de deux ou trois hommes peut-être que vous n'estimez guère et que vous n'aimez pas?

J'en ai vu quelques-uns de ces railleurs. Tout hommes d'esprit qu'on les dit, ils mènent dans le monde une façon de vivre qui leur attire bien d'autres moqueries. Les uns sont aussi pleins d'ignorance que de facéties; les autres sont les bouffons sans dignité d'un petit cercle de niais, qu'ils croient dominer de toute la hauteur de leurs tréteaux; d'autres, emportés par l'ardeur des honteux plaisirs, se plongent en des bourbiers où ils perdent leur considération, leur santé, leur intelligence, leur avenir. Pendant qu'ils se divertissent ainsi, les Chrétiens prient, étudient, consolent les malheureux, domptent leurs propres passions : lesquels sont les plus fous?

Ne dites-vous pas d'ailleurs que vous faites peu de cas des hommes, qu'ils sont menteurs, égoïstes, abandonnés à mille instincts grossiers; or, les jugeant ainsi, combien vous devez-vous mépriser vous-même, qui cherchez à leur plaire et tremblez devant leurs jugements!

Après la crainte des hommes, ou plutôt avant et au-dessus, vous avez l'amour des plaisirs. Vous refusez de l'avouer, vous vous le cachez peut-être à vous-même, car vous parlez de ces plaisirs comme des hommes : vous affectez de les mépriser. Mais il ne suffit pas de les mépriser pour ne pas y être soumis : c'est l'ordinaire supplice des attachements condamnés, que nous en méprisions les objets. Les plaisirs vous possèdent, soyez-en sûr; sans cela, pourquoi feriez-vous à ceux qui vous parlent de la nécessité d'une vie chrétienne, de si étranges questions sur les devoirs qu'elle impose et les plaisirs qu'elle permet? Vous marchandez avec Dieu, vous lui faites vos conditions, vous vous arrangeriez bien du paradis pourvu qu'il ne vous coûtât pas trop cher ; vous voulez bien servir votre Maître, mais comme le mercenaire qui ne fait que juste ce qu'il faut pour n'être pas renvoyé.

Quelle différence y a-t-il entre le débiteur qui ne veut pas payer les intérêts de sa dette, et celui qui use de subterfuge pour n'en payer que le quart ou la moitié?

Votre vie est une somme d'or que Dieu vous a prêtée. Au lieu de cet or, vous voulez lui rendre du plomb.

Ne dites pas, parce que vous êtes jeune, que le moment de la restitution est loin. L'homme qui doit mourir à soixante ans est bien vieux à cinquante-neuf; celui qui doit mourir à vingt-cinq ans, à vingt-quatre est bien vieux; vous ne savez pas quand vous devez mourir; vous ne savez pas s'il vous reste assez de jours pour solder l'arriéré.

Non-seulement c'est une chose souverainement lâche et honteuse de remettre à changer de vie lorsqu'on sera vieux, de ne réserver à Dieu que les restes flétris dont le monde ne voudra plus; mais, ne vous y trompez pas, c'est encore l'entreprise la plus difficile à l'homme. De tant de hideux vieillards qui prêchent le vice et qui, comme des égouts vivants, semblent renfermer toutes les ordures de l'humanité, il n'en est pas un peut-être qui n'ait formé dans la jeunesse le projet de vivre saintement un jour. Sur deux cent mille individus qui renvoient volontairement leur conversion aux approches de la mort, dit saint Jérôme, pas un ne sera sauvé. Il faut être agile pour fuir le mal, on ne greffe pas une branche vigoureuse sur un tronc épuisé ; et comme on se soumet aux plaisirs lorsqu'on les méprise, on les cherche encore lorsqu'on ne peut plus les goûter.

D'un cœur dégagé de toute chose terrestre, et bien décidé à obéir, dites avec saint Paul, ce grand modèle du dévouement chrétien : « Que voulez-vous que je fasse, Seigneur? »

Dieu met à vos travaux un prix assez grand pour que vous n'ayez pas le droit d'en exiger aucune joie ici-bas ; mais sa bonté est telle qu'il sème d'immenses félicités, même nos jours périssables, lorsque nous les lui consacrons. Vous n'en savez rien encore ; faites seulement un pas dans la bonne route, vous le comprendrez. Quant à présent, ainsi que parle saint Bernard, vous voyez la souffrance, mais vous ne voyez pas la consolation.

Pour nous aider et nous encourager à bien vivre, la même bonté divine nous donne encore la leçon de la mort et celle des déceptions qui suivent l'accomplissement de nos plus chers souhaits.

Vous avez maintenant assez expérimenté la vie pour savoir ce qu'elle peut offrir ; vous êtes assez chrétien, ou plutôt assez sensé, pour ne pas douter que vous devez mourir et que vous serez jugé sévèrement. Les enseignements qui sortent de là sont vulgaires, un enfant les ferait. Comment ne rougissez-vous pas qu'il faille vous les rappeler? Vous n'êtes pas aveugle, et cependant il faut, en présence du soleil, vous prouver qu'il est jour.

Qu'espérez-vous? qu'attendez-vous? Vous seriez le roi des rois, vous auriez tout ce que vos yeux peuvent voir, vous règneriez sur le monde par la force du bras et par celle de l'esprit, et cela, comme cela ne peut pas être, c'est-à-dire sans troubles, sans tumultes, sans combats, sans douleurs, vous auriez le pouvoir plus longtemps qu'aucun homme ne l'a eu, vous ajouteriez les années aux années comme les couronnes aux couronnes, le terme n'en arriverait pas moins de votre puissance et de vos jours. Et à l'heure de la mort, que vous resterait-il, si vous n'aviez pas aimé et servi Dieu? Or, ce n'est ni l'aimer ni le servir que désirer tout cela, et rien autre chose sur la terre, préférablement à lui.

Que reste-t-il aux conquérants de leurs royaumes, aux philosophes de leur gloire, à l'athlète de sa force, à l'homme vain de ses vanités! Leur richesse meurt avant eux; tous au moment suprême donneraient tous leurs triomphes pour un rayon de la couronne du dernier des saints.

Même ici-bas le bonheur de ces heureux du monde est peu de chose. Ils épousent des luttes sans palme, des angoisses sans repos, de viles inquiétudes, de stériles remords; ils sont soumis à des humiliations ignobles, car le but qui les leur fait traverser est terrestre; ils tremblent quand l'émeute crie dans les rues, quand le vent souffle sur les mers, quand l'envie ou la raison examine leurs livres, quand un rival se présente devant les yeux mortels qu'ils ont voulu charmer.

Vous souhaitez le pouvoir afin de commander aux hommes et de les gouverner, mais vous serez gouverné par les flatteurs et par les événements. On vous jettera l'inquiétude et l'injure, et vous renverrez la corruption; vous serez cloué à votre puissance comme à un gibet : croix dérisoire! rien ne rayonnera de votre couronne d'or, et un sang infect sortira de vos plaies.

Vous voulez être riche afin de goûter de tous les plaisirs : votre or achètera des voluptés impures qui vous altèreront sans cesse et ne vous satisferont jamais; vous payerez bien cher des milliers de dégoûts; vous souillerez toutes les joies du cœur, puis un souffle vous enlèvera tout, et vous resterez avec de honteux regrets.

Vous recherchez la science afin d'étonner le monde, mais le monde ne vous entend pas; les critiques de l'ignorance vous sont amères, vous trouvez toujours plus savant que vous, vous vous adressez mille questions auxquelles vous ne pouvez répondre, et le pauvre qui prie dans le coin obscur d'une église de village voit des merveilles et goûte des joies que vous ne soupçonnez pas.

Que si vous poursuivez toutes ces choses, pouvoir, richesse, esprit, seulement pour plaire à d'autres créatures,... je ne sais quel remède indiquer à votre folie. Connaissez-vous si peu le monde que vous en soyez encore là? En voyant ceux qu'il aime, ne vous êtes-vous point dégoûté de son amour, n'avez-vous pas vu ce que vous souhaitiez vous dédaigner et descendre bien au-dessous de vous; et vous-même, avez-vous toujours attaché votre cœur à ce que vous saviez de plus noble et de meilleur autour de vous? Mais cela serait, que vous vous plaindriez encore; car, partout où il y a désordre, il y a souffrance, et il y a désordre partout où l'homme s'aime au lieu d'aimer Dieu. C'est Dieu que vous devez aimer dans les autres et non pas vous. Si vous offrez votre affection pour en obtenir une autre en retour, vous cherchez un plaisir que souvent vous ne trouvez pas et qui toujours durera peu. Si, au contraire, plein de la volonté de Dieu, vous aimez comme il veut qu'on l'aime, la plus grande des vertus règnera dans votre âme : vous aurez la charité.

Vous savez tout cela, dites-vous? Il ne suffit pas de le savoir, il faut le faire. Si vous connaissez la loi et que vous ne l'exécutiez point, pourquoi vous étonnez-vous d'être puni? que signifient vos plaintes? Cache tes plaies, malade qui ne veux pas guérir, et ne fatigue plus le monde de tes gémissements !

NOTRE-DAME-DE-LA-PIERRE.

(MARIA-STEIN.)

Plusieurs seigneurs pieux avaient fondé à Beinwil une abbaye qui, longtemps célèbre sous la direction des Pères Bénédictins envoyés d'Einsiedeln, éprouva ensuite de grandes vicissitudes, et enfin demeura déserte pendant le xvie siècle. Rétablie plus tard dans une autre partie du Jura, sur la frontière de la Suisse, à deux lieues de Bâle, au lieu nommé La Pierre (*Stein*), elle fut dès lors, sous le nom de Maria-Stein, visitée comme un des pèlerinages les plus féconds en grâces d'en haut.

C'est là tout ce que je connais de l'histoire de Maria-Stein. Je pourrais en apprendre davantage ; il existe de gros livres et de poudreuses chroniques que j'aurais pu feuilleter, ou que de patients amis auraient feuilletés pour moi, qui m'en diraient plus long ; mais à quoi bon ! et qu'importe à ceux qui m'ont suivi jusqu'à présent dans cette course, dont voici le dernier but ? Avant de commencer son voyage, le pèlerin s'agenouille aux pieds d'un ministre des autels, il reçoit sa bénédiction, il part en priant ; il arrive au sanctuaire où des milliers d'âmes ferventes l'ont précédé, où des milliers d'autres le suivront ; là, il épanche son cœur, il regrette, il supplie, il implore ; il sait qu'on l'entend, que ses fautes lui seront pardonnées s'il en éprouve une douleur sincère et s'il forme sincèrement le vœu de n'y plus retomber ; il ne doute pas que ses désirs seront accomplis, s'il est bon qu'ils le soient ; que lui faut-il de plus ?

O bonnes et simples âmes ! gens de labeur et de fatigue, courbés sans murmure sous des privations dont la moindre serait insupportable pour nous! corps robustes qui supportez la misère, cœurs plus robustes qui supportez l'ignorance, vous qui n'attendez point les faveurs de Dieu pour être reconnaissants, ni ses miracles pour croire, vous êtes les bien-aimés du Ciel, c'est vous que nous devons imiter.

Eh! douce Mère des Chrétiens! reine des anges et de tout ce qu'il y a de saints dans les cieux, notre curiosité s'en ira-t-elle vous demander maintenant pourquoi il vous a plu d'ouvrir en tel lieu plutôt qu'en tel autre le trésor inépuisable de vos bienfaits? Non, vous aimez qu'on vous implore, vous nous le prouvez par mille bontés répandues sur toutes nos douleurs, c'est bien assez que nous sachions cela.

Parmi toutes les joies d'un cœur religieux, il est une joie plus profonde et plus sainte : c'est la joie d'ignorer, c'est le bonheur d'adorer et de croire de pleine foi, sans mélange d'orgueil ou de sagesse humaine, par ce seul instinct de l'âme, qui, mieux que toute science et toute raison ne le sauraient faire, nous permet de voir et de sentir Dieu.

Après avoir monté pendant une lieue une lente échelle de collines semées de villages et chargées de moissons, plus séduisantes pour l'œil du laboureur que pour celui du peintre ou du poëte fainéant, on traverse un village qui semble défendre l'entrée d'un territoire plus sombre et plus accidenté. Les blés deviennent rares, les rochers se montrent à travers les massifs de chênes rabougris, les bergers succèdent aux moissonneurs, la richesse s'en va, la grandeur apparaît. Une rampe rapide vous élève en tournant au-dessus d'un vallon immense, creusé dans la pierre par une main qui ne fut ni celle de l'homme ni celle du temps ; puis enfin, vous gagnez une plate-forme où s'élève, comme un rocher bâti sur les autres rochers, un vaste édifice : c'est l'abbaye.

L'Église est grande, fraîche, badigeonnée plutôt que

peinte. Le confessionnal pour la langue française est établi contre le mur latéral de gauche; il était assiégé par une douzaine de pauvres gens qui priaient avec une angélique piété, et qui s'en allaient ensuite communier dans une chapelle souterraine, creusée dans le roc vif, devant une vieille et naïve image de la Mère de Dieu, image qui fut sans doute autrefois, comme la madone d'Einsiedeln, le trésor de quelque solitaire mort en odeur de sainteté.

Lorsque j'eus franchi le seuil de cette chapelle de la Vierge, et que je vis dans ces profondeurs obscures tous ces Chrétiens agenouillés sous les rochers, étendant les bras en silence, joignant les mains, prosternant leur front contre terre, il me sembla voir les catacombes où se réfugiaient nos premiers frères, et, ployant les genoux avec un doux frémissement, je me rappelai la promesse : « Quand vous vous réunirez pour prier, je serai parmi vous. »

PRIÈRE.

SAINTE VIERGE !

Mon œuvre achevée, je ne vous demande point de la protéger contre les jugements du monde; mais, que l'opinion soit favorable ou contraire à cet humble travail, je vous supplie, ô Vierge pleine de douceur et d'humilité, de me protéger moi-même contre l'orgueil et le vain contentement de ce que j'ai fait; car l'homme, hélas! ne mesure pas son orgueil au mérite de ses actions; souvent, à défaut des louanges qui ne lui sont pas dues, il s'enorgueillit encore des critiques qu'il a méritées.

S'il y a quelque chose de bien dans ces pages, l'honneur vous en appartient. Je ne dois pas en être plus fier que la harpe suspendue aux branches n'est fière des sons qu'elle rend, sous le souffle qui l'agite ou le doigt qui vient la toucher.

Pour le mal, il est à moi ; le mal est mon ouvrage. Faites que je ne l'oublie point, et que j'en recueille le fruit amer avec soumission.

Sainte Vierge, disposez favorablement l'âme de ceux qui, m'ayant connu jadis, loin des pensées où je suis maintenant, voudront parcourir ce livre dont tant de pages leur sont adressées. Qu'au spectacle de mes espérances, de mon bonheur et de ma paix, ils fassent un retour sur leur propre cœur ; qu'ils réfléchissent profondément à leurs devoirs envers Dieu, envers le prochain, envers eux-mêmes, et qu'agités, inquiets, troublés comme je le fus, ils deviennent paisibles, confiants, heureux comme je le suis.

SIT LAUS DEO.

APPENDICE

Autrefois, lorsqu'il existait en France une autorité, c'est-à-dire une règle, et par conséquent une protection pour les personnes comme pour les esprits, l'homme qui, après avoir eu la force ou la faiblesse de faire un livre, ne se croyait pas délié de ses devoirs de fils de l'Église et de fils de la patrie, de ses obligations de bon chrétien, de bon citoyen, de sujet fidèle, cet homme avait la consolation de lire au dernier feuillet de son ouvrage quelques lignes précieuses, aussi rassurantes pour lui que pour la partie distinguée et sage de ses lecteurs :

APPROBATION.

« *J'ai lu et examiné, par ordre de monseigneur le garde des sceaux, le manuscrit intitulé......... Je n'y ai trouvé rien de contraire à la foi, aux lois, aux bonnes mœurs, et j'estime qu'on en peut permettre l'impression.* »

Sur cet avis, signé du censeur royal, ou du théologal du diocèse, quelquefois des deux, l'auteur dormait tranquille; il n'avait plus qu'à se réjouir doucement, sans regrets et sans remords, du succès de son œuvre. En cas de chute, il n'était volontairement coupable que d'un livre mal fait, et non pas d'un pernicieux livre; s'il était soumis aux lois de son pays, il avait demandé aux maîtres de la doctrine et aux représentants de la société la licence exorbitante de parler à ses concitoyens, de leur faire entendre sa voix, de produire devant eux sa pensée; pour prix de sa soumission, l'Église et la société, qui auraient pu le condamner au silence, prenaient la responsabilité de ses erreurs et de ses fautes, si elles en laissaient passer, et lui n'avait à répondre de rien devant Dieu ni devant les hommes. Véritablement, il pouvait dormir en paix.

Certes, beaucoup de gens ne partageront pas notre avis, quand nous dirons que ce droit de censure est un de ceux dont nous regrettons le plus que la société se soit dépouillée; mais nous prisons peu ce qu'on appelle depuis si longtemps les conquêtes de l'esprit humain; mais nous n'avons aucun amour pour la liberté d'écrire; mais nous trouvons que rien n'est moins respectable qu'une société qui ne veut pas être respectée, et qui livre chaque jour en pâture religion, autorité, mœurs, tranquillité, ordre, politique, gouvernement et tout, à quiconque y veut mordre, poussé par n'importe quelle passion, par n'importe quelle frénésie, par n'importe quelle impudeur.

A cette funeste abdication, le talent probe et consciencieux, le talent réellement utile perd tout ce qu'y savent gagner l'intrigue, l'impudence et la médiocrité. La facilité d'arriver avec quelques paroles, d'éblouir avec quelques témérités, de s'enrichir avec quelques ordures, détruit la noble passion des longues études, fait avorter la raison, égorge la décence publique, décourage toute force honnête, et rend honteuse d'elle-même jusqu'à la probité. Nous n'avons plus de grands hommes d'État depuis que nous avons une tribune, et depuis que nous avons une liberté de la presse il n'y a plus chez nous de grand écrivain qui puisse espérer de voir adopter ses œuvres complètes par la postérité.

La liberté de parler, de discuter, d'écrire, nous a procuré une foule de sciences curieuses et inconnues: la science d'obtenir toutes les places et toutes les fonctions possibles en déposant dans une boîte le nom de Pierre au lieu du nom de Jacques; la science de devenir ministre en faisant décréter par cent vingt-six paysans sur deux cent cinquante qu'on est propre à trancher les questions d'État après avoir embrouillé toute sa vie des questions de police correctionnelle ou de mur mitoyen; la science très-productive et partant très-cultivée de faire trembler ces mêmes ministres et de les conduire où l'on veut, comme on veut, avec encore beaucoup moins de talent, beaucoup moins de courage, beaucoup moins de savoir et de lumières qu'ils n'en ont, et cela par le procédé le plus facile, qu'il n'est pas besoin de décrire et que chacun connaît; enfin, nombre de sciences pareilles, que le premier venu peut, comme nous, énumérer sur ses dix doigts.

Par malheur, en acquérant toutes ces sciences, il en est au moins deux que nous avons perdues : la science des livres nobles et utiles, la science des gouvernements paisibles et heureux... Mais, sans pousser plus loin cette discussion, où nous nous enfoncerions longtemps avant de nous y attirer les sympathies publiques, nous nous bornerons à déplorer qu'avec la meilleure volonté du monde, un auteur ne puisse pas provoquer officieusement sur lui-même la censure que la société exerçait jadis de plein droit.

Si vous parlez de religion, vous pouvez sans doute consulter quelque prêtre pieux, savant et sévère, qui ne vous refusera jamais ses critiques ni ses avis ; mais ce censeur ne sera malgré tout qu'un homme, sans autorité publique, et puis votre livre s'occupe-t-il en même temps de législation, de politique? vous tremblerez de dire qu'il a obtenu l'approbation d'un prêtre, parce que cette seule parole deviendrait pour le clergé la source d'une foule d'outrages et de haineuses calomnies.

Quant à consulter un procureur du roi, ce serait par trop ridicule. Le procureur du roi, en tant que procureur du roi, est fait pour vous poursuivre et non pour vous éclairer. La loi, telle qu'on l'a faite, n'a plus sur les hommes que l'action du bourreau. — D'un bourreau débonnaire, il est vrai, et qui joue tous les jours avec le coupable devant nos tribunaux des scènes analogues à celles de la vieille farce italienne : la loi s'appelle Cassandre, le crime Arlequin ; dans leurs démêlés se fourre sans cesse un certain enchanteur en robe noire, grand ami d'Arlequin, et qui, au moyen de certaines paroles, tantôt le rend invisible, tantôt le rend insaisissable, tantôt le montre blanc comme neige au pauvre Cassandre ébahi ; si bien qu'en définitive, Arlequin finit toujours par épouser Colombine, c'est-à-dire la cassette du public ou celle du gouvernement.

Et cela est tout simple, des lois qui ne reposent sur aucune base religieuse et sacrée doivent avoir cette funeste indulgence : elles fournissent aux méchants mille subterfuges, elles concèdent aux bons le droit de les mépriser ; contentes d'un peu de soumission, elles n'osent prétendre ni au respect ni à l'amour.

Restent donc pour tout refuge la censure bénévole des amis de l'auteur, et celle de l'auteur lui-même, qui, l'enthousiasme de la composition passé, évoque le jugement de son œuvre au tribunal de sa conscience, de sa raison. Tout bien pesé, c'est à cette dernière censure que nous nous confierons ; car, ou les amis sont prévenus et applaudissent tout, ou ils font des objections qu'on trouve mauvaises et dont le résultat est souvent contraire à celui qu'on se proposait.

Une telle censure n'offre peut-être pas de grandes garanties d'impartialité ; elle allonge peut-être inutilement le volume ; et ce n'est pas enfin une chose qui se fasse ordinairement. Sur les deux premiers points, on nous tiendra compte de l'intention, qui est honnête ; en ce qui concerne le dernier, ce livre ressemblera toujours par assez de côtés vulgaires à tous les livres qu'on fait, pour que nous redoutions peu le reproche de viser à la nouveauté.

Le censeur royal aurait sans doute biffé certaines choses peu respectueuses pour la légalité d'aujourd'hui : mais peut-être que, sous le régime des censeurs royaux, il ne nous serait pas venu à la pensée d'écrire ces choses-là.

Le chanoine théologal du diocèse nous aurait conseillé de chercher moins, dans les choses de religion, le côté terrestrement et humainement avantageux ; d'y chercher davantage le but véritablement religieux et spirituel ; de ne pas nous attacher à montrer dans la pratique des devoirs du Chrétien un intérêt de bien-être matériel, qui s'y trouve à la vérité, mais qui n'est après tout qu'un petit intérêt, devant les grandes et éternelles récompenses que Dieu réserve à la foi constante dans les épreuves et solide dans le malheur.

Il nous aurait averti aussi d'être plus charitable quand nous parlons des hommes, même des Hérétiques, même des méchants ; il nous aurait dit de formuler notre véritable pensée de telle sorte qu'on ne pût jamais appliquer ce que nous disons du Protestantisme, qui est exécrable, à tous les Protestants indistinctement, qui peuvent parfois nous montrer dans leurs erreurs de très-grandes vertus, bien que ces vertus ne soient qu'accidentelles, et soient de l'homme, par conséquent faillibles et périssables, non de la foi qui les ferait solides et éternelles. Un Protestant peut valoir beaucoup mieux que sa religion.

Le théologal et le censeur nous auraient peut-être obligé de supprimer dans le chapitre intitulé : *Ames en peine*, tout ce qui est à la défense du duel, bien que cela soit allégué au milieu d'une discussion par un interlocuteur qui n'est pas Chrétien ; de peur que les passions et les sophismes ne prissent là des arguments qu'un Catholique ne doit pas fournir contre la loi de Dieu. Puisque nous avons laissé subsister ce passage, et qu'il est trop tard pour l'effacer, expliquons-le.

Tout ce qui est dit en faveur du duel, n'est pas dit, nous le répétons, par un Chrétien. Nous n'avons pas un instant songé à faire l'apologie d'un crime et nous n'entreprenons jamais de défendre ce que l'Église a condamné. En mettant ces arguments dans la bouche d'un homme du monde, nous voulons seulement conduire les esprits sages et droits à cette conviction que les sociétés humaines ne brisent pas impunément le lien religieux, et qu'il est des droits essentiels, des droits conservateurs de la tranquillité publique et de la vie des citoyens, que les *lois athées* ne possèdent pas. Non, vous ne pourrez jamais exclure le duel d'une société qui n'est point religieusement constituée ! Vous aurez beau faire des lois, les mœurs seront plus fortes ; elles feront un contrepoids plus lourd que toute votre législation, et enlèveront toujours le plateau de la balance où vous aurez mis votre loi toute sèche et toute matérielle, votre loi sans religion. Nul tribunal n'aura le cœur de condamner l'homme qui se sera battu pour venger son honneur que vous n'aurez pu défendre, ou, si le tribunal condamne, il faudra faire grâce, car l'opinion cassera le jugement. Mais si le juge peut un jour dire au duelliste : « La société t'a pris à ta naissance, et t'a instruit dans « la loi de Dieu ; elle t'a dit que cette loi défend l'homicide ; elle « t'a dit que, si les hommes te faisaient tort, Dieu te ferait justice « un jour ; elle a appris ces choses à ton adversaire comme à toi- « même ; et tous deux, vous avez su par ses soins que la volonté « céleste est que vous ne portiez point dommage à autrui, quelles « que soient les circonstances où vous place la vie humaine ; ce- « pendant, tu as dédaigné ces prescriptions, tu ne t'es confié ni « aux hommes qui sont de bonne foi, ni à Dieu qui ne peut errer : « je te condamne. » Le juge pourra en effet condamner ; mais les occasions en seront rares, et l'on respectera son jugement.

Maintenant, nous avons tout dit ; maintenant *les Pèlerinages de Suisse* appartiennent sans réserve au bras séculier.

FIN.

NOTE.

EINSIEDELN.

Un diplôme de Henri de Brandis, évêque de Constance, daté de 1370, démontre qu'on regardait déjà comme fort ancienne la réputation du pèlerinage des ermites. Georges de Gengenbach, dans son Histoire de la chapelle, écrite en 1375, s'exprime ainsi pour peindre l'affluence des pèlerins : *Per totum annum, continuò inveniuntur peregrini descendentes, et ascendentes, ad sanctam Mariam.* Il ajoute que cette affluence redoublait à l'époque du 14 septembre, celle où l'on célèbre l'anniversaire de la dédicace de la chapelle et de l'église. Les annales de la Suisse constatent qu'en 1330 on remarquait à cette fête une députation de cent bourgeois de Bâle et soixante-dix de Strasbourg. Une lettre des Pères du concile de Bâle (1442) fait foi que, deux ans avant, la veille de la fête des saints Simon et Jude, il arrivait à Einsiedeln tant de monde de tous les points de l'Europe, que les cantons de Zurich et de Schwitz se mirent en alarme, croyant voir de nouvelles troupes qui venaient les attaquer : on avait pris pour des lances les innocents bourdons des pèlerins.

« Lors du schisme de Luther, le pèlerinage ne perdit rien de l'assiduité des peuples. Augsbourg y fit une procession solennelle en 1613, à raison d'un vœu : on a encore les cantiques composés pour cette cérémonie. La ville d'Uberlingen, qui avouait hautement les secours par elle obtenus de la Mère du Christ pendant la guerre de Suède, en 1634, envoyait à Einsiedeln en 1336 une députation de cinq cent cinquante personnes, qui déposèrent à l'église, en *ex-voto*, une bombe du poids de 63 kilog. 50 décag. En 1647, vinrent au même lieu le chapitre et la bourgeoisie de Lindeau. Les deux années suivantes, ce fut le tour de ceux de Feldkirch et de Fribourg, en Brisgau; une députation de Zell, près Constance, vint en 1651. Depuis l'an 1651 jusqu'à l'invasion des Zwingliens, la ville de Zurich députait tous les ans sa bourgeoisie en mémoire de la victoire de Tettewil. On venait aussi de Glaris, malgré les efforts des Protestants du canton. Une lettre d'Unterwalden, de 1793, témoigne du même usage renouvelé chaque année. Lucerne, Zug, Appenzel en faisaient autant par divers motifs. Nous n'achèverions jamais la liste des grandes communautés sociales, jadis si fidèles à rendre leur hommage au sanctuaire d'Einsiedeln; le canton de Schwitz se plaçait naturellement à leur tête, protestant de tout son courage et de toute la force de son exemple contre l'engourdissement religieux que traînait à sa remorque la réforme hérétique. Une autre liste, non moins imposante quoique fort abrégée, est celle de quelques pèlerins particuliers, qui se séparent entièrement de la foule par leur position dans le monde et leur empressement à courber leurs têtes chargées d'honneurs devant la plus humble image de la Vierge, Mère du Christ.

« 965. L'empereur Othon le Grand et sa femme sainte Adélaïde.

« De 900 à 972. Ulric (le saint), évêque d'Augsbourg, prince de l'Empire, fils de Bourcard II, duc de Souabe.

« De 900 à 972. Volfgand (le saint), évêque de Ratisbonne.

« De 900 à 972. Gérold (le saint), duc de Saxe.

« 992. Le fils d'Hermann, duc de Saxe.

« 1110. Ulric, comte de Kybourg, évêque de Constance.

« 1141. Théodoric, nonce en Allemagne, cardinal-évêque de Porto.

« 1352. Le roi Charles VI, suivi d'une foule de seigneurs et de prélats.

« 1417. L'empereur Sigismond.

« 1442. Ferdinand III, empereur des Romains.

« 1576. Saint Charles Borromée, cardinal-archevêque de Milan.

« 1559 Octave Palavicini, cardinal.

« 1590. André d'Autriche, cardinal-évêque de Constance.

« 1590. Maximilien, élu roi de Pologne.

« 1590. Ferdinand, électeur de Bavière, et la princesse sa femme.

« 1593. Maximilien, roi de Bavière.

« 1595, 1600, 1608, 23, 28 et 83. Les princes et les princesses de la maison de Hohenzollern, d'où est issu le fondateur Meinrad.

« 1597. Nicolas de Flue, canonisé.

« 1601, 1619. Plusieurs princes et souverains.

« 1620 Louis XIII, roi de France, représenté par son ambassadeur en Suisse, Robert Miron.

« 1663 et 85. La maison de Baden-Baden.

« 1683. Dom Mabillon.

« 1692. Maurice Frébonie, duchesse de Bavière, de la maison ducale de Bouillon-d'Auvergne.

« 1718. Dom Calmet.

« 1793. L'archevêque de Paris, l'archevêque de Vienne, primat des Gaules, et l'élite du clergé de France, fuyant en exil.

« 1808. Excellent et révérend Fabricius-Suberas-Tassaferrata, archevêque, nonce apostolique en Suisse, depuis cardinal.

« 1808. S. G. Carl Rudolphe, des comtes Buol-Schauenstein, évêque de Coire.

« 1810. Prince Charles de Hohenzollern-Hechingen.

« 1810. Comtesse de Romanow (sœur de l'empereur Nicolas).

« 1811. Prince Alexandre de Hohenlohe, alors accompagné de son gouverneur, et demandant à être admis au pensionnat.

« 1813. Louis, roi de Bavière, à qui l'"abbé d'Einsiedeln vient d'envoyer quelques-uns de ses moines pour rétablir en Bavière l'ordre des Bénédictins.

« 1814. Comte Michel Romonow (le grand-duc).

« 1815. S. G. Pierre Tobie Yenni, évêque de Lausanne.

« 1816 et 1817. La reine Hortense-Eugénie et son fils.

« 1820. Prince Charles d'Esterhazy.

« 1821. La reine Hortense.

« 1823. Dom Romi Croscini, Bénédictin du mont Cassin, depuis cardinal.

« 1823. La reine Hortense et ses deux fils.

« 1824. Duchesse de Dino, née princesse de Courlande.

« 1824. Comte Reinhard, ministre de France.

« 1825. Duc de Calvello, ministre de Naples.

« 1826. L'illustre et pieux archevêque de Paris, feu monseigneur Hyacinthe de Quélen.

« 1826. Plusieurs membres de la diète de Francfort et du parlement anglais.

« 1827. Marquis de la Tour-du-Pin, ambassadeur de France à Turin.

« 1828. Monseigneur Frédéric Rézé, évêque du Détroit.

« 1828. Monseigneur Pierre d'Astini, archevêque de Tarse, nonce en Suisse.

« 1829. Duc de Cadore, pair de France.

« 1829. Duc de Rohan, cardinal-archevêque de Besançon.

« 1830. Monseigneur Pierre de Angelis, archevêque de Carthage, nonce en Suisse.

« 1831. Guillaume, roi de Wurtenberg, voyageant incognito. Ce prince protestant voulut s'édifier par le spectacle de quelques offices catholiques. Depuis, il a envoyé à l'abbé d'Einsiedeln, comme souvenir de son passage, une feuillette de son meilleur vin.

« 1831. Duc de Calvello.

« 1834. Duc et duchesse de Narbonne.

« 1834. Duc et duchesse de Damon.

« 1834. Ferdinand-Philippe, duc d'Orléans, prince royal de France. (S. A. a depuis fait don à l'abbaye du grand ouvrage l'*Iconographie*, 7 volumes magnifiquement reliés.)

« 1835. Marie-Isabelle de Bourbon, reine douairière de Naples.

« 1836. Révérend P. Pierre, abbé de la Trappe, du couvent d'OElenberg, près Mulhouse.

« Il est bien entendu que, pour citer ainsi un ou deux personnages de lustre en lustre, ou même de siècle en siècle, nous avons été forcé d'omettre une masse d'autres croyants dont le cœur n'a pas moins de vertus et d'éclat. Nous avons choisi seulement les plus haut placés en ce monde, comme rassemblant chacun sous leur bannière une catégorie plus ou moins nombreuse de pèlerins.

« Pour justifier ce calcul, nous poserons un chiffre, celui des pèlerins communiants, c'est-à-dire remplissant toutes les conditions requises pour obtenir l'indulgence canonique (le repentir, la confession, la pénitence).

« De l'année 1820 à celle de 1834, le total des pèlerins s'élève à 2,164,000; et pour la seule année 1835, le chiffre est de 180,000. En outre de cette multitude de pèlerins isolés, il y a encore à peu près soixante-dix paroisses des cantons catholiques qui envoient annuellement à Einsiedeln de ces solennelles ambassades vulgairement appelées processions.

« Et ce n'est pas une simple affaire d'habitude, de routine, que cette démonstration de la piété populaire : encore serait-ce une habitude fort belle que celle de mépriser les insultes ou les pauvres plaisanteries des ennemis du culte catholique, au point de traverser plusieurs fois par an leur pays, sans changer comme eux de caractère ni de foi. »

(M. J. RÉGNIER, *Chronique d'Einsiedeln.*)

FIN DE LA NOTE.

TABLE DES MATIÈRES.

Introduction. 7

LIVRE PREMIER.

Adieux a Rome. 19	A la cime. 114
Un saint Génevois. 21	Adieux 119
Sur l'histoire d'un peuple hérétique. 25	Gruyères. 121
	Charmey. 124
Amy Perrin. 38	La Val-Sainte. 128
Lausanne. 39	Le lac Noir. 137
Les voyageurs sensibles. 41	La paroisse de Guin. 145
Fribourg 45	Le départ du Romesbruderschafter 151
Pierre Canisius 49	Maître Georges Jordil et maître Aloysius Mooser 154
Les jésuites. 57	
Louise de Rich. 67	Les Protestants et les cloches catholiques. 159
Un brave homme. 72	
Au couvent. 76	Histoire d'un arbre. 163
Des miracles. 96	Prime à la piété filiale. 166
Au chalet. 101	

LIVRE DEUXIÈME.

Laupen. 169	Jugement de Dieu. 200
Drame. 172	Thoune. 206
Bon accueil 175	Les Anglais. 209
Histoire. 176	Interlaken-Lauterbrunn. 211
Les églises. 188	Lac de Brientz. 214
Les jubilés 191	Le Brunig. 220
Catholiques de Glaris. 194	

LIVRE TROISIÈME.

Notre-Dame-du-Passant 222	Les temps passés 257
Sachslen 224	Tradition du mont Pilate 261
Nicolas de Flue 225	Tradition de Pilate 263
L'auberge 231	Kussnacht 267
Causeries 232	Chapelle de Guillaume-Tell . . . 273
Saarnen 238	Les révolutions de Thurgovie . . 275
Les trois cantons 241	Chutes de montagnes 276
Lucerne 253	Science de la vie 280

LIVRE QUATRIÈME.

Notre-Dame-des-Ermites 295	Kœnisfelden 370
Ave Maria.... Ora pro nobis . . . 303	Bâle 376
Souvenir 313	D. Juan de Merlo 383
Zurich 317	Peintures d'Holbein 385
Du droit des gens en matière de	Méditation 387
religion 330	Notre-Dame-de-la-Pierre 394
Ames en peine 340	APPENDICE 398
De Zurich à Bâle 366	NOTE 403

FIN DE LA TABLE.

Tours, imp. de Mame.

www.ingramcontent.com/pod-product-compliance
Lightning Source LLC
Chambersburg PA
CBHW052126230426
43671CB00009B/1137